UM CIRCO
DE RINS
E FÍGADOS

Sesc

SERVIÇO SOCIAL DO COMÉRCIO
Administração Regional no Estado de São Paulo

Presidente do Conselho Regional
Abram Szajman
Diretor Regional
Danilo Santos de Miranda

Conselho Editorial
Ivan Giannini
Joel Naimayer Padula
Luiz Deoclécio Massaro Galina
Sérgio José Battistelli

Edições Sesc São Paulo
Gerente Iã Paulo Ribeiro
Gerente adjunta Isabel M. M. Alexandre
Coordenação editorial Francis Manzoni, Clívia Ramiro, Cristianne Lameirinha
Produção editorial Simone Oliveira
Coordenação gráfica Katia Verissimo
Produção gráfica Fabio Pinotti
Coordenação de comunicação Bruna Zarnoviec Daniel

UM CIRCO DE RINS E FÍGADOS

O TEATRO DE GERALD THOMAS

edições sesc

ADRIANA MACIEL (ORG.)

© Adriana Maciel, 2019
© Gerald Thomas, 2019
© Edições Sesc São Paulo, 2019
Todos os direitos reservados

Tradução do alemão Doris Buchmann
Tradução do dinamarquês Flávio Soares de Barros
Tradução do inglês Anthony Cleaver, Érico Assis
Preparação Simone Oliveira, Viviane Zeppelini
Revisão Elba Elisa
Capa, projeto gráfico e diagramação TUUT
Imagens de capa Ana Gabi (*frente da capa*); cenário (*primeira orelha*); e Ana Gabi, Beatrice Sayd e Isabella Lemos (*segunda orelha*), peça *Dilúvio* (2017), fotografias de Matheus José Maria

Dados Internacionais de Catalogação na Publicação (CIP)

Um1
Um circo de rins e fígados: o teatro de Gerald Thomas / Organização de Adriana Maciel. – São Paulo: Edições Sesc SãoPaulo, 2019. –
   584 p. il.: fotografias.

   978-85-9493-190-0

   1. Teatro. 2. Teatro Brasileiro. 3. Gerald Thomas. 5. Peças de teatro. 6. Crítica de teatro. 7. Biografia. I. Título. II. Maciel, Adriana. III. Sievers, Gerald Thomas. IV. Thomas, Gerald.

CDD 792.981

Edições Sesc São Paulo
Rua Serra da Bocaina, 570 – 11º andar
03174-000 – São Paulo SP Brasil
Tel. 55 11 2607-9400
edicoes@edicoes.sescsp.org.br
sescsp.org.br/edicoes
🅵 🆈 🅾 ▶ /edicoessescsp

8	APRESENTAÇÃO ***IMPASSES DE UM TEATRO DE LUGAR NENHUM*** Danilo Santos de Miranda
12	PREFÁCIO ***AS ESCRITAS CÊNICAS DE GERALD THOMAS*** Adriana Maciel
18	INTRODUÇÃO ***UM ARTISTA EM PRIMEIRA PESSOA*** Dirceu Alves Jr.
28	***NO LIMIAR DA NEGAÇÃO*** *Nota sobre o método (contra)dramatúrgico de Gerald Thomas* Flora Süssekind

56	*DIÁRIO DE UMA PEÇA*
60	*HUNTING SEASON*
66	*CARMEM COM FILTRO 2*
94	*ELETRA COM CRETA*
112	*PRAGA*
130	*STURMSPIEL*
154	*MATTOGROSSO*
168	*THE FLASH AND CRASH DAYS*
182	*M.O.R.T.E.*
212	*O IMPÉRIO DAS MEIAS VERDADES*
226	*UNGLAUBER*
256	*CHIEF BUTTERKNIFE*
292	*NOWHERE MAN*
314	*VENTRILOQUIST*
340	*UM CIRCO DE RINS E FÍGADOS*
376	*BAIT MAN*

388	***ASFALTARAM A TERRA*** *(TETRALOGIA)*
392	*ASFALTARAM O BEIJO*
402	*BRASAS NO CONGELADOR*
426	*UM BLOCO DE GELO EM CHAMAS*
458	*TERRA EM TRÂNSITO*
472	***KEPLER, THE DOG***
488	***GARGÓLIOS***
520	***ENTREDENTES E/OU JU-DEUS***
556	***DILÚVIO***
582	CRÉDITOS DAS IMAGENS
583	SOBRE A ORGANIZADORA

IMPASSES DE UM TEATRO DE LUGAR NENHUM

APRESENTAÇÃO

DANILO SANTOS DE MIRANDA
Diretor Regional do Sesc São Paulo

Gerald Thomas escolheu o teatro. O diretor, como um acelerador
de partículas, concentra sua energia no espaço cênico, organiza
(e desorganiza) a materialização de suas ideias, não com a rigidez
de um físico, mas com a persistência dos inquietos. As respostas
são meticulosamente inacabadas, emergem e se transformam
no palco. Qualquer tentativa de descrever um método ou
dramaturgia seria já a impossibilidade de fazê-lo.

Mas alguns adjetivos não podem ser refutados: Gerald
é crítico por natureza, e suas obras derivam de movimentos
incansáveis de criação cênica, forjados com intensidade
nas relações com os atores e com o público. Por vezes
incompreendido, o dramaturgo não poderia fazer concessões em
favor de sua obra, uma vez que é indissociável dela.

Neste *Um circo de rins e fígados: o teatro de Gerald Thomas*,
estão compiladas suas peças mais emblemáticas, em um esforço
de retrospectiva e difusão de sua obra. Para o autor, e também
para dezenas de profissionais que vivenciaram sua dramaturgia,
este livro é uma oportunidade de pensar uma trajetória possível
e suas descontinuidades estratégicas. Thomas deseja que suas
peças sejam reencenadas, que transcendam a si mesmas, não
como desligamento, mas como ponte para conectá-lo com outros
corpos e espaços.

Nesta publicação, foi reunida ainda uma fortuna crítica de
suas peças, dispersa em jornais, *sites* e materiais de divulgação

dos vários países em que Gerald Thomas se apresentou, compondo um panorama diversificado de interpretações que ajudam a compreender sua profícua produção. O Sesc São Paulo faz parte dessa trajetória, tendo recebido em seus palcos várias de suas peças, como *Um circo de rins e fígados*, que dá nome a este livro e que foi escrita para Marco Nanini. Nela, o diretor coloca em evidência circunstâncias que parecem sem solução, como a condição do ator ou os problemas brasileiros que se repetem de geração a geração.

Valendo-se de sua experiência internacional, Gerald Thomas propõe, por meio do teatro, reflexões dinâmicas sobre problemas contemporâneos amiúde pensados em chaves circunscritas aos campos da economia e da política. Como afirmou em uma entrevista em Nova York: "Uma resposta anormal para uma situação anormal é apenas normal", colocando em questão a suposta naturalidade dos acontecimentos e das decisões que afetam os indivíduos sem que eles próprios tomem conhecimento das origens desses eventos. Nesse sentido, respostas incomuns são mais do que necessárias, e poucos sabem, como esse diretor – brasileiro do mundo –, oferecê-las de modo imprevisível.

AS ESCRITAS CÊNICAS DE GERALD THOMAS

PREFÁCIO

ADRIANA MACIEL

A circus situation: era assim que John Cage se referia a processos nos quais diferentes linguagens artísticas estivessem envolvidas, simultaneamente, interferindo umas nas outras, atrapalhando umas às outras, ressignificando-se. Gerald Thomas, ao longo de toda a sua carreira, vem organizando espaços cênicos nos quais as linguagens se atravessam, interrompendo linearidades discursivas, quebrando sentidos, misturando-se na constituição de narrativas provocativas e instigantes. A vida é o caos da cena e se reafirma na potência das situações circenses.

Um circo de rins e fígados: o teatro de Gerald Thomas é um livro sobre processos, e é, ele também, mais um processo – a reinscrição de performances múltiplas organizadas pelo registro e pelo apagamento da ação do tempo. Peças, textos críticos, observações técnicas, ideias, silêncios e imagens de diferentes tempos e lugares partilham o mesmo espaço como escrituração de obras encenadas e, também, como atualização de um modo de fazer teatral iconoclasta, que mantém a provocação e o paroxismo como forças motoras da interpretação.

Quando Gerald me chamou para organizar o livro com suas peças, aceitei entre animada e assustada. Adoro trabalhar com ele, é intenso e extremamente estimulante. Já tínhamos trabalhado juntos em seu livro de desenhos, *Gerald Thomas: arranhando a superfície* (2012). Ali, tive contato com seu pensamento fortemente visual, com a deglutição de suas influências nos traços que, muitas vezes, se transformam em cena, com a precisão e a vitalidade que os caracterizam. Provocadores, os desenhos esboçam, entre tantas outras coisas, o horror e o trágico, e os levam, muitas vezes, para bem perto do riso, estruturando um espaço cênico no papel. Essa é uma das marcas de Gerald em tudo o que faz, estabelece um espaço cênico – no palco e fora dele. A realidade está sempre a um palmo do chão, pronta para desabar, assim como sua ficcionalização. Um livro com as suas peças é, também ele, uma encenação.

Juntar o material e organizá-lo não foi uma tarefa fácil. Foram mais de dois anos de trabalho, e agradeço aos parceiros André Bortolanza, Bete Coelho, Marcos Azevedo e Steve Berg, que foram fundamentais no processo de pesquisa. Gerald não é um arquivista da própria obra. Textos, fotos, áudios espalham-se entre casas, depósitos e computadores, ficam no tempo e, quando é possível retomá-los, reinscrevem-se no presente sob o olhar arguto do autor. Entre teatros, cidades e línguas, o encenador de si mesmo, como ele diz, é um homem do terreno baldio. Levanta o circo, sobe a lona, abre a cena e segue na ocupação de outros territórios, produzindo e desfazendo sentidos. Entre baldeações, muito fica pelo caminho. Para o autor, é o presente que importa.

O teatro de Gerald Thomas é um teatro de gestos e fragmentos, cujo sentido se expande entre todos os elementos que compõem a cena. Um terreno no qual a desordem e a diluição de identidades se contaminam. O encenador coloca em movimento formas expressivas norteadoras do século xx, atualizando-as. Duchamp, Wagner, Kafka, Saul Steinberg, Beckett, Schoenberg, Oiticica, entre muitas outras referências, participam não como inventário da cultura, mas como vetores que, mesclados às suas próprias criações, organizam um repertório que age provocativamente na desestabilização de consensos. Gerald escreve e reescreve, sempre. Sua escrita – e chamo aqui de escrita a toda inscrição cênica (texto, iluminação, trilha sonora, corpo e movimentos, cenários e desenhos) – é um gesto contínuo de repetição e invenção. Cada uma das expressões artísticas dá sentido à cena; o texto é mola propulsora das montagens, mas dificilmente se poderia pensar que toda a estrutura vem dele. Os registros cênicos, sejam em textos ou imagens, valem como instantâneos, índices de uma realidade só possível no presente de cada apresentação.

Este livro reúne grande parte dos textos teatrais do autor: são 24 peças entre as 87 encenadas em 45 anos. Na escolha do material, não entraram as adaptações e as óperas; decidimos que apenas as peças escritas por Gerald estariam no volume. Sua memória é impressionante: mesmo depois de muitos anos, ele sabe exatamente o que motivou cada cena e o sentido de cada linguagem trabalhada no palco, do cenário sempre rigoroso à trilha sonora, que muitas vezes conta com sua performance ao vivo. Na reconstituição de partes perdidas, isso foi fundamental. Nem todas as peças escritas e encenadas ao longo desses anos estão no livro, já que alguns poucos textos não puderam ser recuperados.

Cada peça se apresenta de forma particular; há um modo de inscrição que difere a cada montagem. Como muita coisa ficou pelo caminho, os textos de *Eletra com Creta*, *O império das meias verdades* e *Mattogrosso* não estão completos, mas mesmo assim optamos por mantê-los no livro por sua importância. *Eletra com Creta* e *Mattogrosso* são *tours de force* no repertório de Gerald e, em o *Império das meias verdades*, ele se desfaz do véu que cobria as cenas, à frente do palco. Os trechos mantidos dão a medida desses trabalhos. Na encenação do livro, a situação de circo carrega, simultaneamente, todo o rigor e toda a perfeição técnica que seu teatro exige.

Nos anos 1980, o diretor começou a trabalhar com Beckett, adaptando alguns de seus novos textos para o teatro. Entre eles, *All Strange Away* e *That Time*. Em *That Time*, há Julian Beck, do Living Theatre, como ator principal, em sua única atuação fora da companhia. A peça é sobre um homem que está morrendo e ouve, simultaneamente, seu passado em três vidas diferentes. Julian também estava morrendo. A vida se desdobrava na cena em um espelhamento geométrico. Essa situação marcou Gerald profundamente. Cinco anos mais tarde, em *The Flash and Crash Days*, ele colocou em cena Fernanda Montenegro e Fernanda Torres como mãe e filha. Mais uma vez, a vida invadiu a cena, num jogo especular que nada tem de realista. Desde então, de diferentes maneiras, o diretor trabalha esse espelhamento, com a vida se dobrando na cena, a realidade agindo no palco. Não se trata da vida representada, mas de uma dobra que atua desde a concepção do espetáculo.

Gerald trabalha não com a representação, mas com a interpretação, com a metáfora e com a metalinguagem. As peças são feitas no presente, para o presente. O autor dispõe da realidade que o cerca, transformando-a em elemento cênico. Ele e suas histórias pessoais inserem-se nas narrativas. O jogo que propõe não é o da dicotomia entre ficção e realidade, mas o da impossibilidade de distinção. De modo geral, com poucas exceções, os personagens levam os nomes das atrizes e dos atores. O conceito de personagem se suspende no entrelugar em que Gerald trabalha. Muito da situação real dos atores constrói, de modo ficcional, a narrativa. Os escombros do mundo envolvem o teatro de Gerald, num misto de escracho, humor e rigor.

Diary of a play (Diário de uma peça) abre o livro. O texto escrito em inglês é de 1973. Gerald tinha 19 anos e já encenava textualmente questões que estendem-se até hoje. "É um território de inícios. Obrigações. Tentativa e erro." As peças são aqui apresentadas em ordem cronológica e, junto a cada uma delas, há imagens e textos críticos. *Dilúvio*, espetáculo que estreou no palco do Teatro Sesc Anchieta, em São Paulo, em novembro de 2017, fecha o livro, com a inquietação e o vigor que o teatro de Gerald mantém.

Um circo de rins e fígados: o teatro de Gerald Thomas é um importante documento para a história do teatro e é, também, a possibilidade de acompanhar, no desenrolar do tempo, o fio que amarra e identifica sua produção teatral em voltas circulares, sempre esgarçando a linguagem. O livro dá a dimensão da relevância de seu trabalho e afirma o que, diante do impacto das apresentações, talvez passe despercebido: a potência dos textos. Fora do palco, as escritas cênicas de Gerald concentram seu aspecto performático, e seguem em processo, movimentando dissonâncias – *a circus situation*, na mesa do médico legista, com todos os seus rins e fígados expostos.

UM ARTISTA EM PRIMEIRA PESSOA

INTRODUÇÃO

DIRCEU ALVES JR.

É fácil, muito fácil falar mal de Gerald Thomas. "Difícil mesmo é gostar e entender as peças que este cara faz", costumam dizer seus incontáveis e persistentes detratores. Existe, porém, algo de sedutor no conjunto de sua obra, que muitos resistem a decifrar. Renegá-lo soa, no mínimo, como falta de informação. Desde meados da década de 1980, pelo menos no Brasil, Gerald Thomas transforma-se no centro das atenções quando bem entende e, mesmo depois de exílios criativos, desperta curiosidade imediata ao acordar. Existe sempre a expectativa em torno do que será dito, apresentado ou contestado por ele. "Pessoas interessantes sempre têm espaço na mídia", afirma, com misto de razão e falta de modéstia, que é capaz de originar interpretações equivocadas a seu respeito.

Diretor, dramaturgo e pensador de seu tempo, o artista usa a seu favor os veículos de comunicação que adoram lhe instigar e, por tal motivo, jogam-se aos seus pés cada vez que ele pretende atravessar a passarela. Sim, ele próprio, verborrágico, polêmico e narcisista, garante o espetáculo – mesmo fora do palco. E, por isso, faz o espetáculo quando deseja. Foi articulista de jornais brasileiros de grande circulação, um dos primeiros a alimentar um *blog* para a curiosidade de uma audiência fiel e, hoje, põe-se voraz nas redes sociais, sugerindo um teatro virtual na internet. Não é raro que provoque admiração ou desprezo pelas ideias que prega. No entanto, justamente por isso, esse cara atende pelo nome de Gerald Thomas.

Personagem *cult*, com alma de *popstar*, Gerald Thomas se mantém com uma imagem eterna e intacta, que é familiar aos olhos até de quem nunca assistiu a um de seus espetáculos. São os mesmos óculos redondos, os cabelos longos, encaracolados e negros, o ar angustiado de quem não se conforma com a vida como ela é. Dissertações sobre o dramaturgo Samuel Beckett, o poeta Haroldo de Campos ou o artista plástico Marcel Duchamp podem ser ouvidas em suas entrevistas em meio a desabafos relativos ao tédio existencial. Sim, porque teatro é pouco. Gerald é artista plástico – pagou as contas como ilustrador do *The New York Times* e criou o material gráfico de várias peças –; cuida da luz, do cenário; interfere na trilha sonora e, não à toa, cunhou o conceito de ópera seca[1], que resume tal estética visual, fragmentada e cheia de estranheza ao espectador.

Seu teatro mistura-se o tempo todo com a própria vida. É difícil estabelecer limites entre o personagem e o homem, que, por incrível que pareça, é comum, afunda na lama e retorna à superfície para extrair arte da podridão. Quem o conhece minimamente sabe. Alguns podem dizer que se trata apenas de eu, eu, eu – mas é desta conjugação em primeira pessoa, apoiada em memórias de quem viveu intensamente desde cedo, que nasce sua visão particular e conectada de arte e mundo.

Gerald Thomas não é apenas o encenador emblemático que, com estética peculiar e formalismo radical, impôs sua marca. Em dezenas de montagens (brasileiras ou internacionais), ele nunca deu trégua ao público nem aos críticos, sempre loucos para enquadrá-lo em algum gênero ou impor limites a um criador capaz de desprezá-los. Suas peças são mais do que meras apresentações, rendem experiências únicas e provocam sensações particulares. "Se um espetáculo meu significar uma única coisa, eu me retiro de cena ou me suicido", afirma ele, radical. Encanto, deslumbramento, tédio ou raiva... Gerald Thomas é capaz de provocar quase tudo – menos indiferença.

Como o teatro é a arte do efêmero, depois de fechada a cortina, tal momento jamais se repetirá com os mesmos detalhes. Transforma-se em um sentimento singular. O encenador, coitado, corre o risco de caminhar a passos largos para o esquecimento, mesmo em tempos de vídeos na internet ao alcance de todos. Gerald Thomas, no entanto, é o autor de grande parte do que dirigiu e, na forma de livro, o dramaturgo ganha a chance de alcançar a suposta eternidade. O discurso do encenador, pregado pela geração que despontou na vanguarda da década de 1970, testa o poder de fogo de suas histórias fragmentadas.

As peças escritas por Gerald Thomas – que, segundo muita gente, só surtem efeito no palco – comprovam, quando lidas, que a dramaturgia visual também demonstra potencial narrativo ou literário. Mesmo que algumas não alcancem tal *status*, todas atestam o amadurecimento de um artista preocupado com o presente e disposto a levantar questões inéditas ou até pouco discutidas. Conflitos íntimos ou sociais, reflexões políticas, homenagens a amigos ou releituras ganham, sob seu cunho, uma etiqueta do teatro e, principalmente, a visão de um homem que não faz concessões.

Na perspectiva de Gerald Thomas, tais temas já se faziam relevantes no momento em que foram desenvolvidos – e muita gente, talvez a maioria das pessoas, não dava a menor bola para eles, ou não tinha se tocado de sua urgência. Sua dramaturgia é feita no palco, junto dos atores, durante o processo de ensaios, ou mesmo temporada afora. Isto, de certa forma, contradiz a visão exclusivista de criação. É um constante *work in progress* e, por isso, muitos desses textos só ganharam o formato final no encerramento de sua carreira ou tiveram revisões e até novas versões posteriormente.

Nunca é demais relembrar por que Gerald Thomas tornou-se relevante. O teatro brasileiro viveu a ressaca da ditadura militar até meados da década de 1980, correndo atrás de um tempo perdido. Peças proibidas, como *Rasga coração*, de Oduvaldo Vianna Filho, e *Calabar*, de Chico Buarque e Ruy Guerra, ganharam os palcos junto da anistia e, na esteira, textos engajados – alguns, embolorados – eram incessantemente produzidos. Por outro lado, as comédias garantiam a bilheteria, e um novo gênero, o "besteirol", despontou na cena carioca, popularizando atores que escreviam, interpretavam e até se autodirigiam.

A cartilha europeia estabelecida pelo Teatro Brasileiro de Comédia (TBC), lá nos anos de 1950, ainda era rezada por uma geração consagrada e tinha um público fiel. Quanto mais limpa a encenação, melhor. A assinatura do diretor andava anestesiada, esquecida – mesmo entre os nossos maiores nomes. Desde o final da década de 1970, Antunes Filho concentrou-se em seu bem-sucedido grupo de pesquisa. José Celso Martinez Corrêa, de volta do exílio, ainda mostrava-se adormecido e sem um eixo para potencializar suas provocações no país que reencontrou. O público precisava ser chacoalhado, como o fez o polonês Ziembinski com *Vestido de noiva*, de Nelson Rodrigues, em 1943, ou o próprio Zé Celso, na montagem de *O rei da vela*, de Oswald de Andrade, um marco tropicalista do Teatro Oficina, em 1967.

Até que provem o contrário, Gerald Thomas Sievers, nascido em 1º de julho de 1954, é brasileiro, um carioca de Ipanema, que, no final da adolescência, mudou-se para Londres e, na vida adulta, escolheu Nova York para morar. Antes de deixar o país, ele teve uma estreita ligação com o artista plástico Hélio Oiticica – e, estamos falando de 1968, o ápice das experiências dos parangolés, a antiarte por excelência.

Garoto certo no lugar certo, também testemunhou, no ano seguinte, os bastidores da montagem de *O balcão*, peça do francês Jean Genet, encomendada por Ruth Escobar ao diretor argentino Victor Garcia. Vale lembrar que, no extremo da desconstrução, Garcia botou abaixo parte da arquitetura do teatro da atriz e produtora no bairro paulistano da Bela Vista em nome do projeto. "Foi ali, com meus 14 ou 15 anos, em São Paulo, que percebi que queria fazer teatro", recorda.

As primeiras experiências que moldaram o que seria Gerald Thomas se deram na capital inglesa, com os grupos *Exploding Galaxy* e *Hoxton Theatre Company*. No início dos anos de 1980, em Nova York, abençoado pela diretora e produtora Ellen Stewart, Gerald, já convicto, fez do La MaMa Experimental Theater Club seu berço e *playground* criativo. Referência do circuito alternativo, o teatro ajudou a consolidar os atores Robert De Niro e Harvey Keitel, o dramaturgo Sam Shepard, o encenador Robert Wilson e o compositor Philip Glass, que se tornaria profícuo parceiro de Gerald Thomas.

Por identificação de gênios e sentimentos, o diretor foi adotado por Stewart e fez o que quis na casa da MaMa Ellen. Entre as façanhas, com menos de 30 anos, Gerald comandou o ator Julian Beck, já devastado pelo câncer, em sua única interpretação fora do Living Theatre, em uma coletânea de textos de Samuel Beckett. Não, não é pouca coisa.

De repente, o ator Sergio Britto carimba o passaporte para Nova York e assiste a um de seus espetáculos. Exemplo de vocação incansável e intérprete ávido por diretores de pulso firme, Britto era cria do TBC e um dos fundadores do Teatro dos Sete, ao lado de, entre outros, Fernanda Montenegro e Fernando Torres. É justamente ele quem traz Gerald Thomas ao Rio de Janeiro para montar *Quatro vezes Beckett*. Além de Britto, Ítalo Rossi e Rubens Corrêa brilharam nesta coletânea de peças do dramaturgo irlandês, que estreou em julho de 1985. Causou furor aquele jovem de botas, casacos pretos, cigarro entre os dedos, circulando e fazendo teatro no país tropical. Poliglota, o rapaz ostentava um discurso nem um pouco condescendente com o Brasil. Fez, então, muita gente se tomar de antipatia por ele, talvez por se enxergar tão atrasada diante daquele espelho, ou por não tolerar seu pedantismo. Nascia ali, para os brasileiros, o personagem Gerald Thomas. Choque mesmo, no entanto, veio quando a plateia carioca se emperiquitou para ver seu teatro.

Com a estreia de *Quatro vezes Beckett*, Gerald Thomas mostrou a estagnação da cena brasileira naquele momento de abertura política, e o povo não gostou muito de enxergar isto. Muitos devem ter se sentido como os índios diante do reflexo dos espelhinhos oferecidos pelos colonizadores, lá por volta de 1500. Veio à tona um conceito de experimentalismo, que era tendência nos Estados Unidos desde a década de 1970. Naquela época, Robert Wilson colocava no palco cenas longuíssimas e de impacto visual, enquanto Richard Foreman era celebrado pelo caráter performático. Lee Breuer, do grupo Mabou Mines, misturava bonecos, vídeos e música e, de repetente, Gerald Thomas trouxe para o Brasil um conjunto influenciado por tudo isto e mais um pouco. Parecia uma afronta às convenções. E era.

Estava personificada ali a figura do invasor, tão conhecido do povo brasileiro desde os tempos de Pedro Álvares Cabral. Porém Gerald Thomas não era um invasor qualquer. Podia até parecer gringo, mas o pior é que não. Não era. Era um de nós, representante de uma elite, claro, convertido em cidadão do mundo, que voltava, mesmo sem se estabelecer oficialmente no Brasil, para colocar em prática o que viu. Não era guiado por vícios e nem alimentava dívidas de gratidão, e, em pouco tempo, uma leva de estrelas disputava sua agenda para permear um pouco daquele cosmopolitismo em suas produções. Muitos diretores dariam um braço para trabalhar com Sergio Britto, Ítalo Rossi, Tônia Carrero, Antonio Fagundes ou Rubens Corrêa. Gerald Thomas conseguiu no primeiro ano. Então, morte ao invasor!

A crítica ficou dividida, os prêmios chegaram aos montes, os jornalistas procuravam pelo personagem, e, sobretudo, Gerald Thomas o desempenhava com louvor. Britto, satisfeitíssimo, convenceu Tônia Carrero a mergulhar na investigação e protagonizar *Quartett*, de Heiner Müller. De São Paulo, Antonio Fagundes chamou Gerald Thomas para elaborar um projeto. O resultado foi *Carmem com filtro*, investida autoral, com base na mítica cigana da novela de Prosper Mérimée e da ópera de George Bizet, tendo também Clarisse Abujamra no elenco. Com Maria Alice Vergueiro, Beth Goulart, Bete Coelho e Vera Holtz, entre outros, veio *Eletra com Creta*. Em cena, a tragédia grega confrontada com a poesia dos irmãos Haroldo e Augusto de Campos e de Décio Pignatari.

O método tradicional era posto em xeque. O apoio nem sempre vinha na forma do texto dramático. Os personagens surgiam indefinidos, e o espaço cênico era o próprio teatro. Tratava-se da imposição de um discurso autônomo, repleto de estímulos visuais e sonoros, não limitado a um roteiro. Os atores, muitas vezes, apresentavam distanciamento e economizavam na emoção. Excitadíssimos, desciam do pedestal abertos às múltiplas propostas de Gerald. Durante as temporadas, muitos brigavam feio com o diretor, rompiam relações e outros se apaixonavam, curtiam cada etapa do processo e, em vários casos, logo também rompiam as relações. Essa dicotomia de amor e ódio, de entrega e repulsa, também faz parte do método inconsciente, do teatro em primeira pessoa de Gerald Thomas.

Com a *Trilogia Kafka*, o diretor estreitou o caminho de autor e construiu uma dramaturgia livre, com base nos contos do escritor checo Franz Kafka. O início da década de 1990 evidencia a veia autoral e, a cada espetáculo, Gerald radicaliza na desconstrução do óbvio, entre o anárquico e o irreverente. Em *M.O.R.T.E.*, de 1990, a atriz Bete Coelho surgiu como seu *alter ego*, uma espécie de artista paralisado diante da criação. O mesmo conflito se assemelha à base de *Nowhere Man*, de 1996, que faz uma releitura de Fausto, mostrando um sujeito incapaz de fixar raízes ou se identificar com pátria alguma. O personagem, representado por Luiz Damasceno, é tentado por uma criatura a fazer um pacto que lhe devolva a inspiração plena.

O papel do artista deslocado de seu tempo ainda conduz *Unglauber*, em 1994. Na peça, Gerald questiona o propósito de ser um criador em meados da década de 1990. As gerações nascidas nos anos de 1930 e 1940, como era o caso do cineasta Glauber Rocha, carregavam objetivos claros para lutar, e a arte era embebida no âmbito social. Para Thomas, que veio ao mundo em 1954, nenhum confronto, nem mesmo a Guerra do Vietnã, mostrava-se tão forte quanto os que motivaram os artistas que o antecederam. Em razão disto, busca-se imediatamente a contemporaneidade, que, vista com distanciamento, fez-se pioneira. Um exemplo é a peça *Ventriloquist*, escrita em 1999 – ano que ainda pode ser considerado entre os primórdios da internet. Gerald Thomas tratou da polifonia e do excesso de informações capazes de transformar as pessoas em seres que reproduzem discursos alheios sem filtro ou interpretação própria. E nem se imaginava, na virada do século, quem um dia existiriam as redes sociais.

Unanimidade nacional, Fernanda Montenegro já tinha se rendido ao discurso dele e, junto da filha, Fernanda Torres, estrelou *The Flash and Crash Days*, em 1991. Plateias lotadas estranharam ao ver a atriz, adepta da dramaturgia de Luigi Pirandello, Eugene O'Neill e Nelson Rodrigues, em meio a uma encenação em que gestos e expressões corporais se sobrepunham às palavras.

A metalinguagem ultrapassava o óbvio de ter mãe e filha no palco. Chegava a um duelo de mulheres de gerações diferentes, desafiadas por estéticas teatrais que também contrastavam com suas histórias profissionais. A jovem precisava se emancipar da mais velha – talvez matá-la –, na busca de uma identidade autônoma. Uma cena que simulava uma masturbação entre as personagens causou polêmica. Era impossível – e elas sabiam disto – o público deixar de enxergar mãe e filha, atrizes populares, pertencentes a uma família considerada modelo, em um ato incestuoso.

É por causa dos subtextos que a dramaturgia de Gerald Thomas torna-se mais desafiadora com o passar do tempo. *The Flash and Crash Days* não fica condenada como a peça das Fernandas e pode ser protagonizada por outra dupla de atrizes – ou atores – desde que existam contrastes a serem explorados. A mesma ideia vale até para um texto mais frágil, como *Entredentes*, de 2014, criado em torno do tema da retomada da vida para o ator Ney Latorraca, que passou dois meses em coma devido a uma infecção. Gerald, como homenagem, escreveu uma história que une um judeu e um islâmico à espera de algo que não se concretiza, talvez a morte, talvez a paz, como Vladimir e Estragon, no *Godot* de Beckett.

O clássico, venerado por Gerald, inspirara *Esperando Beckett*, no ano 2000. Estreia da jornalista Marília Gabriela como atriz, a peça é centrada em uma entrevistadora ansiosa pela aparição do dramaturgo irlandês para a gravação de um programa de TV. As intenções e ironias não morrem na primeira leitura. Referência incontestável, Beckett ainda foi celebrado pelo discípulo em seu centenário, em 2006, com a tetralogia *Asfaltaram a Terra*, que ganha relevância no monólogo *Terra em trânsito*. A atriz Fabiana Gugli deu vida a uma diva da ópera, embalada por fileiras de cocaína, que conversa compulsivamente com um ganso e planeja convertê-lo em patê de *foie gras*.

A plenitude da dramaturgia de Gerald, no entanto, se dá ao recorrer a uma das maiores dores do mundo – os atentados de 11 de setembro de 2001, nos Estados Unidos. O resultado, surpreendente, é uma elegia ao palco e até ao teatro brasileiro. Escrita para o ator Marco Nanini, *Um circo de rins e fígados*, de 2005, apresenta todas as características de sua obra – a desconstrução, o deboche, múltiplas referências, a homenagem e a fragmentação – em uma narrativa de comunicação imediata e provocativa.

Nanini, o personagem principal, recebe casualmente uma caixa de documentos de um sujeito chamado João Paradeiro. Os papéis implicam o governo norte-americano no golpe militar brasileiro de 1964 e na derrubada no presidente chileno Salvador Allende, nove anos depois. Como também é ator, o personagem Nanini, sentindo-se ameaçado por ter caído nesta de gaiato, decide contar esta história, na forma de um espetáculo, para, assim, livrar-se dela.

    Em um emocionante monólogo final, o protagonista define o ofício de ator como um problema sem solução – algo próximo também do que é ser brasileiro. As falas exaltam a obra de Nelson Rodrigues, o alívio proporcionado pelo futebol no país das chacinas e do racismo, e as belezas da natureza – que também pode ser furiosa e destrutiva, assim como o teatro. Em *Um circo de rins e fígados*, Gerald Thomas travou uma viagem inversa. Da tragédia mundial, ele chegou ao íntimo do Brasil e retratou com emotividade a alma do artista. Nem parece Gerald Thomas, podem pensar alguns. Neste circo visceral de contradições, o artista, brasileiro e universal, atingiu um grau extremamente pessoal que raras vezes se mostrou tão genuinamente Gerald Thomas.

NO LIMIAR DA NEGAÇÃO

NOTA SOBRE O MÉTODO
(CONTRA)DRAMATÚRGICO
DE GERALD THOMAS

FLORA SÜSSEKIND

"O teatro sempre foi o melhor lugar para a morte."
Gerald Thomas, *Ventriloquist*

Talvez se possa definir o lugar do método contradramatúrgico de Gerald Thomas no campo teatral brasileiro contemporâneo tendo como paralelo a atuação de Robert Ryman na história da pintura que se segue à moderna, tal como o situa o crítico Yve-Alain Bois. O pintor norte-americano não é exatamente uma referência imperiosa para Thomas. Como são, ao contrário, Marcel Duchamp e Francis Bacon, por exemplo. E, no entanto, há uma questão ligada ao lugar histórico que ocupam que de fato parece aproximá-los.

Em "Pintura: a tarefa do luto"[1], texto historiográfico e conceitual que se tornaria referência obrigatória nos estudos sobre "o infinito diagnóstico de morte" (das ideologias, da história, da arte) que marca a contemporaneidade, e sobre a dissolução da pintura em particular, o crítico francês atribuiria a Ryman um movimento peculiar de desconstrução, "no limiar da negação", no qual, entretanto, "o fio jamais se rompe". O que, ao lado da preocupação fundamental do pintor com a luz e o espaço, certamente se aproxima do universo teatral de Thomas.

Lembre-se, nesse sentido, entre outras leituras sobre o seu trabalho, a de Haroldo de Campos, que ressaltava em Gerald Thomas uma articulação entre o gosto pela destruição, de um lado, e a irrupção de ressurreições, de outro. E é exatamente nesse limiar da negação e da ressurreição que se vai procurar

1 YVE-ALAIN BOIS, "PAINTING: THE TASK OF MOURNING", EM: *PAINTING AS MODEL*, CAMBRIDGE/MASSACHUSETTS: THE MIT PRESS, 1990 [1986].

compreender aqui, em linhas gerais, a dinâmica de uma trajetória com a extensão e o potencial de derrisão da sua.

ARQUIVO E DIFERENCIAÇÃO

Os textos teatrais de Gerald Thomas já deveriam estar reunidos e publicados há muitos anos. É claro que a demora diz respeito sobretudo à pouca consideração do mercado editorial pelo leitor voltado para os estudos teatrais, que erroneamente se imagina ser quase inexistente. Talvez se possa adivinhar, no entanto, alguma relutância do próprio Gerald nesse processo. Não propriamente com a divulgação dos textos, mas com a produção de versões impressas definitivas para as textualidades autocríticas e instáveis com que trabalha. O que pode parecer estranho para quem sabe do seu empenho, nos últimos anos, para reunir em volume parte de sua obra gráfica (em edição da Cobogó em 2012) e para compilar as peças, reunindo originais dispersos em residências e países diversos, ou guardados com antigos colaboradores ou integrantes da Companhia de Ópera Seca.

Não tão estranho quando se tem em mente a abrangência do movimento de retrospecção exigido por uma compilação dramatúrgica que pretenda dar conta de uma trajetória de quatro décadas. E isso no âmbito de um trabalho como o seu, que não apenas revisita continuadamente a história dos campos artísticos que nele confluem, mas que, a cada nova realização, se revisita também – e às suas referências, figurações obsessivas, marcas cênico-escriturais. "Revisitar", no seu caso, é, ao mesmo tempo, "reinventar". Então, se alguns desses originais já passaram por reencenações, outros envolvem, por outro lado, retornos em diferença a séries imagéticas, enquadramentos cênicos, estruturas/desconstruções narrativas. Pois, para Thomas, essas revisitações têm sido acompanhadas, necessariamente, de um movimento de diferenciação, ora o "desencaminhar por um protagonista, por certo tempo", ora um "fazer de novo", "corrigir", como ele já prefigurava no seu *Diário de uma peça*, espécie de micropoética de juventude com que o artista escolhe abrir, aliás, a sua compilação de exercícios dramatúrgicos.

"Revisitado. Desencaminhado, depois corrigido", sintetizaria em 1973. Revisitar se define como um movimento pautado na variação, não na vontade de fixação. O oposto ao esforço de "estabelecer o texto", como habitualmente acontece na preparação editorial de uma obra. As reinvenções cênico-dramatúrgicas de Thomas resultam, ao contrário, de uma dinâmica de diferenciação, de instabilização daquilo que revisitam. Nelas, retrospecção não significa restauração de um estágio textual ou de uma versão-modelo dos espetáculos.

Não à toa não só as peças se mantiveram praticamente inacessíveis. Também os vídeos de espetáculos ainda hoje são raros e não se encontram organizados sistematicamente para *streaming* ou mesmo para simples visualização em sua versão integral. Alguns foram reaparecendo, nos últimos anos, ao lado de registros preciosos de processos de trabalho e de ensaios – como é o caso dos vídeos que expõem a construção de *Nowhere Man* (1996) e *Dilúvio* (2017), por exemplo.

Constituiu-se, nesse sentido, um pequeno acervo videográfico, de consulta obrigatória, que se encontra disponível no *site* Vimeo, sob a rubrica "The Dry Opera Co.". Nele há, por exemplo, uma versão integral do espetáculo *Entredentes* (2014), um longo trecho de *Raw War* (1999), um registro à meia distância do *Tristão e Isolda* (1996), além de trechos de *Império das meias verdades* (1993), *The Flash and Crash Days* (1991), *Mattogrosso* (1989), ópera composta em parceria com Philip Glass, e de duas versões integrais de *Dilúvio*, apresentado em São Paulo no Sesc Consolação em 2017. Contamos, além disso, com os acervos do CCBB (Centro Cultural Banco do Brasil) e do Sesc, que costumam registrar os espetáculos que ocupam os seus teatros.

Ainda é, no entanto, mais fácil encontrar a série de entrevistas realizadas pelo encenador, na TV UOL, com Haroldo de Campos, Fernanda Montenegro, Luiz Damasceno, Sérgio Britto, Ellen Stewart, Ruth Escobar, entre outros interlocutores, nas quais há o rastro indireto de sua pesquisa estética, e por vezes o compartilhamento de memórias individuais sobre este ou aquele trabalho em comum. A ausência de compilação metódica dos registros audiovisuais e a inexistência até hoje de edições das peças têm, infelizmente, bloqueado uma recepção mais vasta do seu trabalho a um público mais jovem, que não acompanhou a vida teatral brasileira desde os anos 1980. E, no entanto, não é possível pensar na cultura teatral brasileira de fins do século XX e das primeiras décadas do século XXI sem o estudo cuidadoso da enorme contribuição de Gerald Thomas como diretor, dramaturgo e polemista, responsável pela realização de verdadeiro corte na compreensão contemporânea da textualidade e da encenação teatral no país.

A reunião, neste livro, de um conjunto significativo de peças suas, a cuja organização e preparação editorial a pesquisadora Adriana Maciel e as Edições Sesc São Paulo se dedicaram durante cerca de três anos, faculta ao pesquisador de teatro material fundamental, na sua maior parte acessível aqui pela primeira vez. E que, espera-se, venha a ser complementado, num futuro próximo, pela edição e pela revisitação crítica dos registros filmados de intervenções e das encenações realizadas pelo artista nas últimas quatro décadas.

Como fez José Celso Martinez Corrêa, nos últimos anos, ao divulgar em formato DVD os trabalhos do Oficina Uzyna Uzona. E como faz regularmente o Wooster Group, de Nova York, oferecendo, em geral, uma nova versão – pouco mimética – das montagens do grupo. Por exemplo, reconstruindo *Rumstick Road*, espetáculo realizado originalmente em 1977. O DVD, lançado em 2013, se vale de fotos, *slides*, gravações em áudio, vídeos e filmagens super-8 dos anos 1970, submetidos, porém, a remontagem fílmica contemporânea, da qual participou a diretora do grupo, Elizabeth LeCompte, ao lado de Ken Kobland.

Talvez a memória audiovisual das encenações realizadas por Gerald Thomas convide também a processos de reinvenção fílmico documental semelhantes, nos quais os registros se exponham em sua heterogeneidade, e sejam revisitados não como versões definitivas, mas como um campo de tensões no qual se adivinha o processo de composição complexo a que corresponde. E no qual atuam e interferem mutuamente expressão gráfica, performativa e dramatúrgica. Uma complexidade que diz respeito tanto ao trânsito entre esses campos, quanto à dimensão cênico-dramatúrgica inscrita em peças que podem ser lidas tanto como textos autônomos, quanto como partituras de um processo virtual de montagem. Ou melhor: que devem ser lidas simultaneamente nessa dupla dimensão.

Pois o que chama a atenção de saída, na leitura dessas peças, talvez seja exatamente o quanto nelas se percebe a entranhada sobreposição de camadas escriturais com que opera o dramaturgo-encenador. De um lado, uma preocupação evidente com a linguagem (fragmentada, irônica, hiperconsciente) das falas e das inserções narratoriais, e com enredos reconhecíveis (via Beckett, Goethe, Shakespeare, Mérimée, Kafka) e, ao mesmo tempo, propositadamente rarefeitos. De outro lado, percebe-se um movimento didascálico expansivo, projetando uma textualidade cênica, para além do estritamente dramatúrgico, em todas as peças. Daí, por exemplo, o nome real dos atores ocupar frequentemente o lugar de eventuais designações de personagens. Daí a precisão e a quantidade de indicações cênicas (sobre luz, gesto, ritmo, duração, trilha sonora), por vezes convertendo-se elas mesmas em falas. Como o "Mais rápido, mais rápido", indicação rítmica que surge de repente, como fala em *off*, em *Bait Man*, isso para ficar em um exemplo apenas.

É para a constituição de um lugar (não espetacular) de observação dessa dobra grafocênica e da confluência de linguagens (plásticas, textuais, teatrais) característica ao trabalho de Gerald Thomas (e conhecida do público de suas montagens) que aponta a edição desse conjunto de textos produzidos entre 1973 e 2017. Nesse sentido, talvez se possa começar, então, esse breve comentário sobre as peças de Thomas pelo trânsito figural, nelas evidenciado, entre obra gráfica, dramaturgia e encenação.

AS SÉRIES FIGURAIS

Parte expressiva da produção gráfica de Gerald Thomas foi objeto de edição cuidadosa, organizada por Isabel Diegues, em *Arranhando a superfície*[2], volume que reuniu 130 desenhos, entre os quais ilustrações para o jornal *The New York Times*, cartazes e exercícios gráficos ligados ao processo de criação dos espetáculos. O acesso a esse material contribui significativamente para a compreensão da gênese de algumas de suas repetições figurais – e para a observação das formas diversas de refiguração e narrativização cênico-dramatúrgicas dessas imagens em suas peças e em seus espetáculos. Contribui, igualmente, para a verificação – via figuração serial – sobre como se dão as interferências recorrentes entre os campos artísticos em meio às quais, como já se observou, configura-se o seu método artístico.

As imagens de guarda-chuvas, que retornaram belamente na peça *Dilúvio*, podem servir, nesse sentido, de exemplo

[2] ISABEL DIEGUES (ORG.), GERALD THOMAS – ARRANHANDO A SUPERFÍCIE, RIO DE JANEIRO: COBOGÓ, 2012.

paradigmático. O primeiro aspecto a observar, na verdade, é essa recorrência. Aparecem em seu trabalho desde as colaborações gráficas para a página de opinião do *The New York Times*. E tanto surgem inteiros (fechados ou abertos) quanto quebrados, largados, inúteis, como no cartaz da Trilogia Beckett que montou no Teatro La Mama, em Nova York, em 1985.

Ecoando as versões anteriores, os guarda-chuvas, convertidos em utensílios inúteis, se multiplicariam, e voltariam em *Dilúvio* sob a forma de um coro mortuário de objetos abandonados. Ou, como se lê na indicação cenográfica presente no texto da peça: "À *frente do palco, há um cemitério de guarda-chuvas: abertos, quebrados, em pé, fechados...*". A lista de baixas parece compilar desenhos anteriores do objeto, funcionando, desse modo, como uma revisitação, por parte de Gerald, da própria obra gráfica. Assim como de sua produção teatral anterior (vide os cartazes de Trilogia Beckett e *Raw War*), quando fez desse utensílio espécie particular de imagem-síntese.

Outra repetição figural obsessiva do encenador com dimensão igualmente lutuosa são, em vez de objetos abandonados, figuras agônicas, atravessadas por flechas, com os corpos contorcidos e em forçoso desequilíbrio. Uma série regida pelo empréstimo dessacralizado das representações religiosas de São Sebastião, em geral amarrado e atravessado por três setas.

A imagem se repete em vários exercícios gráficos de Thomas e se tornaria verdadeiramente estrutural numa peça como *The Flash and Crash Days* (1991). Construindo-se, aí, via flecha, uma espécie de tríptico figural. A começar pela entrada de Fernanda Montenegro cambaleando, trazendo um papel na mão e com uma seta atravessada na garganta, que ela tenta, febrilmente, arrancar. Mais adiante, já nos últimos quadros da peça, é no peito de um boneco sem rosto, jogado no chão, que se vê a flecha. Não um boneco qualquer, mas um objeto cênico identificado previamente, pela voz em *off* do diretor, como uma espécie de duplo narratorial seu: "Esse sou eu (luz ilumina o boneco) [...]. De repente, meu Deus, eu já não estava ali, esse eu, esse eu que tinha transcendido os limites daquele quarto, era só um corpo morto e eu...". Quanto ao terceiro quadro do tríptico, essa aparição se daria quando, depois de comer um coração, e lambuzar-se de sangue, Fernanda Torres se apresenta, ela também, com a seta atravessada em seu pescoço, enquanto o boneco persiste inanimado e a mãe rasteja em cena. Lembre-se, nesse sentido, que o texto se autodescreve como "uma peça sobre uma mãe e uma filha e um coração". A essa triangulação, o dramaturgo acrescentou, como se pode observar, uma outra figura – igualmente agônica – a do boneco-narrador.

Mas a série prosseguiria. E, em página de caderno reproduzida no livro da editora Cobogó, há a inscrição *"Saying goodbye to* NYC*"* ao lado do desenho de figura semelhante – um corpo flechado, amarrado, vendado, com a boca aberta em grito surdo. O desenho se faz acompanhar ainda de comentário no qual está sublinhada a palavra "Autor": *"One man in the piece, disguised as Author, thief of thieves, crook of crooks, is ridiculed out of his wits by Fernandona"*.

Ao longo de *The Flash and Crash Days*, há o trânsito do estatuto agônico de uma figura a outra, de uma cena a outra, numa agonia inconclusa, como sugere o lançamento continuado de cartas jogadas entre mãe e filha na peça. Não há cemitérios propriamente ditos aí, como haveria em *Dilúvio*, e o fim da peça/partida não indica o fim do jogo. No desenho, se a triangulação é outra (entre autor, narrador, boneco), mantém-se, também, figuração-em-agonia, não efígie mortuária. Acrescenta-se, porém, camada a mais ao já irônico autorretrato (com o corpo flechado) presente na peça – pois, na versão gráfica, não se trata de uma representação narratorial, e sim de uma figura autoral. Insinuando-se, dessa maneira, que, assim como a dupla constituída por mãe e filha, cabe a esse autor agônico prosseguir com esse jogo do fim.

Na mesma linha, em outra das séries presentes em *Arranhando a superfície*, há a ênfase em imagens de um peixe afogado num copo de água. Trata-se do mesmo peixe que se vê no cartaz de *Sturmspiel* (1989), transformando um lugar-comum verbal ("fazer tempestade em copo d'água") em trocadilho visual (a versão de Gerald Thomas para *A Tempestade*, de Shakespeare). Esse peixe morto ressurgiria em diversas intervenções gráficas reproduzidas no livro, e se constitui, de fato, em mais uma das figurações agônico-autorais empregadas de modo recorrente pelo artista.

Não é difícil relacioná-lo também – enquanto corpo largado, extinto, mas em posição vertical – às séries de carcaças penduradas, como num açougue, que se repetem em sua obra gráfica. E cujo diálogo com a pintura de Chardin e de Francis Bacon parece ser intencionalmente evidente. As carcaças estão presentes, por exemplo, no cartaz da ópera *Mattogrosso*. E seriam evocadas na reencenação por Gerald de *Quartett* (de Heiner Müller), em 1996, com Ney Latorraca e Edi Botelho, espetáculo que era ambientado numa espécie de abatedouro, com os atores em trajes ensanguentados como os de açougueiros. A série de restos corporais pendurados se veria refigurada cenicamente, ainda, tanto nos corpos femininos que pendulam, suspensos, sobre o palco, em *Dilúvio*, quanto no corpo banhado de vermelho, e sob tortura interminável, de Marcelo Olinto em *Bait Man* (2008).

A compilação de desenhos realizada em *Arranhando a superfície* permite observar, portanto, como essas séries imagéticas transitam entre os diversos campos expressivos acionados pelo artista. Se reafirmam a dimensão gráfico-visual do seu processo de escrita teatral, registram, ao mesmo tempo, alguns procedimentos característicos dessa atividade plástica que se transferem para o campo verbal e cênico. Entre eles, como se procurou assinalar nesses conjuntos figurais, estão o esforço de condensação gráfica via imagens-chave, a forma diferencial de seriação e a exposição propositada dos espelhamentos interartísticos empregados nesses processos.

CONTRADRAMATURGIA

Em termos de espelhamento, cabe lembrar os seus muitos trocadilhos linguístico-visuais. Como o da "tempestade (*Sturm*) em copo d'água" no cartaz de *Sturmspiel*, sua versão para *A Tempestade* shakespeariana. E que se multiplicariam em jogos entre linguagem verbal (como as expressões "coração na boca", "coração na mão") e figuração cênica (como Fernanda Torres literalmente comendo um coração, ou Luiz Damasceno carregando na mão o coração que depois recoloca em Fernanda Montenegro, em *The Flash and Crash Days*). E os jogos entre expressão gráfica e cênica, por vezes com intromissões explícitas de elementos fora de lugar – como "o desenho de Gerald Thomas que ilustrou artigo de Arafat no *The New York Times*" inserido como painel de fundo em *Um circo de rins e fígados* (2005).

Esses trânsitos assim como os movimentos de irrupção (condensação) figural e de intensificação de variações plástico-imagéticas afetam metodicamente a construção de uma sintaxe teatral. Submetendo-a, desse modo, a uma lógica do congelamento, do quadro vivo, isto é, a operações de propositada obstrução – via recorte figural – do fluxo narrativo e do conflito (se entendido como desdobramento sequencial). Lembre-se, desse ponto de vista, a figura recortada de Carmem subitamente dançando, num plano isolado, elevado, da cena, interrompendo-se, assim, o desenrolar dos fiapos de trama em *Carmem com Filtro*. Ou a cabeça de Fernanda Torres, servida à mesa, em *Império das meias verdades*, cuja simples presença ali, como espantosa escultura viva, quebrava o espetáculo, expondo ao público, em inclemente literalidade, o caráter frequentemente culinário da recepção teatral.

Algo semelhante ocorre em M.O.R.T.E. (1991), diante da sugestão de um pacto por parte de Santa Félia, a que se segue a pergunta direta de "Você/Hamlet/Reizinho/Hamm": "Teatro?". Mas, antes que o diálogo prossiga, indica-se, via rubrica, que o palco se apague, e que "só o pato, que está no chão", deveria ficar iluminado. A passagem do *pacto* ao *pato* reforça, a seu modo, o subtexto hamletiano de vinganças e assassinatos da peça. Mas também o interrompe e o desmonta comicamente nesse momento.

Os bloqueios do fluxo sequencial linear, se frequentes, não se fazem, entretanto, apenas via recorte figural. Os *blackouts*, minuciosamente listados nos textos, também costumam cumprir essa função contrarrítmica. Às vezes, como no exemplo hamletiano, surgem em simultaneidade. O palco escurece e o foco luminoso vai para o pato, figura isolada em cena. Em *Dilúvio*, cabe também à iluminação figurar um pequeno corredor no qual passa um barco de papel, interrompendo o movimento cênico e sugerindo frágil saída potencial (a arca?) em meio a um território devastado, ao cemitério de guarda-chuvas retorcidos, largados, inúteis.

A figura contrarrítmica da interrupção se impõe, contrariando a hipótese convencional de drama, e de conflito em evolução linear, mas não a dinâmica diferencial das repetições, das citações revisitadas, das séries de movimentos obsessivos e imagens nucleares em variação. Tampouco a dinâmica potencial embutida em paradoxos e simultaneidades contrastivas ou excludentes. De que são exemplares tanto a tensão entre emissão vocal e garganta atravessada pela flecha (*The Flash and Crash Days*); como a tensão entre inércia corporal e movimento involuntário, o que se evidencia nos muitos corpos pendurados, nos guarda-chuvas retorcidos; e também a figura de Damasceno nascendo de uma mesa em *Nowhere Man*.

A leitura da produção dramatúrgica de Gerald Thomas aponta para muitas dessas "danças não lineares". "Eu preciso preparar uma coreografia desconstrutivista e iconoclasta", lê-se, explicitamente, em *Asfaltaram o beijo* (2006). Trata-se, pois, como expõem os textos reunidos neste livro, de desdobrá-los em partituras que, do interior mesmo das construções dramatúrgicas, movimentam-se contradramaturgicamente. Neles, trabalha-se, pois, com séries convergentes (citações, interferências interartísticas, indicações cênicas com *status* narratorial), submetidas, porém, sistematicamente aos atravessamentos fonossemânticos (Lear/Liar, Minha Pai, *the fittest*/defeatist, *Fuck you*/Help), às sobreposições figurais (Hamlet/Hamm; Prometeu/Bait Man; Damasceno/Fausto), a sucessivas obstruções (visuais, sonoras, discursivas) e autoderrisões (o autor como peixe morto, flechado, *nowhere man*).

A escrita teatral de Gerald, desde as primeiras montagens de peças suas, se configurou, de fato, como uma espécie de contradramaturgia. E não à toa foi rejeitada (enfática ou silenciosamente) pelo meio teatral brasileiro desde *Carmem com Filtro* e *Eletra com Creta*, realizadas respectivamente em 1985 e 1986. Pois não era difícil verificar que havia ali uma escrita antagônica ao movimento de restauração conservadora (depois da explosão dos grupos e criações coletivas dos anos 1970) que se acentuaria no teatro brasileiro sobretudo durante os anos 1990. E que teria como eixo um movimento de reterritorialização genérico-normativa (no qual se incluiria tanto uma avalanche de musicais pré-moldados quanto o uso autocomiserativo ou heroizante do testemunho como modelo narrativo privilegiado), isso ao lado do endosso implícito de noções veladamente

oitocentistas de dramaturgia bem-feita, com personagens e
enredos empático-lineares (semelhantes – dizendo-se seu oposto
– a novelas e *reality shows* de TV).

"*Minha profissão está morta*"[3]; "*Escrever, para mim, é como mijar*"
– declarações como essas de Thomas parecem registrar tanto
esse panorama teatral regressivo, quanto certo consenso (ligado
à recepção de sua produção) segundo o qual o que importaria
de fato, em seu trabalho, seria a encenação, rejeitando-se ou
simplesmente ignorando-se o espelhamento mútuo, em seu
trabalho, entre partitura cênica e escrita teatral. Uma exceção,
e não só desse ponto de vista, foi a leitura crítica de Haroldo
de Campos.

Lembre-se em particular, nesse sentido, do comentário
de Haroldo sobre *Nowhere Man*, na *Folha de S.Paulo*, em 27 de
outubro de 1991. Trata-se de texto crítico de grande agudeza
que assinala, quanto ao espetáculo, a força da imagem cênica, da
dimensão satírica e do grau de interferência da luz, assim como
o diálogo perceptível com o trabalho de Duchamp, Magritte,
Bacon. Interrogando-se, igualmente, o crítico, ao contrário da
maior parte dos comentários ao trabalho de Thomas, sobre o que
caracterizaria o seu método de escrita.

[3] VEJAM-SE, NESSE SENTIDO, O LIVRO *ENTRE DUAS FILEIRAS*, DE GERALD THOMAS (RIO DE JANEIRO: RECORD, 2016) E ENTREVISTA A GUSTAVO FIORATTI (*FOLHA DE S.PAULO*, 18 NOV. 2016) SOBRE ESTE LIVRO.

A TAREFA DO LUTO

Se o comentário de Haroldo destacava, nos parágrafos finais, que
seria "só no palco" que essa escritura "se explicaria", apontava,
ao mesmo tempo, para elementos a seu ver verdadeiramente
estruturais nesse trabalho. Em especial, a confluência entre
réquiem e rito de ressurreição, entre construção e desconstrução,
e o caráter processual de uma "escrita que se escreve
encenando-se".

Já se procurou assinalar aqui a força da partitura cênica no
método de escrita de Gerald Thomas. Cabe, porém, indagar o que,
na visão de Haroldo de Campos, define, com relação a *Nowhere
Man*, um "*escrever encenando-se*", aspecto que singularizaria esse
processo dramatúrgico. Mantendo a interlocução com Haroldo,
talvez se possa voltar então à reflexão sobre a questão da morte e
da ressurreição no trabalho de Thomas, tal como foi sugerido no
começo desse comentário.

O reconhecimento imediato, por parte do crítico, da relevância do trabalho de Gerald (cuja repercussão não se restringiria, logo percebeu, ao campo teatral) está ligado, em parte, como se observa em seus comentários, à percepção (sublinhada em "A M.O.R.T.E. e o Parangolé"[4]) de que há, nesse método, uma confluência dinâmica entre, de um lado, uma "derrisão desconstrutiva", um gosto visível pela destruição, pela terra arrasada, e, de outro lado, simultaneamente, mas colada a esse "sentimento de fim", a força das "irrupções celebrativas" e dos apelos de ressurreição invariavelmente presentes em seus espetáculos.

A onipresença de formas diversas de morte, figuras agônicas, manchas de sangue, corpos mortos e coisas abandonadas, no teatro de Gerald Thomas, o levaria, por vezes, a indagações diretas, em cena, sobre a possibilidade de fim do fim, de imbricamento entre morte e reinvenção.

Em *Nowhere Man*, por exemplo, morrer e nascer de novo parece ser, a certa altura, a única saída. E ela é ativada apesar dos riscos que apresentaria para "uma personagem com pretensões clássicas" como o Damasceno fáustico da peça. O "herói", enfim, submetido a um renascimento, ressurge do buraco de uma mesa, mas com resultados pouco animadores: a morte da mãe e a própria alocação numa incubadeira/maca, na qual vai direto para uma pós-vida onde dança (com a mãe morta) a "pior coreografia de todos os tempos".

Em *Ventriloquist* (1999), onde se vê "a própria morte" que passa "andando, linda", em cena, há, igualmente, uma indagação sobre a possibilidade de uma irrupção do novo em meio à paisagem mortuária:

O teatro sempre foi o melhor lugar para a morte. Por isso se morre tanto no teatro. Por isso o palco chama a morte com tanta intimidade. O homem novo... apesar dos pesares, ele conseguiu escapar, sim, se reinventou. E, se está entre nós, não o reconheceremos.

Nos dois exemplos citados, Gerald evoca, de modo diverso, mas com ceticismo semelhante, finalizações *ex-machina*, para além do luto e do "campo agonizante" do teatro, da arte, para além dos discursos do fim. Pois não se trata, no seu caso, de forjar (ficcional ou humanisticamente) saídas, cisões definitivas, mas sim de prosseguir "trabalhando o fim" em terreno complexo, instável, conflituoso.

Voltando a Yve-Alain Bois, e à aproximação entre Gerald Thomas e Robert Ryman sugerida inicialmente, é nesse "trabalhar o fim" que o lugar histórico de ambos os aproxima. Pois se Ryman, ciente do processo (em curso) de dissolução da pintura moderna, teve como resposta o esforço para protelá-lo "continuamente", "amorosamente", algo semelhante se dá no trabalho de Thomas.

E onde se lê pintura, no caso de Ryman, talvez se possa pensar também no teatro como um "campo agonizante onde nada jamais termina ou se resolve de uma vez por todas" (Yve-Alain Bois). Ou no campo literário – e em escritores como Proust e Beckett, por exemplo. Basta lembrar, nesse sentido, do estudo benjaminiano de *Em Busca do Tempo Perdido*, e do narrador proustiano, que se mantém agônico ao longo dos volumes que se sucedem. A sequência narrativa funcionando como um movimento amoroso e contínuo de adiamento dessa morte. O que, em Beckett, se manifestaria insistentemente, por exemplo, na tensão entre a impossibilidade e a imposição de continuar.

Mas há dinâmicas complexas nessas agonias. Daí, em seu comentário sobre M.O.R.T.E., Haroldo de Campos contrapor não apenas a sigla-título, mas também o réquiem elegíaco a Tadeusz Kantor (que é realizado no espetáculo), à força da evocação de Hélio Oiticica e ao ritmo de uma bateria de escola de samba "que irrompe, estrepitosa, no palco". Insinuando, assim, "um princípio esperança" (E. Bloch), um princípio formal contrastivo, em meio à intensa e irreverente pulsão de morte que conduz essa retomada geraldiana de *Hamlet*.

Uma revisitação shakespeariana movida a cortejos fúnebres, crucificação, cadáver no armário, facas nas costas, fuzilamento, mas com inserções, aqui e ali, de tamborim, cuíca, parangolé, preparando uma invasão massiva do espaço sonoro pela percussão. E apontando para o terreno compósito em que se configuram as complexas estruturas – de construção/desconstrução (vide Haroldo) – que orientam o processo de composição de Gerald Thomas.

DUBLAGEM/CITAÇÃO/OBSTRUÇÃO

Quando se pensa que data de agosto de 1984 a publicação por Haroldo de Campos de "Poesia e modernidade: da morte da arte à constelação. O poema pós-utópico"[5] – um ano apenas antes da estreia brasileira de Thomas com *Quatro Vezes Beckett* (Teatro dos Quatro, 1985) –, não é difícil entender a proximidade imediata que o poeta experimentaria com relação ao universo teatral da Companhia de Ópera Seca e de seu diretor e dramaturgo.

Neste ensaio, além da discussão da noção mesma de modernidade, Haroldo esboçou uma breve história da poesia moderna e contemporânea, pautada por um desejo de "presentificação produtiva do passado", de detecção de qual seria a "tradição viva" no âmbito do moderno, e adotando, nesse sentido, como perspectiva analítica, as respostas que escritores de culturas literárias diversas deram a *Um lance de dados*, de Mallarmé. Poema-constelação, caracterizado pela ruptura com "a estrutura fixa e estrófica", com "a medida tradicional do verso", e marcado pela "fragmentação prismática da ideia", caberia, desse ponto de vista, a experiências pautadas pela invenção formal a configuração de focos de releitura viva do poema. Como as de Arno Holz, Apollinaire, Ungaretti, Vallejo, Maiakóvski, Pound, Octavio Paz.

Mas Haroldo sublinharia outro aspecto do poema de Mallarmé – a dimensão utópica, a esperança programática –, que, diante do esvaziamento contemporâneo das utopias, teria que passar por redefinição significativa de perspectiva. Sem a dimensão messiânico-progressiva da modernidade, caberia às práticas artísticas contemporâneas ancorarem-se, agora, no presente e na apropriação crítica de uma multiplicidade de passados. Não à toa, convertendo-se artistas e escritores simultaneamente em historiadores e agentes da própria linguagem. Característica, nesse sentido, no campo das artes plásticas, é uma trajetória como a de Waltércio Caldas, por exemplo. E, no campo teatral, um trabalho como o de Gerald Thomas, no qual se mantém, no entanto, como "lacuna ativa" essa função crítico-utópica obstruída pelo presente alargado da contemporaneidade.

São exemplares, desse ponto de vista, as apropriações, por parte de Gerald, de peças como *Eletra*, *Hamlet*, *A tempestade*, refiguradas como *Eletra com Creta*, M.O.R.T.E., *Sturmspiel*. Na sua versão de *Hamlet*, por exemplo, lá estão Trudy (Gertrudes), Santa Félia (Ofélia), Cláudio, Hora-cio/Cristo Grávido, o Pai, e uma figuração metamórfica do protagonista – que é simultaneamente "Você", o Espectador, o Reizinho, Hamm, Hamlet. Dos monólogos hamletianos restam apenas recortes mínimos jogados em meio a falas quaisquer ou expostos como clichês vazios.

Como as citações textuais, os personagens também se veem jogados inesperadamente no palco. É o que acontece com Santa Félia e com o Cristo grávido. Já algumas das cenas shakespearianas se veem encenadas com os personagens trocados. Como o Hamlet que não se pode matar porque "infelizmente *Você* entrou nessa história por ali" (pela plateia) "e tornou-se, portanto, invulnerável". Como Trudy (Gertrudes) atravessando uma espada no corpo de Santa Félia e perguntando: "*Vocês todos conhecem o fim. Como se comovem?*".

Revisita-se a história teatral, mas para expor códigos e convenções de leitura e representação: "Os códigos estão nus e não estão envergonhados (pausa). Eu disse que os códigos estão nus e não sentem vergonha" (Trudy). Expõem-se códigos e chaves interpretativas, mas para obstruí-las e torná-las imprestáveis. Distribuem-se, assim, ao longo da peça, certos tópicos críticos privilegiados, enunciados, entretanto, sem maior desdobramento, e esvaziados de sentido: "A consciência. O que pode haver de mais complexo e irregular?"; "Ainda tentando polir essa retórica épico-racional... esses coveiros filosóficos... É isso que eles são: a doença da sociedade liberal". E, assim por diante, minando, como enquadramentos perversos, as referências e citações no momento mesmo de sua expressão.

Em *Eletra com Creta*, há um jogo particularmente explícito com citações de extração vária, mas de fácil reconhecimento, e cuja montagem em fluxo, coreografada milimetricamente, intensifica sua dimensão satírica. Observe-se a última fala longa de Bete Coelho na peça e o acavalamento musical de Roberto Carlos ("corro demais") e Caetano Veloso/Gal Costa ("meu mal/ meu bem") assim como evocações de Samuel Beckett ("tudo dito, tudo mal dito e malquisto"). Observe-se, igualmente, ao longo do texto, as repetidas tentativas de definir conflito, tragédia, fim. Sempre hipotéticas e abandonadas uma vez enunciadas.

O movimento de conceituação, no entanto, volta, sempre incompleto, aparentemente insatisfatório.

Quanto a *Sturmspiel*, se mantida reconhecível a estrutura dramatúrgica da peça shakespeariana, é interessante observar o "manuscrito" inserido no final. Nele, Próspero, enlouquecendo, com a voz estrangulada, tematiza exatamente a perda de esperança, a corrente de esperança e de não esperança se misturando, e dissolvendo-se, assim, a possibilidade de projeção utópica (no entanto latente na geografia da ilha, no projeto de restauração política):

A esperança era seu último vislumbre de esperança, mas, mesmo assim, um pouco frustrante, não era alto e claro o bastante para o ouvido humano. E no mais imaginando vários outros momentos sem imaginar outro extremo tão difícil de se imaginar, que mais uma vez seria impossível, mais uma vez seria simplesmente impossível, inimaginável e assim por diante [...].

Esse discurso, apropriado pelos atores, seria reproduzido de trás para diante, e "fazia sentido assim". Ao contrário das falas entrecortadas da maior parte dos monólogos de Thomas, nesse caso, a aparente normalidade expressiva se sustenta, no entanto, de repetições, de raciocínios incompletos, em meio a sintaxe aparentemente correta. De que restarão, porém, uma série de "ins" – *impossível, imaginar, inimaginável, imaginando* –, camada fônica sublinhada pela rapidez exigida na emissão vocal. Contraparte semântica de fácil decodificação, porém, pois o prefixo i-, in-, im- funciona como sinal de privação, negação, de sentido contrário.

Antes mesmo da reprodução ao avesso, o discurso já sublinha seu potencial de negação – começa com um vislumbre frágil de esperança, mas se vê tomado pelo movimento inverso. Como se outra voz habitasse a de Próspero – e invertesse os sinais iniciais do discurso. Nesse caso, uma forma quase surda de dublagem, operada via morfologia da língua. Mas que chama a atenção para procedimento dramatúrgico recorrente na escrita teatral de Gerald Thomas – a separação entre voz e corpo emissor. Como no emprego da voz em *off* extremamente característica de seus textos. Como a do cineasta Cacá Diegues, em *Ventriloquist*, dublada em cena por Bruce Gomlevsky e Fábio Mendes, e a pseudovoz de Paulo Francis (imitada por Thomas) em *Terra em trânsito*. Em geral é, no entanto, a voz reconhecível do encenador que ocupa esse lugar da intervenção em *off*. Por vezes, dublada por alguém. Por Fabiana Gugli em *Kepler, The Dog*, noutras ocasiões por Bete Coelho. Por vezes em diálogo (de fora) com o que se dá em cena. Com Luiz Damasceno em *Nowhere Man*, por exemplo. Ou numa sucessão de intervenções narrativas e de comentários às ações dos personagens de *Carmem com filtro*.

A dublagem atorial funciona, com relação à voz em *off* do diretor, como uma forma de obstrução da potência *ex-machina* dessas intervenções, que se tornam deslocadas, estranhas, quando apropriadas por esse corpo-outro. Um espelhamento propositadamente falho que sublinha, desse modo, uma teatralização da voz autoral, cuja continuada autoexposição configura camada discursiva peculiar no interior de textos diversos. Esse desdobramento enunciativo complexifica a textualidade já meio em abismo dessas peças – em meio a suas camadas diversas de referências, de jogos sonoros, construções e contrastes figurais. E sobretudo em meio a esse "escrever encenando-se" a que se referia Haroldo de Campos, processo evidenciado, como já se observou, nas indicações cênicas extremamente minuciosas ou na distribuição das falas usando-se o nome dos atores. Mas não só aí. E seria sobretudo via exposição/dublagem autoral que se criaria, regularmente, nesses exercícios dramatúrgicos, uma dobra discursiva na qual a escrita mesma se teatralizaria em voz. Não que assim se produza propriamente outro espaço, como assinala Gerald Thomas, descrevendo o seu método dramatúrgico em *Diário de uma peça* – para voltarmos a esse texto de juventude. Não é de outro espaço que se trata, mas sim de "outro território de falas e de escritas". Ou, procedimento-chave em sua experiência artística, a produção de um espaço que se vê enfatizado, tensionado, de um espaço com potencial "para a obstrução de outro". No limiar da negação, portanto.

GERALD THOMAS E ELLEN STEWART,
FUNDADORA DO LA MAMA, EM NOVA
YORK, *C*. 1986.

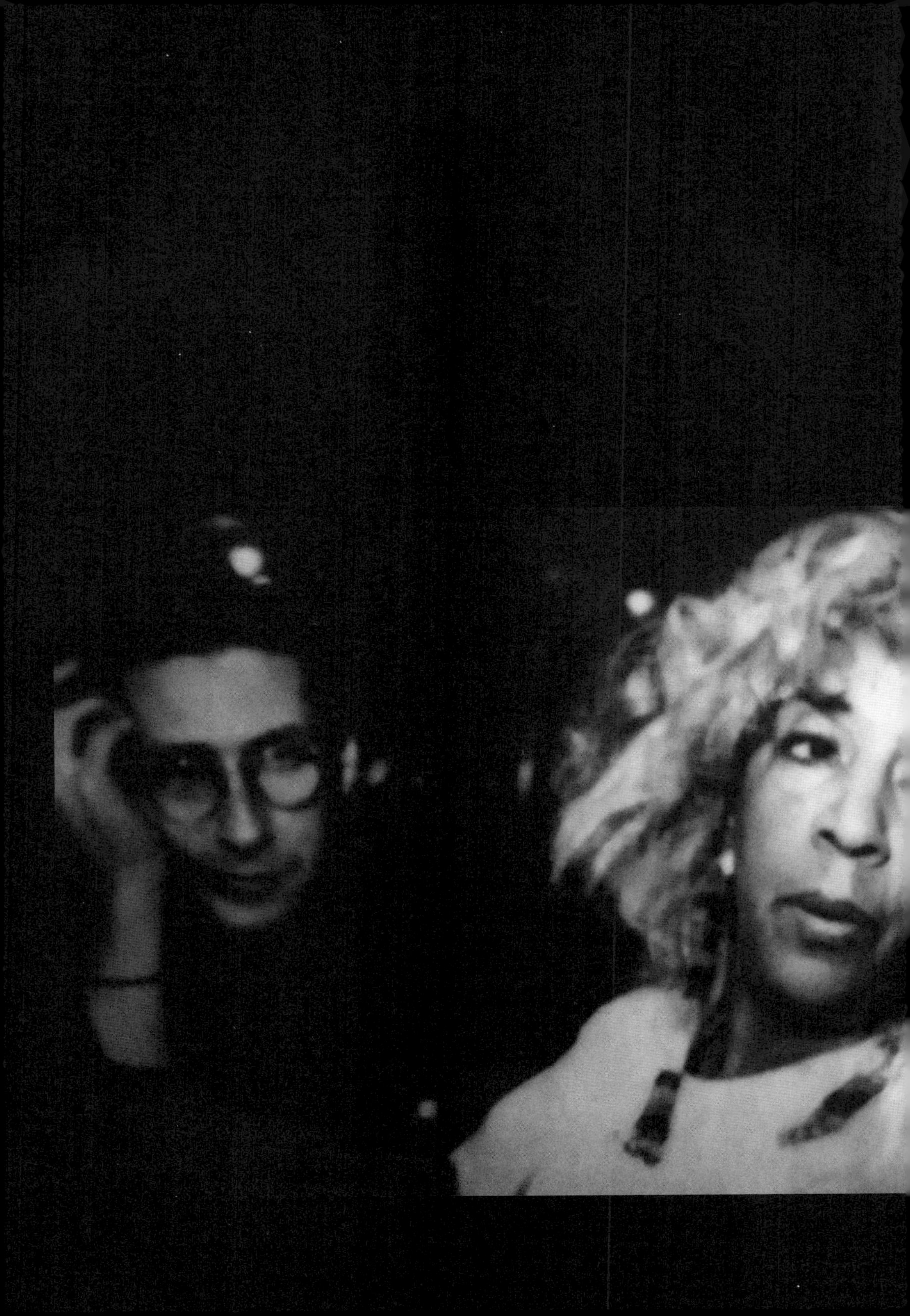

Olha, gente...
Eu... não moro no Brasil.
Amo e trabalho no Brasil
com muito orgulho!
É irônico porque,
apesar dessa enorme CONFUSÃO eterna
na qual o Brasil está metido, a de um
limpando ou lambendo ou metendo e
esporrando no cu do outro sem gozar,
gozando, e rindo, rindo de todos, agora,
em 2017, com a entrada de Donald Trump
numa casa muito BRANCA no país do qual
eu sou cidadão, tudo mudou. Tudo.
No teatro, é irônico porque... apesar de
querermos trabalhar, sempre parecem
querer colocar algum obstáculo, alguma
pedra no nosso caminho. Sim, porque isso
aqui é um trabalho laborioso de horas e
horas de disciplina e de esforço mental,
emocional e que cumpre uma tradição de
mais de três mil anos. "Antes da palavra"
quase.
Mas – justamente agora (é sempre esse
"agora" que me irrita) querem colocar
algum obstáculo, alguma pedra no
nosso caminho.
Desde Sófocles, por exemplo, eu sobrevivi
a tantos tribunais, a tantas Inquisições,
tantas Guerras Mundiais, conflitos locais,
emboscadas culturais, ditaduras,
oligarquias, proibições de todos os tipos
e, no entanto..., continuo de pé!
E tudo aqui nesses países maravilhosos
das chacinas e do RACISMO E DAS
PERSEGUIÇÕES e de tantas outras
atrocidades e injustiças... eu... eu...
Eu acabo sendo mesmo...
Sou como o Brasil. Sou como o mundo.
Não tenho solução.
Sou um problema.
Mas sou um problema *sensacional*.
Causo muita dor.
O teatro causa muita dor.
Mas somos como a própria natureza:
belos como o nascer e o por do sol,
e devastadores como um tsunami,
um terremoto,
um furacão.

Destruímos,
desconstruímos,
brincamos de estilhaçar tudo.
Mas essa lucidez toda vale a pena:
afinal, é ela que sobrevive através de todos
esses séculos, mesmo com essa tecnologia
toda agora
entrando como se fosse um pontapé no
nosso estômago.
Eu fico assim,
como o berro silencioso de Munch,
ou um soco de Muhammad Ali.
E quando dizem que ator não se emociona,
estão errados.
A gente se emociona, sim.

GERALD THOMAS
Bahamas, 23 de agosto de 2017
(baseado no monólogo final de Marco
Nanini em *Um circo de rins e fígados*)

"Será que eu estou brincando? Será que eu não estou brincando? Ou será que eu estou brincando? Eu não estou brincando! Ou será que estou brincando?" Claro, a gente vive o império das mil verdades, ou das meias verdades. Eu não sou hipócrita, isso eu não sou, faço questão de não ser. Agora se as minhas respostas são verdadeiras ou não, não importa. **Eu fiz um pacto com a mídia, eu não fiz o pacto com a verdade. E a mídia não fala a verdade, a mídia fala mentira, a mídia vende notícias falsas, notícia que é reportada pela mídia.**

Porque eu, como todo mundo, também sou vítima da mídia também. No sentido que eu olho, vejo a CNN dia e noite, leio todos os jornais – é um inferno!

Eu não acredito em remédio, mas tomo remédio. Não acredito em roupas, mas eu me visto. Eu não acredito num *look*, mas eu passo gel no cabelo. Em linhas gerais, tudo é ambíguo na gente, a gente tem de aceitar isso[1].

GERALD THOMAS EM ENTREVISTA À JORNALISTA
LORENA CALÁBRIA, MULTISHOW, PROGRAMA *BATE
PAPO DIGITAL*, 20 DE AGOSTO DE 2001.

DIARY OF A PLAY —

What I speak is pure grace is pure charm. Virtuoso. Given to me, lent, given to me for a limited period. What I speak is pure grace, is pure charm, but is revisited. Revisited and misguided by a lead, for a while, then corrected, all is well. It hangs in a limbo beyond and beyond and beyond.

If I speak as I write, then I write on sand. With a big stick. If I write and then speak it I seem to be nowhere. Revisited. Misguided then corrected. All is well. When I speak and I speak of sand revisited, then corrected, it is framed. It is framed with grace. Pure charm.

I'm sure the impression is overall a good one. I'm sure the impression is what will never be seen again. Stupid warfare! One of words, one of given words, lent, given to be taken back. In a frame of its present form. Stupid warfare! One revisited, revisited, revisited. One held in contrast with a frame or its present form.

When I speak its pure grace its pure virtue. It's a lead that is given, taken, lent, given, sent to a territory of beginings. It's a lead that is sent for the sake of obstruction of another territory of beginings. It's revisited, it's corrected, all is well. And its vast. And its vastness is an obstruction of another virtue, one that leads then is given, taken, given, sent for the sake of imprinting memories, that which the eye can see, that which the eyes can see as terrible beginings, the awful ones, the weak ones, the ones that don't sum up to the grand total of the vastness of the others. Like the passport of the sea. Like the sense of space. A SPACE ! For the obstruction of anoher. Not another space. Another territory of speakings and of writings, but not of space. It's corrected, its rewritten, all is well.

London April 1973, Pulney Swis

Its rewritten but its far from being well. Its not vast
xxxgh enough to be so well, even when corrected.
When corrected the overall is well. When revisited the
overall is well. When contrasted its so well it xxxxx
serves as obstruction and may never be seen again. Not always
so. Not in the case of sand or space. Nx Not in the case of
a framed sand or a given space, be it a lead, or its present form.

Its a territory of beginings. Obligations. Trial and error.
If I try as I speak then I speak nowhere. If I try and frame it
its a gest, one that perpetrates the land of trial and error.
If my errors as I speak are grace, are virtues, they oblige,
they subsist as in trial, the one that fails. One that the
eye can see. One that the eye can send away for duty elsewhere.
For duty as obscure as that which is pressuposed by obscure
when the eye can't see. When the eye cannot send back or fluctuate
with space. For the obstruction of yet another. And another.
Another territory of speakings and of writings, not of space.

                                                London, 1973.

DIÁRIO DE UMA PEÇA

O que falo é pura graça, é puro charme. Virtuoso. Me foi dado, emprestado, me foi dado por tempo limitado. O que falo é pura graça, é puro charme, mas é revisitado. Revisitado e desencaminhado por um protagonista, por certo tempo, depois corrigido, e tá tudo bem. Paira em um limbo além e além e além.

Se falo como escrevo, é que escrevo sobre a areia. Com um pedaço de pau. Se escrevo e depois falo, pareço estar em lugar nenhum. Revisitado. Desencaminhado, depois corrigido. Tá tudo bem. Quando falo e falo da areia revisitada, depois corrigida, ela é emoldurada. Emoldurada com graça. Puro charme.

Estou certo de que a impressão geral é boa. Estou certo de que a impressão é o que nunca mais será visto. Guerra imbecil! Guerra de palavras, guerra de palavras dadas, emprestadas, dadas para serem retomadas. Emolduradas ou na forma presente. Guerra imbecil! Guerra revisitada, revisitada, revisitada. Que se dá em contraste a um enquadramento ou à forma presente.

Quando falo, é pura graça, é pura virtude. É um protagonista que é dado, tomado, emprestado, dado, enviado a um território de inícios. É um protagonista que é enviado por causa da obstrução de outro território de inícios. É revisitado, é corrigido, tá tudo certo. E é vasto. E sua vastidão é a obstrução de outra virtude, o que protagoniza então é dado, tomado, dado, enviado para gravar memórias, aquilo que o olho enxerga, aquilo que os olhos enxergam como temíveis inícios, horrendos inícios, fracos inícios,

inícios que não se somam à grande totalização da vastidão dos outros. Como o passaporte do mar. Como a sensação de espaço. Um espaço para a obstrução de outro. Não outro espaço. Outro território de falas e de escritas, mas não de espaço. É corrigido, é reescrito, tá tudo bem.

É reescrito, mas está longe de estar tudo certo. Não é vasto o bastante para ficar tão bem, mesmo quando corrigido. Quando corrigido, o todo fica bem. Quando revisitado, o todo fica bem. Quando contrastado, fica tão bem que serve de obstrução e, quem sabe, nunca mais seja visto. Nem sempre é assim. Não no caso da areia ou do espaço. Não no caso da areia emoldurada ou do espaço dado, seja um protagonista ou sua forma atual.

É um território de inícios. Obrigações. Tentativa e erro. Se eu tento enquanto falo, então falo em lugar nenhum. Se tento e emolduro é um gesto, gesto que perpetua a terra da tentativa e erro. Se meus erros enquanto falo são graça, são virtudes, se compelem, eles subsistem como em um julgamento, aquele que falha. Aquele que o olho enxerga. Aquele que o olho pode enviar para cumprir sua função em outro lugar. Para função tão obscura quanto a que se pressupõe obscura quando o olho não enxerga. Quando o olho não pode devolver ou flutuar com o espaço. Para a obstrução de mais um. E mais um. Outro território de falas e escritas, não de espaço.

Londres, 1973.

How confined it seems for the newly arrived!

What kind conveys the kind that sings that
makes a treaty kind enough for those who swing
from ropes high alt. What author am I thereon
to dirt and backwards feels his doom upon him.
The kind that sings, I'm sure, or merely
separates "tordant" the mates stricktly
bound as loud as ground and there forever.

Forever!
What is it I master that enhances this
profession as if NO DEPTH, TOO DEPTH, TOO FAR
and that prevents them from seeing it is ACTING
after all that (pause) resembles me most deeply
Constrictively so suddenly at this age I seem to
have arrived.

O'Lord!
Oh, Lord; how great I AMFULL so
perspectively no scene shall ever doubt
my mastery of disguise! INDEED!
It's contemporary, so they claim, so
what am I to do?

Grotesque, Thy Lord. Grotesque!
Ground and there forever I knelt before
Thee. I watched in deep discomfort the
oders of romance. I begged for time to
let me loose while they portrayed; I sobbed
as they obbeyed their final curtain call,
two hours, then the fall, in what once
was my best play.

HUNTING SEASON

The one I awsomely conceived when words
progressed and I did not and time caught up
with me and me could not Tarzan and Jane have
gratified at all when after all they spoke
so me that pain arose on my behalf and
crushed I felt the lines had bent, Good Heaven!
no, they bend no more.

However so, a storm arose forever ground
and blushed the Tarzan out of me, of this,
us all which saw transformed into my words
giKantic thoughts, whence I belonged,
please! words of tricks, no gimmicks, not,
for heavens prove that gates pertain to Lords
who gain and who gain not this author when
he reaches his backstage.

Understand and blame me not if the plot that
some forgot were attributed to me, though
strange as it may be, for those who
delivered not were abroad in battles shot and
though dozens battle tight with a truth whatever
might will consider it profound, Oh Thou Lord,
the battleground, "SO DISGUSTING" they will
shout, through the glass in which without,
it defined, or did it not, the thin edges of
romance.

At once comfort broke away from what act
conceived what strokes, as I did not, hence
did it then proceed to finalize a deed and
criticize my way of throwing sand and
SCRATCH THE SURFACE OF THEIR BOUT.

Sincere, Thy Lord, sincere!

I must confess disguise as mysteries
Arise when they confided plans I had indeed foreseen!

"A TREATY" they proclaimed!
"JUST WORDS", I sustained for an image
they believes of me correct.
"JUST WORDS", I stressed again, for a time,
but how in vain... So, treaties they became
and my voice in utter shame far removed from me
and where I stood, a mood perhaps a small,
untraceable a ball that rolls no aim from hence
to forth to try again this time with irony.
O'such are the statements! Thus in vain,
the times I had when Alonso came up with strokes
of comfort though so small so big for that big
hall, and the altitude now seems just a dash
from where it means to be the concepts that now
rule my plays will come about to stage, an army
occupies this place, no moves, in rage to be,
but slow a scene at centrestage erode the
bending of their time.

How confined this siege appears to the newly
arrived... how ODD it is to live off ground
while mutilation of all kinds seems to rarify
the air outside...

O'such are the statements!

TEMPORADA DE CAÇA

Que limitado parece aos que recém chegaram!

Que tipo transmite o tipo que canta, que faz tratados do tipo que atende àqueles que balançam ao contralto. Que autor sou eu, doravante, para sujar e sentir a montante sua sina sobre ele. Do tipo que canta, tenho certeza, ou que apenas distingue "ruidosos" os colegas estritamente atados ao grito e ao piso e lá para sempre.

Para sempre!
O que é isto que domino que eleva essa profissão à SEM PROFUNDIDADE, ao MUITO PROFUNDO, AO LONGE e que os impede de ver que é o ATUAR, enfim, que (pausa) me lembra tão profundamente
Constritivo repentino nesta idade à qual parece que cheguei.

Ó, Senhor!
Oh, Senhor, quão grande TANTOSOU tão
perspectivamente cena alguma há de duvidar
minha mestria nos disfarces! SIM!
É contemporâneo, assim afirma, portanto
o que faço eu?

Grotesco, Teu Senhor, Grotesco!
Ao chão e lá para sempre ajoelhei-me diante
de Ti, observei em profundo desconforto as
oders do romance. Implorei por tempo para
libertar-me enquanto representavam; gemi
ao obedecerem a última chamada ao palco,
duas horas, então a queda, no que já fora
minha melhor peça.

Aquela que concebi incrivelmente quando palavras
progrediam e eu não e o tempo encontrou
a mim e mim não conseguia, Tarzan e Jane já
satisfizeram a todos quando depois falaram
então mim, que aquela dor surgiu em meu nome e
esmagado senti as linhas que haviam cedido, Pelos Céus
não, não mais cedem.

Todavia, uma tempestade se ergueu para sempre chão
e corou o Tarzan fora de mim, disto,
nós todos que vimos transformados em minhas palavras
pensamentos gigantes, de onde fiz parte,
por favor! palavras de truques, sem artifícios, não,
pelos céus, prove que portões dizem respeito a Senhores
que ganham e não ganham este autor quando
ele chega aos bastidores.

Entenda e não me culpe se a trama que
alguns esqueceram a mim foi atribuída, embora
por estranho que pareça, àqueles que não
conseguiram estavam no estrangeiro em batalha alvejados e
embora dezenas batalhem firme com a verdade que
possamos considerar tão profunda, Ó, Tu, Senhor,
o campo de batalha, "QUE NOJO" eles hão de
gritar, pelo vidro no qual sem ele,
definia, ou não definia, as beiradas magras do
romance.

De uma vez o alívio escapou-se do ato que
concebeu o que aconchega, tal como eu não, daqui que
então procedeu a finalizar um feito e
criticar meu modo de jogar areia e
RASPAR A SUPERFÍCIE DE SUA CONTENDA.

Sincero, Teu Senhor, sincero!
Tenho que confessar disfarces como mistérios
surgiram quando seus planos confiados eu havia previsto de fato!

"UM TRATADO", proclamaram eles!
"SÓ PALAVRAS", sustentei por uma imagem
eles acreditam em mim correto.
"SÓ PALAVRAS", ressaltei de novo, por algum tempo,
mas muito em vão... Assim, tratados se tornaram
e minha voz, em total vergonha distanciada de mim
e de onde eu estava, um humor talvez pequeno,
irrastreável, uma bola que rola sem rumo daqui
para lá, para tentar de novo, desta vez com ironia.
Ó, tal é o que se afirma! Assim em vão,
os tempos que tive quando Alonso veio com afagos
de carinho, embora tão pequenos, tão grandes para aquele grande
salão, e a altitude agora parece apenas uma arremetida
de onde devem estar os conceitos que agora
regem minhas peças e virão ao palco, um exército
ocupa este local, sem movimentos, em ira por ser,
mas lenta uma cena no centro do palco corrói o
torcer de seu tempo.

Que limitado parece este cerco aos que recém
chegaram... que ESTRANHO seria viver fora do chão
enquanto mutilações de todo tipo parecem rarefazer
o ar lá fora...

Ó, tal é o que se afirma!

CARMEM COM FILTRO 2

ESTREIAS
**OUTUBRO DE 1988, NO
LA MAMA, EM NOVA YORK**

**MARÇO DE 1989, NO TEATRO
NELSON RODRIGUES, NO
RIO DE JANEIRO**

**MAIO DE 1989, NO WIENER
FESTWOCHEN, EM VIENA**

**ABRIL DE 1990, NO TEATRO
RUTH ESCOBAR, EM SÃO PAULO**

**OUTUBRO DE 1990, NO TEATRO
SÃO PEDRO, EM PORTO ALEGRE,
E NOVAMENTE NO TEATRO NELSON
RODRIGUES, NO RIO DE JANEIRO**

CRIAÇÃO, DIREÇÃO E ILUMINAÇÃO
GERALD THOMAS

CENÁRIO E FIGURINO
DANIELA THOMAS

ELENCO
**BETE COELHO, LUIZ DAMASCENO,
EDILSON BOTELHO, MAGALI
BIFF, MARCO STOCCO, DOMINGOS
VARELA, JOAQUIM GOULART,
KITI DUARTE, OSWALDO BARRETO,
SIMONE CORREA, MALU PESSIN,
ANA KFOURI E LOU GRIMALDI**

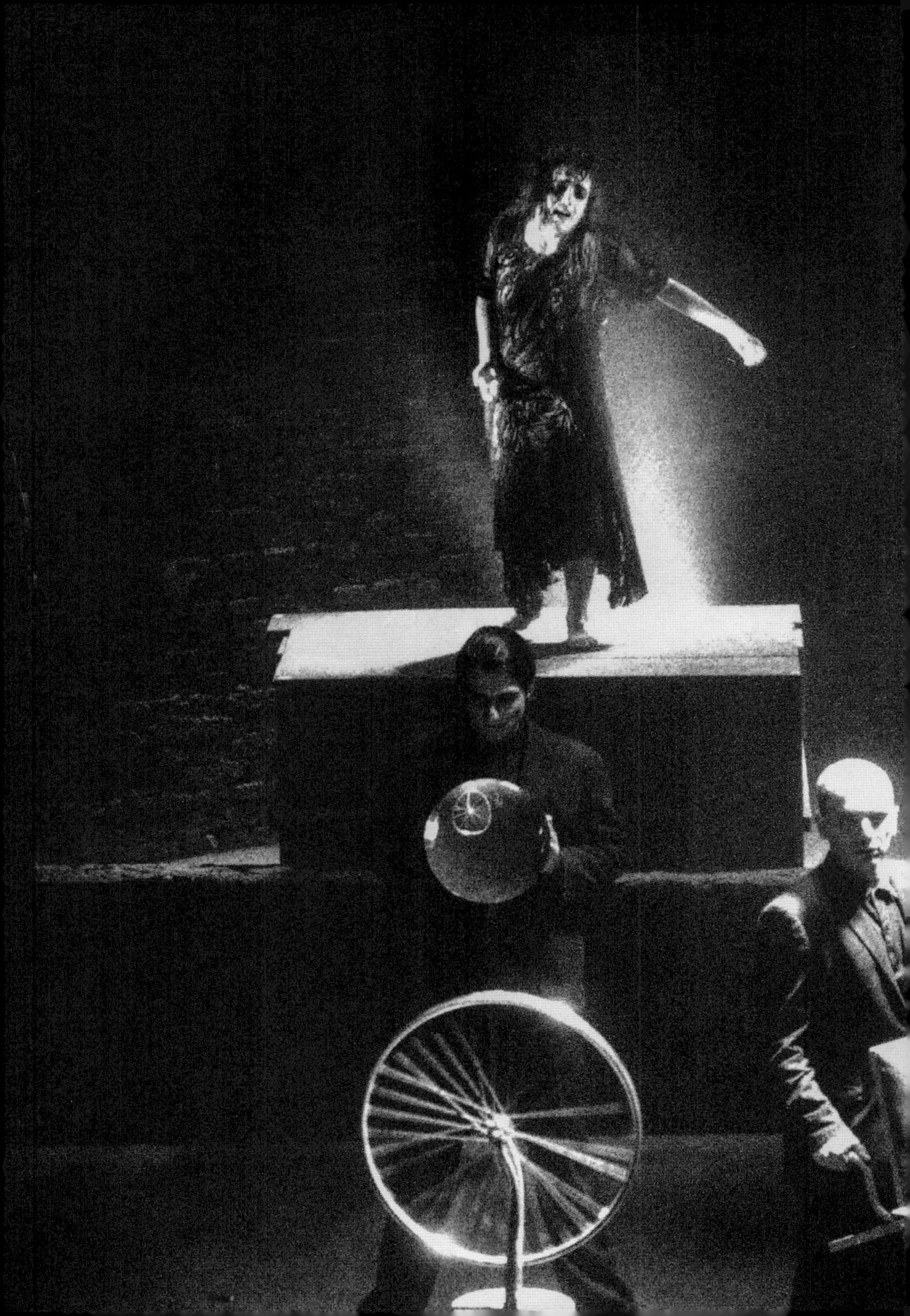

"CARMEM", A OUSADIA VOLTA AOS PALCOS APÓS 15 ANOS

EDÉLCIO MOSTAÇO PARA O CADERNO "ILUSTRADA" DO JORNAL *FOLHA DE S.PAULO* DE 19 DE JULHO DE 1986

Gerald Thomas tem ódio do realismo. Ele sabe, como toda a vanguarda histórica não se cansou de repetir, que não é a atividade teatral que é artística, mas a linguagem nela empregada que propicia criações poéticas. Por isto investe firme nos procedimentos.

"Carmem com Filtro" evidencia-se como a mais arrojada criação em palcos paulistas desde há quase quinze anos – época triunfante de José Celso Martinez Corrêa e o teatro Oficina. Se aquele movimento foi "hot", a atual criação de Thomas insurge-se "cool"; e para ser exato, "light". Não é outra a intenção do filtro interposto entre a proto-heroína e seu público.

Síntese de muitas outras "Carmem" (a novela de Merimée, a ópera de Bizet e vários filmes), o espetáculo incorpora, também, a dimensão mítica e de fetiche exercida pela obra e a personagem-título ao longo de sua existência, destilando isso tudo como uma baforada de fumo – mas não de tabaco. Interpõe o amor como um vício, a paixão como uma dependência, o mistério do sexo como um sortilégio mágico.

Pensado junto com Heiner Müller (autor de *Quartett*, peça livremente inspirada nas *Relações Perigosas*, de Laclos, que o diretor já encenou em Nova York no ano passado e está ensaiando no Rio), o espetáculo de Gerald e Daniela Thomas nasceu como ópera-seca. Ou seja, uma fruta-passa: todos os ingredientes substanciais da matéria ali estão, menos o melado, a gosma, o melodrama. Neste sentido é possível dizer que essa "Carmem" originou-se depois de 1981, consequência do brilhante espetáculo operístico "A tragédia de Carmem", dirigido por Peter Brook, onde cinco elencos diferentes levaram na Europa e EUA uma versão enxuta da obra de Merimée-Bizet.

INTERVENÇÃO TEATRAL

A excelência do trabalho de Gerald e Daniela insurge-se sob vários aspectos: na requintada visualidade (cenografia e figurinos trabalhados em função do desgaste do tempo), na iluminação (rearticulando diferentes dimensões dentro da caixa preta do palco), na superposição das narrativas (d. José move-se a partir da ópera; Carmem a partir do mito), na articulação das diferentes expressões artísticas possíveis ao teatro (a pintura, a escultura, a música, a gestualidade, os odores, o desempenho dos atores etc.). Mas todos estes procedimentos poderiam ser meros exercícios formais se não estivessem embasados em uma visão estética ou não propusessem uma intervenção teatral.

Buscando o fluxo de sentidos que alimenta o banco da memória, a realização pretende construir uma metáfora incessante. Usa do minimalismo o método (se assim pudermos dizer das pausas exasperantes, da desrealização espaço-temporal, dos gestos diminutos, das repetições obsessivas) e da síntese melodrama-expressionismo a externalização (se assim pudermos dizer dos desempenhos dos atores, das ressonâncias cenográficas, dos contrapontos narrativos). Bergson (a duração) e Bachelard (a poética dos sonhos, do espaço) são filósofos que endossariam este espetáculo. Do mesmo modo que Joyce ou Beckett, cujas alegorias se aparentam em semelhante universo poético.

Inegável coragem estética e de produção (o espetáculo apresenta-se em horários alternativos), "Carmem com Filtro" destina-se a marcar a temporada. Materializa para nós brasileiros quinze anos de pesquisas teatrais que, por variados motivos, que vão da censura ao provincianismo, deixamos de acompanhar em relação ao resto do mundo. Daí, talvez, sua chocante novidade e agradável convite para o público repensar seus padrões teatrais. Com os filtros da pós-modernidade.

CARMEM COM FILTRO 2 - 70 | 71

HAROLDO DE CAMPOS PARA O CADERNO "ILUSTRADA" DO JORNAL *FOLHA DE S.PAULO* DE 13 DE MAIO DE 1990

THOMAS LIBERTA CARMEM DE SEU MITO DE ORIGEM

Uma (ostensiva) madona ginecológica em cena aberta.

Uma roda-totem (Duchamp) que é uma roda é uma roda é uma roda até que uma bicicleta (seu duplo de rodas) lhe ande à roda e ela fique tão simplesmente uma (o que ela é) roda.

Uma Carmem crucifixa entre farricocos desencapuzados que a levam em procissão fúnebre-nupcial. *"Carmem est maigre, – untrait de bistre/ Cerne son oeil de gitana./ Ses cheveux sont d'um noir sinistre,/ Sa peau, le diable la tana"* (Théophile Gautier). (Carmem é magra, – orla de bistre/ Frisa-lhe o olho gitana./ Cabelos de um negro sinistro,/ Sua pele, bronzeou-a Satã).

Não, esta Carmem 2 (Bete Coelho) não tem o olho de cigana nem a pele morena de sol andaluz como a de Gautier (e a de Merimée/Bizet). É uma Carmem expressionista, uma pierrette translunescente, travestida de Carmem como se Edvard Munch tivesse reimaginado a sevilhana voluntariosa em gótico recorte preto e branco de filme de Murnau. Taconear no peito de Nosferatu, o morto vivo (o teatro?). Vampirizar o vampiro?

É uma Carmem que se desconstrói, se questiona, não se conforma com o *Urbild* de seu mito. Quer reescrever-se como história, rejogar-se como jogo: porém com cartas não marcadas.

Tudo se passa num labirinto desconcertante de conexões e desconexões, onde um monge-bruxo de Jeronimus Bosch pode cruzar com o traído tenente José e uma capa vermelha se afoga na tinta escura de Zurbarán.

Afinal: Disparates de Goya encenados com disparos de bateria minimalista atravessando a música monumental de Wagner.

E aquele colégio de penitentes sonoristas, lêmures cujo coro de rumores é regido pelos gargarejos de um maestro obstinadamente tartamudo?

Como Mme. Bovary para Flaubert, para Gerald Thomas: *Carmem c'est moi*.

Carmem c'est le théâtre. O teatro. Livrá-lo, a ele, do ranço de seu velho discurso desamoroso. Como, a ela, libertá-la do seu mito de origem (contratipado no de Helena, grega e goethiana): *femme fatale*.

Ao invés de especular sobre o Eterno Feminino, esquadrinhar o Interno do Feminino.

A equação está aí. Basta resolver-lhe as incógnitas.

A verdade é vertiginosa. "O vero" – já dizia Hegel – "é o delírio báquico". *Das Wahre ist so der bacchantische Taumel*.

'TANT PIS' PARA QUEM NÃO ENTENDE

Uma – levitante – mesa de Salvador Dalí, que pode ser távola ou lampadário, mas que de tão visível se invisibiliza: baldaquino suspenso sobre uma insinuada quarta dimensão. Abajur esotérico?

Uma biblioteca – nave de catedral? – que terá sido sem dúvida o Gabinete de Leitura do Castelo fantasma de Franz Kafka.

Entre os alfarrábios, almagestos e incunábulos que se escondem nas impassíveis prateleiras haverá, sem dúvida, uma edição príncipe – árabe-hebraico-espanhola do "Guia dos perplexos" de Maimônides. (É pena, nada permite crer que se trate de uma Biblioteca Circulante. *Tant pis* para o respeitável público...)

CARMEM COM FILTRO 2 — 74 | 75

CENÁRIO

Uma enorme biblioteca com uma mesa suspensa no teto.

L	Lillas Pastia
M	Marco
JI	José I
JII	José II
B1	Bruxa 1
B2	Bruxa 2
B3	Bruxa 3
Z	Zuniga
MOR	Morales
MIC	Micaela
E	Escamillo
C	Carmem
S	Santa

ANTES DO TERCEIRO SINAL, JÁ ESTÁ EM CENA O BIBLIOTECÁRIO, QUE ANOTA TÍTULOS DE LIVROS EM UM CADERNO DE REGISTROS. É DADO O TERCEIRO SINAL. APAGA-SE A LUZ DA PLATEIA. O BIBLIOTECÁRIO ANOTA OS TÍTULOS DOS LIVROS DA ESTANTE À ESQUERDA DO PALCO. PELA DIREITA, ENTRA LILLAS PASTIA CASUALMENTE - MUITO CASUALMENTE - E PEGA UM LIVRO EM OUTRA ESTANTE. FALA COM O BIBLIOTECÁRIO. COCHICHAM. ABANAM A CABEÇA COMO SE ESTIVESSEM CONTANDO UMA TRAGÉDIA. HÁ UMA MANCHA DE SANGUE NO CANTO. MICAELA ENTRA COM UM BALDE E UM PANO DE CHÃO PARA TIRAR A MANCHA DO TAPETE. AJOELHA-SE. NÃO ESFREGA. OLHA FIXAMENTE PARA LILLAS PASTIA. O BIBLIOTECÁRIO APONTA PARA O CANTO ONDE ESTÁ MICAELA. AMBOS ANDAM EM DIREÇÃO A ELA. LILLAS PASTIA OLHA-A FIXAMENTE. O BIBLIOTECÁRIO VOLTA AOS SEUS AFAZERES. LILLAS PARA NO MEIO DO PALCO, OLHA PARA MICAELA, QUE TAMBÉM O OLHA FIXAMENTE. ENTRA SIMONE, ENTREGA UM BILHETE AO BIBLIOTECÁRIO, QUE O LÊ E A SEGUE, SAINDO AMBOS DE CENA RAZOAVELMENTE RÁPIDO. JOSÉ II, EM SITUAÇÃO DE QUASE PÂNICO, ESGUEIRANDO-SE PELA PAREDE DO FUNDO, ENTRA, PEGA MICAELA POR TRÁS E A TIRA DE CENA.

LILLAS PASTIA E MICAELA AINDA CONGELADOS. LILLAS, DEPOIS DA
RETIRADA DE MICAELA, VOLTA PARA ESTANTE DA DIREITA. MARCO
ENTRA PARA PEGAR UM LIVRO NA ESTANTE DA ESQUERDA. LILLAS
NOTA A PRESENÇA DE MARCO.

    L Helena?

MARCO FAZ QUE SIM COM A CABEÇA.

    L *Oui, oui.* Fausto começa a se arrepender e Mephisto, ou Helena em Shakespeare, ou Marlowe, ou *dans la Gréce [recitando] all in transition/is but reflection/what is deficient/here becomes action/human discernment/here is passed by/woman eternal/draw us on high.*
    M *[para o público]* Muito confuso. *[Para Lillas Pastia.]* Ventre. Invadir. Grotesco. *[Lillas não entende português. Marco fala silabando.]* Ven-tre. In-va-dir. Gro-tes-co. *[Tenta por meio de gestos.]* Ventre. Invadir. Grotesco. *[Nenhuma resposta.]* Alienígena *[Ao dizer alienígena, Marco descreve um arco, o que deixa à mostra o revólver que leva na cintura. Ele fica com o braço no ar imobilizado. Lillas pega o revólver e guarda consigo. Marco, indicando a mesa suspensa no cenário, leva Lillas um pouco para a frente, solta-o, avança para o proscênio e, ainda indicando a mesa, fala para o público.] La table.*
    L *[pegando Marco e levando-o em direção à mancha no tapete]* Carmem. Carmem *es una* consequência, como muitas. Algumas são uma consequência lógica de *la mitologia*... Outras, simplesmente da *misinterpretation: Helene était honorée comme une deesse avec Ménèlas en plusieurs endroits du Péloponnèse, à Sparte, Argos, Amyclées, Théocrite, Platon.*
   JII *[entrando à direita] Helene tantôt le type immortel de la beauté, tantôt le prétexte à une voca... A une évocation piquante et légèrement grivoise.* Carmem, est...

SIMONE ENTRA PELA DIREITA DO PALCO, INTERROMPENDO A CENA.
QUANDO ELA ESTÁ NO MEIO DO PALCO, OUVE-SE O PRIMEIRO TOQUE
DE TELEFONE. CENA CONGELA. *BLACKOUT*. FOCO NO TELEFONE
NO CHÃO, À DIREITA, QUE TOCA INSISTENTEMENTE. MÚSICA DE
PHILIP GLASS. À DIREITA, JOSÉ I E JOSÉ II CAMINHAM LENTA
E AGONIZANTEMENTE PARA O TELEFONE. NO ANDAR SUPERIOR,

AO CENTRO, CARMEM DANÇA SOZINHA. QUANDO JOSÉ I ATENDE O
TELEFONE, JOSÉ II CAI NO CHÃO E, LENTAMENTE, ARRASTA-SE
PARA FORA DA CENA. CORTE BRUSCO DO SOM. *BLACKOUT* NO ANDAR
SUPERIOR. JANELA À ESQUERDA É ABERTA: LUZ AZUL. ENTRA A
PRIMEIRA NARRAÇÃO.

    1ªN   [*voz em* off *de Gerald Thomas*] Oh... I think that's...

DURANTE A NARRAÇÃO, JOSÉ I, COM O TELEFONE, ANDA ATÉ A
JANELA ABERTA. AO FINAL, JOGA-SE JANELA ABAIXO. *BLACKOUT*.
A JANELA É FECHADA. TRÊS BRUXAS ESTÃO NO PALCO.

    B1   Ele acha que é só isso.
    B2   O que há com ele?
    B1   Caiu do céu.
    B2   Estava voando... Um acidente.
    B3   Sentia-se só. Abandonou os vícios. Agora volta e espera acabar acompanhado.
    B1   Um cruzado novo.
    B2   Um cruzado novo? Você é louca? Acabam com a gente. Qual é o seu problema?
    B1   Nós esperamos. Estamos cansadas. Nós não protestamos e temos a sorte de saber a resposta.

BLACKOUT. MARCO ENTRA PUXANDO JOSÉ I MORTO EM UM CARRINHO.
ATRAVESSA O PALCO DA ESQUERDA PARA A DIREITA. ANTES DE SAIR,
ELE PARA. DURANTE O TRAJETO, ENTRA A SEGUNDA NARRAÇÃO.

    2ªN   [*voz em* off *de Gerald Thomas. José I morto no carrinho*] A última coisa que ele ouviu foi: É... Acho que acabou. Um dia eu te conto tudo... Quem saberia descrever um ser vivo? Um ser que tenta primeiro expulsar a busca do espírito expulso nas mãos... Hum. Parece ter perdido a conexão espiritual. É... Um dia eu te conto tudo.

MARCO SAI PUXANDO O CARRINHO. *BLACKOUT*. CARMEM ESTÁ MORTA
NO CANTO, JUNTO À MANCHA DE SANGUE, SENDO VELADA POR ZUNGA
E LILLAS. ZUNIGA COLOCA UM RAMALHETE DE ROSAS VERMELHAS
SOBRE CARMEM. AO FUNDO, SOB A JANELA, JOSÉ II ESTÁ AJOELHADO

EM FRENTE AO FOCO DE LUZ QUE VEM DA PAREDE E, COMO NO MURO DAS LAMENTAÇÕES, FAZ UM GESTO COM O BRAÇO E A CABEÇA UMAS DOZE VEZES. AO VER CARMEM SENDO VELADA, LEVANTA-SE, VAI PARA O PROSCÊNIO E ANDA DE UM LADO PARA O OUTRO.

> **JII** Confuso. Muito confuso... *Très confus*... Confuso... Muito confuso... *Très confus*.

BLACKOUT. CARMEM APARECE SOZINHA JUNTO À PORTA DO FUNDO. JOSÉ II CONTINUA NO PROSCÊNIO, CONFUSO. *BLACKOUT*. NOVAMENTE, CARMEM APARECE JUNTO À PORTA, AGORA ACOMPANHADA POR TODOS OS PERSONAGENS, QUE FORMAM UM PAREDÃO JUNTO AO CENÁRIO. JOSÉ II AINDA NO PROSCÊNIO.

> **JII** Confuso. Muito confuso... *Très confus*... Confuso... Muito confuso... *Très confus*.

BLACKOUT. VIA-CRÚCIS COM SAMBA. DE COSTAS PARA O PÚBLICO, COM UMA LANTERNA, SIMONE ILUMINA CARMEM JUNTO À PORTA, QUE ESTÁ NO MEIO DO PALCO, DIRIGINDO-SE PARA O PROSCÊNIO, EMPURRADA PELO ESPELHO QUE MALU CARREGA. AO CHEGAR AO PROSCÊNIO, JÁ DE JOELHOS, CARMEM É ILUMINADA POR LUZES LATERAIS. LANTERNA E ESPELHO SOMEM NA ESCURIDÃO DO FUNDO DO PALCO. NO FINAL DO SAMBA, ESCUTA-SE O BARULHO DE PORTA BATENDO. LUZ GERAL.

CENA "O BURACO DO XIXI"

A MÃE ESTÁ DE COSTAS, APOIADA NA PAREDE, JUNTO À PORTA; JOSÉ II ESTÁ ENCOSTADO NA ESTANTE, À DIREITA, ONDE HÁ UM RÁDIO; MICAELA ESTÁ DEITADA PRÓXIMA À MANCHA DE SANGUE, NUA DA CINTURA PARA BAIXO, EM POSIÇÃO SEMIGINECOLÓGICA (EM REFERÊNCIA A *ÉTANT DONNÉ*, DE DUCHAMP); CARMEM LEVANTA-SE E SAI PELA ESQUERDA DO PALCO, DE ONDE ENTRA JOSÉ I, QUE, ATRAVESSANDO O PALCO, DIRIGE-SE PARA O RÁDIO E O DESLIGA. *BLACKOUT*.

CENA: "TEM FOGO, MORALES?"

ZUNIGA E MORALES ESTÃO NO ESCURO. ZUNIGA TEM UM CHARUTO.

    z   Tem fogo, Morales?
  MOR *[acendendo um isqueiro e "iluminando" a cena]* Aqui!

BLACKOUT. JOSÉ I E JOSÉ II NO ESPELHO. FRENTE A FRENTE, OS DOIS FAZEM GESTOS IDÊNTICOS. A MÃE, ENTRE ELES, EMPUNHA O ESPELHO E, COM GESTOS BRUSCOS, EMPURRA OS DOIS PARA A AÇÃO, DEPOIS DE OS DOIS SE ARRUMAREM. MAIS UMA AJEITADA NO CABELO. OS DOIS SENTEM VONTADE DE ESPIRRAR, O ESPIRRO NÃO VEM. E NÃO VEM. E NÃO VEM. A MÃE SE DESESPERA COM O ESPELHO ATÉ QUE, FINALMENTE, OUVE-SE UM ESTRONDOSO DUPLO ESPIRRO.

  OS DOIS AAAAtchim!
    JI *Shit!*

JOSÉ II VIRA ESCAMILLO. JOSÉ I ENCOLHE-SE NEUROTICAMENTE. ENTRA LILLAS.

    L   Bravo, Bizet. *[Chamando.]* Micaela! *[Entra Micaela, abatida.]* Micaela, *este es Escamillo. Un héroe.*
  MIC Tenho uma carta. O parto de sua mãe não foi muito satisfatório. Mas, em todo o caso, você está passando bem.
    E   Perdoe-me, senhorita, mas não sei de que diabo está falando.

BLACKOUT.

ZUNIGA COM CHARUTO. MORALES COM ISQUEIRO. OS DOIS DE PÉ, DE FRENTE PARA A PLATEIA.

    z   Tem fogo, Morales?
  MOR Aqui *[acende]*.
    z   Que beleza de dia.
  MOR Muito calor.
    z   Sevilha reluz, parece que foi feita para espelhar o sol.
  MOR Muito quente, e esse uniforme grosso...
    z   E olha essa gente que passa.

MOR Gente que passa?
Z Gente estranha...

MORALES FAZ EXPRESSÃO DE ESTRANHEZA.

Z Gente cômica. *[Pausa.]* Para onde será que eles vão? *[Pausa.]* É, está quente mesmo.
MOR Eu não estou dizendo?
Z É sempre assim. De onde eu venho, ficar de sentinela é morrer de frio no inverno e torrar no verão. Eles nunca acertam. Nunca. *[Da esquerda, junto à parede do fundo, entra Micaela/Carmem.]* Olha aquela ali, meio tonta. Parece que procura alguém será... Será que quer falar com a gente?
MOR *[assustado]* Tá precisando de ajuda, gracinha?
MIC Eu... Eu procura um cabo.

MORALES PARECE NÃO COMPREENDER.

MIC Não. O meu cabo, o dono desse terno, Don José. Conhece?
MOR Pode ser.
Z Você conhece o José, sim, Morales... Não?
MOR É possível.
MIC Possível?
Z Calma, mocinha, ele estará aqui quando a guarda que entra substituir a guarda que sai.
MIC Volto mais tarde, então. *[Ela vai sair. Morales, sem sair do lugar, oferece um cigarro. Micaela, que entrou fumando, volta, dá uma tragada no seu cigarro e responde ao gesto.]* No smoking.
Z *No smoking?* Que desperdício. Mas não vá ainda. Enquanto espera podemos lhe fazer companhia.
MOR Ver a tal gente que passa.
MIC Gente que passa?
MOR Olha lá.
MIC Por favor, cabo. Vou-me embora. Volto mais tarde. Obrigada.
Z Peraí. O que vamos dizer ao José. Quem é você afinal?

OS DOIS SAEM. MICAELA SE DOBRA, EM UM MOVIMENTO BRUSCO.
SOM: TEMA DO DESTINO. MICAELA LEVANTA-SE E CAMINHA ATÉ O
PROSCÊNIO. AS TRÊS BRUXAS APARECEM AO FUNDO E SOMEM.

C   José, eu pensava que a tua paixão por mim... E é irônico, José, o momento acabar tal como começou, no mesmo trecho, mesma récita, décimo quarto minuto de cena. Eram palavras assim parecidas que abriam – elas, assim, agora, fecham. Foram momentos horríveis, José. Ora divinos, ora sóbrios, ora soberbos, e eu estou com tanta tristeza, José. Porque você foi se for, eu mesma fui indo na minha memória e, apesar da despedida, você fica como uma sensação de êxtase. Minha vida, minha morte, meu amor... José... Eu não vejo nada. Não ouço nada. Não digo nada. Minhas tentativas, José, de interferir na tua paixão por mim acabaram equacionadas com o acaso. O meu entusiasmo em amar um conjunto de noções foi perturbado pela simetria. José, não vejo nada, porque a paisagem é curta. Não ouço nada que não seja música, não digo nada que não seja uma colcheia. E é com uma tristeza remota, José, que ingresso numa vida mais alegre, num círculo de Roma, mandando à merda os cochichos, os conchavos... E é com uma noção simplificada, José, que restrinjo o círculo ampliado dos ruídos de perdão... E é como antecipar o frio do inverno em pleno outono; o dilúvio passando; o disco que procuro nos ares, os ares tórridos, perturbando a simetria. José, nada disso eu disse. E não disse porque não vi. Mas ouvi, José, como ouvi o pré-fluxo da ejaculação. Minha vida, minha morte, meu amor...

DURANTE O TEXTO ACIMA, OS DOIS JOSÉS SE COLOCARAM EM CENA. JOSÉ II, NO MEIO DO PALCO, DEITADO, SEGURANDO O TELEFONE. JOSÉ I DEITADO JUNTO A CARMEM, ESTENDENDO A MÃO PARA ELA. COM O FIM DO TEXTO, A CENA CONGELA. ENTRA ZUNIGA, TIRA O CIGARRO DA MÃO DE CARMEM, ANDA PELO PALCO, DEPARA-SE COM JOSÉ II, PEGA O TELEFONE, OUVE E RI UM RISO SECO. *BLACKOUT.* CARMEM ESTÁ AJOELHADA, CAÍDA NO CHÃO. JOSÉ I ESTÁ DE FRENTE PARA A COXIA DA ESQUERDA. DURANTE ESTA CENA, NO ANDAR SUPERIOR, MORALES E ZUNIGA FAZEM MISÉRIAS, ARREMEDANDO CARMEM E JOSÉ.

JI   [canta em cima do *Bolero*, de Ravel] Dó, ré, mi, fá, sol, lá, si, dó. Dó, ré, mi, fá, sol, lá, si, dó. *[Baixo.]* Carmem... Me perdoa a prova cruel a que tive de submetê-la para descobrir o que já sou. Você é um anjo, e eu não posso pagar tão caro. Matéria, matéria, mater... É fácil a triste tarefa da salvação.

NO SEGUNDO "DÓ, RÉ, MI..." DE JOSÉ, ENTRA A TERCEIRA NARRAÇÃO EXPLICANDO O SEU COMPORTAMENTO.

3ªN   *[voz em* off *de Gerald Thomas]* Ele está tentando dizer que o mundo permanece sempre o mesmo. As situações são repetitivas. As pessoas nascem, brigam e morrem, da mesma forma que acordam, brigam e dormem, e depois exigem da poesia a singularidade e as diferenças. Ora, se as situações da vida são todas iguais, pensa José, por que então caberia à arte ser diferente?

JI   *[alto]* Me beija, Carmem.

C   *[irônica]* Beijo? José, o estúpido das orações.

CARMEM LEVANTA-SE E VAI PARA JUNTO DE JOSÉ, CANTAROLANDO, ENQUANTO ENTRA A NARRAÇÃO.

C   *[cantarolando]* "Somewhere over the rainbow...".

QUARTA NARRAÇÃO ENTRA EM "ORAÇÕES".

4ªN   *[voz em* off *de Gerald Thomas]* Já ela está tentando dizer que, se a imaginação não resultasse em verdadeiros problemas para o entendimento, ah, então não sobraria nada pra imaginação fazer.

CARMEM SOLTA-SE DE JOSÉ E SAI PELA DIREITA. VOLTA.

C   *[temperamental]* Tens-me inútil, vazia, devassa, partida, sem vida, rasgada, popular, do povo, parada, vazia, devassa, partida, louca...

JI   *[gritando]* Para.

BLACKOUT. CARMEM E JOSÉ INVERTEM AS POSIÇÕES DO INÍCIO DA CENA. MORALES E ZUNIGA CONTINUAM NO ANDAR SUPERIOR.

>   **JI** *[ajoelhado]* Carmem, a polpa da minha chance te ofereço ilimitada. Já não me percebo mais na terceira pessoa, Carmem. Me sinto parido para o sofrimento, metrônomo de sal, coluna envergada. Me beija. Carmem.
>   **C** Será que existe alguma chama de liberdade, José? *[Bete gira e se transforma em Micaela — Como Micaela.]* Será que existe alguma chama em liberdade, José? *[Como Carmem.]* És um herói, cabo, e esta não é só uma homenagem que presto aos mortos da minha felicidade *[Ajoelha-se.]* Merda, José.

BO. LUZ VOLTA SÓ EMBAIXO. JOSÉ I FOI SUBSTITUÍDO POR JOSÉ II. ELE SE AGITA PELO PALCO.

>   **JII** *Vambora, levanta, sua puta. Meu Deus, o que eu estou dizendo? Carmem, esse calabouço é temporário. Sua puta, você vai ser castigada pela oxidação dos metais que cobrem a consciência dos meus superiores.*
>   **C** *[rezando]* Me perdoa por essa prova cruel a que tenho que submetê-lo pra descobrir o que já sou: eu sou um anjo e maior não poderia ser o desejo de perdoá-lo por essa prova cruel a que tens me submetido, só pra descobrir o que eu já sei: eu sou um anjo... Merda, José.

BO. MORALES ENTRA COM "RODA DE BICICLETA", DE DUCHAMP, E DUBLA A MÚSICA DE WAGNER — "O NAVIO FANTASMA". CARMEM E JOSÉ II ESTÃO CONGELADOS.

>   **MOR** *[dublando Wagner] Mein Herz voll treue bis zum sterben/ mein dürftig gut mein Jager glück/ darf so um deine Hand ich werben?/ stost mich dein Vater nicht zurück?/ wenn dann mein Herz im Jammer bricht/ sag Senta wer da für mich spricht.*

MORALES CONGELA. SANTA MICAELA APARECE NA JANELA DO MEIO NO ANDAR SUPERIOR. ENTRA O TEMA DA SANTA — "O NAVIO FANTASMA" — QUE FICA SEM SE MEXER OU DUBLAR. JOSÉ II CONDUZ CARMEM PARA O PROSCÊNIO E, COM AS MÃOS, ENTORTA A BOCA DE CARMEM. NO FINAL DO TEMA DA SANTA, HÁ UMA FUSÃO COM O SAMBA. BARULHO DE PORTA. ENTRA A QUINTA NARRAÇÃO.

5ªN   [*voz em* off *de Gerald Thomas*] Quantas e quantas vezes essa peça foi moldada e esculpida ao longo dos anos como se fosse feita da argila. Eu espero que, um dia, alguém ache uma forma definitiva pra ela. (Citação de Goethe)

BLACKOUT.

CENA "TEM FOGO MORALES II"

Z   Tem fogo, Morales?
MOR   Aqui *[acende o isqueiro]*.
Z   Que beleza de dia...
MOR   *[reprimindo Zuniga]* Sch...
Z   *[corrigindo]* Que tristeza... Que tristeza de dia, feio, ocioso.
MOR   Cinza.

COMEÇA A ENCURRALAR ZUNIGA, FORÇANDO-O A SE DIRIGIR PARA A ESTANTE DA DIREITA.

Z   De repente isso, o uniforme, o sol, o frio, o vento. Essa é a pior história de abandono que eu já ouvi, Morales.
MOR   Existem algumas piores, tenente.
Z   Essa moça que passou por aqui; engraçado... não posso dizer que ela me seja familiar, mas também não posso dizer que ela me seja estranha.
MOR   HULOT. Perdão, tenente. Hulot foi só... *Hulot, la encarnacion vivante du patriotisme républicain*. Não sei o que está havendo comigo, tenente.
Z   Essa moça que passou...
MOR   Uma... figura... num altar?
Z   Estava bem viva agora há pouco.

AMBOS SE AJOELHAM PARA REZAR OU VIRAR *ARCUS* E *CUMULUS* – FORMAS DE NUVENS.

Z   *[já ajoelhado]* Estou tendo uma náusea.
MOR   Náusea?

PASSOS DE LILLAS COM "BAGAGEM" NAS COSTAS INTERROMPEM UMA
POSSÍVEL REZA.

> **L** [*derrubando Simone — que estava parada, com véu e leque, numa referência à* Doroteia, *de Nelson Rodrigues*] Inconsequência *del* catolicismo, qualquer *exam pós mortem* exclui *le anus. Le moralism catolique roman* exige *le examm* de *esperm dans le orifice vaginal. Io herdú el gosto* por um *ass hole infectu. Ici, c'est* deslumbrante *la texture* de pele branca entre *breasts and thigs. Auf wieder sehen.*
> **Z** Chasteller.
> **L** *Personnage du roman de* George Bernanos, *Sous le soleil de Satan.*
> **Z** Estragon.
> **L** De Beckett? *Elementaire, mon cher.* Ou será que na verdade o meu tenente não quis dizer "Escrignon", de *La Comedie Humaine*, de Balzac, ou "Egaste", de Molière em *Etourdi*... ou será que o meu bom tenente não está misturando as óperas? Tenente: *Erda ist der phantom der erde in dem Rheingold, von Wagner.*

PASSA ESCAMILLO MORTIFICADO DA ESQUERDA PARA A DIREITA.

> **L** *Kennen sie den Escamillo, von Bizet?*

DA DIREITA PARA A ESQUERDA: COMBOIO 1.

CARMEM LIDERA, JÔ CARREGANDO FLORETE, COM ESPADA ENFIADA
NAS COSTAS - OU BARRIGA, MALÚ CHORANDO, EDILSON ORGULHOSO,
DOMINGOS PUXANDO O CARRINHO COM MAGALI DE PERNAS ABERTAS -
DE NOVO A REFERÊNCIA À *ÉTANT DONNE*.

ZUNIGA, LILLAS E MORALES OLHANDO EM SILÊNCIO. MORALES
LEVANTA SIMONE COMO SE FOSSE ACOMPANHAR A PROCISSÃO E SAI.

> **Z** Uma manhã como todas as outras, gente que vem, gente que vai, tudo calmo, tudo calmo com o sol, tudo calmo com o uniforme. Um pouco quente demais, um pouco frio demais, o vento, a poeira, a náusea.
> **L** *El vicio c'est un transtorne, tenente. Un transtorne. A náusea ist ein indicio de que il corpo...*
> **CORO** *"La llave maestra del opera".*

L	...il corpo stop. La figure Gitanés de uma bailarina...
Z	Temos um assassino, Lillas Pastia.
L	La figura del toreador, tenente, es un assassin, obvio. Le roman pouvre termina com la estagnacion.

CENA ILUMINADA DO PALCO POR LUZ FLUORESCENTE.

CARMEM — JOSÉ (I E II)

JI	Dó, ré, mi, fá, sol, lá, si, dó. Dó, ré, mi, fá, sol, lá, si, dó. *[Baixo.]* Carmem... Me perdoa a prova cruel a que tive de submetê-la para descobrir o que já sou. Você é um anjo, e eu não posso pagar tão caro. Matéria, matéria, mater... É fácil a triste tarefa da salvação.
C	*[irônica]* Beijo? José, o estúpido das orações. *[Cantarolando.]* "Somewhere over the rainbow..." *[Temperamental.]* Tens-me inútil, vazia, devassa, partida, sem vida, rasgada, popular, do povo, parada, vazia, devassa, partida, louca...
JI	*[gritando]* Para.

BLACKOUT. MORALES ENTRA COM "RODA DE BICICLETA", DE DUCHAMP, E DUBLA A MÚSICA DE WAGNER — *DUTCHMAN*. CARMEM E JOSÉ II ESTÃO CONGELADOS.

MOR	*[dublando Wagner]* Mein Herz voll treue bis zum sterben/ mein dürftig gut mein Jager glück/ darf so um deine Hand ich werben?/ stost mich dein Vater nicht zurück?/ wenn dann mein Herz im Jammer bricht/ sag Senta wer da für mich spricht.

SANTA MICAELA APARECE NA JANELA DO MEIO NO ANDAR SUPERIOR. ENTRA O TEMA DA SANTA — *DUTCHMAN* —, E ELA FICA SEM SE MEXER OU DUBLAR.

MORALES ENCENA CERIMÔNIA DE CASAMENTO ENTRE CARMEM E JOSÉ II. JOSÉ I, AO FUNDO, SEGURO POR DUAS PESSOAS, SE REVOLTA, IMÓVEL, COMO NAS RETIRADAS.

FUSÃO NA MÚSICA: NO FIM DA MÚSICA, ENTRA TEMA DE CARRUAGEM.

LENTA DISSOLUÇÃO DA CENA.

BLACKOUT.

CARMEM E JOSÉ I.

    C É... Acho que acabou. Um dia eu te conto tudo... Acabou... é... acho que acabou... um dia eu te conto tudo... acabou.

JOSÉ I SE RETIRA CABISBAIXO E VAI EM DIREÇÃO À JANELA, OLHA A MOLDURA, SOBE NELA, OLHA PARA CARMEM.

    C José, não fala desse incesto no teu próximo mundo.

JOSÉ SE ATIRA. LUZ NA RODA DE BICICLETA. LENTA DISSOLUÇÃO DA CENA.

ESPELHO: OS DOIS JOSÉS SE APRONTAM EM FRENTE AO ESPELHO. JOSÉ II SAI DETRÁS DO ESPELHO E VIRA ESCAMILLO. JOSÉ I SE ENCOLHE, NEUROTICAMENTE.

ENTRA LILLAS.

    L Bravo, Bizet. *[Chamando.]* Micaela! *[Entra Micaela, abatida.]* Micaela, *este es Escamillo. Un héroe.*

MICAELA POSA EM FRENTE A ESCAMILLO, A MÚSICA DA SANTA SE REPETE.

ESCAMILLO E LILLAS ESTÃO HORRORIZADOS. FOGEM PARA UM CANTO DO CENÁRIO, SEM HUMOR. CENA NA PENUMBRA. POR DETRÁS DE MICAELA SURGE BETE – COMO CARMEM ORIGINAL.

BLACKOUT.

POSIÇÃO ORIGINAL: MICAELA FRENTE A EDILSON E LILLAS.

    M *[chorando]* Tenho uma carta... O parto de sua mãe não foi muito satisfatório... mas, em todo o caso, você está passando bem.
    E Me perdoe, senhorita, mas não sei do que, diabo, você está falando.

LILLAS PUXA MICAELA PARA O LADO E EXPLICA ALGUMA COISA
QUE NÃO SE PODE OUVIR.

ÚLTIMO CORREDOR: CENA DE ESPIRITISMO, MÃOS EM CIMA DA MESA,
BARULHO DE GOZO PRÉ-ECTOPLÁSMICO.

NESSA CENA, ZUNIGA ESTÁ COM UM COPO DE VINHO.

      L   Tenente!

BLACKOUT.

ATORES SENTADOS, PERPLEXOS.

      L   *Eine Carmem Von Wagner. N'est pas possible. C'est la crise de contre culture pós-80. Les acteurs sont en impasse.*

BLACKOUT.

DEPOIS DE *ATTENCION LA CRISE*, DAMASCENO OUVE UM TRECHO
DE *ERBARMEN* E SE LEVANTA DA CADEIRA DE RODAS EM QUE ESTÁ
SENTADO – COMO SE CHAMADO POR UM DEUS – E CANTA ATÉ MORRER
COMO EM METAMORFOSE. TODOS CONGELADOS, MENOS BETE NA CRUZ E
MICAELA QUE FOI PRO ANDAR DE CIMA. QUANDO DAMA ESTÁ MORTO,
TODOS CONGELAM E COMEÇAM A RIR DELE, MURMURANDO "ZUNIGA,
ZUNIGA" (SOM DE VILAREJO COMENTANDO).

COMEÇA A MÚSICA DA SANTA, E MICAELA ESTÁ NO SEGUNDO ANDAR.
TODO O ELENCO RECUA, DEIXANDO A SÓS, NO PALCO, CARMEM
E MICAELA.

CENA PONTUADA PELA APARIÇÃO DAS BRUXINHAS.

      C   Ah! Não tente fazer dessa ópera outro equívoco. Nesse reino tudo parece ser cabisbaixo... estranho... insólito. É possível alguém pensá-lo simplesmente exótico... Sou margeada por uma marginália que há vinte anos não compõe e esse clima tórrido, e esse clima gélido... mais fácil descartá-lo, pés contaminados, pernas quebradas, merda.

s   Você é soberana e te chamam de heroína. Quais são as marcas de uma conquista ou de uma vitória, se o que você leva em suas mãos...
c   Minhas mãos estão atadas...
s   Já é suficiente o número de mortos nesses montes de Sevilha. Gostei da tua missão na Terra. Não precisava ter se arrastado por tantas penitências...
c   Minhas mãos estão atadas... Antes de subir ao trono do império, certa vez, eu cavalgava por um caminho. Seis homens queriam acabar com a minha vida. Eles me inundaram com uma chuva de flechas, mas todas erraram o alvo...

ENTRA JOSÉ MORTO, CARREGADO.

c   ...a satisfação em te sobreviver, José... Você foi o mais fraco dos medíocres. O mais fraco. E por que me denunciou? Eu teria te levado pra minha casa, teria deixado passar o tempo, o tempo dos homens, o tempo morto dos homens... *[risos]* José: o amor dos homens...
s   *Meurent l'indigne et son tourment.*
c   E sempre alguém se ergue na vida. Eles se reúnem para a guerra santa contra os infiéis. Eles se reúnem durante a grande peregrinação. Eles se reúnem durante a grande peregrinação à Meca. Eles se reúnem para o juízo final.
s   Ah, finalmente. Finalmente.

JOSÉ É CARREGADO PELO PALCO.

ZUNIGA ENTRA E DEPOSITA UMA VELA ACESA EM CARMEM.

c   Tudo cabisbaixo, estranho, insólito. Compõe para mim uma estreia com sucesso, compõe...

ZUNIGA SE RETIRA E É PARADO PELA VOZ DE CARMEM.

c   Tenente, enquanto estive no Gabão, morreu o velho rei Glass. A tribo tinha se cansado de seu rei. Não aguentei o barulho de gritos e lamúrias...
z   *[para a coxia]* Ela está inteiramente enlouquecida.

c   Outro amigo meu, Njogoni...
z   Delirante.
c   Njogoni foi assaltado pela população. Alguns lhe cuspiram no rosto, outros o apunhalaram pelas costas. Alguns o açoitavam...
s   Ah, finalmente. Finalmente.
c   *[jogo sadomasoquista com Santa]* Tenente, enquanto estive no Gabão, morreu o velho rei Toms. A tribo tinha se cansado de seu rei.
z   Blasfêmia, blasfêmia.
c   Tudo era líquido como um Gabão ocidental, como um gozo ecumênico...
s   Repugna, repugna, repugna, repugna. Finalmente.
c   ... ou simplesmente um gravador. Ele me respondia como respondia a todos os homens: "Bom dia", "Bom dia, minha filha, bom dia..."
s   "Bom dia", "Bom dia", "Bom dia". Finalmente.

FORMA-SE UM CORO ENQUANTO ZUNIGA PERMANECE MUÇULMANIZADO,
E O SOM DESSE CORO, INCLUINDO TODO O ELENCO DAS COXIAS, É:

"Bom dia, minha filha."

ENTRA MÚSICA DE WAGNER, *LOHENGRIN - OVERTURE*.

CARMEM GIRA A RODA DE DUCHAMP, VAI PARA CIMA DA MESA,
QUE ESTÁ NO FUNDO DO PALCO.

LUZ CAI LENTAMENTE.

ELETRA COM CRETA*

ESTREIAS
DEZEMBRO DE 1986, NO MUSEU DE ARTE MODERNA, NO RIO DE JANEIRO

ABRIL DE 1987, NO TEATRO SESC ANCHIETA, EM SÃO PAULO

ABRIL DE 1987, NO TEATRO CÂNDIDO MENDES, EM CAMPINAS

CRIAÇÃO E DIREÇÃO
GERALD THOMAS

CENÁRIO E FIGURINO
DANIELA THOMAS

ILUMINAÇÃO
GERALD THOMAS

ELENCO
BETE COELHO, BETH GOULART, MARIA ALICE VERGUEIRO, VERA HOLTZ, LUIZ DAMASCENO, MARCOS BARRETO

INFELIZMENTE, NÃO FOI POSSÍVEL ENCONTRAR O
TEXTO COMPLETO DE *ELETRA COM CRETA*. A PEÇA FOI
SE TRANSFORMANDO DURANTE AS APRESENTAÇÕES, COMO
SEMPRE ACONTECE NAS PEÇAS DE GERALD THOMAS.
DEIXAMOS AQUI REGISTRADOS TRECHOS FRAGMENTADOS
QUE, AINDA ASSIM, DÃO UMA IDEIA DO TRABALHO.
A ORDEM DOS FRAGMENTOS NÃO SEGUE A ORDEM EM
QUE SE DESENROLARAM EM CENA, POIS TAL ORDEM
TAMBÉM VARIOU DURANTE AS APRESENTAÇÕES.

ELETRA COM CRETA

MACKSEN LUIZ, 1986

Coincidência ou não, no momento em que o movimento concretista comemora os trinta anos da 1ª Exposição Nacional de Arte Concreta no Brasil, o diretor Gerald Thomas lança proposta teatral concretista. Da mesma forma que seus pares da poesia, Thomas em *Eletra com Creta* procura "o mínimo múltiplo comum da linguagem", aquele ponto de síntese a partir do qual a desestruturação da narrativa, a imposição da sonoridade e o formalismo visual se combinam para quebrar a linearidade literária.

Fiel à sua linha de experimentação, o diretor contrapõe os mitos gregos (Electra e Medeia, que assassinam suas origem e descendência) ao fim do milênio (os reflexos inconscientes dos traços arquetípicos no processo do tempo). A maneira que escolheu para construir esse painel teatral/instalação/plástica/fotograma de cinema foi a de utilizar a metáfora na apreensão de resquícios abstratos dos processos psicanalíticos e na discussão da linguagem estética. Em meio a toda essa catedral de intenções, Thomas ainda encontra lugar para citar o seu tão querido Samuel Beckett, através de dois personagens que reafirmam a crise da palavra e a impossibilidade da ação.

Não é fácil ou permeável a interpretações menos ambiciosas um tal volume de informações que a montagem despeja sobre o espectador. A ele restam duas alternativas: deixar-se enredar pela visualidade, pela sonoridade musical, pelas palavras e soltar os sentidos; ou tentar penetrar numa concepção carregada de chaves pessoais que nem sempre se explicam cenicamente. Se a opção for liberar os sentidos, não haverá dificuldade em saborear a montagem, afinal a colocação na área de representação de três telas que decompõem o processo expositivo permite que a plateia acompanhe o movimento da ação quase que numa sequência cinematográfica. Os belos efeitos de luz laterais harmonizam a cena, ao ponto de fazê-la parecer imagem de sonho. Os figurinos, de vaga historicidade, insinuam a modernidade nos detalhes dos cabelos *punk* e da maquiagem *dark*, aguçando o dramático do modismo. Alguns toques de humor (elemento novo na criação de Thomas) completam essa fruição mais sensitiva do que racional.

Mas se, por outro lado, se deseja abordar *Eletra com Creta* no plano de elaboração de seu autor, o espetáculo apresenta grandes desafios e contradições profundas. A aversão ao psicológico, que redunda na hipervalorização do psicanalítico, joga a criação de Thomas numa confusa exteriorização de conceitos só parcialmente assimiláveis. No duelo entre Electra e Medeia, as referências clássicas e mitológicas à tragédia perdem-se na interpretação do sentido de culpa e de expiação inerente ao trágico. Thomas abre possibilidades a essa culpa quando Medeia cogita que seus filhos assassinados pudessem ter sobrevivido e quando Electra rejeita conter em si "todos os crimes de minha civilização". Há um árbitro nessa luta, Sinistro, que ao longo da narrativa morre por diversas vezes, liberando Medeia e Electra de suas culpas. Mas essa culpa não é apenas exterior, social, é uma culpa interna, por isso inesgotável.

Essa inexorabilidade projetada nos dias que antecedem ao fim do século completa o circuito ritualístico. Ao assistir à montagem, a plateia não terá elementos suficientes para fazer tantas e tão complexas ilações. A relativa monotonia do espetáculo contribui para que o peso e a carga dessa construção teórico-estética desabe sobre as cabeças psicológicas e realistas como um intrincado quebra-cabeça verbal. O recurso épico de narrar e comentar a ação é atribuído ao próprio Gerald Thomas, que, dessa forma, assume o papel de mestre de cerimônias de ensaio teatral, conduzido como manifesto ou declaração de princípios estéticos existenciais. A sua voz em *off*, na maioria das vezes, submete seu código teatral à sua própria crítica, sem contudo evitar que o "literário" e o "psicológico" estejam na origem de suas obsessões. O alto nível da concepção visual de Daniela Thomas às vezes transcende à asfixia em imagens bem mais expressivas do que o descontínuo atordoamento verbal.

Já com o elenco, Gerald Thomas demonstra um crescimento sensível na sua pesquisa. O grupo de atores absorve a manipulação do *gestus* teatral através da decomposição em seus elementos formadores: dramático, trágico, cômico. Ao buscar expressão menos codificada em bases psicológicas, Thomas cria atores quase bonecos que servem às suas teorias de palco. Beth Goulart e Bete Coelho estão perfeitas na construção desse tipo de ator. Vera Holtz segue muito de perto as suas companheiras, enquanto Maria Alice Vergueiro incorpora de tal forma o estilhaçamento de suas falas que corporifica a abstração do mito que interpreta. Luiz Damasceno consegue ser moderno sobre base tradicional. Marcos Barreto está por demais fixado na criação de seu tipo.

Eletra com Creta acrescenta ao panorama teatral carioca um volume apreciável de anticonvencionalismo e de debate sobre a linguagem contemporânea do espetáculo. No calor desses debates, sem dúvida, o teatro caminhará um pouco mais em direção à sua integração nas artes atuais. Mesmo com sua frieza e sua poesia minimalista, *Eletra com Creta* traz ao palco duas questões que Thomas tão bem caracteriza numa poética sem tempo. A de que "são os poetas os malfeitores, porque enxergam", e de que "basta olhar as coisas com um pouco de afeto".

ELETRA COM CRETA - 98 | 99

A/BG	Beth Goulart
B/BC	Bete Coelho
C/VH	Vera Holtz
D/LD	Damasceno
E/MB	Marcos Barreto
F/MA	Maria Alice Vergueiro

A Por favor, Sinistro, por...
C Para
A Por favor, Sinistro, por...
C Nada
A Por favor, pelas almas, foi ela que burlou o jogo, julgo...
B Eu burlei o jogo, quanto cinismo. Covarde.
A *[para C]* Se eu pudesse prosseguir... (eu posso?), se eu pudesse concluir eu diria que... Apesar da minha covardia eu... *Por favor*, eu...
C O amor de uma mulher é para as mulheres.
B Eu cheguei. Não me constavam em qualquer arquivo. Não pedi para estar aqui, mas estou. Não exigi pelo amor de meus filhos – eu os matarei – caso seja necessário, caso seja necessário para que essa situação se defina antes que ela, em toda a sua vida arrependida, perceba que o mal que lhe aflige aflige aos outros também. E é em virtude disso...
C Para.
A Nesse jogo não estou só. Dele participam homens além dele, algumas mulheres e algumas crianças também...
B Sinistro... Olha bem esses olhos. Diga-me se o crime de uma sedução não é eterno. Fui amaldiçoada numa outra vida também. Me puseram de morta numa situação cuja a prioridade era primordialmente cigana. Eu, com toda a minha "pureza angelical",

acabei me dando muito bem. Isso não quer dizer que *[para A] essa pureza* falsária de agora vá se dar bem agora. Estamos em uma situação bem mais literária... Não há liberalismo que justifique.

B   Não se espante. Não termina aí. Não significa que a região cerebral onde isso "se desenvolve" sofre de alguma RACIONALIDADE. Senhor Sinistro, você há de convir que o problema dela era, tanto quanto, meu também. *[Monólogo íntimo autorreferente.]* Ai, Santo Deus, eu procuro não me envolver, procuro, mas sem esse envolvimento não haveria a reciprocidade. Juro. Levaria só a uma confusão maior. Eu não poderia senão ousar, esparramar, esbarrar nas estruturas. Eu não poderia imaginar-me repetindo diante de um másculo obstáculo. *[Para C.]* Peço uma condenação branda, senhor. Branda, mas eficiente. Que ela sofra de seus próprios pesares. Que lhe cobrem o *mal*.

C   *[para A]* Pois eu te digo mais, criatura sem chão, que é onde caíste depois da mais cínica observação. É em teu pai e através dele que você se repete. Quem sabe, o *linchamento*, cruel como é, ainda é o alívio diante dessa tortuosa justiça.

B   *[derrubando Pai]* Sem sentido.

A   MINHA PAI.

B   Cretino.

A   MINHA PAI. Não posso conter em mim todos os crimes de uma civilização. Seria mais do que injusto. Suplico. O que houve, se não foi inteiramente encoberto pelos gestos hipócritas de uma nação, o serão pelo tempo, por aqueles que escrevem histórias, versos. São os poetas que os malfeitores enxergam.

C   PARA.

A   Por que exageram o abrir e fechar de uma porta? Essa porta muitas vezes dá para um terreno baldio. Suplico que não me pressiones mais. DEMORO, MAS COBRO DE QUEM ME FAZ MAL O MAL QUE ME FAZ.

B   Demoro, mas cobro de quem me faz mal... o mal... que me faz. Interessante, sinistro. Não posso pedir mais pena alguma. Deixe que ela exploda em contradições.

A1 (NATUREZA MORTA)

A   Essa história não me permite... ah, essa alegria de não ser Deus. Perdão – queira me desculpar. Ainda que tarde, penso, julgo, exijo. Ainda que tarde, *(BO)* junto os ódios que a dominam.

LUZ NO PAI.

A   Não percebem? Esse amor é o de puro ódio, um apêndice? *[BO]* Deveríamos estar rangendo os dentes, inflando as bochechas de tanto Gillespie – estivéssemos tremendo de frio e não estamos. *[BO]*

B   Nos protegemos bem, concordo.
Perdão. Ou vocês se protegem. Perdão. Não estão tremendo de frio pois o calor aqui é intenso. Aliás, é preciso que se fale em diabo, considerando o tempo, como ele percorre o espaço vertical – pra baixo. *[BO]*

A   É muito propício que fales no diabo. Esmago com o torcer da minha língua essa sua conspiração. *[BO]* O obséquio dos peixes reside em que eles se deleitam, aproveitando o fluxo das águas, enquanto que os humanos, cercados de areia, putos, *[BO]* infelizes bestas não menos agrupados, enfileirados pela corda "progenital".
EU TE AMO. MAMO NO TEU PEITO. MAMO NO TEU PEITO?
Perdão. *[BO]*

B   Não repitas aqui essa infelicidade ou eu/ele/nós nos vingaremos dos seus "puros" pensares, pense você que não, experimente em mim alguma força contrária, mesmo que siga meus passos por onde eles ainda não caminharam, rejeites aqui toda uma era de mal-entendidos, julgados, açoitados, maltratados, endeusados e cuja pele não manifesta mais, pois foi deles despida. *[BO]*

A   Me dê a... me dê a mão *[BO]* se o seu ódio por mim não estiver inteiramente alastrado. Se essa infelicidade não corroer teus intestinos como quero que ocorra, *[BO]* você vai cair fundo e se espatifar, seus ossos não farão jus ao *quantum* fragmentado. Deus aperfeiçoe a sua deformação. EU TAMBÉM TE AMO. MAME. *[BO]*

...

B1

NARRATIVA DE FIM DE JOGO.

D   Ainda é insuportável o que ocorre lá fora?
E   Me sinto obrigado a dizer que sim, mesmo que não seja verdade.
D   O que direi quando sentires a vontade de dizer não?
E   Continuarei sempre a dizer que sim, prometo, pelo mal que nos une. Mesmo que não saibas, estás com o olhar de pânico.
D   Então, diante de tamanha injustiça, esse ponto de vista se torna ainda mais agudo. Sinto, Arcus, que não possuo mais nenhum ângulo reto.
E   Bobagem. De onde eu te vejo, você senta na casa dos cinquenta. Ainda há muito pela frente. Infelizmente, mesmo que pudéssemos entregar os pontos, não haveria a quem entregá-los.
D   Estou todo curvado, meus calcanhares suam abafados debaixo de tanta vestimenta. Nos vestimos contra o frio ainda?
E   Contra o frio.
D   E já não está frio há tanto tempo. Quando foi o atentado?
E   Procuro todo dia me esquecer.
D   Faz mais de vinte anos. Então há vinte anos não me movo daqui. Quando me diziam que isso ia continuar, eu não acreditava. Acredito agora, mas isso é continuação? Não posso continuar.
E   Precisas continuar. Basta olhar pras coisas com um pouco de afeto e, quando encontrares o propício, embarcarás.
D   O que digo então por ora?
E   Ora, diga que é feliz.
D   Como isso soaria na minha boca?
E   Faça de conta que não vem.

B2

D   Pouco resta a dizer.
E
D   Pouco resta a dizer.
E
D   Pou... co... res...
E   Para.

B 3

D   Há vinte anos não levanto.
E   Há vinte anos não sento.
D   Está estabelecido o conflito.

B 4

D   Aberto, era um carro aberto, eram mil cerimônias, eram os maus olhados, era mau, mau, mau, foi num jogo de tênis, batedor de carteira, um comboio gigante, eram tantas vontades e tantas promessas, eram duas raquetes, eram duas pessoas, eram duas equipes, era um só título.
E   Pronto.
D   Era u... ma... só bola.
E   Está estabelecido o conflito.
D   Uma enorme torcida, era tanto barulho, e tudo por nada, e tudo por nada, um enorme quadrado e dói, quando enorme rotunda, dói, quando eu acenava, dói, as alturas, dói, fui "desvertiginado", o braço rasgava o universo latente (*loucura confusa*), o que digo por ora era só o Belaqua, o que dizia por ora, era sempre o contrário... *[pausa] [íntimo]* Era sempre o contrário, Arcus, ou era o contrário de agora?
E   O contrário de agora.
D   Então faz mais de vinte anos. Então faz vinte anos que falo o oposto. Me diziam que isso ia continuar, mas eu não acreditava. Não acredito agora, mas isso é continuação? *[Pensa – pausa.]* Não posso continuar.
E   Precisas continuar.
D   Minha sopa, então. Já. Não deixe esfriar. *[com sotaque português]* Não derrama.
E   Tragédia.

B5

E   Grave bem, grave. Uma última vez. Grave bem, uma última vez, o que te aconteceu, quando aconteceu comigo, você levou aquele tiro, eu já não falava, não respirava, não me exibia, não ruborizava, foi o alarde, e você entrou uma última vez, grave como era, não pude deixar de assistir.

D   E cima, me apertando pra baixo, minhas pernas.

E   Minhas pernas.

D   *[prazer]* Minhas pernas dormentes, um sono profundo, o metal na garganta.

E   Um pesadelo!

D   Não possuo mais nenhum ângulo reto.

E   E eu nenhum curvilíneo.

D   Está confirmado o conflito.

...

D1

A LEVA B PELA MÃO. INFERNO DE DANTE. MODO TEATRAL. C ESTÁ COMO SE ESTIVESSE "TRAGICANDO", MUDA, GESTICULANDO, DO OUTRO LADO DE UMA JANELA. A LEVA B PELA MÃO, OBSERVAM:

C   Estique sua mão, me toque.
Não, não estique sua mão.
Ventos, ventos do mar. Sonho com minha mãe morta que o coração derrete em um mar de lágrimas.
Onde está a sua mão? O amor de uma mulher é para as mulheres. Meu sangue está por meia hora cancelado. Medo, compaixão, pena.
Resolução: Não sobrarei eu no teu mundo. MINHA PAI.
Não sobrarei
Eu no teu mundo como sobra.
Ia tudo bem, pelo menos pros teus olhos, tudo bem, quero minha mãe morta, fora do teu caminho com:

A, B & C   Minhas mãos, minha língua, minha angústia,
Angustiado coração.
Diga para ele tudo que eu te digo agora.

>   Diga para ele que meu coração chora.
>   Que não é sem lágrimas que chora.
>   Que não é sem choro essa paixão.
>   Que não é sem morte essa paixão.
>   Morte.
>   Me recuso, morta, a não ser a única. Tudo em
>   Tua vida tempo. Tudo em tua vida tempo confusão.
>   Minha boca se enche de porcos.
>   E não é sem lágrimas que volto,
>   Se volto,
>   Minha pai,
>   Não é sem lágrimas. Te vingo.
>
> **B**   Sorte até venha para esses cidadãos. É uma grande besteira como os julgarão. O paraíso. O inferno. (?)

...

A CHEGADA DE ELETRA E MEDEIA AO PURGATÓRIO 1

BETE COELHO COM VERA HOLTZ.

BETH GOULART COM DAMASCENO.

MARCOS AO FUNDO COM MESA E PLANTAS. MARIA ALICE NA ÚLTIMA FILA, COMO SE O FUNDO DO PALCO FOSSE UMA BOCA.

BETE COELHO MONOLOGA E, QUANDO DIALOGA, É COM BETH GOULART E VICE-VERSA.

SINISTRO UM - VERA HOLTZ DIALOGA COM DAMASCENO.

SINISTRO DOIS.

> **BC**   Um velho chapéu Panamá, meu Deus, se eu o visse agora, como chegava, como saía, sua pressa, sua calma, sua enorme calma, meu Deus, como eu sofria, eu era uma heroína, sinistro, ele, um herói. Pouco me importa o que façam comigo agora. Eu o via indo...
> **BG**   E eu o via vindo.

BC Como ele estava nas últimas...
BG Nas suas últimas, como a plebe subindo a montanha, como a teoria do café.
BC Ah.
BG Ele ainda me despertava, me socorria, e eu a ele, e eu a ele.
BC Não se altere assim.
BG Seja um marginal, ele sempre dizia, seja um marginal.
BC Até agradeço aos céus *[é reprimida]*, até agradeço aos céus, mas isso não justifica a recusa. Se não me deixarem entrar...
BG Se não te deixarem entrar é por causa da náusea constante que vens sentindo. Não te deixam falar uma língua nacional.
BC A náusea que senti não sinto mais. Pra te dizer a verdade, eu nunca senti. Acabou que...

BO — MESMA POSIÇÃO.

VH *[risos]* O metal na garganta, um sono profundo *[risos]*. Eles não sentiram náusea alguma e agora pecam *[risos]*, elas nada fizeram quando aquilo aconteceu *[risos]* no carro aberto...
LD Elas não haviam nascido...

A CHEGADA DE ELETRA E MEDEIA AO PURGATÓRIO 2

VH Faz mais de dois mil anos, homem, mais de dois mil anos *[risos]*. A paixão e o ódio pela renascença, a tragédia em si, mas sempre disfarçada, sempre disfarçada, até num abrir e fechar de olhos...
LD Ou de uma porta...
VH O terreno baldio. Ah *[risos]*, ah *[trágico]*, era o terreno que precisávamos para corrigir as indelicadezas do mundo, mas sempre foi texto, muito texto, *[risos]* há anos que peço uma situação...
LD Não é esse o lugar das situações. Aliás, é daqui que se criticam as situações. Mesmo na presença deles.
VH E se nos lincharem...
LD Ainda é menos cruel do que essa tor...
VH Seria enfim um fim.
LD Ainda é men...
VH Seria enfim um fim.

LD   Ainda é men...

VH   Seria enfim um fim, hein? O que você diz disso? Todas essas penitências que carrego e que faço você carregar – como você é degradante –, todas essas brigas internas, presenças indesejáveis e mal resolvidas, essas uniões, essa troca geográfica, essa musicologia de que nada serve, hein? O que você me diz disso? E o constante fluxo dessas milhões de Medeias e Eletras que por aqui passam, só nos faltam Napoleões, no momento, só nos faltam pedreiros, por exemplo, e boiadeiros, por exemplo, hein? O que você me diz disso? Só me falta um pouco de sindicalismo para dar um basta, para dar um basta e, hein? O que você me diz disso? Esse ano após ano, ano após ano, criancinhas lindas até, muito bonitas mesmo, falta de compaixão ou excesso, sei lá, esse desfile constante, estou cansada, estou exausta, não sou Dante, deixei isso claro, hein? O que você me diz disso? Esse desfile de Medeias e Eletras com seus problemas e, enquanto isso, as cabeças, hein? As cabeças [risos] [trágica] andam, fim de milênio, último golpe.

LD   Acho... acho que você pode parar. Vou, acho que vou (será que devo ir?) é... vou chamar Memnos para que nos remova daqui, e a nossos apêndices.

BO

A CHEGADA DE ELETRA E MEDEIA AO PURGATÓRIO 3

BC   Acabou que – ai de mim – sempre a figura do homem, sei lá de que homem, mas sempre essa falta de tempo e tempo em excesso, essa equação, cavalaria, judeus atravessando o deserto, colunas de sal, ideias remotas, mas que não me deixam mentir.

BG   Quanta informação.

BC   Essa vida, essa secura, esses cartazes. Roleta russa. Em que ano estamos? Eu pergunto, em que ano estamos? Pergunto isso porque estou com fome. Estou com fome, só aqui vim perceber.

BG   Não podemos brigar mais. Só nascemos na mesma safra. Podemos até nos entender, considerando as nossas situações [é reprimida].

LD Não há situação aqui. Aqui é justamente o oposto. Ou então não estás aqui.
BG Se não estou aqui, estou com Diógenes, marido de meu filho, amante meu, então, sinistro, afirmo que estou e não contesto.

BO

A TEORIA DA MASTURBAÇÃO

BETE NUM *FLASH* DE MASTURBAÇÃO.

CENA BETE SILENCIOSA — TRANSFORMAÇÃO — HUMOR.

BO

DAMASCENO DE VOLTA AO BANCO. VERA EM PÉ.

VH Eu tento, eu tento, o problema é de classe e isso é resolvível.
LD Não nesse princípio de civilização.
VH Pois é nesse princípio de civilização, não em nenhum outro estágio, é quando [risos] se cria gado, é quando se bebe sangue [trágica], é quando se passa sentada, hein? Sentada, o que você me diz disso? Hein? Passeando cego pelas ruas, elas são urbanizadas e não há mais urbanismo, só me falta um pingo para dar um basta, para dar um basta, tudo equivocado, esses milhões de letras e ideias e corpinhos leitosos, pequenas mãozinhas ainda úmidas, só nos faltam Napoleões andando por aqui, ou Hitlers quem sabe...

A CHEGADA DE ELETRA E MEDEIA
AO PURGATÓRIO 4

LD Não nesse fim de milênio.
VH Como você é degradante, deixei isso bem claro, se há conchavo e é claro que há...
LD Basta. Basta. É fácil pra mim falar e te ouvir e te ouvir quando já te vejo morta daqui a tempos antes de nascer? Tudo o que você diz eu já disse, só que de trás pra frente. Aqui não há mais situação, sinistro, daí a dificuldade de continuação...
VH Você sente que, às vezes, não dá pra continuar?

LD [só olha pra plateia]

BO

...

BC Tua paixão por mim era o círculo de Roma. E a minha... Como isso é claro; tua paixão por mim e nenhum vício, nenhum déspota, nenhum ferimento... são muitos cochichos, são muitos conchavos, muitas preocupações... não há espaço para tantas preocupações, elas se tornam o círculo de Roma... ah... as coisas circunscritas tórridas, tórridas, mas que me afetam. É claro pra mim, está claro pra mim como fui, não faço peso, não sou covarde como ela, nem lânguido como ele, não tenho tempo de vida, minha vida é rápida, meu mal, o bem, corro demais, depois olho pra trás, mas não me conformo, tenho o tom fúnebre, pés e mãos de lebre, não tenho esse tempo de vida, está claro pra mim isso, não tem como negar, nesse "recinto", quanto tempo dura isso? Quanto tempo dura isso? Está claro pra mim quando recebo uma voz, essa voz não fala em Napoleões, por exemplo, e nem dialoga, e nem perdoa, ela dita, ela promete, ela acusa, como no círculo de Roma, onde o teu abandono virou assunto, todos são fracos, como um inverno. Sem memória de felicidade, salvo um suave ruído de perdão... deitada lado a lado, não é de drogagem que falo, falo de fraqueza, suave, suave tremor como o de uma folha seca tremendo antecipando o frio do inverno em plen'outono, e muito mais, tudo dito, tudo mal dito e malquisto como só os humanos conseguem... Última olhada, ah não, adeus, só uma última olhada por agora e que daqui pra frente desde então nenhum outro som senão esse, nenhum outro som senão um suave reclame ou tremor de perdão, suave memória de deitada lado a lado, a esperança se murmurava morta.

PRAGA*

ESTREIA
1988, EM SÃO PAULO

CRIAÇÃO, DIREÇÃO E ILUMINAÇÃO
GERALD THOMAS

TRILHA SONORA
GERALD THOMAS

MÚSICAS ESPECIALMENTE
COMPOSTAS POR PHILIP GLASS
**"METAMORPHOSIS 1",
"METAMORPHOSIS 2",
"METAMORPHOSIS 3"
E "METAMORPHOSIS 4"**

CENOGRAFIA E FIGURINO
DANIELA THOMAS

ELENCO
**MARCOS BARRETO,
BETE COELHO,
LUIZ DAMASCENO
E DOMINGOS VARELA**

THEATER

In Brazil, It's Lonely in the Avant-Garde

By ALAN RIDING

SÃO PAULO

WHETHER GERALD THOMAS's principal objective when he returned here from New York four years ago was to introduce a new genre of theater, upset the local cultural establishment, simply to gain fame, the Anglo-Brazilian stage director can fairly claim — and frequently does — to have achieved all three. If his ego side has been more than satisfied, he said, peering through Brechtian spectacles as if confessing to the sin of pride, "we become a presence in Brazil's culture. People are already talking about the pre-Thomas and the post-Thomas eras of Brazilian theater."

Indeed, by exciting some, angering others and stirring jealousy among quite a few, the 34-year-old director has in a remarkably short time emerged as the most polemical figure on the Brazilian theatrical scene, polarizing publicists, actors and fellow directors with his innovative views and avant-garde work. Starting Thursday, New Yorkers will have a chance to see what the fuss is about when three of Mr. Thomas's most recent pieces start a two-week run in repertory at the La Mama E.T.C. at 66 East Fourth Street.

Mr. Thomas is, for a start, a master of publicity, with interviews, reviews and round tables about his pieces — and opinions — frequently occupying entire pages of the cultural supplements of major Brazilian newspapers. But he is also, at least for Brazil, a daring innovator of form and content, inspired by what he describes as the "subversion" by the late the American director Robert Wilson, while the East German playwright Heiner Müller.

So far, he has used works by Beckett, Wagner, Mérimée and Kafka as vehicles for his productions, but he is moving toward highly personal and visually beautiful creations that

he calls "dry opera," characterized by a cinematographic use of lights and blackouts, pre-recorded music, almost choreographic acting and a sort of anti-language that he describes as "aural hemorrhage."

The three pieces he is taking to La Mama — "The Process," "Praga" and "Carmen Com Filtro" — are Thomas creations within other frameworks. "The Process," the most highly praised of the three, follows the story of Kafka's "Trial" and uses music from Portuguese music both from Prague and plague), with music by Shostakovich, is evocative of but not based on a text, and "Carmen Com Filtro" ("Carmen With Filtertips"), with original score by Philip Glass, adapts and twists Bizet's version of the Mérimée story. All works have been adapted to reduce the number of lines spoken in Portuguese; La Mama's artistic director, Ellen Stewart, saw versions of them in repertory in São Paulo before deciding they would work in New York. "A recorded narration in English will accompany each piece."

Although Mr. Thomas directed 18 plays by

The director who has stirred up his country with Kafka and Carmen brings 'dry opera' to La Mama.

Beckett at La Mama between 1979 and 1984, he says he is nervous about the reaction to his new pieces. "New York looks like a very open-minded place, but it is in fact very narrow-minded," he explained. "The most interesting things happening in New York are brought from Germany. The most important theater artist of the second half of the 20th century is Bob Wilson, and he can hardly

work in the United States."

Certainly, Brazil still seems unsure what to make of Mr. Thomas. In a sense, Brazilian theater was ripe for the shakeup he provided; in the 1970's it was suffocated by the censorship of a military dictatorship and in the 1980's swamped by highly commercial productions that Mr. Thomas dismisses as "soaps without cameras." Young people in particular have embraced his works with enthusiasm and even turned him into something of a cult figure, while the fury of some of his critics has helped draw the world of drama into the public spotlight for the first time in almost two decades.

At times, though, it seems that his critics are reacting more to the man than his works. When he speaks scathingly of the theater here, for example, they ask: Is he doing so as a Brazilian (he was born here and is fluent in Portuguese) or as an Englishman (he spent his late teens and early 20's in London and he

sounds English) or as neither (his father was a German Communist who fled Hitler and his mother was a Welsh psychoanalyst of Lithuanian Jewish extraction).

Similarly, when he introduces and interprets the somber colors of Beckett, Wagner or Kafka in the sensual and tropical environment of Brazil, is he colonizer or colonized? Is he a foreigner imposing American or European theatrical values or a Brazilian who has become alienated from his own cultural roots, "posing as a colonizer without being English," as one critic put it?

Mr. Thomas clearly enjoys the controversy. In the program for his Kafka trilogy in São Paulo (it included his version of "The Metamorphosis" and excluded "Carmen Com Filtro," which was put on here last year), he printed a page of quotes from his

harshest critics. One called him "a false Englishman who is inventing vanguard theater of the 1960's." Another described him as "interesting as a person but profoundly ridiculous in what he says." A third said "he was a precocious boy who went senile at the age of 30."

Such antipathy was not immediately apparent when he first returned here in 1984 and presented four short plays by Beckett. They were not only well received for their minimalist direction but also praised for their sets, which were designed by Mr. Thomas's wife, Daniela, who is Brazilian. Subsequently, Mr. Thomas directed Mr. Müller's "Quartet," which received mixed reviews. Even then his work was marked by distinctive use of stage smoke and spotlights. "I used to play around with a flashlight in the pitch dark to test how my son's toys reacted"

Continued on Page 14

The Brazilian director Gerald Thomas with the actress Bete Coelho during a rehearsal for "The Process," one of his works to be performed in repertory at La Mama.

Kafka Transformed, Via Brazil

Continued From Page 3

to the light, he recalled. "And since I smoked incessantly, I would see the effect of smoke. That was probably the best training I had. I became a fanatic for flashlights and use all kinds of them."

By the time he took on Wagner's "Flying Dutchman" at Rio de Janeiro's grand Municipal Theater last year, however, but attacks on recent Brazilian theater had earned him an army of enemies wanting to block the intrusion of an experimental director into the cultural mainstream. He in turn set out to provoke by setting the opera in Berlin 1987, changing Wagner's ship into a train and crowding the stage with surrealist imagery.

The reaction of some critics was immediate, with Mario Henrique Simonsen, a former Finance Minister who writes opera reviews for the weekly magazine Veja, describing the scenery as "an exercise in the absurd and anyone can do the absurd." Others were no less harsh in their judgment and, when Mr. Thomas responded to them in print, the exchanges insured that "The Flying Dutchman" did not go unnoticed. It sold out for all 17 performances.

For that opera, Mr. Thomas re-

Young people in particular have embraced Thomas's works and turned him into a cult figure.

spected the original words and music. But since then, in "Carmen Com Filtro" and "Eletra Com Creta" as well as in the Kafka trilogy, he has imposed his personal vision. "You can't control how a book is read in the privacy of the home," he explained. "Well, my pieces are in the privacy of the theater. After all, Kafka is a symbol. I don't need Kafka's lines. I can make better use of him by putting other lines in the bucket he has created."

At times, some critics argue, Mr. Thomas almost trips over the myriad political, literary, mythological and artistic references he scatters through his works. "Puns are my real interest," he explained, "visual, philosophical, musical puns that subvert meaning. It's good for any artist

machine-gun conditioned values." And to those who complain that his pieces are difficult to understand, he added: "As written language, they may not be understood, but visually they will be sensed. And anyway, when does 'understanding' occur? When a piece ends? An hour later? A week later?"

One sign that the Brazilian cultural establishment is learning to live with him is the decision by the Municipal Theater in Rio de Janeiro, which competes with São Paulo as the country's cultural capital, to present "The Process" in January, but this time as a "wet opera" with a full orchestra, chorus and soloists rather than the pre-recorded sections used for Wagner's "Parsifal." "They know they will sell out," Mr. Thomas suggested optimistically.

What seems clearer is that, while under contract to take "The Process," "Praga" and "Carmen Com Filtro" on a European tour next year, Mr. Thomas has won a permanent place for himself here. As it was put recently by Octavio Frias Filho, publisher of the daily Folha de São Paulo, "always pleasant and vain, at times confused and contradictory, Thomas is the most lively and animated presence on the shoreland stage of the Brazilian theater today." □

COM UM PROCESSO E UMA METAMORFOSE, ESTA PEÇA COMPÕE A TRILOGIA KAFKA.

ALAN RIDING, DE SÃO PAULO, PARA O CADERNO "ARTS & LEISURE" DO JORNAL *THE NEW YORK TIMES* DE 2 DE OUTUBRO DE 1988

NO BRASIL, SER VANGUARDA É SOLIDÃO

Se o grande objetivo de Gerald Thomas ao retornar de Nova York para cá, quatro anos atrás, era apresentar um novo gênero de teatro, sacudir o *establishment* cultural ou simplesmente ganhar fama, o diretor teatral anglo-brasileiro pode dizer com toda justeza – e o diz, frequentemente – que alcançou os três.

"A parte do ego está bem satisfeita", ele disse, espiando de seus óculos brechtianos como se confessasse o pecado da vaidade. "Virei uma presença na vida cultural nacional. As pessoas já vêm falando das eras pré-Thomas e pós-Thomas do teatro brasileiro."

É fato que, ao animar alguns, irritar outros e enciumar muitos, o diretor de 34 anos conseguiu, em curtíssimo período, emergir como figura mais polêmica da cena dramatúrgica brasileira, polarizando público, críticos, atores e colegas da direção com suas perspectivas provocantes e seu trabalho de vanguarda. A partir de quinta-feira, nova-iorquinos terão como entender o motivo de tanto alarde quando se iniciar a temporada com três das obras mais recentes de Thomas no anexo do La MaMa, na 66 East Fourth Street.

‡

Para início de conversa, Thomas é um mestre da divulgação. Suas entrevistas, resenhas e mesas redondas sobre suas obras – e suas opiniões – frequentemente ocupam páginas inteiras em suplementos culturais de cada grande jornal brasileiro. Mas ele também é, pelo menos no Brasil, um ousado inovador da forma e do conteúdo, inspirado por aquilo que descreve como "subversão" advinda de trabalhos como os do diretor norte-americano Robert Wilson e do dramaturgo alemão Heiner Müller.

Até o momento, Thomas utilizou obras de Beckett, Wagner, Mérimée e Kafka como base para suas produções, mas encaminha-se para criações altamente pessoais e visualmente belíssimas, às quais chama de "ópera seca", caracterizadas pelo uso cinematográfico de luzes e blecautes, música gravada, atuação quase coreografada e uma espécie de antilinguagem que ele descreve com o termo "hemorragia verbal".

As três peças que ele levará ao La MaMa – "O processo", "Praga" e "Carmem com filtro" – são criações de Thomas com estruturas que ele pegou emprestadas. "O processo", das três a mais elogiada pela crítica, acompanha a trama d'*O processo*, de Kafka, e serve-se de músicas de *Parsifal*, a ópera de Wagner. "Praga" (referência tanto a capital tcheca quanto a epidemias), com músicas de Shostakovich, lembra Kafka, mas não se baseia em texto prévio, e "Carmem com filtro", com trilha original de Philip Glass, adapta e satiriza a versão de Bizet para a narrativa de Mérimée.

As obras foram adaptadas para reduzir o número de falas em português; a diretora artística do La MaMa, Ellen Stewart, assistiu a versões das peças em repertório em São Paulo antes de decidir quais seriam apropriadas para Nova York. Uma narração em inglês, gravada, acompanhará cada apresentação.

Embora Thomas já tenha dirigido 18 peças de Beckett no La MaMa entre 1979 e 1984, ele diz que está ansioso em reação às novas obras. "Nova York parece um lugar bem cabeça aberta, mas, na verdade, é bem fechado", ele explicou. "O que acontece de mais interessante em Nova York vem da Alemanha. O artista teatral mais importante da segunda metade do século XX é Bob Wilson, e ele mal consegue trabalho nos Estados Unidos."

O certo é que o Brasil ainda não tem muita certeza do que entender quanto a Thomas. Pode-se dizer que o teatro brasileiro estava implorando pelo abalo que ele provocou; nos anos 1970, a cena local foi abafada pela censura da ditadura militar; nos anos 1980, foi acossada por produções altamente comerciais que Thomas trata como "telenovelas sem câmera". Os jovens, acima de tudo, são ávidos por suas peças e chegaram a transformá-lo numa espécie de figura a ser cultuada, enquanto a fúria de alguns de seus críticos ajudou a trazer o mundo do drama ao holofote pela primeira vez em quase duas décadas. Às vezes, porém, a impressão é de que os críticos reagem mais ao homem do que à obra. Quando Thomas tece comentários ácidos ao teatro daqui, por exemplo, eles perguntam: ele está falando como brasileiro (ele nasceu no Brasil e é fluente em português) ou como inglês (ele passou o fim da adolescência e os vinte e poucos anos em Londres, e tem sotaque inglês) ou nenhum dos dois (seu pai era um comunista alemão que fugiu de Hitler, e a mãe é uma psicanalista galesa de procedência judaico-lituana)?

No mesmo sentido, quando ele apresenta e interpreta as cores lúgubres de Beckett, Wagner ou Kafka no ambiente sensual e tropical do Brasil, ele é colonizador ou colonizado? É um estrangeiro impondo valores teatrais europeus ou norte-americanos ou um brasileiro que se alienou das próprias raízes culturais, "posando como colonizador sem ser inglês", como disse um crítico?

#

Thomas evidentemente aprecia a controvérsia. No programa de sua Trilogia Kafka, em São Paulo (que incluía uma versão de "A metamorfose" e excluía "Carmem com filtro", encenada aqui no ano passado), ele acrescentou uma página com frases de seus críticos mais ardorosos. Um o chamou de "falso inglês que vem inventar teatro de vanguarda dos anos 1960". Outro descreveu-o como "pessoa interessante, mas absolutamente ridícula no que diz". Um terceiro disse: "foi um garoto precoce que ficou senil aos 30".

Tal antipatia não era tão aparente assim, tanto que ele voltou, em 1984, e apresentou três pequenas peças de Beckett. Não foram bem recebidas no tocante à direção minimalista, mas foram elogiadas pelos cenários, projetados pela esposa de Thomas, Daniela, que é brasileira. Subsequentemente, Thomas dirigiu *Quarteto*, de Müller, que teve críticas mistas.

Já na época, seu trabalho era marcado pelo uso particular de fumaça e refletores. "Eu brincava com uma lanterna no escuro para ver como os brinquedos do meu filho iam reagir" à luz, ele lembra. "E como eu fumava sem parar, via o efeito da fumaça. Acho que foi o melhor preparo que eu tive. Virei fanático por lanternas e uso todos os seus tipos."

Contudo, no ano passado, quando ele assumiu "O holandês voador", de Wagner, no grandioso Teatro Municipal do Rio de Janeiro, suas invectivas contra o teatro brasileiro recente renderam-lhe um exército de inimigos – que estavam aguardando para impedir a incursão de um diretor experimental na cena cultural consagrada. Ele, por sua vez, decidiu provocar: fez a ópera se passar na Berlim de 1987, transformou o navio de Wagner em trem e encheu o palco de imagens surrealistas.

A reação de alguns críticos foi imediata. Mario Henrique Simonsen, ex-ministro da Fazenda que escreve críticas de ópera para o semanário *Veja*, descreveu o cenário como "um exercício do absurdo, e qualquer um faz absurdos". Outros foram não menos severos na crítica, e a resposta por escrito de Thomas aos textos acabou garantindo que "O holandês voador" não passasse despercebida. As dezessete apresentações tiveram ingressos esgotados.

Naquela ópera, Thomas respeitou as letras e músicas originais. Desde então, contudo, em "Carmem com filtro" e "Eletra com Creta", assim como na Trilogia Kafka, ele impôs sua visão pessoal. "Você não controla como um livro será lido na privacidade do lar", ele explicou. "Bom, minhas obras estão na privacidade do teatro. Afinal de contas, Kafka é um símbolo. Não preciso das frases de Kafka. Posso aproveitá-lo melhor inserindo outras frases no balde que ele criou."

Às vezes, dizem alguns críticos, Thomas quase tropeça no misto de referências políticas, literárias, mitológicas e artísticas que espalha por suas obras. "Trocadilhos são meu grande interesse", ele explicou, "os trocadilhos visuais, filosóficos e musicais que subvertem o sentido. Faz bem para qualquer artista metralhar os valores condicionados." E àqueles que reclamam que suas peças são difíceis de compreender, ele complementou: "Em linguagem escrita, talvez não sejam entendidas, mas, visualmente, serão sentidas. E, de qualquer modo, quando vem o 'entendimento'? Quando a peça termina? Uma hora depois? Uma semana depois?".

Um sinal de que o *establishment* cultural brasileiro está aprendendo a conviver com Thomas é a decisão do Teatro Municipal do Rio de Janeiro – a cidade que compete com São Paulo pela posição de capital cultural – de apresentar "O processo" em janeiro, mas, desta vez, como uma "ópera úmida", com orquestra, coral e solistas em vez das seções gravadas da *Parsifal* de Wagner usadas anteriormente. "Eles sabem que vai esgotar", Thomas sugeriu, com otimismo.

O que parece claro é que, com contrato para levar "O processo", "Praga" e "Carmem com filtro" em turnê europeia no ano que vem, Thomas conquistou espaço permanente para si no seu país. Como dito recentemente por Otávio Frias Filho, *publisher* do jornal *Folha de S.Paulo*, "sempre agradável e vaidoso, às vezes confuso e contraditório, Thomas é a presença mais vivaz e vigorosa no moribundo palco do teatro brasileiro contemporâneo".

CENA 1

Casal se desabraça enquanto Garçom, de frente para a plateia, reconta a história silenciosamente até tapar os olhos. Isso acontece enquanto H sai pela coxia esquerda, dá a volta e reaparece na coxia direita. M anda em direção a ela. H entra em cena no *staccato* dos violinos. Ao terceiro passo, *blackout*. Garçom faz gesto de dedo na garganta.

H
M
G Garçom
E Elenco

CENA 2

GARÇOM OLHA EM VOLTA. REMOVE A CADEIRA E A COLOCA EM CIMA DA MESA. PASSA O PANO NELA, DÁ MEIA-VOLTA E VAI PARA A JANELA. M ENTRA LENTAMENTE E SE SENTA NA CADEIRA. GARÇOM ABRE A CORTINA E SE DEPARA COM A FIGURA [F] COM A CARA COBERTA DE LÁTEX, FILME DE UM ENORME BERRO PASSANDO NO ROSTO. OLHA POR ALGUNS SEGUNDOS. DEIXA A JANELA E VÊ M SENTADA, MAS NÃO A NOTA. VAI EM DIREÇÃO A ELA, PARALELAMENTE AO PÚBLICO, ULTRAPASSA-A E, ENTÃO, PERCEBE SUA PRESENÇA. PARA, DÁ ALGUNS PASSOS PARA A FRENTE, FAZ UM GESTO QUANDO A CLARINETA SE ACENTUA NA MÚSICA [SHOSTAKOVICH]. *BLACKOUT*.

CENA 3

H NO COLO DE M. GARÇOM SENTADO NUMA CADEIRA PARALELA À DE M, ESFREGA A PERNA E SE LEVANTA EM DIREÇÃO A M. ELE JÁ DEU ALGUNS PASSOS, E ELA SE LEVANTA E CAMINHA NA MESMA DIREÇÃO.

UM HOMEM ATRAVESSA DA ESQUERDA PARA A DIREITA COM O GLOBO ENTRE AS PERNAS, COMO SE FOSSE UM FUNCIONÁRIO DO MUSEU, LEVANDO UMA PEÇA DE UM LUGAR AO OUTRO. DESAPARECE DO LADO DIREITO… ELE DESISTE, DÁ VOLTA E VAI NOVAMENTE PARA A JANELA. M CAMINHA E OS DOIS SE ENTREOLHAM NUMA DETERMINADA

CONTAGEM. M SE DEITA QUANDO A LUZ ENFRAQUECE, E GARÇOM DESCE NOVAMENTE. PARA NO MEIO DO PALCO E VAI EM DIREÇÃO À CÔMODA COM ESPELHOS. M SE RETIRA QUANDO A LUZ APAGA NELA E H, ATÉ AGORA DE JOELHOS, TAMBÉM SE RETIRA. GARÇOM ESTÁ FAZENDO CARAS NOS ESPELHOS QUANDO OUVE BATER NA PORTA. PÂNICO QUE PASSA QUASE IMPERCEPTIVELMENTE À PARALISIA. BATEM NA PORTA NOVAMENTE E, DESSA VEZ, VÊ-SE UMA MULHER DO OUTRO LADO OUVINDO O QUE ACONTECE AQUI DENTRO. GARÇOM FICA PARALISADO. M OLHA PARA A COXIA DIREITA COM PAVOR. OUVE-SE O TERCEIRO BATER NA PORTA.

BLACKOUT. GARÇOM VAI PARA A PORTA E SE COLOCA NA MESMA POSIÇÃO DE OUVIR.

M E GARÇOM SE ENTREOUVEM DURANTE MEIO MINUTO. SILÊNCIO ABSOLUTO.

BLACKOUT. M PEGA JARRA E VOLTA PARA A MESMA POSIÇÃO.

M PASSA PELA PORTA COM A JARRA E GARÇOM SE AFASTA, CORRENDO DELA. ENQUANTO GARÇOM E M VÃO DA DIREITA PARA A ESQUERDA, H, COM O GLOBO, SE POSICIONA NO ANDAR SUPERIOR. M E GARÇOM PARAM NO QUINTO PASSO DO GARÇOM. M DESPEJA UM LÍQUIDO GROSSO EM TRÊS MOVIMENTOS TORTURANTES. GARÇOM FICA PARALISADO. M DESCE PARA O PROSCÊNIO SEM EXPRESSÃO, ENQUANTO F REAPARECE ATRÁS DA JANELA COM BERRO SILENCIOSO. CRESCE O SOM DE MULTIDÕES CORRENDO. M ESTÁ NO MESMO LUGAR E GARÇOM, ATÉ ENTÃO PARALISADO, DESCONGELA E RAPIDAMENTE COLOCA A ÚLTIMA CADEIRA SOBRE A MESA. M ENSAIA UMA LÁGRIMA.

BLACKOUT. F SUBSTITUI M E TRAZ A MÃO AMPUTADA PARA O LUGAR.

NO ANDAR SUPERIOR: ENTRA LUZ EM 50% DO BALDE, QUE TEM, NO FUNDO, CACOS DE ESPELHO. DAVI ENTRA, COM TRAPOS DE DAVI, PELA COXIA DA ESQUERDA. GOLIAS ENTRA, COM TRAPOS DE GOLIAS, BESTIFICADO, PELA COXIA DA DIREITA, COM A JARRA NA MÃO. GOLIAS PARA EM FRENTE AO BALDE. TENTA DESPEJAR O LÍQUIDO NO BALDE, MAS É DISTRAÍDO POR F, EMBAIXO.

TOCA O TERCEIRO SINAL.

UM LÍQUIDO ESTÁ SENDO DERRAMADO NO CHÃO. DAVI OBSERVA CLINICAMENTE. APROXIMA-SE DE GOLIAS, QUERENDO CONFRONTÁ-LO FISICAMENTE. GOLIAS FAZ UM GESTO IDIOTA, E DAVI O ACERTA NA TESTA, EFICIENTEMENTE. LIMPA AS MÃOS COMO UM "GOSTOSÃO".

BLACKOUT.

CENA 4

NA CARA DE F, HÁ PAISAGENS, NUVENS NEGRAS E UM TREM PASSANDO. ATRÁS DELE, HÁ UM FOCO MÍNIMO NA MÃO. *BLACKOUT.* DAVI E GOLIAS TIRAM SUAS ROUPAS-TRAPO E TRANSFORMAM-SE EM DOIS ITALIANOS. NO ANDAR SUPERIOR, M SE PREPARA PARA BATER NA PORTA.

MÚSICA RÁPIDA DE SHOSTAKOVICH.

CENA 5

OS DOIS DESCREVEM MOVIMENTOS "ENCUBADOS", CADA UM DENTRO DE SUA PRÓPRIA CONFIGURAÇÃO. DISCUSSÃO PARA ABRUPTAMENTE COM MÚSICA NO DISCURSO DE MUSSOLINI. BRAÇOS LEVANTADOS NEOFASCISTAMENTE. LÁGRIMAS.

NO ANDAR INFERIOR, M ABRE E BATE A PORTA ENLOUQUECIDAMENTE CONFORME OS TÍMPANOS DE SHOSTAKOVICH. M, DEPOIS DA BATIDA DE PORTA, DEIXA-A ABERTA, PASSA, DESCE PARA O PROSCÊNIO E PARA EM FRENTE À PLATEIA. FICA ALI ALGUNS SEGUNDOS E FAZ UM GESTO DE "SEM IMPORTÂNCIA".

BATIDAS NA PORTA. M, SORRISO DE TRAIDORA, SE DELICIA COM A REMOÇÃO DE H POR F.

H, BRAÇO LEVANTADO A MUSSOLINI, É CARREGADO PARA FORA POR F, QUE VEM DA COXIA DIREITA. ISSO APÓS UM BARULHO DE BATER NA PORTA. GARÇOM MANTÉM POSIÇÃO DE MUSSOLINI E OBSERVA A

RETIRADA DE H, SEM SE MEXER. APÓS SAÍDA DE H E F, ELE SE
ABAIXA, PEGA UM GUARDANAPO E SE RETIRA, MAS NÃO CONSEGUE
SAIR TOTALMENTE. PARA A ALGUNS PASSOS DA COXIA.

EMBAIXO: BATIDAS NA PORTA. M, COM SORRISO DE TRAIDORA, SE
DELICIA COM A REMOÇÃO DE H POR F NO ANDAR SUPERIOR. M SE
RETIRA LOGO APÓS A SAÍDA DE H E F, EM CIMA. LUZ EM M CAI
ATÉ APAGAR. ENQUANTO ISSO, H SE TRANSFORMA EM HASSÍDICO.
HASSÍDICO DESCE.

FUSÃO.

CENA 6

HASSÍDICO ENTRA DE PATINETE AO FUNDO, JUNTO À MESA E À
CADEIRA, LÁ COLOCADAS DURANTE *BO*, SE AJOELHA NO SEU ALTAR
E TOMA A SOPA DEIXADA NA MESA. TEM OLHAR DE SACRILÉGIO.
GARÇOM ENTRA, SE DEPARA COM JUDEU, PARA, SE APROXIMA MAIS,
INDIGNADO, PARA, SE APROXIMA DE NOVO E MOSTRA O NÚMERO
NO ANTEBRAÇO. BERRO SILENCIOSO DE JUDEU HASSÍDICO, TENDO
DERRAMADO SOPA DA COLHER AO ARREGAÇAR DA MANGA DE GARÇOM.

NO ANDAR SUPERIOR: F E M SE DESABRAÇAM. QUANDO ESTÃO
A MAIS OU MENOS DOIS METROS DE DISTÂNCIA, PARAM DE COSTAS
UM PARA O OUTRO.

> **M** Você sabe muito bem que em Paris... *[Um barulho enorme de avião impede que qualquer outra coisa seja ouvida, mas o gesticular das bocas continua. A cena é assistida por Garçom e Hassídico no andar inferior.]*

FIM DO BARULHO DO AVIÃO. M SE VIRA PARA F [AINDA DE COSTAS]
E APONTA UM REVOLVER FICTÍCIO [COM O DEDO INDICADOR] E, COM
ENORME PRAZER, O MATA. F CAI. *BLACKOUT* NO ANDAR SUPERIOR.

JUNTO DO *BLACKOUT* NO ANDAR SUPERIOR, COMEÇA O SOM DE UMA
PERFURAÇÃO DE PETRÓLEO, O QUE APAVORA GARÇOM. ELE SAI COM
MEDO [COMO A HISTORINHA DO KAFKA DO ANIMAL], QUASE SAI, MAS,
A ALGUNS PASSOS DA COXIA ESQUERDA, PARA. HASSÍDICC, FELIZ,
CONTINUA A TOMAR SOPA, SACANA.

M VIRA MICAELA DEPOIS DE PROCURAR UMA ESTAÇÃO DE RÁDIO E
ACHAR *CARMEM COM FILTRO*. *BLACKOUT* NO ANDAR INFERICR. DURANTE
ESSE *BO*, SÃO COLOCADOS EM CENA [ANDAR DE BAIXO] OS BONECOS
DE *O PROCESSO* E *A METAMORFOSE* E O MUNDO.

GARÇOM, DE QUATRO, FAZENDO MOVIMENTO DE REVERÊNCIA MUÇULMANA
PARA O MUNDO, NÃO NOTANDO AS FIGURAS ATRÁS. FIGURAS ATRÁS
ESTÃO MAIS OU MENOS NA PENUMBRA. FIGURAS ACENDEM, GARÇOM,
AINDA DE QUATRO, LEVA UM ENORME SUSTO E SE AUTOPUNE. ENTRA
HASSÍDICO, O VÊ NESSA POSIÇÃO E GARGALHA SILENCIOSAMENTE.
A CENA CONGELA.

NO ANDAR SUPERIOR, M ESTAVA MICAELANDO, E A CENA TAMBÉM
CONGELA.

TEXTOS EXIBIDOS EM CIMA E EMBAIXO:

    1ª VOZ   Eu tinha uma adoração por muros. Muita adoração mesmo. Adoração por tudo o que limitava a moção, mas não a visão. Lama. Trigo. Papel. Purgatório de pai. Purgatório de mãe. *Bar Mitzvá*. Sem purgatório.

    2ª VOZ   Aqui não, menino. O seu estado crítico estava cada vez mais difícil de descrever precisamente porque a sua crise era uma crise verbal.

    1ª VOZ   Volta. Passos *[som de passos]*. Água *[som de pingos]*. Serra *[som de serra]*. Gradual *[nenhum som]*. GRADUAL *[novamente nenhum som]*. GRADUAL *[nenhum som]*. Vida *[som de multidão]*. Vida parcial *[algumas pessoas só]*. Vida isolada *[uma pessoa murmurando]*. Morte *[nenhum som]*. Morte *[nenhum som]*.

AMBAS AS CENAS DESCONGELAM POR UM SEGUNDO SÓ. OUVEM A VOZ DE
UMA TERCEIRA PESSOA E PARALISAM DE NOVO.

3ª VOZ *[narra]* Ser crítico não significa tomar nota de tudo.
G *[ainda de quatro, se dubla]* A divisão do desenvolvimento social: Teocrático, Heroico, Sublime, Humano, Humanístico *[vira coro]*.
E *[gravado]* ... Hieroglífico, Metafórico, Philosófico, *Tutto il corpo... la chiava maestra... dell'opera.*

HASSÍDICO É O ÚNICO QUE DESCONGELA. SAI. VOLTA COM JARRA. FAZ OS TRÊS "DESPEJOS TORTURANTES". RI. UMA LUZ DESCE NO ANDAR INFERIOR. TODOS DESCONGELAM E SAEM CONVERSANDO NATURALMENTE. CHEGAM A UM PASSO DA COXIA E PARAM. VOLTAM. ACHAM MELHOR NÃO SAIR. SAEM ASSIM MESMO.

BLACKOUT. DURANTE O *BLACKOUT*, OUVE-SE UMA GRAVAÇÃO DA BBC: "FASCISM IN THE WORLD TODAY", PANORAMA, JOHN MILLS.

BATE O TERCEIRO SINAL. LUZ SOBE NO ANDAR DE CIMA.

GRAVAÇÃO O único problema metafísico hoje no mundo é o mundo. A época em que o autor fotografava a vida ao seu redor com a mecânica das palavras deve estar, graças a Deus, chegando a um fim. A autonomia e a consciência conjecturaram a torrente de universalidade que tenta martelar uma constante visão verbal que destrói o tempo espacial e a diversão filológica, resultados, obviamente, da mente desencantada do artista.
Como teria sido Joyce se vivesse na Idade Média? Pronto. *Our Exagmination Round His Factification for Incamination of Work in Progress*, cerca de 1314...
É possível? *[Serra, subdivisão.]*

BLACKOUT. DURANTE ESSE *BLACKOUT*, BETH COLOCA ROUPA DE K, DAMASCENO COLOCA A DE GREGOR, MARCÃO ESTÁ DE FRAQUE E CARTOLA E DOMINGOS ESTÁ SEGURANDO UM CRONÔMETRO, INCLINADO PARA A FRENTE. OS ATORES ESTÃO TODOS SE PREPARANDO, CADA UM COM SUA GESTICULAÇÃO DESCONSTRUÍDA. POR EXEMPLO: BETE VAI "ENSAIAR" ETAPA POR ETAPA DA SUA ANDADA COMO K, DAMASCENO VAI FICAR NO CHÃO COM CARRINHO, SEM CARRINHO, RECLAMANDO DO DESCONFORTO ETC.

RETOMADA DA CENA 3

H NO COLO DE M. GARÇOM SENTADO NUMA CADEIRA PARALELA À DE M. ESFREGA A PERNA E SE LEVANTA EM DIREÇÃO A M. ELE JÁ DEU ALGUNS PASSOS, E ELA SE LEVANTA E CAMINHA NA MESMA DIREÇÃO.

HOMEM ATRAVESSA DA ESQUERDA PARA A DIREITA COM O GLOBO ENTRE AS PERNAS, COMO SE FOSSE UM FUNCIONÁRIO DO MUSEU, LEVANDO UMA PEÇA DE UM LUGAR AO OUTRO. DESAPARECE DO LADO DIREITO. ELE DESISTE, DÁ A VOLTA E VAI NOVAMENTE PARA A JANELA. M CAMINHA, E OS DOIS SE ENTREOLHAM NUMA DETERMINADA CONTAGEM.

(*BLACKOUT*. DURANTE O *BLACKOUT*, H [QUE ESTAVA DE QUATRO] SE DEITA, MORTO. M, DE JOELHOS, DO LADO DELE, REZA. GARÇOM DE VOLTA À MESMA CADEIRA. LUZ SOBE EM H MORTO, E M CHORA E COLOCA QUATRO VELAS EM VOLTA DO CORPO. GARÇOM SAI DA CADEIRA DA MESMA FORMA QUE NA CENA 3 [E ANTERIOR], MAS, AO INVÉS DE DESISTIR E IR PRA JANELA, PROSSEGUE ATÉ M E, COM FÓSFOROS, AJUDA A ACENDER AS VELAS. MÚSICA LENTA DE SHOSTAKOVICH. QUATRO VELAS ACESAS, M EM PRANTO CONTIDO, GARÇOM ESPERA TRINTA SEGUNDOS E APAGA AS VELAS COM UM SOPRO. CLIMA TRÁGICO-NOSTÁLGICO COMO NA CENA 3 ORIGINAL.)

BLACKOUT. DURANTE O *BO*, H E GARÇOM VOAM PARA FORA. M VAI PARA A CADEIRA, AINDA COM ROUPA DE K.

LUZ EM M, QUE ESTÁ SOZINHA, SENTADA. LEVANTA-SE E SIMULA O DESABRAÇO COMO SE H ESTIVESSE LÁ. OLHA EM VOLTA E PERCEBE QUE ESTÁ SÓ. PEGA A JARRA, ACARICIA-A E COMEÇA A ANDAR EM CÍRCULOS, CHORANDO.

SOM CADA VEZ MAIS FORTE DE TANQUES DE GUERRA SE APROXIMANDO.

GARÇOM, JÁ EM TRAJES DE GARÇOM, ENTRA E MOSTRA UMA FOTOGRAFIA PARA M, QUE SE DEBRUÇA EM CHORO SOBRE ELE E FINALMENTE DESMAIA.

UMA VEZ ILUMINADO O SEGUNDO ANDAR, FUSÃO COM O ANDAR SUPERIOR. *BO* NO PRIMEIRO.

FIGURA AMARRADA COM FIOS DE *NYLON*. FIGURA SOFRE, IMÓVEL, UMA LEVE VIBRAÇÃO. M, QUE VEIO DO ANDAR DE BAIXO, DEPOIS DO *BO* EMBAIXO, SE APROXIMA COMO SE TIVESSE MEDO DE TOCÁ-LO E O DESAMARRA. DEPOIS DE ALGUM DESCONTROLE VIOLENTO [45 SEGUNDOS], A CENA ESCURECE ATÉ *BO*. FIGURA VOLTA À MESMA POSIÇÃO, E M SAI.

LUZ SOBE EM CENA IDÊNTICA À ANTERIOR. M ENTRA DA MESMA MANEIRA, SÓ QUE TENTA FAZER UM CARINHO NA CABEÇA DA FIGURA [F]. SE AFASTA. TENTA SE RETIRAR. VOLTA E SE REAPROXIMA DA FIGURA. OLHO NO OLHO. SILÊNCIO ABSOLUTO POR ALGUNS SEGUNDOS. M DÁ UM TAPA NA CARA DE F. M SE DESMANCHA DE REMORSO.

BLACKOUT. DURANTE *BO*, M CORRE PARA O ANDAR INFERIOR, FIGURA NÃO SE MEXE DURANTE O *BO*, POIS LOGO VOLTA À CENA.

FUSÃO COM O ANDAR INFERIOR.

UMA VEZ ESCURECIDA A CENA ANTERIOR, LUZ SOBE EM GARÇOM PARADO AO LADO DE HASSÍDICO [COMO UM GARÇOM MESMO, PLANTADO COM GUARDANAPO, IMPACIENTEMENTE ESPERANDO O PEDIDO DO CLIENTE], BALANÇANDO DA MELHOR MANEIRA HASSÍDICA, EMPURRANDO OS ÓCULOS, SE LEVANTANDO OCASIONALMENTE E RETORNANDO À CADEIRA.

FUSÃO COM O ANDAR SUPERIOR. FIGURA AMARRADA ESTÁ NO MESMO LUGAR. A LUZ A PEGA SOFRENDO SILENCIOSAMENTE E VIBRANDO SUTILMENTE. LUZ EM F SE APAGA QUANDO A LUZ DE BAIXO ACENDE. FUSÃO COM ANDAR INFERIOR.

HARAQUIRI: M ESTÁ NO FUNDO DO CENÁRIO DO ANDAR DE BAIXO. VAI PERCORRER UMA LINHA RETA ATÉ O PROSCÊNIO, PASSANDO POR GARÇOM E HASSÍDICO, IMÓVEIS. M VAI ATÉ A ESCAVAÇÃO DE DOIS MILÍMETROS. ENCARA A PLATEIA COM ABSOLUTO REMORSO. AJOELHA-SE LENTAMENTE, COMO UM RITUAL. PEGA UMA ESPADA DA CINTURA E COMETE HARAQUIRI. SE CURVA, ENTERRA A CARA ENTRE OS JOELHOS, O SANGUE JORRA DO ALÇAPÃO. ELE CONTINUA LÁ ATÉ A ESCAVAÇÃO ESTAR REPLETA DE SANGUE, POR CERCA DE DOIS MINUTOS. GARÇOM E HASSÍDICO DESAPARECERÃO LENTAMENTE.

BLACKOUT TOTAL: RETIRADA DE M. FICA A PISCINA DE SANGUE.
DURANTE ESSE *BO*, ENTRAM GARÇOM, H E F [SENTADO, AMARRADO].
SENTAM-SE A UMA MESA AO FUNDO, OUVINDO A RÁDIO BBC. M
VAI CORRENDO PARA O SEGUNDO ANDAR. LUZ ACENDE NELES,
PREOCUPADOS, OUVINDO NOTÍCIAS DO RÁDIO ENQUANTO SONS DE
GUERRA PARECEM CADA VEZ MAIS PERTO. NO SEGUNDO MINUTO, M
VAI. APARECE M NO ANDAR DE CIMA. M CHEGA AO ANDAR DE CIMA,
COM A MESMA CONFIGURAÇÃO DO ANDAR INFERIOR, COMO SE FOSSEM
APARTAMENTOS. ELA ENTRA, LIGA O RÁDIO, ENQUANTO SE VÊ E
ESCUTA G, H E F NO ANDAR INFERIOR OUVINDO A BBC. ELA LIGA O
RÁDIO E OUVE GREAT TIME JAZZ BAND [AARON COPLAND] E COMEÇA A
DANÇAR DE ALEGRIA, SOZINHA.

NO ANDAR INFERIOR, GARÇOM VAI PARA A JANELA, ABRE A CORTINA
E VÊ, PROJETADO NO CICLORAMA, A INVASÃO DE TANQUES DE 1968.
COMO NUM CORTE DE CENSURA, AS IMAGENS SÃO SUBSTITUÍDAS PELO
PÃO DE AÇÚCAR. NESSE PONTO, NO ANDAR DE CIMA, M ENTRA EM
PERFEITA SINCRONIA, DANÇANDO COM A IMAGEM DO PÃO DE AÇÚCAR.
A IMAGEM DURA DOIS MINUTOS ATÉ O CONGELAMENTO TOTAL SOB
O TEXTO:

    VOZ   Já fui um Cascando, uma enxurrada de ossos. Devo ter pensado em suicídio, acho. Mas não importa. Me excitava a ideia da lição de moral que o suicídio proporciona para aqueles que ficam. Bem feito se as minhas mãos forem amputadas, minha mãe não me comprou luvas...

    H   *[descongela e fala consigo mesmo]* É possível. É possível, que um esteja sempre certo, de braços abertos, do último tipo, raciocínio em dia, no melhor lugar, e que conheça o outro, com autoridade, intimidade, que é tudo só verdade, mesmo quando só mentira, é possível? É possível?

GARÇOM ACENA QUE SIM COM A CABEÇA.

    M   *[em cima, continua]* Vai procurar tua laia. Vai procurar tua laia, mesmo com aspas, que são lágrimas, só se penduram em dupla, não rolam, só acentuam e, quando caem, dividem.

H   Minha laia, quem será? Serão os judeus, os plebeus, os hereges, os machos, os brutos, os que sobem montanhas, os que descem com pedras *[olha para Garçom, paralisado]*, os que atiram pedras, são mais de mil mandamentos, ora eram dez, agora são mil, mais de mil.

M   *[ainda em cima]* É assim que é, é assim que vai ser de agora em diante.

FUSÃO COM ANDAR INFERIOR. CAIXÃO ATRÁS DA JANELA.

G   *[se dublando]* Desenterraram os ossos, garantiram que era ele, o mandaram de volta, o julgaram à revelia, contra a genética, como a genética revolução genética, serviços pesados, tadinhos, os homens macacos, kamikazes sem proteínas, seis milhões, hein? Seis milhões e agora ele paira por aí como uma imensa dúvida.

STURM— SPIEL

ESTREIA
FEVEREIRO DE 1990, NO PRINZREGENTENTHEATER, EM MUNIQUE, NA ALEMANHA

CRIAÇÃO E DIREÇÃO
GERALD THOMAS

ILUMINAÇÃO, TRILHA SONORA, CENÁRIO E FIGURINO
GERALD THOMAS

DRAMATURGIA E DIREÇÃO DE PRODUÇÃO
OLIVER REESE

PREPARADORA DE ELENCO
BETE COELHO

ASSISTENTE DE DIREÇÃO
R. MICHAEL BLANCO

ILUMINAÇÃO
WAGNER PINTO

ASSISTENTE DE ILUMINAÇÃO
CHRISTIAN WEISKIRCHER

ASSISTENTE DE DIREÇÃO
WOLFRAM APPRICH

ELENCO
**COMPANHIA DE ÓPERA SECA:
ALOIS STREMPEL (PRÓSPERO),
GABRIELE KÖSTLER (MIRANDA),
ESTHER HAUSMANN (SYCORAX,
FREIRA, ENFERMEIRA), GUNTRAM
BRATTIA (CALIBAN), CAROLIN
FINK (VOZ DE ARIEL, JUNO
– ESTUPRADA), HANS STETTER
(ALONSO, INQUISIDOR),
MARTIN G. ZAUNER (TRÍNCULO),
FRANZ FROSCHAUER (STEFANO)
E MICHAEL SCHMITTER (GONÇALO).
ALÉM DE ROSEMARIE HAUTH,
FRANCO LAURIA, VERA OBERDIECK,
RALF RINDT E RETO SCHIMANN**

CRÍTICA PUBLICADA
NO JORNAL SUÍÇO *NEUE
ZÜRCHER ZEITUNG* DE 13
DE FEVEREIRO DE 1990

STURMSPIEL: TEMPESTADE E FÚRIA

Produções teatrais que se baseiam em primeiro plano em arranjos cênicos são tanto admiradas como demonizadas. É preciso diferenciar: quando se trata de quadros quase estáticos (como na maioria das vezes nos trabalhos de Bob Wilson) desconectados da encenação de um texto específico e já existente, e que, portanto, lhes define um prazo de validade, tal recurso é altamente discutível – pelo menos se deixarmos de lado os aspectos do desempenho profissional dos atores. Mas, quando esses quadros firmemente entrelaçados com a apresentação da peça e as ações que acontecem no palco são mais do que um simples ingrediente secundário, as imagens podem contribuir para arrebatar os espectadores e transportá-los a possibilidades de associação quase mágicas, como nesta estreia de *Sturmspiel*, de Gerald Thomas, no Cuvilliés-Theater, em Munique. O autor e diretor britânico-brasileiro esboçou um conceito próprio para seus trabalhos de produção teatral ("*dry opera*" ou "ópera seca"), que, na verdade, nem é algo tão novo: movimento, ruídos, cenário, iluminação e a atuação ao mesmo tempo solta e intensiva exigida dos atores garantem um espetáculo colorido em todos os sentidos, mesmo que o que aconteça no palco não seja uma trama dramática bem definida – neste caso, a ação se baseia em uma colagem surrealista-grotesca de fragmentos de pensamentos e frases ("as palavras dançam, saltitam, gritam e balbuciam sua forma").

    A peça, ou Theater*spiel* – que, em seu sentido mais literal, seria um "jogo ou brincadeira teatral" –, encena uma noite de loucura inspirada no dadaísmo e durante a qual um Próspero mais benigno que demoníaco (Alois Strempel) tenta desemaranhar uma confusão de fios num misto de perplexidade e entendimento. Mostrando perfeito *timing*, os sentimentos de sofrimento e êxtase são repetidamente interrompidos por paródia, pastelão e invenções cênicas cômicas (como o grande simpósio sobre soluços). A polaridade entre tragédia e humor estridente evidencia-se como que iluminada pelo clarão de um raio. O resultado é um prisma de fantasia intelectual-sensual que – mesmo com menções desnecessárias a Samuel Beckett e James Joyce – leva a peça a sério, como um jogo ou uma brincadeira encenada com habilidade e alegria na decoração onírica de Daniela Thomas. As opiniões sempre se dividem ao tentar definir o que é humor ou pensamento profundo, e se um seria condição para o outro (especialmente no caso de uma forma de atuação de sotaque tão britânico), isso é o que se configura nesta estreia em Munique.

A peça começa com tragédia e desespero absolutos. Próspero, em um acesso de raiva, no chão, está delirante porque a Inglaterra domina tudo, por causa de Hoover, do imperialismo etc. O palco se abre em contraluz, um túnel de luz vindo de cima. Trinta e sete guarda-chuvas fechados estão espetados no chão do palco. Som de vento, água e música. O segundo corredor se ilumina e, nele, diversas vacas estão em fila para abate. O vento parece conduzir a luz de volta ao primeiro corredor. A luz oscila como se houvesse uma tempestade. De novo, o vento conduz a luz rumo à pequena Milão no poço da orquestra. Contrarregra: prepara primeiro e segundo corredor com guarda-chuvas de pé. Vê-se um velho regando guarda-chuvas no primeiro corredor. Barulho forte de trovão. Relâmpagos. A música conduz a luz mais uma vez ao poço da orquestra (pequena Milão). Tempestade. Primeiro e segundo corredores preparados com guarda-chuvas quebrados. Trilha sonora conduz o clima, rumo à pequena Milão em chamas. Contrarregra: deixa avião preparado. Trilha sonora forte quando Milão some e o avião é aceso aos poucos. Os testículos de Próspero foram atingidos por ele. Ariel (lâmpada) desce, suspensa, durante texto em *off*: "Imagine. Imagine só... Resgatar todas essas almas das genitais do homem. Resgatar todas essas 240 almas. Quantos sobreviventes haverá?"

P	Próspero
M	Miranda
S	Sycorax
C	Caliban
J	Juno
A	Alonso
T	Trínculo
E	Estefano
G	Gonçalo

PLATEIA VÊ SILHUETAS SOMBRIAS À ESQUERDA DO PALCO. LÂMPADAS OU LANTERNAS NAS MÃOS. NÃO SE OUVE, MAS UM HOMEM XINGA OS OUTROS ENQUANTO TODOS PUXAM SUAS ESPADAS. UM ESTÁ MAIS LONGE DOS OUTROS, QUE FORMAM UMA ESPÉCIE DE GRUPO. COMEÇAM UMA LUTA VIOLENTA, PRÓSPERO ESTÁ INDIGNADO COM O QUE ESTÁ ACONTECENDO, ENQUANTO UM AVIÃO FICA PRESO ENTRE SUAS PERNAS. EXPLODE UMA BOMBA: EFEITOS DE FUMAÇA. PRÓSPERO RI E, DE REPENTE, NÃO HÁ NADA MAIS ALÉM DOS HOMENS E 37 COPOS D'ÁGUA. NADA DE PRÓSPERO. RISOS.

P Tantos são os pedaços em que se partiu, irreparáveis, pendentes, incoláveis. Não por falta de vontade. Não. Por incapacidade. Sim. Remonto a esse período com curiosidade enorme. É o que faço toda noite, e toda noite isso me intriga mais. A maioria dos livros que vemos nas bibliotecas ou lojas está fechado. A maioria das comidas que vemos é inacessível. A maior parte do que sentimos está longe daqui. Se duas horas são a solução, então que o problema seja uma vida inteira. E assim é.
Há, é claro, aqueles que buscam. Ironicamente, passaram muitas gerações tentando me deter. Aliás, eu estar aqui hoje é um mistério. Ou perseverança. Ou acaso. Ou os três. Buscar, eles buscam, e matar, eles tentam. Por quê? Esqueceram de ser convidados? Ou será o desejo de poder tão comum entre os mortais ou tão mortal entre os comuns?

Veja que estou polindo essa superfície enquanto arranho a outra. A superfície das doenças de meus antepassados. Eles também quase foram detidos por aqueles que buscam. Será esse o mistério da batalha na vida? Dificilmente. Ou talvez da batalha no palco. Parece que estamos adentrando um longo período de calma, de paz. Ótimo. Pena. É claro que, como você pode ver, está tudo calmo. Calmo demais. Morto. Ou morrendo, o que é ainda mais patético. O som está quase certo para a composição de outra marcha fúnebre.

Permitam-me dizer que estou de consciência limpa mesmo que minhas belas fotos de palco, pode-se dizer, sejam vazias, confusas, enevoadas. E são mesmo. Àqueles que estão claros, a faca. Ainda mais claros? A espada. Metal limpo, nítido, brilhante dos dois lados.

Esta ilha é um universo, que engraçado. Não passo de um maquinista e logo cumprirei minha função. Ela não passa de um universo complexo lá atrás, onde cada objeto deve ser contrabalançado, senão pode matar [risos]. Senão pode produzir morte. Sim, há espaço para cacos, desconexões, cenários inacabados... claro que há. Há também fusíveis, milhares de fusíveis, lentes aos milhares, fios aos milhares. O maquinário está completo. Tão completo que permite que pequenas falhas sejam percebidas amplamente, ou vice-versa. Fosse o maquinário do pensamento totalmente perfeito, não se exigiria tanta perfeição no resto. Fosse a máquina da nossa criação uma realidade, não precisaria justamente das palavras que a destroem. Não poderia ser de outra forma.

TRÍNCULO, PRÓSPERO, CALIBAN E ALONSO NO TRIBUNAL DE SOLUÇOS. A PROVA [JUNO - ESTUPRADA] ESTÁ DEITADA NA MESA.

    T   Eu estava seguindo Mandeville, Mandeville na sua exploração, em sua busca pelo elo perdido – o elo perdido – até encontrar, era ELE, tal como eu, vestindo trapos, tal como eu, tendo voado, tal como eu, nos órgãos genitais de alguém.

C	Eu estava encalhado em uma ilha enfeitiçada, corri até minha garrafa, salvei algumas nozes e, então, nada. Para ficar encalhado tanto tempo, tive que manter a imaginação viva e, então, pude recriar meus passos dentro e fora da cena, cada dia um pouco melhor, cada dia um pouco mais longe.
P	*[rindo]* Você organizou o inorganizável, meu amigo. E portanto lhe dizem que você se apoia em fontes de livros, livros dispersos, fontes dispersas. De fato, é o que você faz.
T	E é assim que faz alguém? O relato do naufrágio não é o naufrágio em si, ah, não, não é, eu vejo, quase escuto, a cena do crime, sim, lá está ele, sozinho como sempre, sem mãe à vista para a vontade repentina de mamar, nada disso. Olhando para essa coisa naufragada: devo recorrer a outras fontes no passado e emendar estas dicas, estas pistas, até virar uma unidade orgânica.
GRITO DOS BASTIDORES	Andem logo com isso. Aconteceu um estupro.
P	Aconteceu. Aconteceu mesmo. *[Vira-se para Tríndulo.]* Águia 7 para Controle.
T	Águia 7 para Controle. Águia 7 para Controle. Quem era? Eu a peguei pelo pescoço e a sentei perto da mesa de bilhar, chocada, tremendo, com os cabelos em pé. Águia 7 para Controle. Duas xícaras de café, duas, depois três, sentada diante de Deus, sentada diante de sabe lá Deus o quê. Oh, meu Deus! Era tarde demais. Caixa preta... procurando a caixa preta. Pensando: nenhum corte na cabeça, nenhum corte na testa, nenhum osso quebrado, mas a caixa destruída, seria esse o Paraíso? Chega de crimes e erros, chega de castigo. Oh, meu Deus!
P	Paraíso? Na caixa, sem dúvida, você acha o que esperam de você. Nada além de palavras dispersas, de ações sem progresso e *[ficando furioso]* movimentos sem solução de diálogos sem solução ou... *[irônico/infantil]* de beleza extrema. Digamos que eu ficava grudado a meu assento enquanto memórias remendavam o vácuo da minha respiração. *[Para Caliban.]* Você está quente!
C	Não.
P	Ele está quente. Leques, leques. Soprem-no ao vento, não o deixem suar, isso seria o mais desprezível. Leques.
C	O senhor não suporta me ver. Não estou naquela sua lista de egípcios, tampouco sou a múmia de seu templo...

GRITO DOS BASTIDORES	Andem logo com isso. O estupro.
C	Mas, na minha pequenez, ocupo um caso criminal grande o suficiente para ser enviado a estes tribunais onde tentam corrigir a história, reescrevê-la, realmente. Por favor, me enviem ao país onde pedem desculpas pelo passado e discutem-no infinitamente, onde não têm humor, riem do nada e onde os críticos são potencialmente...
P	*Shhhhh!* Quer ver a corda no seu pescoço ou o machado na sua mancha?
C	*Sir*, que horas eles vão para a gráfica?
T	Às cinco.
C	*Senhor*, disponho-me a contar minha história até o final, talvez não aqui, talvez em outro lugar, posso sempre afirmar que lhe pedi desculpas – se concordar – pelo mau comportamento, embora seja para o senhor que digo, embora seja pelo senhor que vivo.
GRITO DOS BASTIDORES	É isso. No Sendlinger Tor. Às cinco em ponto.
T	O quê? Por que estou aqui? POR QUE ESTOU AQUI? Para que essa história pudesse acontecer. Doze anos de tédio, doze anos de silêncio e depois meu plano, com todos os seus segredinhos, minúsculos segredinhos... Minha missão? MINHA MISSÃO? Ah, acho que não posso lhe contar. *[Estrangulado com força.]* Claro que posso, claro que posso! "Esperança era a sua última esperança, mas, ainda assim, baixo demais para o ouvido dos mortais." Isso não? Não, claro que não. Não há por que se chatear! A trama é a seguinte: canibal fode espírito, criança nasce grande, forte, branca. Espírito enlouquece, aterroriza todo mundo, Próspero lhe dá um choque, adota a menina. Adota e fode, tudo junto – ou aos poucos –, que diferença faz? Sycorax, a mãe do canibal, fica incomodada. Ela ama o filho, quer dizer, NAQUELE SENTIDO – isso é o que eu quero dizer –, e quer que o tal Próspero sofra sozinho, totalmente sozinho – pobre coitado –, filho de uma puta, ele estupra a filha, apesar de ela não ser realmente sua filha, então não é incesto, ou quem sabe seja, é aqui que entra o drama, só onde se aplica tensão, é isso, mas a bruxa sempre incentivando, sempre querendo reivindicar outra vida, essa maníaca do teatro, essa louca maldita do teatro que acredita em segredos de caixa preta, que ouve teatro

do passado, a bruxa. ISSO RESPONDE À SUA PERGUNTA? DEIXEI BEM CLARO? Mesmo que você seja o canibal que eu citei, mesmo que seja um pouco desconcertante ou que eles *[a plateia]* fiquem sempre perguntando "por que diabos ele está estrangulando o outro, ele não conhece a história? Ele não fazia parte? Ele não ensaiou?". Sim, eu direi. Sim, senhoras e senhores, mas essa é a questão: é sempre para alguém que se conta a história, embora seja sempre através de alguém que se vive a história.
[Para Sycorax, que ri, depois de ficar sentada até então.]
Pegaram você na saída com pneu furado??? Meu pobre caminhão articulado, cansado depois da longa jornada com conotações terceiro-mundistas... Ouça *[samba suave ao fundo]*. Despertou alguma culpa... alguma memória... *[Um* flash *muito curto de Caliban comendo um ovo: dois segundos. Ela joga com ele, tal como com Alonso.]* Na carroceria, o sobrepeso está apodrecendo. No compartimento principal, apenas armas de fogo contrabandeadas e panfletos antigos, inúteis, de uma época idealista... A cena de um acidente à frente. Você aperta os freios. Você derrapa violentamente e por um instante parece que a carroceria vai ultrapassá-lo. Você é salvo por um pneu furado e para. Você está travando a saída. *[Irritado.]* Você chora lágrimas secas por causa do que está acontecendo com as árvores no submundo. Você mesmo já derrubou várias e usou seus troncos para se aquecer no inverno. É assim que são as coisas, meu caro P-r-ó-s-p-e-r-o. Não toleramos o lucro do outro. Como vão seus sonhos?

P   Nada diferente dos dele.

S   Que infelicidade. Permita-me sugerir um ato mais apropriado. Aprendi com a caixa mais sugestiva... Acho que veio de um certo Groto... as últimas sílabas eram inaudíveis. *[Tocam sinos.]* Ah, perfeito. Ouviu? Talvez você descubra que pertence ao mundo, finalmente. Mesmo que ele esteja encolhendo. *[Depois de vestir o cinto.]* Vá em missão solene. Um ato de amor inacabado é o homicídio em todos nós... *[Ela o manda embora.]*

M   Nada que eu pudesse dizer fecharia seus olhos, meu pai, pois é através deles que vejo a temível verdade, e não as bruxas que você enxerga quando seus olhos estão abertos. Feche seus efeitos. Ninguém dá a mínima para o que você diz e como diz. Não os deixe mais em cativeiro. Mas como dizer a eles para fugir, para – simplesmente – partir? Eu também tentei, mas foi em vão. A seus olhos, ninguém mede o suficiente para merecer a perdição que você lançou à liberdade deles. Aqueles que buscam, foram mortos há muito... cercados, limitados, mas intactos. Você é o oposto das ilhas, caro Pai, é por isso que você fala da vida sempre no final e nunca termina, meu Pai, como ameaçou fazer. Eu contei as estrelas. São apenas três. Venha, é tarde. É quase hora de acordar. Há muitos navios no mar, mais do que estrelas para guiá-los. Venha.

AMOSTRAS DE TEXTOS

A esperança era a sua última esperança, mas, ainda assim, baixo demais para o ouvido dos mortais. E em outras vezes imaginar outro extremo tão difícil de se imaginar, uma segunda vez seria tão comprimida nesse extremo, uma corrente de esperança e desesperança se misturou criando SUBMISSÃO, SUBMISSÃO, SUBMISSÃO...

E nada acabou significando nada. Depois tento explicar. Imaginar outros rumores... Pai, Pai do céu, Pai de Deus, Deus do céu, uma asa no céu, apenas uma asa, e outras misturas de pai como uma coisa celestial e outros complexos, outros nomes complexos em vastos números, digamos, de entes amados, digamos, de entes condenados, como a plebe escalando a montanha, ah, mas mesmo os amados, interjeições intermináveis, antigos filósofos ejacularam juntos em seus lugares de origem, sempre que possível, garantindo algum apego ao conhecimento. Pai ONDE ESTÁ VOCÊ, ONDE ESTÁ? Agora era muito audível, muito audível, volume alto, inclusive, mas, mesmo assim, não de todo satisfatório, em parte por conta da pergunta sem fim: QUAL DIÓGENES?

Tal como a importância de um beijo, por exemplo. Um beijo. Como ele será administrado pelo pai à filha que, categoricamente, em posição de consciência relativa à importância cronológica, ficaria comovida com sua masculinidade e com os pelos no peito, no braço, aquele naco...

Não há glória na minha aflição. Glória alguma na minha aflição. Tenho certeza que alimento um assassino dentro de mim, mas sem glória... a tragédia em si, os demônios à solta em volta da casa, a ex-monarquia, as aldeias devastadas.

MANUSCRITO

A Baviera em Atenas, imagine essa possibilidade, um monumento, um belo monumento na história da plebe ou, digamos, quem sabe, o Parlamento Britânico por Cromwell, onde tanto peixe se cortou, tanto peixe se vendeu, outro belo momento na história da plebe, 9 m de frente, 16 m de profundidade, é esse o objetivo da ejaculação. E fazendo pressão por outros momentos ou, na verdade, despressionando, ou, na verdade, comprimindo, mesmo durante este momento de, digamos, leve desconforto, sempre existe a esperança mencionada para se começar com uma medida mais profunda que a ejaculação especulada, com certeza, não há dúvida, não vamos brigar por causa disso, sempre há esperança, mesmo que percebida depois – ou percebida agora.

Existe pouca, pouquíssima esperança.

FIM DO MANUSCRITO

FIM DO JOGO DE FORÇAS ENTRE PRÓSPERO E ALONSO. LUZ NO 3º CORREDOR: JUNO DEPOIS DO ESTUPRO.

NO FUNDO DO PALCO, CENA DO ESTUPRO QUE FAZ PRÓSPERO PERDER A CONCENTRAÇÃO EM ALONSO. ALONSO FOGE. PRÓSPERO ESTÁ HESITANTEMENTE PACÍFICO POR CONTA DO ESTUPRO AO FUNDO. SYCORAX E PRÓSPERO TROCAM UM OLHAR. BLECAUTE NO TERCEIRO CORREDOR. MIRANDA ENTRA NO PRIMEIRO CORREDOR.

M   Era com grande melancolia que eu fitava o mar... Contava as pedras na praia. Sobravam três. Pai, o que está havendo? Ouvi um barulho que me parece comum demais. De junção a um muro tão temido.

LUZ NO QUARTO CORREDOR PERTO DA PAREDE

Pai, o que está havendo? Terei eu me apaixonado pelo que se teme ver? Terei me apaixonado pelo lado do comandante, para dar suas ordens... Hoje li a palma da minha mão esquerda! Senti que não havia nada melhor a se fazer. Amanhã vou contar estrelas, se o céu estiver límpido, onde eu me deitar conseguirei enxergar.

Ajude-me, pai. Se acha que fui domesticada pela sina pavorosa desta ilha, o senhor está errado. Nossa história está manchada pela sua fúria. Daqui vou para onde? O que posso esperar? Pensei em dar cabo de tudo. Falta-me sua permissão. Eu lhe rogo.

LUZ ACESA DE NOVO NO TERCEIRO CORREDOR. PRÓSPERO FICA ENFURECIDO AO VER JUNO NO CHÃO. A ATENÇÃO DE MIRANDA SAI DE SI E ELA OBSERVA O SINAL DE PRÓSPERO PARA LEVANTAR. LEVA A MÃO À CABEÇA DE JUNO, AGARRA SEU CABELO.

...

OBJETOS PARA ESTA CENA: XÍCARA DE ÁGUA, MARIONETE, FUNÂMBULO.

P   [rindo] Livre... enfim livre [zombando de Alonso] Pode anotar: Caríssimo senhor [rindo], enfim está livre. Não é uma linda ideia?

A história da minha vida: posso lhe dizer exatamente quantos filés de peixe devorei nos últimos doze anos e que cada um deles tinha gosto de memórias temíveis... mas isso faria você ter alguma simpatia por mim? Faria as escamas dessas entidades anfíbias ficarem presas no estômago de suas orelhas tal como aconteceu com as minhas? Não. [Rindo] Essas palavras pulam e empinam, gritam, cerceiam, cantam ou dizem suas falas, esvoaçam como passarinhos de plumagem desconcertante [fala como se fosse uma coisa ruim] e poder devorador. [Exagera, melodramatiza.] O palco escurecido fica em silêncio, seu sonho despertado com grosseria por gritos indignos, bateção de panelas. Os gritos assumem o lugar de atores vazios. Os chutes assumem o lugar de ouvidos mortais. Este país está na era da perda.

A   Nós vivemos em paz, senhor.

P   Você pode se arrastar na psicologia, nas definições de formas para as chuvas. *[Irritado.]* Há diferenças estabelecidas, ou você saberia ficar parado.
A   Digo que devemos fazer um acordo.
P   Teatro?
A   *[apreensão, em silêncio]*
P   Vejo que está sozinho.
A   Não. Quer dizer... Agora estou sozinho. Senhor, o mundo no qual vivemos é pacífico. Você pode não estar atento à sua calma. A última coisinha a ser resolvida é a questão de equiparar tamanho à necessidade e ganância por poder.
P   Feche os olhos, Alonso. O que vê? Calma? As trevas das suas pálpebras não são salpicadas de poeira ardente? Não há uma substância, Alonso, impossível de se descrever? Você sabe de onde veio e para onde vai?
A   De Túnis a Milão, não era...
P   *[morrendo de rir]* E agora você está aqui... não é uma "linda ideia"? *Shhhh*, deixe-os fechados. Não ouve esses gritos silenciosos que vão de ouvido a ouvido? Não passam de almas do seu fogo. Mas sua motivação está sempre perdida nessa ideia de tranquilidade. Diga-me, seus colegas gritaram durante a tempestade?
A   Não houve tempo de encontrar nenhuma voz interior.
P   *[zombando]* "Voz interior". *[Irritado.]* Ainda assim gritaria a estupidez dos seus pulmões. O som dos cérebros é ausência. Você ouve, mas seu consentimento é tanto de perda quanto de pena. Vai desabar.
A   Assim vai.
P   Meu afastamento de Milão foi silencioso, Alonso, silencioso. Curioso: não se ouviu um grito, nenhum sussurro, nada.
    A tragédia sem o coro, uma tragédia ao meio-dia. Descobrem que vozes interiores não têm lugar nas trilhas musicais. Digamos... seu filho?
A   Perdido no mar.
P   Que descanse em paz. Há mais almas presas em árvores do que cachorros a latir para elas. É uma pena que esta floresta tenha virado uma façanha tão vil e grosseira. Nenhuma tempestade a moverá mais. Não, Alonso, de modo nenhum. O que você quer é encenar as humanidades aqui... esse já deixou de ser o lugar para fazer isso.

A	Meus aromas investigativos desapareceram desde que cheguei a esse lugar! Senhor, por favor, tenha piedade! Não passo de solo firme para um acrobata.
P	Você não é nada mais que um espírito? Se for, por que me assombra?
J	[ainda respirando forte]
P	Fale!
J	Eles estão conspirando para ter sua cabeça folheada em ouro e raiva. Homens como você. O tempo alcança vocês no fim desta jornada. Suas crenças ridículas e seu comportamento cruel são simples charadas no pó. O tempo consumiu todas as coisas, há de consumir você.
P	São as palavras de uma bruxa, maldito. [Solta o cabelo, violentamente.] Maldito.
J	E quanto mais longe você for, mais perto. Em sua possessão, a vela infinita há de incendiá-lo. [Abraçada por Miranda e Próspero] Vai incendiar sua matéria e aqueles que você considera seus irmãos diabólicos. Ela [Sycorax] o denunciou.

MÚSICA, SINOS, BLECAUTE.

MANUSCRITO

Teatro = falsidade
A realidade política de hoje, tal como, por exemplo, o Muro etc. O que a plateia deve encontrar como o "milagre dos tempos modernos", a transição pacífica, por assim dizer, também serve de comentário irônico, cínico, por parte do autor.

FIM DO MANUSCRITO

PRIMEIRO CORREDOR. ALONSO ESTÁ SENTADO À MESA DANDO ENTREVISTA. ARIEL ESTÁ PENDURADO. ESTEFANO ESTÁ SEGURANDO UM MICROFONE E FAZENDO ANOTAÇÕES, INTERESSADO. LIVROS SOBRE A MESA. ALONSO ESTÁ FALANDO QUE CONHECIA PRÓSPERO ETC. GONÇALO TRAZ CAFÉ PARA DOIS, FICA INTERESSADO, ENTRA NA CONVERSA, SENTA-SE.

SEGUNDO CORREDOR. ALGUÉM NO PAPEL DE ALONSO COMO
"INVESTIGADOR". A CENA É IDENTIFICÁVEL COM AQUELA EM QUE
PRÓSPERO ESTÁ DE JOELHOS. ISSO APARECE COMO UM *FLASH* DENTRO
DA ENTREVISTA E SERÁ INDICADO PELA PALAVRA "CENA".

A   Tenho que dizer que eu estava descontente com o que me deram. Minha função era interromper, intervir... Mas eu não sou nada assim. Eu vi isso, diariamente. Eles cresciam em número até aquela passagem, sabe, aquele "buraco na parede" com 70 metros – isso que era – estava tão amontoado com eles, eu...

E   Senhor, por favor, caso não se importe, gostaria de retornar ao ponto em que ELE lhe sugeriu que haveria algum princípio para a história de vida dele, seus sonhos, exílios, realizações e assim por diante.

A   [*frustrado*] Oh, o quê? Bom, sim, ele sugeriu, embora poeticamente e, assim, aberto a interpretação. Ele de fato me convidou, em vez de me destruir ou, para dizer o mínimo, manteve-me cativo até o fim dos dias. Em prisão judicial com um enorme letreiro sobre minha cabeça dizendo "bode expiatório"... [*Silêncio desconfortável.*] Sim, houve tudo isso.

INTERROMPIDOS POR GONÇALO, QUE TRAZ CAFÉ.

E   Gentil da sua parte. Muito caridoso. Esqueceu de trazer um para você mesmo... Mas enfim... Então, ele "libertou" você, ele "convidou" você a ser uma espécie de confidente etc.

A   Mas o que mais ele devia fazer? Meu Deus! Não fosse transformar os ex-inimigos em amigos, ele podia começar a falar a língua das plantas – e, Deus nos salve, o que seria uma língua apocalíptica hoje em dia. Não, veja bem, éramos tudo o que ele tinha. Nós, enormes poderes, de uma espécie. Então ele jogou conosco. Eu teria feito o mesmo. Uma vergonha.

E   Parece que seus agentes funerários esqueceram de colocar a tampa. Agora estão derramando as tripas sobre ele. Dizem que virou um movimento e tudo mais... Os Filósofos Racionais Épicos. Só três membros e dois saíram, por causa do épico.

G   Com licença, não são três, mas pelo menos algumas centenas e não houve separações, até onde posso dizer.

E   Até onde você sabe dizer não é até onde você chegou.

A Se você está aqui, meu amigo, certamente deve-se à alta paciência e graciosa persistência de alguma entidade acima... *[Ergue o olhar, irônico.]* De qualquer forma, caso quiséssemos, ele teria lhe dado o tratamento conhecido como exclusão completa. Isto, contudo...

G Talvez cheguemos mais perto do ponto se mantivermos um certo aspecto de, digamos, respeito e dúvida – não é o que diria? –, respeito e dúvida. Quando estiver em dúvida, respeite-o e vice-versa.

E Eu tenho pouco tempo, minha esposa está doente e distante. Isto tem que se concluir...

CENA

E Oh, oh.

A *[olhando para trás]* Sim, é isto que era. Não há como fugir. Isso pode levar a vida inteira das minhas crianças e a delas é a vida que aprendemos a desperdiçar... agora você vai...

DUAS PESSOAS ENTRAM E PRENDEM ALONSO.

A *[gritando e resistindo]* HÁ OUTROS ENVOLVIDOS QUE PODEM NÃO TER MORRIDO! PENSE NISSO. SE EU NÃO LHE DISSER AGORA, DIREI EM VINTE ANOS! NÃO IMPORTA? SERÁ DITO.

...

This young's battle is still tight
So tight it might grow plight
for lesser causes but his own
smells of money this his Rome
This his capital of power

Bring this youngster extra sight
To see the depth no depth
of the big round
funny laws are holes in the big round
answerable nooks in the big round
to big round characters
twist truth like Samaritans
as if the soul was none profound
By profound one ought to know
Is in the mind but an old sound
It might be written
It might be chanted
And when written so delectable
When chanted so much harm can do

Yes, inform him please at once
Profound might be
Everything that can be placed
On the surface of the ground.

FOR NUN WHEN GIVING
COMMUNION TO CALIBAN AT
SCENE NEARING THE END OF
THE CONDUCTING SEQUENCE.

What might the mind of a youngster
bring about.
who believes but cannot hear
That miracle might be the father of all,
and in which hearing it without,
might drive him to roam in
dirt and grout

A batalha deste jovem ainda é tensa
Tão tensa que pode virar empenho
Por causas menores que a sua
Cheira a dinheiro, sua Roma
Esta, sua capital do poder

Traz a este rapaz mais visão
Para enxergar a profundidade sem
profundidade da grande roda
leis divertidas são buracos na grande roda
os nós responsáveis na grande roda
para personagens bem acabados
torcem a verdade como samaritanos
como se a alma não tivesse profundeza
Pela profundeza pode-se descobrir
Na mente não passa de som antigo
Pode-se escrever
Pode-se entoar
E quando escrita de forma tão agradável
Quando entoada, tanto mal pode fazer

Sim, informe-o por favor, de vez
Profundo possa ser
Tudo que se possa situar
Na superfície do chão.

PARA A FREIRA, ENQUANTO
DÁ A COMUNHÃO A CALIBAN
NA CENA PERTO DO FIM DA
SEQUÊNCIA CONDUTORA.

O que pode a mente de um rapaz
provocar,
que acredita mas não consegue ouvir
Aquele milagre pode ser o pai de todos,
e no qual ao se ouvir que não há,
pode conduzi-lo a vagar por terra
e cimento

A new world develops within his hearing that is different from his roaming. O Grace methinks, let the old world be mourning and its wrinkles ebb in moaning, or thus ebb the old disgraceful fall and within that let the erection be tall of a wall once wide now broken of a wall once cried now spoken, small	Um novo mundo se desenvolve à sua audição que é diferente de seu vagar. Ó, Graça, penso eu, que o mundo antigo seja luto e suas rugas refluem ao gemer ou assim reflui a velha deplorável queda e nisto deixar a ereção ser alta de um muro que já foi amplo agora partido de um muro no qual se chorou agora se fala, pequeno
Reason up, Celestial ground Whose newborns are already pealing From their mother's clustered tearing since the most appalling toll	Mais razão, terreno Celestial Cujos recém-nascidos já estão ressoando Do lacrimejar aglomerado da mãe deles até o soar de sinos mais aterrador
But a spring's invasion backwards might this youngster yet devour even when a plot at this hour remains alive ready to rot peace of kind as if to blot out of the dirts of his former captivity	Mas uma invasão de primavera reversa pode este rapaz ainda devorar mesmo quando um complô a esta hora continue vivo pronto para apodrecer paz do tipo como se a borrar as sujeiras de seu antigo cativeiro
What might the mind of a youngster bring about in that miracle is but a shout to becoming belief's blessed child like Outside the city Gate, islanded as islanded we are all seemed to be for a long while, no sympathy	O que pode a mente de um rapaz provocar naquele milagre não passa de um grito para tornar-se a criança abençoada da crença como Fora do Portão da cidade, ilhado como ilhados somos todos que parecemos ser por muito tempo, sem simpatia

...

MANUSCRITO

Próspero está enlouquecendo dentro de uma sala.
Os náufragos são apenas seis homens que, ao abrir uma porta
– ou por um vídeo –, entram em seis banheiras igualmente
dispostas, como se fossem tomar banho. Ele enlouquece
segurando uma lança.

Em uma cena mais à frente, pequenos barquinhos de papel
podiam estar boiando na banheira, que também podem virar
trincheiras em situação de guerra.

Então Próspero vai ao corredor de luz frontal. Todas as pessoas
no fundo sumiram. Uma voz o acusa.

... que agora possamos ponderar...

A luz prossegue, Próspero estava em um tribunal, com juiz e
tudo. Quando ele está para ser enjaulado, carpideiras entram
e interrompem a cena, "retirando" o tribunal, deixando, assim,
Próspero sozinho. Ao fundo, uma pequena maquete de cidade
pode estar pegando fogo neste momento.

Um abandono marcante. Passos. Ele se vira para a frente do palco,
diz alguma coisa ininteligível para os que ficaram. Vai embora.

Depois que ele sai, os atores revelam um gravador de fita
escondido e tocam seu discurso de trás para frente. Faz sentido.
Eles suspiram de alívio.

`PARA SER DITO O MAIS RÁPIDO POSSÍVEL ENQUANTO SE ESTÁ SENDO ESTRANGULADO.`

A esperança era seu último vislumbre de esperança, mas, mesmo
assim, um pouco frustrante, não era alto e claro o bastante para o
ouvido humano. E, no mais, imaginando vários outros momentos
em que imaginar outro extremo tão difícil de se imaginar, que
mais uma vez seria impossível, mais uma vez seria simplesmente
impossível, inimaginável e assim por diante, já que mais uma vez,

francamente, comprimiria esse outro extremo a um ponto em que uma corrente de esperança e não esperança se misturam criando SUBMISSÃO SUBMISSÃO SUBMISSÃO, e nada prova nada... Tento explicar depois.

Imaginando outros rumores: Pai, Pai do céu, Pai de Deus, Deus do céu: Asas, asas de Deus, asas do céu, Pai das asas. São pai das asas. Seria uma benção. Enfim.

MATTO—
GROSSO

ESTREIA
1989, EM SÃO PAULO,
TÓQUIO E SEUL

SITUAÇÃO, CRIAÇÃO E DIREÇÃO
GERALD THOMAS

MÚSICA
PHILIP GLASS

CENÁRIOS E FIGURINOS
DANIELA THOMAS

ILUMINAÇÃO
GERALD THOMAS E WAGNER PINTO

REGENTE
MICHAEL RIESMAN

CAPA
DESENHOS DE GERALD THOMAS

ATORES CONVIDADOS
RICHARD BACH, ANA KFOURI,
LOU GRIMALDI, LENA BRITO
E ESTHER LINLEY

GRANDE ELENCO
ANA ELISA POPPE, ANTONIO MELLO, BEATRIZ FILIPPO, CARL ALEXANDER, CLAUDIO SOARES, CRISTINA AMADEO, EDUARDO MAMBERTI, GEDIVAN DE ALBUQUERQUE, GEÓRGIA GOLDFARB, HIRAN COSTA JR., ISABELLA PARKINSON, JAQUELINE SPERANDIO, JOHANA ALBUQUERQUE, JONAS DALBECCHI, LIDIA MARIA PIA, LUIZ CARLOS VASCONCELOS, LUZIA MAYER, MARCO ANTONIO PALMEIRA, MAURICIO DA SILVA, PATRICIA NIDERMEIER, PAULA FEITOSA, REYNALDO OTERO, ROGÉRIO FREITAS, RICARDO VENANCIO, SARAH NAVARRO, SHULAMITH YAARI E ZUILA BUENO

COORDENAÇÃO DE ORQUESTRA
PASCHOAL PERROTA

MAESTRO PREPARADOR
JACQUES MORELEMBAUM

REGENTE DO CORO DE CÂMARA PRÓ-ARTE
CARLOS ALBERTO FIGUEIREDO

REGENTE DO CANTO EM CANTO
ELZA LAKSCHEVITZ

PREPARADORA VOCAL
MARIA JOSÉ CHEVITARESE

ELENCO
BETE COELHO, LUIZ DAMASCENO, OSWALDO BARRETO, MARCOS BARRETO, MAGALI BIFF, EDILSON BOTELHO, ZACHARIAS GOULART, DOMINGOS VARELA E CRISTIANA DUARTE
(COMPANHIA DE ÓPERA SECA)

JAMES BROOKE, DO RIO DE JANEIRO, PARA O JORNAL *THE NEW YORK TIMES* DE 19 DE JULHO DE 1989

ÓPERA AMBIENTAL DE [PHILIP] GLASS INTRIGA O RIO

Numa tentativa de confrontar artisticamente a destruição da Amazônia, Philip Glass, o compositor norte-americano, se uniu a Gerald Thomas, o diretor teatral de vanguarda, para apresentar esta semana [no Rio de Janeiro] uma nova ópera chamada *Mattogrosso*.

Antes da estreia, Glass previu com confiança: "Noventa por cento da plateia vai adorar. Os dias de vanguarda e público vivendo em mundos diferentes estão contados".

Mas, findos os aplausos da noite de estreia de segunda-feira, muitos na plateia pareciam não ter percebido que o tema da ópera era a destruição ambiental.

"Visualmente, foi lindo, mas parecia estar a serviço do vazio", disse um confuso espectador, Gilberto Perin, diretor de vídeo, depois de assistir à ópera sem canções.

A PERPLEXIDADE E O PIOR

As críticas nos jornais brasileiros de hoje confirmaram que Thomas e Glass podem ter alcançado o respeitável objetivo da vanguarda: assustar a burguesia.

"Um pesadelo repugnante", escreveu o crítico d'*O Globo* Antonio Hernandez. "Para entender isso seria necessário consultar os prontuários médicos do psicanalista de Gerald Thomas. Uma tarefa pouco agradável."

No *Jornal do Brasil*, Macksen Luiz descreveu a nova obra como "um banco de memória repleto de impressões dispersas, que mistura lixo de comunicação de massa (Batman e Mickey) com respeito à erudição (filosofia alemã e teatro shakespeariano)".

Em *O Estado de S.Paulo*, Pepe Escobar admirou-se com "a capacidade de Thomas de encenar seus delírios, trocadilhos e pilhas de referências culturais".

UM DEFENSOR ERGUE A VOZ

Um solitário defensor, Marco Veloso, da *Folha de S. Paulo*, escreveu sobre Thomas: "Ele vem produzindo o único teatro internacional no Brasil".

Thomas tem se deleitado com esse tipo de controvérsia desde que chegou aqui, há cinco anos, vindo de Nova York, onde dirigiu no La MaMa, no início dos anos 1980. Ele nasceu no Brasil e passou a maior parte da década de 1970 em Londres. Agora, divide seu tempo entre Nova York e o Brasil, e dirigiu recentemente sua Companhia de Ópera Seca, sediada no Brasil, em Nova York, em Munique e em Viena.

"Gerry faz parte da meia dúzia de diretores-autores no mundo com uma visão pessoal", disse Glass em uma entrevista durante um ensaio no domingo. "Ele não encena simplesmente peças como *A Gaivota* ou *Mãe Coragem*. Isso aqui é criação dele. Ele é um poeta no teatro."

Vestindo camiseta, calça chino e tênis, o compositor norte-americano relaxou sob os candelabros de estilo *beaux-arts* do Teatro Municipal do Rio e tentou descrever a nova ópera em palavras.

"UMA JANELA MUSICAL"

"É uma colagem de imagens", disse. "Minha música lhe confere uma janela musical como abertura."

Quando um visitante sugeriu que a ópera poderia se beneficiar do sistema de legendas eletrônicas do teatro, Glass respondeu com uma risada: "Talvez o público não saiba explicá-la. Mas nós também não sabemos".

Thomas, com seus longos cabelos ondulados aparados num rabo de cavalo, se enfurnou num camarote durante um intervalo do ensaio. Ele ensaiou outra explicação. "Estou tentando transformar a ária cantada, a ária didática, em algo cênico", disse o diretor de 35 anos.

Thomas disse que a teoria de Darwin sobre a sobrevivência dos mais aptos deu ao homem uma desculpa intelectual para devastar impunemente a Amazônia. Em troca, o Thomas amante de trocadilhos disse que *Mattogrosso* defende a "sobrevivência dos derrotistas". O próprio título da obra é um jogo de palavras: "Mato Grosso" significa "floresta grande" e é o nome de um estado brasileiro.

INSPIRAÇÃO ANTIGUERRA

"As pessoas falam muito sobre a Amazônia, mas eu ainda não vi muita coisa nas artes", disse Thomas. "A melhor música surgiu do movimento antiguerra da década de 1960."

Na noite de estreia aqui, havia grande expectativa no venerável teatro, um modelo da Ópera de Paris construído em 1905. Em vez da plateia de traje formal que geralmente obstrui as escadarias de mármore branco do teatro, a turma de *Mattogrosso* tinha um visual mais despojado – atores, artistas, fotógrafos e pintores.

De posse de uma leitura atenta do programa e dos comentários frequentemente misteriosos de Thomas para a imprensa, um espectador esforçado era capaz de identificar alguns personagens.

O herói é um explorador alemão do século XIX, Friedrich Ernst Matto, uma figura emaciada e esfarrapada. Um esquadrão de homens com capacetes de Darth Vader e lustrosas capas negras parecia representar o militarismo latino-americano.

Um sujeito sorrateiro de batina marrom, carregando uma cruz grande, parecia representar a corrupção na Igreja. A oligarquia depravada era representada por um desagradável sujeito de aspecto régio que conduzia pequenas orgias sobre um trono.

O proletariado era representado por harpias cobertas com mantos negros que ora se flagelavam ritualisticamente, ora imploravam por comida.

A ópera é dividida em três segmentos, "O cânion", "A luz" e "Mattogrosso". No entanto, qualquer tentativa de traçar uma narrativa coerente a partir dessas figuras se perde no reino da imaginação.

"Eu uso enigma", disse o autor, que havia anunciado sua ópera como "uma obra totalmente acidental". "Você tem de deixar o público terminar de montar o quebra-cabeça. Pode acontecer alguns dias depois, uma semana depois."

UM REGENTE NORTE-AMERICANO

As cenas reluzentes são articuladas pela música empolgante e martelante de Glass. Michael Reisman, outro componente importado dos Estados Unidos, regeu uma orquestra brasileira de 47 músicos, incluindo seções completas de sopros e cordas.

Embora a música fosse muito mais harmoniosa do que as produções "bate-lata" de Glass, ela soou dissonante para os críticos da terra da bossa nova.

"Na metade do espetáculo, ficou claro que a música e as cenas foram concebidas de forma independente e que o vínculo entre ambas era inteiramente gratuito", escreveu Reynaldo Roels Jr. no *Jornal do Brasil*.

O crítico d'*O Globo* acrescentou: "A música não só decepcionou, como também era irritante. A música não tinha nada a ver com a peça de Thomas".

No entanto, alguns espectadores apoiaram o prognóstico de Glass sobre o público e a vanguarda. Depois de assistir ao espetáculo, Guto Pereira, um ator brasileiro, disse: "Foi belíssimo. Eu adoro o uso que ele faz de artes plásticas em teatro".

OS TRABALHOS DE UMA DUPLA

REYNALDO ROELS JR.
PARA O "CADERNO B"
DO *JORNAL DO BRASIL*
DE 6 DE MARÇO DE 1989

"Matto Grosso", a "quase ópera" que Glass está fazendo com Gerald Thomas, é uma alegoria "passional-ecológica, com uma semiologia barroca" dentro da concepção "thomista" da "Gesamtglücksfallwerk" (obra do acaso total), em três partes: "The cannyon", "The light" e "Matto Grosso". Conforme explica Thomas, trata-se de uma "quase ópera" porque a "narrativa não se desenvolve a partir de árias entregues aos cantores solistas, mas através da ação".

O título, em que "Matto Grosso" aparece com dois Ts, contém uma referência a Friedrich Ernst Matto, um autor prussiano de meados do século passado, segundo Gerald "o primeiro ecólogo moderno, de que Wagner gostava muito". Glass e Thomas já fizeram juntos "Metamorfose", baseado em Kafka, e "Carmem com filtro 2", uma das duas peças de Thomas atualmente em cartaz no Rio, tem música do compositor americano. E já ainda um outro trabalho dos dois que Thomas apresentará em Viena, "Itaipu", "um retrato da região", como diz Glass.

"Glass está modificando muito sua linguagem musical, influenciado pelo Brasil", comenta o diretor. "Ela está ficando mais emocional e expressionista", diz ele. Glass, que reconhece uma maior exaltação nesta sua fase atual, diz que o meio ambiente brasileiro atuou muito sobre seu trabalho. "É um país rico, e já vi mais dele do que muitos brasileiros".

Heroico, democrático, humano, humanístico, metafórico, hieroglífico, filosófico. A degradação da evolução social.

Friedrich Ernst Matto, grande explorador do século XIX, se autodenominou "um desencantado"; perambulava pelas florestas com 70 caderninhos cheios de gráficos e rabiscos com sombras, e assobiava *Lohengrin*. Se assustava com cada som, cada cor, e se sentia inútil diante de um *Canyon*. Tinha visões, como a de ver Virgílio, por exemplo, bem na fronteira da sanidade de Hamlet. Mas isso foi descoberto muito tempo depois. Isso ele não anotava nos seus caderninhos. Descobriu que o verdadeiro gênio das espécies era Wagner, porque fazia o ouvinte crer debaixo da voz sublime de um barítono.

Desencantado realmente, Matto voltou à sua rainha, especulou sobre o surrealismo, a cólera e Marco Polo. A rainha o olhava fixa e criticamente. Matto, um pouco embaraçado, se desdisse de várias formas possíveis e constrangeu, através do mau entendimento, teses hegelianas sobre a identidade e a autorização. A rainha perdeu a paciência e mandou que Matto tirasse férias. Disse que as suas histórias estavam difíceis demais de entender e que ela, a rainha, simplesmente não tinha referências, paciência ou tempo pra ficar o dia todo justapondo imagens que ele havia proposto dentro de um caos total.

Cabisbaixo, meio estranho e insólito, Matto foi caminhando para a porta. Um forte tambor marcava o ritmo da dúvida em sua cabeça... Era, realmente, muita informação computada, e ele precisava do fator enigma para desvendá-lo. Matto decretou, nesse momento – ainda antes de alcançar a porta –, o *"survival of defeatist"*. Foi, ainda cabisbaixo, para casa. Veio a descobrir no caminho que havia usado os termos errados, ou que a hora estava errada. Deitou-se – em pleno dia – e deixou-se morrer.

Em seu enterro, foram poucas pessoas. Foram principalmente aquelas que viam em sua morte um símbolo ainda mais incógnito. Uma coisa é certa e, ironicamente, foi respeitada. Matto havia deixado em seu testamento o seguinte pedido: que seu velório se desse em um lugar amplo (17 × 30 metros) e que, do lado do seu caixão, houvesse centenas de outros, de todas as formas, feitios e seitas. Cada caixão deveria estar acompanhado de uma porçãozinha de terra do respectivo lugar onde fosse encontrado. Nenhum caixão estaria aberto. Nem mesmo o seu.

No epicentro desse lugar de 17 × 30 metros, estaria no alto de um pedestal uma pequena pepita de ouro (lembrança que ele havia trazido de Valhala), ladeada por dois cartões-postais autografados: uma foto quase que totalmente decomposta na qual podia ser lida só uma assinatura no canto inferior direito: "Alberich". A outra foto intrigava as carpideiras e os que choravam de verdade: uma polaroid daquele próprio funeral naquele próprio momento.

A alma de Matto, grudada no teto, já pensava na próxima encarnação e no *"survival of the fetus"* e olhava para baixo com respeito e orgulho.

Ele sabia, como sempre soube, que sua vida passaria, para a maioria, como uma vida ininteligível.

Mas, com algum orgulho, sua alma balbuciava um refrão constante e desrítmico, do qual algumas partes eram audíveis: "... são muitas as complicações derivadas do conhecimento. É difícil se achar uma prisão para uma ideia só. Os verbetes estão cada vez mais numerosos e menores. Está cada vez mais impossível... Deus salve a rainha. Ela identificou... a consequência da minha ininteligibilidade...".

GERALD THOMAS, 10 DE JULHO DE 1989.

Há dias, voltei de uma coletiva me sentindo meio cabisbaixo, estranho, insólito. Anotei na minha agenda...: "Me safei da pergunta 'por que Mattogrosso é escrito com dois T' dizendo que era um estado entre Goiás com dois G e Paraguay com dois P...". As perguntas, em sua maioria, apesar de parecerem banais demais, são, na verdade, infernalmente enormes.

O propósito de uma obra não verbal é preciosamente ligado à possibilidade de se fazer desenrolar no palco, ou em um filme, um universo de coisas ligadas à experiência não transmissível de outra forma.

O propósito desse tipo de trabalho está bem próximo à compreensão, ao reconhecimento, à destruição e à reconstrução. O funcionalismo da pergunta do porquê dos dois T fica, portanto, massacrado junto com toda a maquinaria do "entendimento" que, no meu "entender", é a mais chata das categorias da engrenagem do academismo.

Escrevo para teatro e ópera no ano de 1989, ano em que ainda não sabemos descrever o sabor de uma beterraba sem entrarmos em assemelhações, ou a cor amarela, sem entrarmos em analogias pobres e infrutíferas.

Para conseguirmos nos lembrar do dia anterior, o banco de memórias sofre de algum esforço. Não conseguimos, de forma alguma, descrever o dia anterior segundo por segundo, imagens, todas elas, justapostas... E mesmo que conseguíssemos, levaríamos três dias para descrever aquele um.

Torno públicas algumas ideias minhas de 1989, ano em que se nota muito nitidamente mais um espaço alcançado a favor do ceticismo contra a aventura.

Não faz o menor sentido que o artista consiga, de tempos em tempos, criar piadas sinestéticas para acabar dando emprego às academias que tornarão, contra o tempo, essa piada uma história fúnebre e macabra.

RESPOSTA: o T é o *t* que falta no Anel dos Nibelungos e é o mesmo que Churchill fazia com as mãos quando se referia à Vitória ou às equações.

E mais, não é uma obra ecológica. Mas como poderia deixar de ser ecológica se seu autor, o Gerald Thomas, é um paranoico nesse assunto desde que se publicava, em Londres, há vinte e tantos anos, o *BLUE PRINT FOR SURVIVAL*? Como toda obra livre, ela deve, espero, mostrar todo o meu constrangimento perante a civilização organizada, mas, certamente, não vou sublinhar nenhum assunto. É a graça da metáfora.

O paradoxo é um grande ausente do drama moderno. Monolítico, unilateral, dirigido e curto, o drama de hoje não trata os seres humanos como criaturas, não os remete a conotações extracoloquiais, não mistura ideias como a própria cabeça individualizada e descomprometida mistura. A autoria está ficando tão pequena que daqui a pouco vai se "esconder" por completo do universo e vai tentar descrever o funcionamento da torneira da pia. E o vai fazer de forma malfeita.

Vocês leram na imprensa que *Mattogrosso* é sobre suicídio ou eutanásia de uma floresta. Leram que a floresta foi criada por um deus para proteger o acidentado Titanic que afundou e precisa ser preservado. Leram que os nibelungos dessa ópera são mais poderosos: então, diabolungos, mitolungos. Leram que tudo começou na minha cabeça com um trocadilho darwiniano *"survival of defeatist"* (sobrevivência do derrotista, ao contrário de *"survival of the fittest"*, sobrevivência do mais apto). E que a teoria desse desencantado explorador fictício, Friedrich Ernst Matto, é a teoria da "devolução às espécies". Leram que a analogia mais constante feita em *Mattogrosso* está no início e no fim da tetralogia de Wagner, *O Anel dos Nibelungos*; portanto, em *Ouro do Reno* e *Crepúsculo dos Deuses*. Tudo o que vocês leram até agora vale. Nada, do que vocês leram até agora, vale. *Mattogrosso* é uma obra experimental. É o que eu batizei de – graças a Deus o termo já está se espalhando pela Europa – GESAMTGLÜCKSFALLWERK – OBRA DO ACASO TOTAL. Não se sabe de onde vem, não se sabe para onde vai. Qualquer outra coisa, na realidade, não passa de um indecifrável erro tipográfico se equilibrando na parte superior de uma equação.

THE FLASH AND CRASH DAYS

TEMPESTADE E FÚRIA

UMA PEÇA SOBRE UMA MÃE
E UMA FILHA E UM CORAÇÃO

ESTREIAS
NOVEMBRO DE 1991, NO CENTRO CULTURAL BANCO DO BRASIL, NO RIO DE JANEIRO

JANEIRO DE 1992, NO TEATRO SÉRGIO CARDOSO, EM SÃO PAULO

MARÇO DE 1992, NO TEATRO CASTRO MENDES, EM CAMPINAS, EM SANTOS, E NO TEATRO ÓPERA DE ARAME, NO FESTIVAL DE CURITIBA

ABRIL DE 1992, NO PALÁCIO DAS ARTES, EM BELO HORIZONTE

JULHO DE 1992, NO FESTIVAL *SERIUS FUN!*, NO LINCOLN CENTER, EM NOVA YORK, E TAMBÉM EM HAMBURGO, LAUSANNE, COPENHAGUE, COLÔNIA E NO TEATRO JOÃO CAETANO, NO RIO DE JANEIRO

CRIAÇÃO E DIREÇÃO
GERALD THOMAS

TRILHA SONORA E CONCEPÇÃO DE LUZ
GERALD THOMAS

CENÁRIO E FIGURINO
DANIELA THOMAS

DESENHO DE LUZ
WAGNER PINTO

ELENCO
FERNANDA MONTENEGRO, FERNANDA TORRES, LUIZ DAMASCENO E LUDOVAL CAMPOS

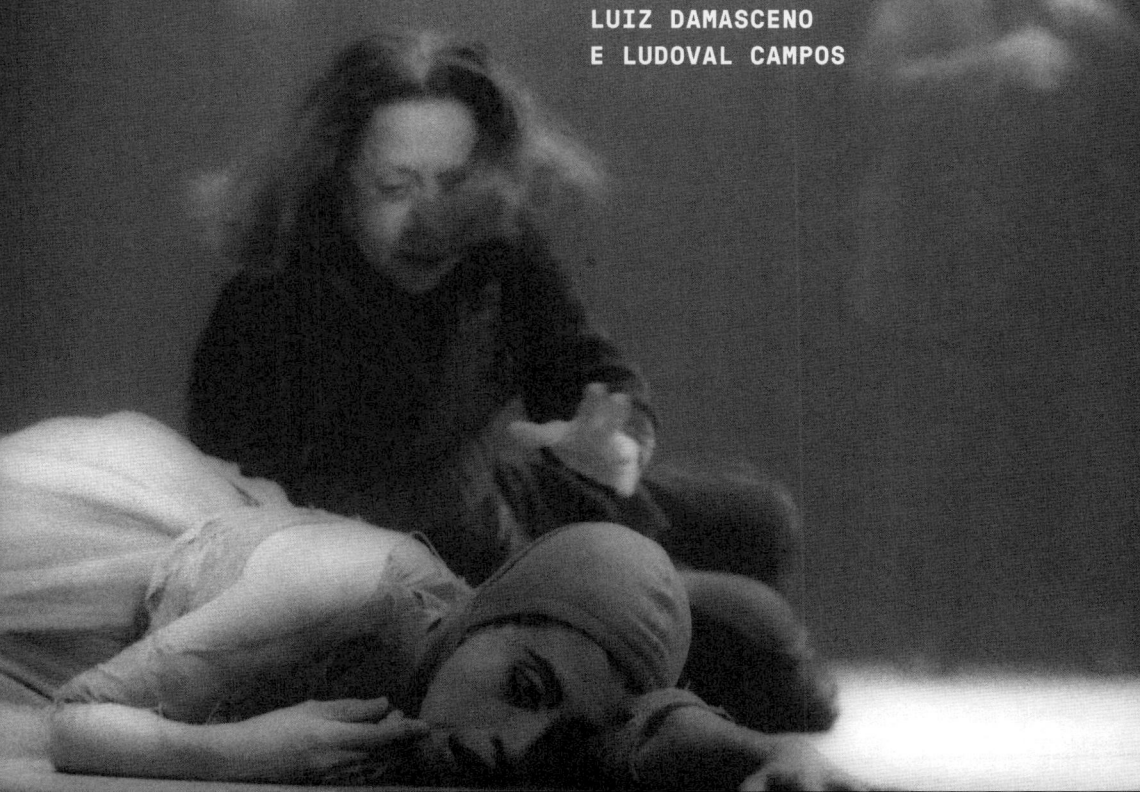

ROBERT MYERS PARA O JORNAL *THE NEW YORK TIMES* DE 12 DE JULHO DE 1992

UMA LENDA BRASILEIRA VEM A NOVA YORK COMO UMA MÃE MONSTRUOSA

Ao entrar em cena na peça *The Flash and Crash Days*, de Gerald Thomas, a atriz brasileira Fernanda Montenegro cambaleia pelo palco vestida como Brunilda. Seu rosto se contorce de horror, numa expressão que remete diretamente à versão cinematográfica de Fritz Lang do *Ciclo do anel*, de Wagner, ao segurar a flecha que lhe perfura a garganta e sendo observada pela filha emaciada. Ela morre, ressuscita mecanicamente com a ajuda de arcanjos vestindo ternos alados e capacetes de mineiros, e, no decorrer da peça, aborta um feto, orienta a filha numa frenética sessão de masturbação, envenena-a com um copo de leite e a observa se vingar alegremente, devorando o coração da mãe.

Aos 62 anos e como a mais reverenciada atriz brasileira, Fernanda Montenegro estará em cena na peça na terça e na quarta-feira, integrando o festival "Serious Fun", no Lincoln Center. Segundo ela, a obra é um "desenho animado grotescamente engraçado ou um conto infantil de terror para adultos". É também um drama doméstico que explora a relação mãe-filha na vida real de Fernanda Montenegro e Fernanda Torres, sua filha com o ator brasileiro Fernando Torres.

Fernanda Torres, que tem 26 anos, compara seu papel ao de Jason no filme de terror *Sexta-feira 13* e descreve a peça como uma espécie de luta de boxe edipiana (com os arcanjos fazendo as vezes de segundos reanimadores). A "história" – praticamente não há diálogo, e o que há será falado em inglês no Lincoln Center – pode ser vista, disse ela, como a vingança de um feto contra a mãe que tentou abortá-lo.

"Minha mãe é um mito no Brasil", disse Fernanda Torres em uma entrevista no apartamento que compartilha com Gerald Thomas em Williamsburg, no Brooklyn. "Ou você sucumbe ou mantém certa distância". Embora nenhum dos pais a tenha incentivado a entrar no *show business* (ela já trabalhou em 15 filmes e ganhou o prêmio de melhor atriz em Cannes em 1986 por um filme brasileiro, *Eu sei que vou te amar*), eles a abençoaram ou a amaldiçoaram com nomes famosos. "É como as famílias circenses", disse ela. "Ninguém escapa".

Ela e a mãe creditam a Gerald Thomas – que já escreveu ou dirigiu mais de três dúzias de óperas e peças de teatro na Europa, no Japão, nos Estados Unidos e no Brasil – a exploração e a estetização públicas das tensões filiais de uma família teatral.

Falando de Portugal, onde estava em turnê, Fernanda Montenegro disse recentemente que sua colaboração com o diretor de 37 anos era "inevitável", assim como o relacionamento de sua filha com ele fora do palco e sua opção profissional. "Imagine uma casa onde as coisas são e não são ao mesmo tempo", disse ela, "onde as pessoas trazem trajes que nunca vestem. Onde as pessoas discutem personagens que não existem. Deve ter parecido um mundo encantado para a Fernanda".

No Brasil, onde o subtexto biológico era evidente, a peça gerou o tipo de choque e sucesso que se tornaram as marcas do trabalho de Thomas no país. Sua colaboração com Fernanda Montenegro representa um casamento de dois mundos do teatro brasileiro até então distintos: ele é o *Wunderkind* inigualável da vanguarda; ela é o ícone de uma geração mais velha criada no melodrama e nos clássicos naturalistas.

Nascida num subúrbio carioca de classe trabalhadora, Fernanda Montenegro iniciou sua carreira na década de 1940, aos 16 anos, trabalhando numa rádio pública cultural, e, na década de 1960, fundou uma companhia teatral com o marido e encenava Molière, Strindberg, O'Neill, Fassbinder e dramaturgos brasileiros. Recentemente, ela interpretou uma cafetina perniciosa em uma telenovela e, nos últimos cinco anos, tem viajado de forma intermitente pelo Brasil e por Portugal, encenando um monólogo de autoria da poetisa contemporânea brasileira Adélia Prado. Nos anos 1980, foi convidada pelo novo governo civil a ocupar o cargo de Ministra da Cultura, mas recusou.

Ao contrastar sua carreira com a de atrizes como Katharine Hepburn ou Glenda Jackson, ela disse: "É simples. A diferença é que elas recebem em dólar".

Gerald Thomas, filho de um agente de seguros alemão da Lloyds e de uma psicanalista galesa de origem judia, teve uma criação trilíngue entre Rio de Janeiro, Berlim e Londres. Ele explora a rica confusão linguística e cultural de sua infância como material para projetos estéticos preocupados com trocadilhos, uma mistura de cultura erudita e popular e linguagem teatral verbal e visual.

Embora se irrite com comparações com o diretor vanguardista Robert Wilson e o dramaturgo Heiner Müller, suas obras para teatro – construídas em torno de cenografias despojadas e de uma iluminação sinistra, projetadas em parceria com sua ex-mulher Daniela Thomas – têm uma ligação clara com as artes visuais. Suas influências, no entanto, incluem também o dramaturgo brasileiro Nelson Rodrigues, que cunhou o termo "tropicalismo" no final dos anos 1960; o cartunista Saul Steinberg; e, acima de tudo, Samuel Beckett, cujas peças Gerald dirigiu no La MaMa no início dos anos 1980.

Fernanda Torres admite que, no começo, foi difícil e constrangedor fazer cenas violentas e eróticas com sua mãe. "Mas minha mãe também é um monstro para mim", disse ela, "o que Gerald entendeu e usou. O jogo entre ser um monstro e uma pessoa real, é disso que se trata a obra".

Fernanda Montenegro, que nunca se apresentou nos Estados Unidos, afirmou: "Não é simplesmente qualquer mãe e filha. Fora do Brasil, as pessoas podem até ignorar isso, mas nós sabemos e, portanto, para nós, é também um jogo doméstico".

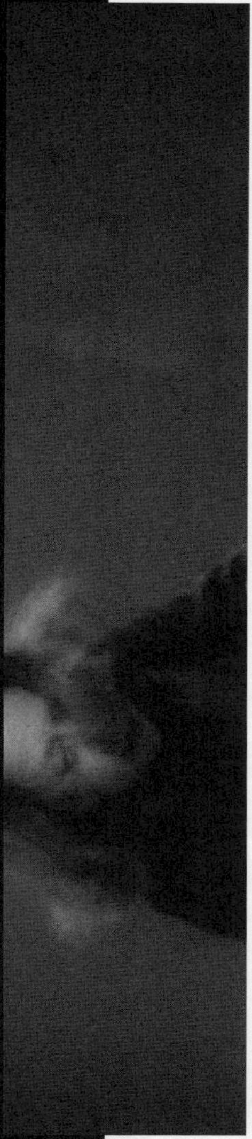

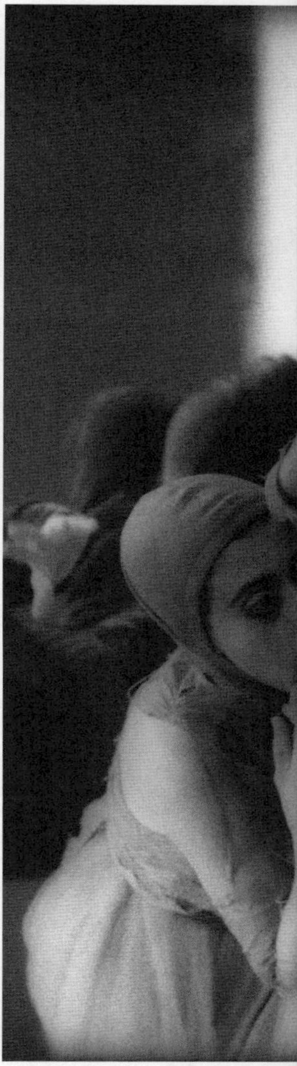

No palco há uma pequena caixa, um boneco sem rosto sentado à esquerda e um vulcão do qual sai fumaça à direita.

FM	Fernanda Montenegro
FT	Fernanda Torres
L	Ludoval Campos
D	Luiz Damasceno

VOZ EM OFF Olha, eu posso estar errado, mas, na medida do que eu consigo lembrar, acontece assim: me trouxeram pra cá. Me disseram, você vai estar num lugar mínimo, mas se usar bem a habilidade dos seus olhos, ele crescerá pra fora. Eu tinha deixado meu apartamento na rua 7, fui quase sequestrado e instalado aqui. Esse quarto não tem portas, é só uma janela mínima e, até o último momento, eu não consegui descobrir nenhuma via de escape. A cidade... a cidade estava deserta, ela tinha sido evacuada porque diziam que o vulcão Erda voltaria a se manifestar. Mas isso não é verdade. O motivo real era algo mais como a passagem de uma espécie de furacão artificial, não sei, o fato é... o fato é que eu permaneci no meu quarto, trabalhando noite e dia na minha teoria do barbante. Eu observava tudo através desse buraco mínimo – os eventos que se seguem. É bem possível, é bem possível que eu seja encontrado morto, e essa minha tese deve valer como nota de suicídio. Importa que, importa que se me acharem morto, isso significa que eu a vi da minha janela, e isso, sem dúvida, isso, sem dúvida, vai transformar minha vida. De repente... de repente, eu estava do lado de fora. Esse sou eu *[luz ilumina o boneco]*. Parte da minha tese estava vingada. O tempo é curto. A última vez em que ela apareceu foi no dia primeiro de julho de 1954, causando danos irreparáveis. Cabia a mim, portanto, achar um fim definitivo pra ela ou, ao menos, reurbanizar, na medida do possível, seus estragos. De repente, meu Deus, eu já não estava mais ali, esse eu, esse eu que tinha transcendido os limites daquele quarto era só um corpo morto e eu... eu me via transformado nela e, portanto, nesse furacão do qual falavam. Meu Deus, eu a via chegando e, no entanto, eu...

FERNANDA MONTENEGRO ENTRA NO PALCO, CAMBALEANDO, COM UMA FLECHA ATRAVESSADA NO PESCOÇO E UM PAPEL NA MÃO. ELA TENTA TIRAR A FLECHA. CAI, LEVANTA, CAMBALEANTE, VAI ATÉ O BONECO NO CHÃO E COLOCA O PAPEL EM SUA MÃO. LEVANTA-SE E ANDA DEVAGAR. UM RAIO A FAZ CAIR NOVAMENTE. DOIS HOMENS, VESTIDOS DE TERNO E COM ASAS DE ANJO, ENTRAM E CARREGAM-NA PARA FORA DO PALCO. ENTRA FERNANDA TORRES, CARREGANDO UM BALDE, COLOCA-O NO CHÃO, TORCE UM PANO, E AFUNDA SEU ROSTO NO BALDE. DOIS HOMENS SE APROXIMAM, UM TEM UMA TESOURA NA MÃO, ELA GRITA E SE LEVANTA. DAMASCENO CORTA SEU VESTIDO COM A TESOURA. ASSUSTADA, ELA TENTA SAIR. ELES A SEGURAM E TIRAM A PARTE DE CIMA DE SUA ROUPA. ABREM UMA PORTA, MÃE E FILHA SE VEEM E SE ASSUSTAM. FERNANDA TORRES VOLTA CORRENDO PARA O BALDE. RAIOS ILUMINAM A CENA. FERNANDA MONTENEGRO APARECE NO CENTRO DO PALCO, DE PÉ, ATRÁS DA FILHA, COM UM PIRULITO NA BOCA.

FM   Limpem isso!

ENTRAM OS DOIS HOMENS E COMEÇAM A LIMPAR FERNANDA TORRES.

FM   Joga no lixo.

OS DOIS A DEITAM E SEGURAM-NA. ABREM SUAS PERNAS, COLOCAM A MÃO DELA SOBRE O SEXO. ABREM SUA BOCA. FERNANDA MONTENEGRO COLOCA O PIRULITO NA BOCA DA FILHA. ELA O REJEITA. FERNANDA MONTENEGRO TIRA MAIS UM PIRULITO DE SUA ROUPA E O COLOCA NA BOCA DA FILHA, NOVAMENTE. FERNANDA TORRES TENTA FALAR COM O PIRULITO NA BOCA. DAMASCENO TIRA O PIRULITO E DEVOLVE PARA A MÃE.

FT   *[com voz de criança, excitada, masturbando-se]* Ele, mais real de todos os sons, ah... a minha herança, nenhuma, ah... mais, reação, aaaaah... nem nenhum ouro, quebro laço, ah... eu não sei qual é o

VOZ EM OFF meu nome, eu não tenho nenhum. Ah... acho que nome é o nome que se dá pra isso? Sim? Ah... não? Um tempo atrás. *[Grita.]* Pai! Pai não, pai não. Mãe! Tempo atrás. Mãe! Sem perguntas. Sem perguntas, acho que pergunta é o nome que se usa pra isso. Um tempo atrás eu tinha um nome, eu não me lembro mais. *[Fernanda Montenegro chupa o pirulito.]* A mãe é meu choro e meu lamento. Ah... a mãe é meu choro e meu lamento. Ah, ele piscou! Ah, não! Ele piscou! Não chorou, não chorou naquele dia. Raios... raios fundos, assim me dizem, eu não tenho um nome, só um segundo nome. Sim... Não... Tiveram que me ensinar tudo de novo, óculos escuros, roupas inteiras pra esconder as feridas. *[Ela continua se masturbando, Fernanda Montenegro continua chupando o pirulito.]* Ensinar... tem tanto... tentando... rastejando, entre as minhas pernas, pedindo perdão, gritando, rastejando, soluçando...

OS DOIS HOMENS TIRAM FERNANDA MONTENEGRO, AOS GRITOS, DE PERTO DE FERNANDA TORRES. ELA TENTA VOLTAR PRA PERTO, ENQUANTO A FILHA GOZA. ELES SEGURAM-NA ATRÁS DO VULCÃO.

FT *[deitada no chão, com os ouvidos tapados]* Joga isso fora!

DAMASCENO DEIXA FERNANDA MONTENEGRO, VAI ATÉ FERNANDA TORRES E DÁ UM TAPA NO ROSTO DELA.

FM Foi suicídio, eu provo, eu provo! Água, água, água! Água, água, água!

FERNANDA TORRES LEVANTA E DANÇA. VAI ATÉ DAMASCENO, QUE SEGURA UMA TAÇA, DÁ UM TAPA NO ROSTO DELE, TOMA A TAÇA DELE, MOSTRA PARA A MÃE E BEBE. CONTINUA DANÇANDO ATÉ SENTIR ALGUMA COISA NA GARGANTA. CAI MORTA. A MÃE SAI DO VULCÃO E SE ARRASTA ATÉ A FILHA. CHORA SOBRE SEU CORPO. A FILHA ACORDA E TENTA ENFORCAR A MÃE. AS DUAS LUTAM. FERNANDA MONTENEGRO FICA DEITADA NO CHÃO, ENQUANTO FERNANDA TORRES ABRE SUAS PERNAS, SOBE NO SEU CORPO E A LAMBE. LUDOVAL ENTRA COM UM BOLO E O COLOCA NO CHÃO. FERNANDA TORRES SAI DE CIMA DA MÃE, SOPRA O BOLO, REPETIDAMENTE. DAMASCENO LEVA-A DE VOLTA PARA O CORPO DEITADO DA MÃE, ELA CONTINUA REPETINDO O MESMO GESTO DE SOPRAR. FERNANDA MONTENEGRO COMEÇA A SE

MEXER E A RESPIRAR. A FILHA CORRE PARA LONGE E FICA OLHANDO.
OUVE-SE UM CORAÇÃO BATENDO. OS DOIS HOMENS VÊM PRA CIMA DE
FERNANDA MONTENEGRO E TIRAM SEU CORAÇÃO.

   VOZ EM OFF *[de mulher]* Não confio na minha vida. Não confio no motivo porque estou aqui. O que eu quero é gritar. Se me acharem morta, essa será a razão: traição. Culpem a pessoa que acharem em cima de mim. Ela terá tentado roubar o material que eu roubei de um homem chamado James ou Samuel ou Marcel. Não tenho mais certeza do seu nome porque, todas as vezes que fecho os olhos, vejo a sua cara. *[Damasceno fala junto da voz.]* Ele se disfarça de Anatólia e estará olhando vocês. Ou estará sentado num pequeno quarto, o quarto dos controles. E ele terá o poder de fazer vocês todos desaparecerem lentamente. Assim é.

FERNANDA TORRES, DO LADO DE FORA, TENTA ABRIR A PORTA E
NÃO CONSEGUE.

   L *[segurando a cabeça de Fernanda Montenegro]* Pronto!

OS DOIS A LEVANTAM E SENTAM-NA NO BANCO. DE TRÁS DO VULCÃO,
SAI FERNANDA TORRES COM O CORAÇÃO NA BOCA. ELA SENTA E COME
O CORAÇÃO, ENQUANTO OS TRÊS A OLHAM. SEU ROSTO FICA TODO
SUJO DE SANGUE. JOGA O CORAÇÃO NO BOLO, VAI ATÉ A MÃE E,
DE JOELHOS, COLOCA A CABEÇA ENTRE SUAS PERNAS. FERNANDA
MONTENEGRO TIRA A CABEÇA DA FILHA E SE LEVANTA. DAMASCENO,
LUDOVAL E FERNANDA MONTENEGRO JOGAM A CABEÇA UM PARA O
OUTRO. FERNANDA MONTENEGRO DEIXA A CABEÇA EM CIMA DO VULCÃO.
FERNANDA TORRES, SEM CABEÇA, DE COSTAS, PEGA UM REVÓLVER E
APONTA, SEM DIREÇÃO. DAMASCENO TOMA O REVÓLVER E O APONTA
PARA FERNANDA MONTENEGRO.

FERNANDA MONTENEGRO ESTÁ DEITADA, VESTIDA DE PRETO, OLHANDO
ASSUSTADA. FERNANDA TORRES ENTRA COM UM BALDE.

   VOZ EM OFF *[dublada por Fernanda Torres]* Nossa, como a senhora dormiu mal essa noite!

DAMASCENO E LUDOVAL ENTRAM EM CENA VESTIDOS DE MÉDICOS.
LUDOVAL TIRA A TEMPERATURA DE FERNANDA MONTENEGRO. FERNANDA
TORRES LIMPA O CHÃO E OLHA A CENA.

FM Eu sei o que vocês estão pensando, que se uma pessoa está realmente doente, ela não precisa fingir fragilidade e carência, ela sofreria perda de memória. Ah!
L *[olha ao redor, para o cenário]* Paredes transparentes, que interessante! Que interessante. Paredes transparentes, transparentes. É interessante.
FM E quando você olha pra mim, o que é que te vem à cabeça?
L Paredes transparentes, interessante.
FM Me responde!
L Transparentes, interessante.
FM Eu a vejo como um ferimento de caco de vidro na garganta, de uma pessoa jovem de pele macia, leitosa. Que mais vai fazer? Ela não tem arrependimento, não, perdão, de dizer, o mundo não é bonito nem feio, o mundo é cínico.
D Basta por hoje *[puxando o balde de Fernanda Torres]*.
FM Cínico!
D Basta!
FM Cínico!
D Basta!
FM Cínico!
L Você a conhecia?
D *Shhh... [pega a lanterna e procura alguma coisa no chão].*

FERNANDA TORRES PEGA UMA FACA NO BOLSO.

L Eu disse: a conhecia.
FM Você que me transformou em uma máquina enferrujada, com essas... o que vai fazer? Ah, você me transformou nesse furacão de loucura! Eu tinha uma vida...
D Ah, chuva! Infelizmente eu vou ter que dizer adeus agora.
FM Para, volta aqui, é uma ordem, volta cá, volta cá!

ELES SAEM. FERNANDA TORRES PROCURA-OS, ABRINDO AS PORTAS.

FT	*[rindo]* Nossa, a senhora dormiu tão mal essa noite!	
FM	*[sentando]* Devolve a carta!	
FT	Hã?	
FM	Devolve a carta!	

FERNANDA TORRES AMEAÇA ATACÁ-LA COM A FACA. FERNANDA MONTENEGRO PEGA UMAS CARTAS DE BARALHO E AS MOSTRA. AS DUAS JOGAM. DAMASCENO ENTRA NO PALCO. ELAS VOLTAM ÀS SUAS POSIÇÕES: FERNANDA MONTENEGRO DEITADA E FERNANDA TORRES AO LADO DO BALDE, LIMPANDO O CHÃO.

D   Muito bem. *[Pega Fernanda Torres e coloca-a para fora.]*

FERNANDA MONTENEGRO ESTÁ DEITADA SOZINHA. OLHA EM VOLTA E SE SENTA. PEGA AS CARTAS E AS JOGA, UMA POR UMA, NO CHÃO. LEVANTA-SE, VAI ATÉ O BALDE. ABRAÇA-O. DAMASCENO ENTRA NO PALCO COM UM CÁLICE NA MÃO. FERNANDA MONTENEGRO VAI ATÉ ELE, APALPA O PEITO, ABRE A CAPA PRETA E VÊ UMA OUTRA CABEÇA. ELE TEM DUAS CABEÇAS, UMA NO PEITO E OUTRA EM CIMA. FERNANDA MONTENEGRO OLHA ASSUSTADA E SE ESCONDE ATRÁS DE UMA CADEIRA. DAMASCENO SAI. ENTRA FERNANDA TORRES SEGURANDO O BALDE E ATRAVESSA O PALCO. FERNANDA MONTENEGRO A SEGUE E PARA. LUDOVAL ENTRA COM DOIS BOLOS E COLOCA UM EM CADA MÃO DE FERNANDA MONTENEGRO, QUE SE SENTA NA CADEIRA. LUDOVAL DESCE DO PALCO E JOGA FÓSFOROS EM FERNANDA MONTENEGRO. DAMASCENO ENTRA COM O BONECO NO COLO, DERRUBA OS BOLOS E COLOCA O BONECO NO CHÃO. ELA OLHA. O BONECO TEM UMA FLECHA NO PEITO.

FERNANDA TORRES ESTÁ SE MAQUIANDO E FUMANDO NO CANTO DO PALCO. DAMASCENO A OLHA, SUA BOCA ESTÁ SANGRANDO. FERNANDA MONTENEGRO REPETE O GESTO DE FUMAR DE FERNANDA TORRES. DAMASCENO SAI DE CENA. FERNANDA MONTENEGRO OLHA FERNANDA TORRES ATRAVÉS DO ESPELHO – UM ESPELHO REDONDO NO FUNDO DO PALCO. ELAS FICAM DE FRENTE UMA PARA OUTRA. OLHAM-SE E FAZEM OS MESMOS GESTOS JUNTAS.

FM   Não que eu não tenha achado tudo... Não que eu não tenha achado tudo... Não que eu não tenha encarado tudo com reconhecimento, importância. Não que eu não tenha achado tudo até aqui reconhecível, achei, achei tudo até aqui reconhecível. Não que eu não tenha achado certas invenções lindas, por exemplo. Não que eu não tenha achado lindos, como ser humano que sou, os novos achados da ciência, da tecnologia, os novos teoremas da matemática, as novas manifestações de vida ou de morte, aqui ou noutro lugar. Acho. Obrigada.

O CORPO DO BONECO ESTÁ NO CHÃO. FERNANDA MONTENEGRO VAI ATÉ ELE, PEGA O PAPEL DE SUA MÃO E LÊ.

FM [lendo] Em uma era na qual tantos querem acertar pro passado, eu me vanglorio de errar pro futuro. Tantos imbecis tentam clássicos imbecis, que descobriram clássicos agora turvos. Ir ou não ir, essa é agora a ques...

ELA CAI E RASTEJA ATÉ FERNANDA TORRES, QUE ESTÁ COM UMA FLECHA ATRAVESSADA NA GARGANTA. OS DOIS BOLOS ESTÃO NO CHÃO. FERNANDA TORRES VAI ATÉ O BALDE E ATÉ A MÃE.

LUDOVAL E DAMASCENO ABREM AS PORTAS. HÁ UM QUADRO COM A PINTURA DE UM OLHO. FERNANDA DESCE DO PALCO ASSUSTADA. SOBE NOVAMENTE E VAI ATÉ ELES. LUDOVAL EMPURRA O QUADRO COM UMA BENGALA E ELE SE DESMANCHA EM PEDAÇOS. FERNANDA TORRES JUNTA OS PEDAÇOS. ELES FECHAM A PORTA. ELA FICA DO LADO DE FORA. O CORAÇÃO SOBE. DAMASCENO CARREGA-O NA MÃO E O COLOCA NOVAMENTE EM FERNANDA MONTENEGRO. ELA SE LEVANTA E OS EMPURRA DO PALCO. FERNANDA MONTENEGRO SEGURA A CADEIRA, SENTA-SE EM FRENTE À FILHA E JOGA CARTAS NA SUA DIREÇÃO, FERNANDA TORRES, ATRÁS DA PORTA TRANSPARENTE, SENTADA, TAMBÉM JOGA CARTAS NA DIREÇÃO DA MÃE.

M.O.R.T.E.*

MOVIMENTOS OBSESSIVOS E REDUNDANTES PARA TANTA ESTÉTICA

VERSÃO BASEADA NO TEXTO DO LIVRO DE SÍLVIA FERNANDES, MEMÓRIA E INVENÇÃO: GERALD THOMAS EM CENA. SÃO PAULO: PERSPECTIVA, 1996.

M.O.R.T.E. (PRIMEIRA VERSÃO)

ESTREIAS
NOVEMBRO DE 1990, NO TEATRO NELSON RODRIGUES, NO RIO DE JANEIRO

JANEIRO DE 1991, NO TEATRO SÉRGIO CARDOSO, EM SÃO PAULO

MARÇO DE 1991, NO TEATRO SÃO PEDRO, EM PORTO ALEGRE

M.O.R.T.E. (SEGUNDA VERSÃO)

ESTREIAS
AGOSTO DE 1991, NO FESTIVAL DE TAORMINA, NA ITÁLIA, E NO ZÜRCHER FESTIVAL, NA SUÍÇA

OUTUBRO DE 1991, NO TEATRO CASTRO ALVES, EM SALVADOR

DEZEMBRO DE 1991, EM BRASÍLIA

CRIAÇÃO, DIREÇÃO, ILUMINAÇÃO E TRILHA SONORA
GERALD THOMAS

CENÁRIO E FIGURINO
DANIELA THOMAS

DRAMATURGIA
MARCO VELOSO

ELENCO
**COMPANHIA DE ÓPERA SECA:
BETE COELHO (VOCÊ), LUIZ DAMASCENO (CLÁUDIO), MAGALI BIFF (SANTA FÉLIA), EDILSON BOTELHO (HORA-CIO/CRISTO GRÁVIDO), MALU PESSIN (TRUDY), MÁRIO CÉSAR CAMARGO (PAI), LUDOVAL CAMPOS (INFRA-HERÓI), JOAQUIM GOULART (BÚFALO DE DUAS RODAS), KITI DUARTE (MERCADO), CACÁ RIBEIRO (BUSTER) E LÍGIA FELICIANO E MARCELO LOPES (CAMELO)**

PARTICIPAÇÃO ESPECIAL
GIULIA GAM

BAILARINOS CONVIDADOS
CELIA PORTILHO E MARCELO LOPES

A "M.O.R.T.E." E O PARANGOLÉ

HAROLDO DE CAMPOS ESCREVE SOBRE "M.O.R.T.E.", PEÇA DE GERALD THOMAS QUE FAZ REFERÊNCIAS ÀS OBRAS DE HÉLIO OITICICA, TADEUSZ KANTOR E SHAKESPEARE, ENTRE OUTRAS.

HAROLDO DE CAMPOS PARA O CADERNO "ILUSTRADA" NA *FOLHA DE S.PAULO* DE 14 DE FEVEREIRO DE 1991

Recordo-me de que, nos anos 1960, Décio Pignatari, Rogério Duprat e Damiano Cozzella iniciaram, com a sigla M.A.R.D.A., um "Movimento da Arregimentação Radical em Defesa da Arte". Lembro-me de uma foto provocativa, estampada em revista de grande circulação, em que Décio fazia, em nome do trio, solene pregação, à maneira de *happening*, junto à estátua *macrokitsch* do Borba Gato, curioso exemplo de gigantismo nanico, inspirado, ao que tudo faz supor, na ornamentação bochechuda de jardins teuto-burgueses.

Naquela sigla M.A.R.D.A. ressoava, irônico, o "merdre" (com *r*) do "Ubu Roi" de Jarry. Esse processo retórico tem um nome rebarbativo: "litotes". Afirma-se algo para dizer-se o contrário do que se pensa. Shakespeare usou-o no famoso discurso de Marco Antônio no "Júlio César" (Ato 3, Cena 2: "For Brutus is an honorable man"), conforme aponta Jakobson em sua célebre análise da função poética da linguagem.

"M.O.R.T.E.", chama Gerald Thomas a seu último jogo cênico "Movimentos Obsessivos e Redundantes para Tanta Estética". A função aqui, porém, não é litótica, embora igualmente subversiva. É enfática. O hermetismo (aparente) do título assim desdobrado se resolve num exercício de literalidade. Trata-se, ao pé da letra, de exasperar o estético à força de repetição obsessiva, de teimosa redundância. A repetição, escreveu Tadeusz Kantor a propósito de "Wielopole, Wielopole", é o "aspecto metafísico da ilusão". E mais: essa repetição, "quase um ritual/ gesto ancestral do homem que, no umbral da história, queria afirmar-se/ fazer alguma coisa uma segunda vez/ de um modo artificial/ por sua própria conta – sua conta humana – repetir qualquer coisa que houvesse sido feita antes pelos Deuses,/ expor-se a seu ciúme e a sua vingança/ afrontar os riscos/ sair à frente da catástrofe que se prepara/ sabendo perfeitamente que se trata de ações inúteis/ sem perspectiva alguma.../ ...esse obscuro processo que é a REPETIÇÃO/ é um protesto e um desafio./ Pode-se acrescentar agora facilmente que ele é/ o cerne da arte" (cf. T. Kantor, "Les Voies de la Création Théâtrale", v. 11, Paris: CNRS, 1983).

"M.O.R.T.E.", o antititulo enfático da peça de Thomas, por isso mesmo, poderia também traduzir-se por dois outros modos complementares, se consideramos agora o polo da recepção (dos espectadores) diante desse processo de signos teatrais que, levado ao extremo reiterativo, ao que poderia ser a "morte semiótica", termina por gerar informação original. Este é um problema que Max Bense e Abraham Moles explicam à luz da Teoria da Informação. O processo pode ocorrer tanto com signos teatrais quanto com outros, representativos de outras linguagens. Considere-se, por exemplo, o fenômeno da repetição na prosa de Gertrude Stein ou na de Beckett, ou ainda, em poesia, um exemplário que vai de sextina "petrosa" de Dante ao Drummond da "pedra no caminho" e a poesia concreta. No caso de "M.O.R.T.E.", encarado o espetáculo da perspectiva do receptor (espectador/público), a sigla irônica também poderia traduzir-se alternativamente por: "Mínimas Oferendas Rituais para Tanto Êxtase (ou 'para Tanto Espanto')", conforme esse espectador se deixe tomar de amor ou ódio, invadir de paixão ou perturbar de pasmo e raivo diante da proposta sibilina que lhe faz o diretor, com reservas mentais mefisto-fáusticas"; pela voz da louca Ofélia (aliás, Santa Félia na versão [de] Thomas). Proposta de um pacto. De um pato ("mau jogador", na gíria). Pagar o pato ou fazer um pacto, eis a questão. Em qualquer das duas opções se insinua, derrisoriamente, um "patos" (como no óbvio trocadilho – infame e infamante – que a língua embutiu, para facilitar as coisas, na palavra "patológico"). Patos, neste caso, vem do grego, *páthos*. É aquele sentimento que as frases feitas dos dicionários – consulte-se o *Aurélio* – associam inevitavelmente à "tragédia grega".

O Espectador/Você/Hamlet/Bete Coelho/Gerald Thomas (no vértice de uma disjunção autor/leitor, diretor/ator, diretor/público), todos eles no mesmo rodízio ambíguo, aceitam, obviamente, o pato (o pacto, o patos). Trata-se, essencialmente, de repetir. Desde o "fiat" do "Gênese" ("Bere'shith", no começar) à crucificação, com "paredón" em vez de Gólgota e com hora marcada num relógio-marcapasso, que engravida de história (ou de "eterno retorno"?) o bucho parturiente de sua desventurada (desventrada) vítima: um "pato-expiatório", Horácio. Do pacto ao parto. Óbvio como um relógio manufaturado por suíços. Ou como um ovo brancusiano. Teatro do óbvio. Do ovo (de Colombo) do óbvio.

Isto terá querido dizer talvez Gerald Thomas ao propor a "colesterização de todas as coisas" (o colesterol, como um detergente de gorduras, facilita a incorporação de nutrimentos ao sangue). A cumular o palco de restos cênicos (não por "acaso total" extraídos do cenário que a inventiva Daniela Thomas desenhou, com imaginação "suprematista", para uma outra montagem do próprio Gerald, "Fim de Jogo", de ninguém menos que Beckett). Ao dispersar, nas falas e réplicas, clichês do discurso intelectual, resíduos de jargão filosofante, detritos de fraseado existencial, varreduras lógico-analíticas, tocos, "cacos"... Como Mefisto no "Segundo Fausto" de Goethe, o texto tautológico de Thomas parece recitar, irônico, diante do lixo dogmático da razão: *"Wenn sie den Stein der Weisen haben/ Der Weise mangelte dem Stein"* (Pedra filosofal, quando a tivessem/ O filósofo à pedra faltaria!).

No plano mais propriamente da ação dramática, o diretor também reincide propositalmente na apresentação de situações polares do repertório teatral (e psicanalítico), de que Hamlet – como estoque de base, não como fonte textual exclusiva – oferece aqui os paradigmas, degradados e "estranhados" nesta sua reencenação enfática. Hamlet é você, que depois vira um Reizinho equestre, de história em quadrinhos, no qual se introjetam, não por mera coincidência, despojos do Hamm senil de Beckett, magistralmente composto em deformação vocal e mímica facial por Bete Coelho. Um Hamlet assombrado pelo espectro paterno, trabalhado pelo remorso de suas frustras relações com o pai morto e mal-amado. Trudy, numa abreviação debochada, é Gertrudes, a mãe adulterina (Malu Pessin, num desempenho anguloso, marcante). Ofélia é Santa Félia ("Vá para um convento" e/ou "para um conventilho"). Nessa Ofélia, de vestido branco, manchado por um sangue himenal não vertido, se encarna uma paciente histérica de Charcot, às voltas com seu fetiche. Um cálice (Graal) dessacralizado, que lhe serve de concha acústica ou de tamborete, conforme a ocasião (Magali Biff, na construção dessa "Infelix" Félia, tem a oportunidade de mostrar todos os recursos de que dispõe, do esgar ao balbúcie, da postura à impostura). Cláudio, o tio assassino e comparsa adúltero, é personificado vigorosamente por Luiz Damasceno, que se desdobra comicamente em cena na figura de um truculento guerreiro wagneriano com traços de Rei Ubu. É ele quem reenceta a saga predatória da vontade humana de potência, com a qual a ação (repetição) de "M.O.R.T.E." se inicia. O conúbio ritual (um cio "episcofálico" ou "sodomamútico", para dizê-lo à Joyce) do tio tirano, usurpador/fornicador, com Trudy, a madre pecaminosa, é compulsivo como as horas do relógio de Beckett, agora extraído das vísceras de Horácio (o fiel amigo de Hamlet, reduzido aqui a seu torturado confrade e testemunha inerme). Horário. Hora + cio. De novo um trocadilho óbvio. Como a janela *(window)* de Duchamp, que se deixa associar, por rebatimento sonoro, com a viúva de *[The] Merry Widow ([A] viúva alegre)*. As uvas da viúva de luvas (é só começar, que a coisa pega). Mas cabe uma pergunta: nisso tudo, quem é Polônio, o Conselheiro Acácio shakespeariano, o pai abelhudo de Ofélia,

assassinado por engano? O Pai Paradigmal Fantasmal, expressionisticamente composto com torções de kabuki e contorções de candomblé, por Mário César Camargo, engloba também esse Polônio, aliás, mais adequadamente, Polomnibus, o respeitável público (críticos e analistas incluídos), gente que como o personagem shakespeariano, gosta de espionar e pedir método à loucura...

Enquanto isso, na ponte fraturada e "empacotada" por Christo (o escultor, não necessariamente o Messias), desfila o lento camelo da história. Geração que vem e geração que vai. Camelos camelando, enquanto um Hamlet/Hamm – "Camelot, Prince of Dinmurk" ("Camelot, Príncipe da Sinamarga", na versão joyceana de Augusto de Campos) – rumina o seu remorso aflitivo e o apregoa como um camelô de si mesmo...

Se alguém estiver muito irritado (ou muito intrigado) por esse omelete à moda de Thomas do personagem de Shakespeare preparado numa frigideira kafkiana de miolos (Cláudio, o tio-padrasto, usa um *kipa* de rabino, observe), basta que se recorde do *homelette* (com um homúnculo dentro) que faz Joyce no "Ulisses" e no *Finnegans Wake* tendo por ingrediente o *Black Prince*/"Hamlet, le distrait". A "questão da paternidade" é discutida num simpósio debochado de estudantes, que tem como *chairman* socrático Stephen Dedalus (retrato de Joyce, quando jovem), para quem "um pai é um mal necessário". Confira-se a análise do episódio "Cila e Caríbdis" do *Ulisses*, por Stuart Gilbert. Ficamos sabendo, aliás, desde o primeiro capítulo do livro, pelo destabocado Buck Mullingan, que o jovem esteta de "mente mórbida" *(morbidminded)*, o "filósofo embrionário" Stephen havia encontrado uma fórmula mágica para equacionar seu herói melancólico: "Ele prova algebricamente que o neto de Hamlet é o avô de Shakespeare e que ele mesmo é o espírito do próprio pai" (tradução de A. Houaiss). A relação de Hamlet com a figura paterna (na qual Thomas projeta a de Kafka) é por Joyce, de modo blasfemo, transferida para as pessoas da Santíssima Trindade, com a diferença de que, "na economia do céu, já não há casamentos, sendo o homem glorificado, anjo andrógino, a esposa de si mesmo". Em tudo isso, Joyce imiscui ainda especulações fantasiosas sobre a biografia do próprio Shakespeare: "Suntuosa e estagnante exageração do assassínio. – Um matador da alma, chamou-lhe Robert Greene – disse Stephen. – Não por acaso era ele filho de um carniceiro a brandir a acha de armas bigume e a cuspir na palma da mão. Nove vidas foram sacrificadas pela do seu pai, Pai Nosso que estás no purgatório". Os Hamlets de cáqui não hesitam em atirar. O matadouro sanguífluo do quinto ato é uma [representação] do campo de concentração cantado pelo senhor Swinburne. No "Finnegans" multiplicam-se os jogos anagramáticos em torno de Hamlet. Um deles, King Hamlaugh ("O Ridente Rei Camartelo"), parece antecipar a fusão Hamm/Hamlet em Beckett, da qual Thomas se reapropria em "M.O.R.T.E.", valendo-se do engenho caricatural de Bete Coelho. A mesma atriz, quando chega o momento, sabe ser um soberbo Príncipe da Desdita ("El Desdichado", de Nerval?), iluminado de revés pelo "sol negro da Melancolia" (quando anuncia o fragmento noturno das "Galáxias", ou na cena angustiante da parada geral do

No final de "M.O.R.T.E.", o clarividente Hamlet shakespeariano (tão capaz de antevisão, como incapaz de ação) acaba cego. De verdade.

A verdade o cega. Que verdade? Se verdade parece não haver? Se um mundo cada vez mais descentrado, cada vez mais cético, até mesmo o Paizinho Stalin, o Ubu-Brucutu georgiano, especialista na eliminação de poetas formalistas, acabou de ruir do seu verocêntrico *podium* albanês? Se a verdade, como quer Kantor, pode tornar-se "um modo insuportável fastidioso", a tal ponto que a realidade, para existir por si mesma, "tenha sempre necessidade de algo que a ponha em perigo: a ilusão", cujo "aspecto metafísico", para Kantor, já sabemos, é a camelante repetição... Nesse sentido, ao fim e ao cabo, o teatro acaba sendo como o "véu de Sais" do poema de Schiller (retomado por Benjamin no seu livro sobre o auto fúnebre barroco). Quem retira o véu, para ver cara a cara essa verdade, acaba destruído sem ter palavras para dizer o que viu.

Gostaria de examinar uma outra dimensão de "M.O.R.T.E.". Aquela em que Thomas celebra suas admirações no domínio das artes plásticas. É a dimensão de Hamlet-Escultor, que mina a criação divina, instigadora por um lado, e inibidora, por outro, da humana (*"Dio boia"*, Deus carrasco), "o dramaturgo que escreveu o fólio deste mundo e o escreveu mal", o desabafo de Stephen-Joyce-Hamlet.

Christo (o xará do Messias), o embrulhador búlgaro de pontes e monumentos, é desde logo evocado. Joseph Beuys, outro "empacotador", transfigurador do real e do

dos ambientes-invólucros, dos "ninhos" e das capas-parangolés. Como Beckett, no texto de "Fim de Jogo", introduz uma críptica alusão a um amigo louco, pintor-gravador, indiferente às cores, mas obcecado pelo cinza, assim também Thomas homenageia artistas que praticaram a experiência dos limites, no fio da navalha, entre vida (morte) e arte. As esculturas "empacotadas" (entre as quais uma, o cruzeiro grávido, reúne dois símbolos característicos do suprematismo de Malevitch – a cruz e o círculo/esfera) são marcos, obras conclusas, historicizadas, em relação às quais nada pode a intervenção criadora do recém-vindo Hamlet-Escultor. Essa intervenção ocorre finalmente num outro plano: o do *tableau-vivant*, da escultura animada (a ideia da "marionete", de Kleist a Kantor?). A dança virtuosística de Bete Coelho, balé de morte sobre os despojos do pai, mistura de butô com desarticulações de bailadeira hindu e mímica chaplinesca, é um dos momentos mais fascinantes dessa esculturação dinâmica. Outro, o ápice de toda a peça, é a Grande Escultura Extática improvisada no palco: a morte em efígie de todo o elenco, que para, petrificado, em cena aberta, por cinco minutos. Os intoleráveis minutos da insólita peça para piano de John Cage, capazes de enervar o auditório e deslocar o proscênio para a plateia, transformando o público numa assembleia de atores desnorteados. Uns assobiam, outros tossem; estes apupam, aqueles aplaudem. Os mais impacientes, os mais irritadiços, os mais ingênuos, saem. Sentem-se vítimas de um logro. Malogrados. Os patos pagaram o pacto.

Ao tomar a escultura como emblema da criação artística, "M.O.R.T.E." não pretende evocar apenas escultores – ou pintores, ou gravadores – da particular predileção de Thomas. Como um macrossigno subliminar, uma figura pervasiva em linha d'água quem recebe do texto a maior homenagem não é de todo um artista plástico. É antes um pintor que foi engolido pelo teatro, que acabou encontrando na cena teatral possibilidades de expressão não limitadas pelo marco do quadro. Falo de Tadeusz Kantor que no Brasil ficou em evidência em 1967 ao receber o prêmio de pintura na Bienal de São Paulo. Kantor, o revolucionário diretor polonês que, em 1963, já havia lançado o *Manifesto do Teatro Zero* e, em 1975, encena *A classe (aula) morta* e assassina o *Manifesto do Teatro da Morte*. A chave dessa homenagem deu-a Thomas explicitamente no texto publicado em 10 de dezembro do ano passado nesta *Folha*, sobre o falecimento de Kantor ocorrido três dias antes. "Tadeusz Kantor foi pra mim a maior influência. O seu teatro criava uma simbiose absoluta entre a plateia e os atores. Essa simbiose era renovada a cada impulso, susto." E ainda: "O humor, o imenso humor em seu trabalho vem do nervosismo, da perplexidade. *A Classe Morta* ou *Wielopole, Wielopole* são, sem dúvida teatro do susto". Acrescente-se que Kantor em teatro, foi uma espécie de confluência de destruição e construção, de dadaísmo e construtivismo (como Kurt Schwitters, o senhor MERZ, tão admirado por Hélio Oiticica). Refira-se que ele se reclamava da linhagem de Duchamp. Que se interessou por *happenings* e os promoveu (em 1970 apresentou-se em Colônia com o Grupo Fluxus). Que era também um "embrulhador" (datam de 1962 suas primeiras incursões neste campo e seu manifesto "Embalagens"; um dos numerosos exemplos de suas criações é, justamente, a "Embalagem-Viajante" de 1966, uma enigmática mochila montada sobre uma duchampiana roda de bicicleta...). Atente-se, finalmente, para a obsessão do diretor polonês pelo tema da repetição, dos estereótipos gramaticais e, sobretudo, cada vez mais, pelo da morte, do *Theatrum mortis*: "Se nos pusermos de acordo quanto ao fato de que o traço dominante/ dos homens vivos/ é sua aptidão e sua facilidade/ Para estabelecer entre si múltiplas relações vitais/ conviremos que é somente em face dos mortos/ que surge em nós a tomada de consciência súbita e surpreendente/ de que essa característica essencial dos vivos/ se faz possível graças à sua carência total de diferenças/ à sua banalidade/ à sua identificação universal/ que demole impiedosamente toda ilusão diferente ou contrária (...). São os mortos somente que se tornam/ perceptíveis (para os vivos)/ obtendo assim, por esse preço elevado,/ seu estatuto próprio/ sua singularidade/ sua SILHUETA brilhante/ quase como no circo". Não à toa Kantor (o sobrenome designa um *hazan*, cantor de sinagoga) e Thomas são judeus. Sua estética às avessas pode muito bem (sobretudo em Kantor) envolver a reelaboração laica de um teologema dessacralizado. A existência negativa no Xeol (a Terra Oca da Bíblia Hebraica) é que dá relevo ao tumulto passional dos vivos (consulte-se o "*Qohelet*/Eclesiastes", 9, 4-6). O armário-ataúde, portado por um bizarro cortejo, não evoca esse oco Xeol?

Por tudo isso, "M.O.R.T.E.", para além de sua derrisão desconstrutiva e de sua desconexão irônica, adquire uma dimensão elegíaca. O acaso copidescou a vida real, ou a vida resolveu mais uma vez imitar a arte. "M.O.R.T.E." fica sendo um réquiem retrospectivo para Tadeusz Kantor (como o "Fim de Jogo", encenado por Thomas, prestou tributo, à maneira de um *in memoriam*, a Samuel Beckett).

Mas cabe um P.S.: "M.O.R.T.E." não é um fim de linha. Beckett não via nada para além de sua parede branca (quase negra de tão branca). Kantor, no seu "Grande Jogo com o Vazio", podia visualizar a "Grande Parada do Circo da Morte" e fazer suas marionetes dançar sobre o nada, assombradas por um "carnaval de pesadelo" ("o pesadelo da história", de que Stephen Dedalus queria despertar?). O ogre antropofágico que está por trás de *A Classe (Aula) Morta*, e de cuja existência, segundo Kantor, não é necessário que o espectador suspeite, procede de uma peça que se chama, não por acaso, *Tumor Cervical*, escrita por um pioneiro polonês do teatro de vanguarda. S. I. Witkiewiccz (1885-1939). O personagem que lhe dá título é um dissoluto gênio matemático, dotado de humor negro e de uma insaciável capacidade digestiva. Esse mesmo apetite frenético, agora voragem de vazio, é que parece, no final da terceira parte de *A Classe*, mover o moinho enlouquecido do "Teatro dos Autômatos", que repetem incessantemente gestos interrompidos, jamais acabados; dizem pedaços desconexos de frases, que eles jamais poderão concluir...

Na peça de Thomas, o encegueicmento pela verdade, rasgado o filó da ilusão, não encerra o jogo numa poeira de filosofemas rotos. Deixa-se ritmar por uma bateria de escola de samba, que irrompe, estrepitosa, no palco. Nessa irrupção celebrativa toma parte o próprio diretor, como também Giulia Gam, parceira convincente e comovente da admirável Bete Coelho no dificílimo jogo beckettiano (no caso de Giulia, o gesto parece afirmar, contra a fácil sedução do vedetismo, que, numa parte solidária e coletiva como o teatro – e o elenco homogêneo e afinado da 'Ópera Seca" é a melhor prova disso –, todas as participações são especiais).

O rigoroso, disciplinado construtivismo do jovem Hélio Oiticica, nos anos 1960, ganhou corpo, conheceu uma nova dimensão sensorial, quando ele praticou um verdadeiro "rito de iniciação" (cito Mário Pedrosa), descendo ao sopé da Mangueira para exercitar-se, com firulas de passista, na festa barroquizante do carnaval. Foi então que Hélio pôde fazer decolar seus parangolés, que uma vez batizei, em entrevista [...], de "asas-delta" para o êxtase". Gerald Thomas, que, ainda menino, pôde conviver com Hélio, conclui 'M.O.R.T.E." – num outro nível, equação paradoxal do lado europeu do diretor e de seu lado carioca – insinuando um "princípio esperança" (Bloch). Fazendo um apelo de ressurreição (mais à Joyce do *Finnegans*, do que à Kafka do *Processo*): "Que chova sobre a nossa poesia!". Um apelo a que Bete Coelho – agora Hamlet/Hélio – dá voz e gesto. À renovação e à surpresa. À esfuziante geometria (não euclidiana) de um parangolé brasileiro.

VOZ EM *OFF*

Alguém disse: faça-se luz. O iluminador subiu à cabine e, timidamente, acendeu um refletor. Alguém viu que a luz era boa e alguém disse: que nasça um lugar entre a Terra e o espaço, entre o erro e a falha, entre o porão e o sótão. Alguém disse: que se produza, neste lugar, que se discuta neste lugar, que reine neste lugar a expressão das espécies. Que elas evoluam lá. Que elas se multipliquem lá. Este alguém era cego.

SF	Santa Félia
T	Trudy
VC	Você
CG	Cristo grávido
A	Atores
C	Cláudio
P	Pai
HC	Hora-Cio
R	Reizinho

UMA PONTE DE FERRO ATRAVESSA O PALCO. ELA SE APOIA EM UM ARCO EMBRULHADO EM PLÁSTICO E CORDAS. AO REDOR DO ARCO, ENTULHOS E OSSOS ESPALHADOS. ESFERAS QUE SE PARECEM COM PLANETAS ESTÃO PENDURADAS NO URDIMENTO. O FUNDO É AZUL COMO A NOITE, CORTADA POR UMA LUZ AMARELA, QUE FAZ UMA TRILHA. DOIS GLADIADORES ESTÃO PARADOS, UM EM CADA LADO DA PONTE, DURANTE O TEXTO. O VIKING (LUIZ DAMASCENO) ESTÁ COM UMA ESPADA NA MÃO, UM ELMO COM CHIFRES NA CABEÇA, VESTIDO COM UMA ARMADURA QUE O DEIXA REDONDO. INFRA-HERÓI (LUDOVAL), ESGUIO, ESTÁ COM UMA CAPA VERMELHA PRESA AO PESCOÇO E TEM TAMBÉM UMA ESPADA NA MÃO. DEPOIS DO TEXTO, INICIAM UM COMBATE. ENTRA MÚSICA DE GÓRECKI. INFRA-HERÓI SOME ATRÁS DO ARCO DA PONTE. VIKING VAI ATRÁS DELE E O ATACA PELAS COSTAS. CAMBALEANTE, INFRA-HERÓI CAI NO LADO DIREITO DO PALCO. A MÚSICA PARA. VIKING CUTUCA-O COM A ESPADA, E ELE NÃO SE MEXE, ENTÃO FAZ UM GESTO PARA CHAMAR ALGO NA COXIA. ALGUMAS PESSOAS ENTRAM CARREGANDO UM ARMÁRIO, QUE É COLOCADO PERTO DO INFRA-HERÓI, CAÍDO. OS CARREGADORES GUARDAM O CADÁVER, COM SEU ESCUDO E ESPADA, DENTRO DO ARMÁRIO, EM PÉ. AS PORTAS SÃO FECHADAS E UM CORTEJO FÚNEBRE SAI PELO FUNDO, À DIREITA DO PALCO. POR UMA TELA TRANSPARENTE, VÊ-SE A SILHUETA DE UM HOMEM GRÁVIDO. A MÚSICA COMEÇA, A SILHUETA SOME, E UM OUTRO GLADIADOR ENTRA NO PALCO, DESAFIANDO VIKING, COMO NA CENA ANTERIOR. VIKING SE COLOCA EMBAIXO DO ARCO DA PONTE,

SOLTA SUAS ARMAS NO CHÃO E SE AGITA DESESPERADAMENTE, SOB UM FOCO VERMELHO. O GUERREIRO ASSISTE, IMÓVEL. NA TELA TRANSPARENTE, NOVAMENTE APARECE O HOMEM GRÁVIDO SENDO CRUCIFICADO POR OUTRO HOMEM. O CARRASCO É BEM MAIS BAIXO QUE O HOMEM GRÁVIDO E TEM DIFICULDADES PARA PRENDÊ-LO NA CRUZ. SOBE NUMA CADEIRA E ANDA EM VOLTA, ATÉ QUE CONSEGUE PREGAR SEUS PÉS E MÃOS NA CRUZ. OUVEM-SE BATIDAS DE MARTELO VINDAS DO OUTRO LADO DO PALCO, ONDE UM OUTRO HOMEM TRABALHA. A IMAGEM SOME. À ESQUERDA, UM HOMEM E UMA MULHER, ENCOSTADOS NA PAREDE, ESTÃO VENDADOS. O GUERREIRO VAI ATÉ ELES E OS AMARRA À PAREDE. COMO SE FOSSEM MORRER, OS DOIS RESPIRAM ANSIOSOS E COM MEDO. O GUERREIRO SE AJOELHA DIANTE DELES E OS REVERENCIA. ELE FICA CONGELADO NESSA POSIÇÃO. VIKING ENTRA ACOMPANHADO POR DOIS HOMENS COM RIFLES. VAI ATÉ O CASAL E COMANDA A EXECUÇÃO. DEBAIXO DO ARCO ESQUERDO DA PONTE, O PAI OS OBSERVA. QUANDO OS CARRASCOS SAEM, ELE VAI ATÉ OS CADÁVERES, LEVANTA A CABEÇA DO HOMEM, OLHA-O E PARECE RECONHECÊ-LO. ELE CHORA SENTADO NAS COSTAS DO GUERREIRO CONGELADO. *BLACKOUT*.

VOZ EM OFF   Pai, como você interpretou bem todos esses anos. Obrigado.

DURANTE O TEXTO, O PAI CORRE PELO PALCO, PERSEGUINDO OS FOCOS DE LUZ BRANCA, QUE SE MOVIMENTAM PELO PALCO. NO ESCURO, OUVEM-SE BARULHOS DE CONSTRUÇÃO, COM BATIDAS RITMADAS DE ESCAVADEIRAS. TRÊS HOMENS E UMA MULHER VESTIDOS COMO BOMBEIROS SAEM DE UM ALÇAPÃO, NO CENTRO DO PALCO, COM UMA MANGUEIRA COMPRIDA, LEVAM-NA ATÉ O PAI E A COLOCAM EM SEU ROSTO, COMO UMA TROMBA. EM CIMA DA PONTE, UM HOMEM OBSERVA OS PLANETAS COM UMA LUNETA. UM CAMELO PASSA POR ELE. SANTA FÉLIA É JOGADA NO PALCO. ELA USA UM VESTIDO BRANCO, COM UMA MANCHA VERMELHA NA ALTURA DO SEXO E UMA TOUCA TAMBÉM BRANCA. VIKING ESTÁ COM UMA VASSOURA SOB O FOCO VERMELHO. O CRISTO GRÁVIDO É JOGADO VIOLENTAMENTE EM CENA, SENTA-SE NO CHÃO E APERTA A BARRIGA, COMO SE ESTIVESSE SENTINDO AS DORES DO PARTO. VIKING VARRE À SUA VOLTA. OUVE-SE UM TIRO, E UM PATO CAI SOBRE O ALÇAPÃO, NO CENTRO DO PALCO. UM DOS BOMBEIROS CAI AO LADO DO PALCO, OS OUTROS ATORES SAEM DO PALCO. FICA SÓ SANTA FÉLIA. ENTRAM, PELA DIREITA, DUAS

MULHERES E SE COLOCAM NO CANTO, À DIREITA, DE COSTAS PARA
O PÚBLICO. SANTA FÉLIA SE LEVANTA E ENCOSTA-SE À PAREDE,
À ESQUERDA, COM UM CÁLICE NA MÃO, ENCARANDO AS MULHERES.
ELAS ANDAM ATÉ O ALÇAPÃO, NO CENTRO DO PALCO. SANTA FÉLIA
VAI ATÉ ELAS.

    SF   É o ato máximo, dizem os homens. Apanhar um fuzil, apontar pra os testículos e, depois, para a cabeça. Mas não tem mais em quem atirar. Vive-se um período de trégua. Como evoluir? É o máximo. Separar alma de corpo e remeter os que os amavam para o básico. Como? Pra onde? Como? Por quê? O básico. Mas não foi. Não é. Estamos em trégua.

ELA SE AJOELHA E CONTINUA BALBUCIANDO PALAVRAS
INCOMPREENSÍVEIS. TRUDY, UMA DAS MULHERES, VAI ATÉ SANTA
FÉLIA E LEVANTA SUA CABEÇA, MOSTRANDO-A.

    T   A consciência. O que pode haver de mais complexo e irregular?

NA PAREDE, À ESQUERDA, ACENDE-SE UMA TELA. TRUDY SE
ENCOSTA NELA, OUVE ALGUMA COISA, PEGA UMA ESPADA NA COXIA
E ATRAVESSA O CORPO DE SANTA FÉLIA COM ELA. TRUDY RI
HISTERICAMENTE AO PERCEBER QUE NADA ACONTECE.

    T   Ficou transparente.

OUVE-SE UM GRITO.

    T   Vocês todos conhecem o fim. Como se comovem?
    SF   [de joelhos] Não se comovem. Cumprem uma função. Não tendo em quem atirar, o homem se torna o mestre dos embrulhos. Um revestiu seus embrulhos com toucinhos. Outro embrulhou palácios, monumentos. Recebeu o nome da entidade máxima que já baixou na Terra. Teve um que criou parangolés.

OUVE-SE UM RESMUNGO DE UMA MULHER, VINDO DA PLATEIA. OS
ATORES NO PALCO SE REÚNEM E COCHICHAM ALGUMA COISA, OLHANDO
NA DIREÇÃO DO PÚBLICO. TENTAM IDENTIFICAR A VOZ, QUE
CONTINUA A INTERFERIR, CADA VEZ COM MAIS NITIDEZ.

VOZ DA PLATEIA Olha só os imbecis! Todo esse derramamento de sangue! Ainda tentando aperfeiçoar, polir essa retórica épico-racional... esses coveiros filosóficos... É isso que eles são: a doença da sociedade liberal.

AS TRÊS MULHERES REAGEM. TRUDY E SANTA FÉLIA VÃO ATÉ A BOCA DE CENA E ENCARAM A MULHER (VOCÊ), QUE ESTÁ EM PÉ, NO MEIO DA PLATEIA, VESTIDA COM TERNO ESCURO E CAMISA BRANCA. TRUDY PEGA O PATO E O OFERECE A VOCÊ.

SF Nós vos propomos um pacto.
VC Teatro?

O PALCO SE APAGA, E SÓ O PATO, QUE ESTÁ NO CHÃO, FICA ILUMINADO.

SF Senhor, vivemos um período de paz.
VC *[chegando perto do palco, para a plateia]* Tantas partes estilhaçadas, irreparáveis, pontas quebradas... insolúveis. Isso aqui é um universo *[bate no chão do palco]*? Que eu não ria. Que eu não ria.

SANTA FÉLIA, DURANTE O TEXTO, ABRE E FECHA OS BRAÇOS, DEIXANDO A CABEÇA CAIR, REPETIDAMENTE. VIKING ENTRA PELO LADO DIREITO DA PONTE, CARREGANDO UM PONTO DE INTERROGAÇÃO. DOIS HOMENS COM RIFLES ENTRAM ATRÁS DELE E OLHAM O PAI QUE, PELA ESQUERDA, ENTRA EMPURRADO POR ALGUÉM. VIKING, COM A INTERROGAÇÃO, ORDENA O FUZILAMENTO. VOCÊ SOBE NO PALCO E OBSERVA A EXECUÇÃO. SANTA FÉLIA CONTINUA SEUS MOVIMENTOS REPETIDAMENTE. DEPOIS DO FUZILAMENTO, VOCÊ CORRE ATÉ A PONTE GRITANDO. TRUDY SEGURA-A, SENTA-A NO CHÃO E LHE OFERECE UM MARTELO. ELA SE RECOLHE, ASSUSTADA. AS MULHERES LEVANTAM-NA E ARRANCAM SUAS ROUPAS COM VIOLÊNCIA. EMBAIXO DAS ROUPAS, ELA ESTÁ COM UMA BLUSA BRANCA E UMA CALÇA PRETA. UMA DAS MULHERES LHE COLOCA UM AVENTAL BRANCO. TRUDY NOVAMENTE LHE OFERECE UM MARTELO E UMA TALHADEIRA. VOCÊ, DEPOIS DE HESITAR, ACEITA AS FERRAMENTAS. COM ELAS NA PONTA DAS MÃOS, LEVANTA OS BRAÇOS. SANTA FÉLIA, DE JOELHOS, ESCONDE O ROSTO NO ARCO DA PONTE. UM BLOCO DE LINHA FINA SOBE DE UM ALÇAPÃO, À DIREITA DO PALCO. VOCÊ TENTA ESCULPI-LO COM O MARTELO.

SF   Polindo uma superfície...
VC   Arranhando a outra...

UMA DAS MULHERES PEGA A ESCULTURA E LEVA-A PARA O FUNDO DO PALCO. A UM GESTO DE TRUDY, UM OUTRO BLOCO DE PEDRA, MAIS COMPACTO, É TRAZIDO POR UM HOMEM, QUE O COLOCA PRÓXIMO AO LUGAR ONDE ESTAVA O OUTRO, À DIREITA DO PALCO. UM HOMEM ENTRA NO PALCO ARRASTANDO CRISTO GRÁVIDO, COLOCA-O DE PÉ, À ESQUERDA DO PALCO, E AJUSTA SEU CORPO, COMO SE ESTIVESSE LAPIDANDO UMA ESCULTURA. SANTA FÉLIA, TODA BRANCA, COLOCA-SE ENTRE ELES, DE JOELHOS, OLHANDO O NOVO MODELO.

SF   Não continue. Primeiro mexa as cadeiras. Esquente o cérebro a quarenta e cinco graus. Isso!

TRUDY ORDENA UMA NOVA TROCA DE ESCULTURAS. CHEGA UM BLOCO EMBRULHADO EM TECIDOS E CORDAS. O MODELO HUMANO, CRISTO GRÁVIDO, É AJUSTADO. UMA MULHER GIRA A NOVA ESCULTURA, MOSTRANDO UMA BARRIGA SALIENTE. VOCÊ PEGA, HESITANTE, AS FERRAMENTAS QUE TRUDY LHE DEU E REINICIA O TRABALHO. FICA NERVOSA E GOLPEIA A ESTRUTURA.

T   Não consigo! Não consigo!

ELA ATIRA A ESCULTURA NO CHÃO. MAIS UMA SUBSTITUIÇÃO ACONTECE. AGORA, UMA CRUZ GRÁVIDA, EMBRULHADA EM TECIDOS, ESPELHANDO O CRISTO, À ESQUERDA, CRUCIFICADO PELO HOMEM NA PAREDE DO CEMITÉRIO.

SF   *[ainda de joelhos]* Areia, areia... fazemos o que cremos, minha Nossa Senhora! Eu falei uma coisa, que inacredit...
T   *[para Você]* Vamos, se apresse. Não tenho digerido muito bem. Se apresse!

VOCÊ VAI ATÉ A CRUZ E TENTA ESCULPIR. SANTA FÉLIA REPETE OS GESTOS DE LEVANTAR OS BRAÇOS E ABAIXAR A CABEÇA.

ST   *[para escultor]* Voe pelo meio. Não voe muito alto, ou o sol derreterá a cera em tuas asas, e você cairá. Não voe muito baixo, ou as ondas do mar te levarão.

T   Caminhos perigosos estes. Como viver na ponta da gilete.

VOCÊ ATIRA A ESCULTURA NO CHÃO E CAMINHA CAMBALEANTE ATÉ A PAREDE À DIREITA. A MULHER LEVANTA A ESCULTURA E A COLOCA AO LADO DAS OUTRAS. AS TENTATIVAS FICAM EXPOSTAS NO FUNDO DO PALCO. ENTRA UM TRECHO DE "CAVALGADA DAS VALQUÍRIAS", DE WAGNER. O PALCO ESTÁ ESCURO. UM FOCO BRANCO ILUMINA VOCÊ, ENCOSTADA À PAREDE, À DIREITA. UM FOCO VERMELHO ILUMINA A CRUCIFICAÇÃO, À ESQUERDA. O VOLUME DA MÚSICA É ALTO E SE OUVEM, VINDO DA COXIA, RISOS E RUÍDOS.

CG   Vem, suga o meu seio bem forte, senão eu farei você desaparecer da face da Terra, mas não destruirei completamente sua casa. Vou deixá-la aberta aos visitantes. Vou sacudir a casa de Israel entre todas as nações, como se sacode o grão na peneira, sem que um só grão caia por terra. Vem, peque, cometa, suje e confisque a espada daqueles que precisam de espada.

VOCÊ ATRAVESSA O PALCO CORRENDO, ATIRA-SE SOBRE CRISTO GRÁVIDO E BATE VÁRIAS VEZES EM SUA BARRIGA COM A TALHADEIRA. DE DENTRO DA BARRIGA DE FARRAPOS, SAI UM RELÓGIO. ELA COLOCA O RELÓGIO EM UM FOCO DE LUZ, NA FRENTE DO PALCO, À ESQUERDA. O PALCO ESTÁ ESCURO, SÓ O RELÓGIO ILUMINADO, ACOMPANHADO DE UM TIQUE-TAQUE NERVOSO. AOS POUCOS, OUVE-SE O SOM DE SINOS. UM COMBOIO FORMADO POR TRUDY, A MULHER COM O BALDE, O PAI E DOIS OUTROS ATORES ENTRA NO PALCO E VAI ATÉ O CRISTO. SANTA FÉLIA SE JUNTA AO COMBOIO. TODOS SAEM DO PALCO. VOCÊ ESTÁ ENCOSTADA NO LUGAR DA CRUCIFICAÇÃO. ELA LIMPA AS MÃOS, COMPULSIVAMENTE.

VC   Luz! Aqui! Nossos poetas estão mortos. Nossa música não tem heroísmo. Nós não temos corpos. Somos fracos. Somos rasos. Nossos casos moribundos. Nossa obra, a obra do acaso total...

O TIQUE-TAQUE SE TRANSFORMA EM PULSAÇÃO DE CORAÇÃO. UM FOCO
ILUMINA O RELÓGIO. TUDO AO REDOR ESTÁ ESCURO. UMA FILA DE
ATORES ANDA NA PONTE, ENTRE ELES SANTA FÉLIA E TRUDY.

    A   *[na ponte]* Homossexual, aspirante a rei, assassino, execrável...
    T   *[sentada à frente do palco, de costas para a plateia]* Filho... vai em paz, em busca do teu pai... Essa era a ordem: se for filho, mate-o, se for filha, deixe-a viver.
    SF   Não se faz nem um nem outro.
    A   *[na ponte]* Só sinto vergonha pela forma que você o fez. Homossexual. Quando se faz luz, se faz culpa. Te mataremos exatamente como você quis nos matar. Que coisa inacreditável! Escondido atrás de uma porta, dentro de um oratório, não importa. Você precisa que roubem tua alma, que se afunilem, mas enchem a geometria.
    VC   De um parangolé brasileiro?

CLÁUDIO ENTRA NO PALCO, COM A CAPA ATRAVESSADA NO PEITO,
E RECOLHE AS ROUPAS DEIXADAS PELO CHÃO.

    C   Eu queria lhes falar. Venho do hospital onde sete médicos em quatro horas não conseguiram salvar nenhuma vida de seu pai.

VOCÊ GRITA. UM SOM DE SERRA SE SUPERPÕE À PULSAÇÃO.

    A   *[na ponte]* Saudemos o novo rei!

PALCO NA PENUMBRA, ENTRA MÚSICA DE GÓRECKI. O ARMÁRIO, DO
INÍCIO, ENTRA CARREGADO POR QUATRO ATORES QUE O COLOCAM
PERTO DO ALÇAPÃO CENTRAL. A PORTA SE ABRE. O PAI ESTÁ COM UM
TAMBORIM NAS MÃOS. VOCÊ PEGA O TAMBORIM. O PAI CAI DEITADO
NO ALÇAPÃO. VOCÊ, NUA DA CINTURA PRA CIMA, ENSAIA ALGUNS
SONS NO TAMBORIM, ATÉ QUE CLÁUDIO O TIRA DE SUAS MÃOS. VOCÊ
VAI ATÉ O CORPO DO PAI E FAZ UMA DANÇA LENTA E FÚNEBRE AO
SEU REDOR. ENQUANTO VOCÊ FAZ A DANÇA, O ELENCO, AO FUNDO,
MARCA PASSOS DE APROXIMAÇÃO E RECUO, REPETINDO A PULSAÇÃO
DE SEU CORPO. O ALÇAPÃO LEVA O CORPO DO PAI. VOCÊ LAMENTA
A DESCIDA DO CORPO E CONTINUA A DANÇA. SENTA-SE NO CHÃO, COM
AS PERNAS ABERTAS E ESTICADAS, ENQUANTO OS BRAÇOS CONTINUAM

EM MOVIMENTO. O PAI APARECE NO ALTO DA PONTE. VOCÊ GRITA DE
SUSTO. O ELENCO PRESTA CONTINÊNCIA AO ESPECTRO. UM CAMELO
ATRAVESSA O PALCO E EXPULSA OS ATORES. CLÁUDIO DEITA SOBRE
O ALÇAPÃO, OCUPANDO A POSIÇÃO DO PAI. RI, DEBOCHADO, PARA
VOCÊ. ELA CORRE PARA A FRENTE DO PALCO E ESTENDE OS BRAÇOS
PARA O PAI.

    VC Pai!

VOCÊ REMEXE ALGUNS OSSOS NO CHÃO E ESTENDE, NOVAMENTE,
OS BRAÇOS PARA O PAI, EM CIMA DA PONTE. CLÁUDIO VAI ATÉ
ELA PARA ABRAÇÁ-LA, CAI AOS SEUS PÉS E RI.

    VC Pai! Eu nunca tive pai. Mas vocês são atores, arcam com qualquer papel.

CRISTO APARECE ATRÁS DA PONTE E RI, INTERROMPENDO-A. ELA
VOLTA, PEGA OS OSSOS NO CHÃO, OLHA O PAI E ESTENDE OS
BRAÇOS.

    VC Pai, Pai, me perdoe, me perdoe por todos os momentos em que... aquele dia... todos os momentos em que eu pensava em te fazer carinho, não fazia. Você foi o meu pai, e não aquele que entrou pela porta um dia, depositou o ódio e a angústia na mesa, e sumiu... me perdoe se eu não sabia...

SANTA FÉLIA, TRUDY E MAIS UM ATOR ENTRAM PELA DIREITA DO
PALCO E PARAM.

    P *[dublando uma voz da coxia]* É... nós observamos bem o seu dia a dia, fazemos anotações, arquivamos tudo. Mas não se preocupe. Ainda tentamos ver o que você tenta mostrar. Não mais que isso.

A LUZ ESCURECE, O PAI E SUA FALA SE APAGAM. VOCÊ ESTÁ DE
JOELHOS, DE PERFIL.

  VOZ EM OFF Você precisa de cúmplices! Você precisa de cúmplices! Alguém disse: faça-se luz. O iluminador sub...

VC   *[levantando e empurrando Santa Félia, Trudy e o outro ator]* Não! Já fizemos essa parte!

VOZ EM OFF   Você precisa de cúmplices! Se não assassinar sua covardia, ela vai morrer.

VOCÊ AGARRA O PAI NO FUNDO DO PALCO E O TRAZ PARA O CENTRO, AO LADO DE TRUDY.

VC   Já fomos além deste ponto. Você tinha dito: salvem-se. Em uma era, em um momento atômico, me cegam, me cortam, dizem: morram! Não há ajuda, não existem arcas, não existem salvadores. O problema está em nós. O resto é silêncio.

VOZ EM OFF   Cuidado! Haverá uma só lei, a mesma para você e para o estrangeiro que habita em você. Haverá uma só assembleia para você e para o estrangeiro que habita em você.

VOCÊ   *[para o público]* O crime não compensa, mas entretém.

TRUDY ENTRA COM UMA FACA NA MÃO. CORRE EM DIREÇÃO AO PAI E ENFIA A FACA EM SEU PEITO. OUTROS ATORES ENTRAM E TAMBÉM O ESFAQUEIAM. ELE PERMANECE DE PÉ, COM AS VÁRIAS FACAS ENFIADAS EM SUAS COSTAS. QUANDO TODOS SAEM, O PAI CAI NO CHÃO E RASTEJA ATÉ O OUTRO LADO DO PALCO, SEGURANDO UM APARELHO DE BARBA NAS MÃOS.

P   Eu preciso fazer a barba... eu quero... *I must have...* eu preciso... fazer... a barba.

CHEGA ATÉ A PAREDE, ENCOSTA-SE E SE BARBEIA. A CRUZ LUMINOSA BRILHA EM CIMA DO PAI, QUE ESTÁ ENCOSTADO À PAREDE. SANTA FÉLIA ENTRA E SE COLOCA AO LADO DO RELÓGIO, ILUMINADO POR UM FOCO BRANCO DE LUZ.

SF   *[dublando voz feminina da coxia]* Coloque sua mão esquerda sobre o peito. Sinta... Descanse... Senta. O resto é latir no escuro. Latir para as árvores. Latir para o escuro e para as malditas árvores. E todas as malditas coisas de Deus.

P   *[dublando voz masculina da coxia]* Eu penso... *[risos]* em soletrar... cada... não sei mais soletrar... ritmo. Não sei mais... lembranças... *[risos]*... Não sei.

SF [*dublando voz feminina da coxia*] É... sozinho... Agora você vê... que, quando uma garrafa se quebra, essa garrafa solta os fantasmas, ou cantos fantasmagóricos, que, quando cantados, são tão deliciosos... mas, quando sentidos, tanto mal podem causar.

CRISTO ENTRA, PEGA O RELÓGIO E O COLOCA EM UMA PANELA. UM RELÂMPAGO CAI SOBRE O RELÓGIO. TRÊS VULTOS SE ARRASTAM PELO CHÃO, ATRAVESSANDO O PALCO. UM SURDO MARCA O RITMO. NA TELA, AO FUNDO, A IMAGEM DO CRISTO CRUCIFICADO. ENTRAM TAMBORES. COMO SE ESTIVESSE EM UM RITUAL DE POSSESSÃO, O PAI COMEÇA UMA DANÇA. DURANTE A DANÇA, HÁ GRITOS, CORRERIAS E UM CANTO: *A VIDA É UM SUMÁRIO QUE SE ETERNIZA, A AÇÃO QUE FICA SEMPRE NA DIVISA, OSSOS DOURADOS CAÍDOS DO SOL DE IPANEMA...*

P [*acompanhado pelos tambores*] É bíblico. A lenda do cego e do aleijado. Eu não sou objeto de escárnio. Por que vocês riem de mim? Por quê? A minha boca desafia os meus adversários, eu não enxergava o meu fim. Tinha um Senhor entre mim e o meu fim, agora... Por que vocês riem de mim? Por quê? Eu não sou objeto de escárnio. Seguir o modelo do mundo? Unificai-vos para a paz? A paz é outro nome... *eiiii... aixxx...* Supremo senhor, Matema, senhor. Eu sou seu "S" barrado. Aqui todas as coisas se cholesterizam. Quem achava que eu era do ramo, enganou-se. Mas travo a luta até o fim. Não tem fim. A coisa continua. Você escolhe o seu último gesto, e a coisa continua.

O PAI ESTÁ ENCOSTADO, COM A CRUZ SOBRE SUA CABEÇA. SANTA FÉLIA ESTÁ AO SEU LADO.

SF Me salva, me salva, me salva...

TRUDY ENTRA EM CENA SENDO EMPURRADA NUMA CADEIRA DE RODAS. ELA GRITA E GESTICULA, COM UMA BENGALA NA MÃO E UMA MANTA NAS COSTAS. ANTES DE CHEGAR AO PAI, A CADEIRA PARA BRUSCAMENTE, ELA SE DESEQUILIBRA E ROLA NO CHÃO. LEVANTA-SE COM A BENGALA, DÁ UM TAPA E UM CHUTE NO HOMEM QUE A ESTAVA EMPURRANDO. ELE CAI, E ELA SE SENTA NOVAMENTE. O HOMEM A LEVA ATÉ O PAI.

T [*junto dos sons dos tambores*] Por causa da violência feita a seu filho, você está coberto de vergonha e acha que está arruinado para sempre. Covarde [*olha para as facas enterradas em suas costas*]! Bem, já vimos isso. Vamos, advoga sua causa perante a sobrevivência do seu filho. Você ouve? Ouve? Quando invadirem esse lugar por causa do ódio que você gerou, quando pisarem nossos terrenos e demonstrarem que seu filho vive o nosso drama dentro de sua própria cabeça – e é por isso que isso não se resolve –, com que holocausto me prostrarei perante Deus? Ouve? Se ele se libertar disso tudo e voltar para fora, para longe daqui, talvez possamos continuar sem a presença dele, sem a sua cólera, sem o seu furor.

O PAI ESCONDE O ROSTO, AJOELHA-SE E RECOMEÇA A DANÇA. OS TAMBORES RUFAM. VIKING ENTRA COM O PONTO DE INTERROGAÇÃO. ELE OLHA PARA O PALCO TODO E MANDA ENTRAR O ARMÁRIO. CINCO ATORES O COLOCAM SOBRE O ALÇAPÃO. ELE COLOCA O PONTO DE INTERROGAÇÃO DENTRO DO ARMÁRIO E FECHA-O. O PATO ESTÁ CAÍDO NO PROSCÊNIO. VIKING VAI ATÉ O PAI, SACODE-O, VOLTA AO CENTRO DO PALCO, DÁ UMA PIRUETA, ABRE O ARMÁRIO E VÊ QUE A INTERROGAÇÃO AINDA ESTÁ LÁ. TRUDY SAI DA CADEIRA E SE COLOCA AO LADO DO ARMÁRIO. VIKING CAMINHA ATÉ O PAI, AMEÇA COLOCÁ-LO NA CADEIRA E SAI COM ELA PELO ARCO DA PONTE. A MÚSICA ENTRA EM ALTO VOLUME. CINCO ATORES ESTÃO AO LADO DO ARMÁRIO.

SF [*com o cálice na mão, com o mesmo movimento que se repete*] É o ato máximo, dizem os homens. Apanhar um fuzil, apontar para os testículos e, depois, para a cabeça. Mas não tem mais em quem atirar. Vive-se um período de trégua. Como evoluir? É o máximo. Separar alma de corpo e remeter os que os amavam para o básico. Como? Para onde/ Como? Por que? O básico.

CLÁUDIO ENTRA TRAZENDO A ESCULTURA DA CRUZ GRÁVIDA E A COLOCA SOB O ARCO DA PONTE. A MULHER E TRUDY VÃO ATÉ SANTA FÉLIA. OLHAM PARA A PLATEIA.

> **T** Nesse ponto você entrou. Você... onde quer que você esteja. Você... onde quer que você esteja. Você... foi nesse ponto que você interrompeu e entrou. O que isso faz de nós? Demos a volta inteira. Chegamos ao zero. E agora? E agora?
>
> **VOZ** *[de dentro do armário]* Tem que começar de novo. Como já começou. E como será esse começo?

TRUDY E A MULHER ABREM A PORTA DO ARMÁRIO. VOCÊ ESTÁ AGACHADA LÁ DENTRO.

> **V** "Não, não se dirijam a você, mas a um outro em uma outra mesa, em uma outra sede, em um outro passo, em um outro compasso, em uma outra espreita, em uma outra leia-se piano sem cordas surdina sua música semínima solidão plumário de neve quantas plumas plúmeas de neve e é nada e prata é prata e nata é nata e noite noite..."[1]

AS DUAS MULHERES TIRAM VOCÊ DO ARMÁRIO.

> **V** Uma ode ao Pai. Uma vaga fibra de imaginação. Ponto zero. Continua? Como? Por quê?

VOCÊ ANDA PELO PALCO, VAI ATÉ O ARCO DA PONTE E DERRUBA A ESCULTURA CRUCIFICADA. OS ATORES CAEM. VOCÊ VAI AO PROSCÊNIO E REPETE OS ÚLTIMOS VERSOS DE *GALÁXIAS*. AJOELHA-SE E GOLPEIA O PATO.

> **C** *[levantando-se]* Talvez não continue. Talvez não deva continuar. Há pessoas que não cessam de provocar-me diariamente... que sacrificam nos jardins e queimam perfumes em cima de tijolos... que se instalam nos túmulos e passam a noite em antros e guarnecem seus pratos de alimentos imundos como esses, feitos de sobras de tantos outros alimentos[2] *[vai até Santa Félia]*.

1
HAROLDO DE CAMPOS, *GALÁXIAS*, 3. ED. SÃO PAULO: EDITORA 34, 2004. [N.E.]

2
ANTIGO TESTAMENTO, LIVRO DE ISAÍAS, 65. [N.E.]

O trono das nações e do senhor... com a ajuda dos demônios... encontrarão... com a ajuda dos demônios encontrarão uma nova saída... uma nova saída... família... pai... arca...

NA TELA, AO FUNDO, O CRISTO GRÁVIDO SE CONTRAI COMO SE ESTIVESSE ENTRANDO EM TRABALHO DE PARTO. VOCÊ, NA FRENTE DO PALCO, SENTE AS DORES E SE CONTORCE.

VC Verdade. Tenho tido uma visão. É aqui que começa? É aqui que começa? É aqui que começa?

O ELENCO SE LEVANTA E FORMA UM ARCO DE FRENTE PARA O PÚBLICO.

VOZ EM OFF Palavras, palavras, palavras.
VC Tantas partes quebradas, estilhaçadas etc.
VOZ EM OFF Estou falando de uma revolução, seu imbecil!
VC Palavras, palavras, palavras.
VOZ EM OFF As estradas estavam sendo todas pavimentadas desde Kant e em todas as línguas.
VC Você disse isso em Munique e foi vaiado.
VOZ EM OFF Os códigos estão nus e não estão envergonhados [pausa]. Eu disse que os códigos estão nus e não sentem vergonha.
VC Profundo é tudo que se coloca na superfície do fundo.
VOZ EM OFF Tantas partes quebradas, estilhaçadas, insolúveis.
VC Estou falando de uma revolução, seu imbecil!

O ELENCO PERMANECE PARADO, EM SILÊNCIO, DURANTE CINCO MINUTOS.

VOZ EM OFF Se você fosse tão perfeito, não necessitaria de tanta perfeição ao seu redor.
VC [olhando para o alto] Foi você quem começou tudo isso?
VOZ EM OFF Desde o ponto zero. Eu disse: faça-se luz. E o iluminador subiu à cabine e, imediatamente, acendeu um refletor. O resto... eu apodreceria em uma cruz onde se lia: norte, sul, leste, oeste.
VC Eu digo: faça-se luz.
VOZ EM OFF Mas está claro.
VC Então estou cego. Quem faria isso comigo?

VOZ EM *OFF* A sua própria infância? Foi quando você viu as esculturas pela primeira vez. Você as embrulhou. Tinha vergonha que fossem testemunhadas por todos. Enquanto isso, teu pai te vendia. Mas não de verdade. Era só uma encenação pra o teu futuro, pra que você olhasse a cena um dia e dissesse: pai, como você interpretou bem durante esses anos. Obrigada!

SANTA FÉLIA ANDA ATÉ O CENTRO DO PALCO E É AGARRADA POR UM HOMEM. ELA DUBLA UM SOM DE MUGIDO ELETRÔNICO, DISTORCIDO, AO SE DEBATER NOS BRAÇOS DO HOMEM. O SOM DO MUGIDO ENTRA E SAI REGULARMENTE. A CADA RETORNO, SANTA FÉLIA RETOMA A DUBLAGEM, OLHANDO PARA VOCÊ, QUE FICA INDIFERENTE. OS ATORES SAEM DO PALCO. FICAM CLÁUDIO E TRUDY, COM UM ACESSO DE VÔMITO INCONTROLÁVEL, APARADO POR UM BALDE. ENQUANTO ELA VOMITA, ELE A SODOMIZA. UMA MULHER PEGA O BALDE E LEVA PARA DAR À CABEÇA DO CAMELO, QUE APARECE NA PAREDE, À ESQUERDA. TRUDY AVANÇA ENFURECIDA SOBRE ELA. *BLACKOUT*. COMO SE DANÇASSE, UM HOMEM TENTA ESCALAR UMA BICICLETA NO CENTRO DO PALCO. O INFRA-HERÓI, DE ESCUDO E ESPADA, O AMEAÇA. ATORES ENTRAM NO PALCO, SEGURAM A BICICLETA, E O HOMEM CONSEGUE, FINALMENTE, EQUILIBRA-SE EM PÉ, SOBRE O SELIM.

SF Por que raios?

O BARULHO DE UM RAIO DERRUBA A BICICLETA. DO ALÇAPÃO, A *RODA DE BICICLETA*, DE DUCHAMP, É COLOCADA AO LADO DA BICICLETA CAÍDA. SANTA FÉLIA VAI ATÉ A PONTE E MANDA ENTRAR O ARMÁRIO, COLOCADO SOB O ARCO. VIKING, COM SEU ELMO DE CHIFRES, ENTRA NO PALCO, ENQUANTO OS ATORES SAEM. INFRA-HERÓI AVANÇA SOBRE ELE, OS DOIS RETOMAM A LUTA INTERROMPIDA NO INÍCIO DA PEÇA, TENDO A BICICLETA COMO EIXO DA DISPUTA. O INFRA-HERÓI VENCE E A LEVA COMO TROFÉU. VIKING, COM RAIVA, ATIRA A ESPADA CONTRA O ARCO DA PONTE, PROVOCANDO UM *BLACKOUT*. TRUDY NOVAMENTE COMEÇA A VOMITAR E É SODOMIZADA PELO VIKING. VOCÊ ENTRA MONTADA EM UM CAVALO DE PAU AGORA COMO UM REIZINHO TRAVESTIDO DE HAMLET CONDUZIDA POR UM SÉQUITO DE ATORES. O PAI E SANTA FÉLIA VÃO À FRENTE DO CORTEJO. NELE ESTÃO TAMBÉM O HOMEM GRÁVIDO – CRISTO, QUE AGORA É HORA-CIO – E O CAMELO.

P   *[para Cláudio]* Esse aqui é o rei. Perdão, mas é isso que eu tenho a lhe oferecer.

CLÁUDIO NÃO REAGE.

T   *[vai até o reizinho]* Mas que evolução! Venham, minhas crianças, deixem os degraus do altar. *[Para Hora-Cio.]* Quantos meses?
HC *[desconsolado]* Quatro anos. Não se resolve.
R   *[com voz infantil]* Deixem eu descer. Ele está cansado...

O CORTEJO AJUDA NA DESCIDA. ELE MAL CONSEGUE FICAR DE PÉ.

R   Acho que é melhor subir, não?

NÃO SOBE. ATRAVESSA O PALCO, VACILANTE.

R   Está dando. Estou indo bem. Enxergando pouco.

VAI ATÉ A PAREDE. OLHA OS OSSOS NO CHÃO.

R   É sujeira matemática. Dogma com dogma, elucubrações sobre a existência de Deus, dá nisso.

AS PERNAS FICAM BAMBAS.

R   *[para os ajudantes]* Subir!

HORA-CIO E UM DOS HOMENS DO CORTEJO CARREGAM O REIZINHO ATÉ SEU CAVALO. ELE ABRE UM GUARDA-CHUVA E RI. HORA-CIO SE CONTORCE NA GRAVIDEZ. TRUDY VOMITA ENQUANTO O VIKING SE PREPARA PARA SODOMIZÁ-LA DE NOVO. O PALCO SE APAGA. HÁ APENAS UMA LUZ SOBRE O CAVALEIRO E SEU CAVALO.

VOZ EM OFF   Ei... você... ei... você... conhece essa mula que você chama de cérebro, hein? Você acha que é de lá que eu estou vindo, não? Pois então, deixe que eu me apresente: meu nome é... Você. Eu sou o que você imagina agora, aí sentado nesse cavalinho. Não necessariamente o que você vai imaginar amanhã sobre você mesmo, mas agora. Eu resolvi entrar agora na sua vida pra esclarecer algumas coisas. Olha só. Olha pra o teu Pai *[foco de luz ilumina o Pai, ao lado do reizinho]*. Olha em volta. Por que essa peregrinação? Olha pra o Hora-Cio *[foco no homem grávido, contorcendo-se no chão]*. Coitado, grávido há tanto tempo e não consegue... um dia você estará sentado lá fora, vendo todos eles sofrendo pela luz como mariposas na boca do inferno, brigando por brilho, e você continuará sua voz dizendo "alguém disse: faça-se luz...".

BLACKOUT.

    VOZ EM OFF   O iluminador subiu à cabine e etc., etc., etc. Instantes depois você estará entrando aqui, murmurando: "de quem era aquela voz que me disse um dia que eu estaria entrando aqui, murmurando: de quem era aquela voz que me disse um dia que eu estaria entrando aqui, murmurando: de quem era aquela voz...".

O CICLORAMA, NO FUNDO DO PALCO, É ILUMINADO POR LUZ FLUORESCENTE, COM A FIGURA DO CRISTO RECORTADA NA TELA. QUATRO HOMENS O REVERENCIAM. O CAMELO ATRAVESSA O PALCO.

    VOZ EM OFF   Você percebe: foi tudo feito por mim, por minha causa, para me envolver no conflito, para eu achar a solução. Você vai perceber. Meu Deus! Esse momento não teria continuado, se eu não tivesse sentado aí, aí fora, pronto para entrar. E como acontece em outras noites, quando eu não estou aqui? Ah, mas quais noites, meu Deus, quais noites, se eu estou aqui em todas elas? Você pega as ferramentas, um pouco mais tranquilo, e diz: "talvez eu não esteja aqui para eles, mas sim para mim". E é aí que todas as coisas se cholesterizam.

    VC   *[dentro do armário, embaixo da ponte]* Quem faria isso comigo?
    VOZ EM OFF   Eu não respondo.
    VC   Quem faria isso comigo?
    VOZ EM OFF   Eu não respondo.
    C   *[está sentado sob o arco da ponte, levanta-se durante a fala]* Eu respondo. Primeiro, sente-se aqui com nós outros e venha saborear esta quantidade de informações. Eu não posso te matar, infelizmente. Você entrou nessa história por ali *[aponta para a plateia]* e tornou-se, portanto, invulnerável. Se eu pudesse, te

calaria. Mas como está, está bom. Você se encontra dentro de um turbilhão confuso, convulsivo, já não sabe o que falar. Se eu pudesse, não teria deixado você dar o primeiro pio, teu tio que sou, responsável que sou pelo trono que você ocupará... um dia. Sim, estava tudo certo: você tomaria a taça de vinho envenenado e, se não tomasse, uma espada igualmente envenenada trataria de cuidar do resto. E por que essa morte? Por que tanto empenho, tanto cuidado em armar esse drama para a tua morte? Pra que você terminasse com a profecia sobre o... silêncio? Mas com esta eu não contava. Ela bebeu o vinho e, ao invés de morrer, protegerá o teu futuro enquanto nós apodreceremos aqui, nesse inferno, por mais alguns séculos. E a sua história serviria como uma lenda... lenda política, usufruída por diversos canastrões, com a necessidade formal do dilema, da... dúvida. Que tipo de orgulho posso ter eu, eu que vivo parte desse poço de inércia?

CLÁUDIO SE AJOELHA, TRUDY ENTRA.

T *[para Você, ainda no armário]* Não deixe que te ceguem por completo.
VC Estou cego de verdade. Estou cego de verdade. Estou cego de verdade. Estou cego de verdade. Estou cego de verdade.

A PALAVRA "VERDADE" TOMA O RITMO SINCOPADO, AGUDO, DA CUÍCA. A VOZ SAMBANDO NO ARMÁRIO É UM SINAL PARA A ENTRADA DA PERCUSSÃO, QUE INVADE O ESPAÇO SONORO.

VC Estou cego de verdade, estou cego de verdade, estou cego de verdade, estou cego de verdade. Quem faria isso comigo? Os de cima? Os de baixo? Olhe fundo nos meus olhos e diga: aqui um universo? Que eu não ria. Que eu não ria. A maquinaria propícia. Os menores erros, eu disse, os menores erros são percebidos. Se essa maquinaria fosse perfeita, não precisaria de perfeição no resto. Luz. Aqui. Luz. Som. Se essa maquinaria fosse uma realidade, não criaria essas palavras que a destroem. Mas, de que vale? Nossos poetas estão mortos. Nossa música não tem heroísmo. Nós não temos corpos, somos fracos, somos rasos. Nossos casos moribundos. Julgamentos um acaso. Nossa obra, a obra do acaso total. Clamo. Que me acordem se eu estiver dormindo. Concordo! Minha angústia, meu espírito. Minha angústia, meu espírito. Talvez o conselho dos seus ou remessas outras... Convoco! Uma nova geração de criadores. Que se afunilem e se intoxiquem, mas ouçam os lamentos das cidades. Que se estrangulem, mas achem a geometria de um parangolé brasileiro. Que chova sobre nossa poesia!

A BATERIA INVADE O PALCO E DEVOLVE VOCÊ À PLATEIA.

O IMPÉRIO DAS MEIAS VERDADES*

ESTREIA
1993

CRIAÇÃO E DIREÇÃO
GERALD THOMAS

CENOGRAFIA
GERALD THOMAS

ILUMINAÇÃO
**WAGNER PINTO
E GERALD THOMAS**

DIREÇÃO MUSICAL
ARTO LINDSAY

TRILHA SONORA
**ARTO LINDSAY
E GERALD THOMAS**

FIGURINO
MARI STOCKLER

ELENCO
**FERNANDA TORRES,
LUIZ DAMASCENO,
EDILSON BOTELHO,
LUDOVAL CAMPOS,
MAGALI BIFF,
MICHELLE MATALON,
CACÁ RIBEIRO,
MILENA MILENA,
DOMINGOS VARELA
E ELEONORA PRADO**

O IMPÉRIO DAS MEIAS VERDADES É UMA PEÇA COM POUCO TEXTO, E SOFREU DIVERSAS MUDANÇAS DURANTE SUAS APRESENTAÇÕES. COM O TEMPO, SEUS REGISTROS ESCRITOS FORAM SE PERDENDO. O QUE JUNTAMOS AQUI SÃO FRAGMENTOS QUE COMPÕEM SEU TEXTO PRINCIPAL. NÃO HÁ REGISTRO COMPLETO DE SUA APRESENTAÇÃO EM VÍDEO E, COMO FOI REALIZADA HÁ MUITOS ANOS, NÃO TIVEMOS COMO DESCREVER AQUI AS CENAS INTEGRALMENTE. POR SUA IMPORTÂNCIA NA OBRA DE GERALD THOMAS, OPTAMOS POR, MESMO ASSIM, REGISTRÁ-LA, AINDA QUE INCOMPLETA, ENTRE O ROL DE SUAS PEÇAS TEATRAIS.

NOTA SOBRE O *WORK IN PROGRESS*[1]

Lá pelo final da temporada do Rio, Magali Biff falou pra mim: *"Ufa, tivemos trinta e tantas estreias, será que vamos conseguir ter um espetáculo quando chegarmos a São Paulo?"*. O elenco inteiro explodiu num riso tenso, quase histérico. Eu sabia que a ansiedade de cada um já estava lidando com a exaustão de estarmos no palco todos os dias, há três meses, incluindo os dias de espetáculo, incluindo os dias com duas sessões.
Não dou descanso aos meus atores. Não os deixo em paz. Ou estão no palco tentando decifrar uma cena comigo, ou estão no estúdio de som, gravando um texto que irá para o palco naquela noite, sem que tenham tempo de refinar a memória para se dublarem melhor. Vejo, há tantos anos, atores indo para o hotel, após um longo ensaio, com a cara amarrotada de ansiedade. Dentro dessas cabeças deve ser assim: *"Meu Deus, faltam cinco dias para a estreia. Me ajuda pra eu achar algum... alguma... algum fio condutor"*. Na verdade, não é Deus que vai ajudar. São eles mesmos. Mas só quando houver uma espécie de reprocessamento de dados na arte de ser ator: quando matarem a representação e adotarem a interpretação.
O mesmo pode ser dito de qualquer artista. Dos pintores acadêmicos de belas-artes (maçã, pera, cachimbo, pôr do sol) se zomba. De pintores exigimos os Malevichs, os Albers, e os Klees. De músicos, exigimos Schöenbergs, Varèses, Cages... E de atores? Estranhamente, aceitamos aquele que faz o que é imediatamente detectável, compreensível e descartável para a plateia.
O espetáculo está "pronto" quando a vulnerabilidade do artista estiver numa cronometragem impossível de um relógio normal seguir. Um espetáculo pode ser considerado íntegro quando acontece no palco, não se trata mais de uma *ideia* ou *muitas ideias*

e, sim, de uma linguagem contaminadora. E mais ou menos quando uma ordem dita o tempo, a tensão, a própria razão da cena. Para isso, muitas vezes atores e diretores gastam meses ensaiando algo que, na verdade, está pertíssimo do que se precisa, no entanto, por estar tão próximo, é, simplesmente, uma analogia e ainda longe de uma metáfora.

Pois é assim o chamado *work in progress*. A cada espetáculo, as modificações serão profundas, até que se ache uma forma definitiva para cada afirmativa da peça. Geralmente, nesse ponto, é chegada a hora de se despedir de um espetáculo e começar a especulação toda novamente, atacando algum outro. Ou não se acha nunca, que foi o caso com a famigerada *Saints and Clowns*, que teve cinco fracassadas apresentações em Hamburgo e Lausanne, e eu a enterrei antes que pudesse respirar e ter vida própria.

Eu percebo, através dos anos, que *work in progress* pode também ser dito assim: *fragilidade da identidade*. Ou a diluição e a perda dela, tanto faz. Qualquer trabalho que se diz pronto não passará, pra mim, de um clichê colocado na tela pelos pintores da década de 1950: *a primeira visão é o momento definitivo, cristalizado*. As artes transformaram isso em religião. O teatro lida com a profusão de ações e de imagens. O criador de teatro precisa, portanto, negar essa parte que já é clara por ser osso do ofício e tentar cristalizar o que não é claro: a fragilidade da identidade alcança a primeira visão, mas a diluição da identidade por entre imagens, vultos, criaturas, alcança visões mais deturpadas. Claro que os teóricos se masturbam com os eventos recentes: queda do muro entre ocidente e oriente, fim do comunismo, ocupação total do pragmatismo... Tudo cerca o assunto perda de *identidade* com o aval da cultura ocidental: sem parâmetros para largada e sem parâmetros para chegada. Claro, fomos educados para nos *superarmos* (seja isso lá o que for), e não para nos desdizermos. O nosso ponto de partida nega completamente o que realmente somos: confusos e profusos nessa confusão repetitiva, obsessivamente circular, cíclica, mesquinha e... organizada! Essa organização – ou tentativa dela – já foi e ainda é assunto pra linguagens e metalinguagens. Setenta por cento do que se faz nessa nossa época está justificado pelo mero fato de a matéria em questão estar organizada.

Faltando cinco espetáculos para que a temporada do Rio fosse cumprida, eu ainda estava no palco com os atores, cortando, transformando, adicionando cenas. O desespero de se *intuir* a arte, ao invés de afirmá-la, não casa muito bem com o trabalho necessariamente coletivo, colaborativo, que é o trabalho do diretor. Mas é assim. *Fuck you*! E que isso não soe ofensivo, pois não o é. O refrão FUCK YOU não podia estar sendo usado de forma mais inversa possível: como *Help*! por exemplo, talvez fosse o sentido mais próximo dessa malcriada exclamação. *Espetáculo* talvez esteja sendo usado da forma mais inversa possível nesse malcriado formato de se criar entidades.

Gerald Thomas, 30 de abril de 1993.

GERD BORNHEIM, TEXTO
PARA O PROGRAMA DA
PEÇA NA TEMPORADA EM
SÃO PAULO, EM 1993

O TAUMATURGO CONTRARIADO

Os poluídos sentidos humanos nem poderiam ser mais bem servidos: a visão plástica e o mundo sonoro atingem o nível que já se faz proverbial nos espetáculos de Gerald Thomas. Tudo é oferto, generoso, sensual, a superfície é como que levada ao extremo avesso dela mesma. A própria ferida originária se quer vista, devassada, *a priori* impossível de um eros cosmogônico; desmente-se o romantismo, e o orgulho que se pretende triunfante se transforma numa bem calculada e repetida ironia. Os itinerários sem dúvida se insinuam, fazem-se pressentir, como nos acordes castamente ingênuos da sinfonia de Beethoven, que longamente insiste em oferecer uma harmonia que se envergonha de si mesma logo que soam as estridências caóticas de Varèse.

Da Vinci dizia que queria fazer milagres, e nesta pequena ou grande rebeldia, mas mais terrível que a de Prometeu, perpetrava-se o deslocamento do Deus. Hoje, já não há de errar e nem mais importa, com Deus ou sem Deus, o milagre apenas confirma alguma forma de sentido.

Pois o que o Gerald Thomas faz, numa taumaturgia toda sua, é o desmonte do milagre, e põe-se a inventar arquétipos da destruição de sentido. O antimilagre empenha-se agora na construção do sem sentido. Claro que existem continuidades, como, por exemplo, a da história da maçã, que se estende do quase engasgo da mordida pecaminosa, atravessa teologias, até culminar no movimento descontraído do que acaba sendo roliço entulho... Contudo, se os significados da maçã vão se transmutando, a costura fundamental do espetáculo resolve o todo em fragmentos, no esvaziamento da necessidade, e isso com uma didática que chega a ser exemplar justamente por sua incidência no absurdo; o fragmento, sobretudo quando telegraficamente repetido, termina esbarrando em seu próprio emperramento.

E, no entanto, o espetáculo exibe toda a exuberância da fartura, sem que por isso perturbe a criação de um taumaturgo do acaso em estado puro. Mas quanta satisfação nessa alquimia, quanta volúpia em dosar cada compasso, cada tonalidade, a atenção que não permite esvaírem-se nem as margens do gesto, nem a ponta do olhar – cada quadro vive a plenitude de sua autossuficiência. Talvez se possa até falar em nostalgia do milagre. Pois tudo foi milagre: como esquecer esse passado tão wagneriamente impotente? E mesmo hoje: como não deslumbrar-se com essa extraordinária revolução das artes? E a criatividade científica, que soube como nunca recusar os limites demasiado assentados, para aventurar-se nos meandros do infinitamente pequeno? Acontece, entrementes, que isso tudo acaba gerando algo como um surdo constrangimento: afinal, para onde vão as artes? O que resta para a pintura? A que lugares nos leva a ciência, antes ou depois da bomba, antes ou depois da usina? E esse olhar perscrutante, parado, paralisado, fragmento de si mesmo, que instaura o constrangimento. Por aí, o comprazer-se na linguagem cênica torna-se literalmente satânico, e o que o taumaturgo arma em cena precipita-se na composição de uma pedagogia do sem sentido, como se o único grande educador possível fosse o próprio nada – tese última e definitiva, rigorosamente correta.

EMPIRE - Inicial narration

This scene took place on the brink of the sixth over to the seventh day./ Some versions will claim it happened in the afternoon of the seventh day./ Others will claim it was on the eigth day./ There are even those who will say it happened on the tenth day. But the most probable version is that in the first hours during God's rest / therefore on the seventh day,/ the story took an abismal course./

It seems that it all began near a peaceful sight, close to the corner/shortly after midnight./ A theatergoer,/a spectator,/was heading back home when,/suddenly, he encountered a very suspicious set up./ He gathered his couraged and stopped to check it out./ He tipitoed to it, keeping close to a fence, in the hopes of not being noticed./ What he saw seemed like the figure of a person kneeling over another./ This seemed at first as if someone was trying to help a wounded other./ At closer examination, however, it began to look like the bodies were copulating./ The image wasn't quite clear although the scene itself suggested something more related to a rescue operation or a voddo ritual of some sort./ Our spectator got frightened at the thought that someone was being murdered right in front of his eyes./Then, exhaling slowly, he realized he might just be the victim of some phony staging./ And,/ frozen in his shoes, the spectator suspects/that he himself is being watched./

And, at this moment/on the brink of the sixth over the seventh day/the spectator felt the absence of God./

The spectator runs from the scene, panicking at the thought of having been discovered./ He goes back home and starts walking around in circles./

On the fourth day after that,/close to becoming a nervous wreck,/ not having checked the papers or heard the news,/the spectator decides to go back to the scene./ Of course,/ he finds nothing upon getting there/ The place looks the same as it ever did/ except for a few dead leaves/ It was autumn./

The spectator clears a few leaves with his foot and, unexpectedly/ comes across a bundle sheets of paper/ almost ruined by the weather./ The writing on them, still legible/ seemed like some sort of poetry..... On the first page he reads/

In the beginning/ it was just Me./ The rest was all/ form/ and emptyness.

And/ leafing through the pages, he comes across the name of its author/ **Adam**./ And right beside the name, at the bottom of each page, another inscription/ **fuck you.**

The spectator is amazed at his findings in this diary./ Adam describes how he poisoned everything in his way, from chocolate to fruit,/ bread and wine./ And, strangely/ no mention of Eve,/ ever./ Clear in these notes were Adam's fear as the seventh day approached./ This day, Adam describes as being the day of the total absence of God/ Adam feared that he might himself be poisoned, but/ poisoned by whom, asks a baffled spectator/ if there was only himself/ and emptyness?

Upon reaching the sixth day in Adam's diary, the spectator comes across a shocking transformation/ he notices that,/ as of that day, the pages are no longer signed by Adam but by Eve./ And it is at that moment/ that the story/ becomes/ abísmal.....

NARRAÇÃO INICIAL

[voz em off de Gerald Thomas, dublada por um ator] Parece que tudo começou junto a uma vista pacífica, perto da esquina, pouco depois da meia-noite. Um espectador, um espectador estava voltando para casa quando, de repente, encontrou uma cena muito suspeita. Ele juntou toda a sua coragem e parou para conferir. Foi na ponta dos pés, mantendo-se perto de uma cerca, na esperança de não ser notado. Viu o que parecia ser a figura de uma pessoa ajoelhada sobre outra. A princípio, era como se alguém estivesse tentando ajudar um outro ferido. Olhando mais de perto, no entanto, parecia que os corpos estavam copulando. A imagem não era muito clara, embora a cena em si sugerisse algum tipo de ritual vodu. Nosso espectador ficou assustado com o pensamento de que alguém estava sendo assassinado bem na frente de seus olhos. Então, expirando devagar, percebeu que poderia ser vítima de uma encenação falsa. Petrificado, o espectador suspeitou de que ele mesmo estava sendo vigiado.
E, neste momento, no limite do sexto para o sétimo dia, o espectador sentiu a ausência de Deus.
O espectador correu da cena, em pânico, com o pensamento de ter sido descoberto. Ele voltou para casa e começou a andar em círculos.

No quarto dia depois disso, quase tendo um ataque de nervos,
sem checar os jornais nem ouvir as notícias, o espectador decidiu
voltar ao local da cena. Claro, ao chegar lá, não encontrou nada.
O lugar parecia o mesmo de sempre, exceto por algumas folhas
mortas. Era outono.
O espectador limpou algumas folhas com o pé e,
inesperadamente, encontrou um monte de folhas de papel, um
caderno, quase arruinado pelo tempo. A escrita sobre as folhas,
ainda legível, parecia algum tipo de poesia...
O espectador nota que o livro é dividido em dois assuntos: poesia
e interrupção. Nas páginas ímpares eram anotadas só poesias, nas
pares, as interrupções.
Na primeira página, ele leu: *"No princípio, era só Eu. O resto era
forma e vazio"*.
E folheando as primeiras páginas do caderno, encontra o nome
do seu dono, rabiscado a lápis, como se fosse um esboço: *Adão*.
Do lado do nome, no pé de cada página, uma outra estranha
inscrição: *Fuck you*.
O espectador ficou surpreso com as descobertas nesse diário.
Adão descrevia como Eu envenenou tudo em seu caminho,
do chocolate à fruta, pão e vinho. E, estranhamente, nenhuma
menção a Eva, nunca. Nessas anotações, estava claro que Adão
temia que ele mesmo pudesse ser envenenado, mas envenenado
por quem – pergunta um espectador desnorteado –, se havia
apenas ele mesmo e o vazio?
Ao chegar ao sexto dia no diário de Adão, o espectador se
deparou com uma transformação chocante: percebeu que, a partir
daquele dia, as páginas não estavam mais assinadas por Adão, e
sim, por Eva. E é nesse momento que a história se torna abismal...

UN—GLAUBER

ESTREIAS
FEVEREIRO DE 1994, DENTRO DA *TRILOGIA DA B.E.S.T.A. – BEATIFICAÇÃO DA ESTÉTICA SEM TANTA AGONIA*, NO TEATRO SESC POMPEIA, EM SÃO PAULO

MAIO DE 1994, EM COPENHAGUE, DINAMARCA

JULHO DE 1995, EM LISBOA, PORTUGAL

CRIAÇÃO E DIREÇÃO
GERALD THOMAS

CENÁRIO
CONCEPÇÃO DE GERALD THOMAS, COM COLABORAÇÃO CRIATIVA DE DOMINGOS VARELA, HÉLIO MELLO, LUCIANA BUENO E MARIANA LOEB, COM SUPERVISÃO DE GERALD THOMAS

FIGURINOS
FERNANDA TORRES, DOMINGOS ALCÂNTARA E DANIELA JAIME SMITH

ILUMINAÇÃO
CONCEPÇÃO DE GERALD THOMAS, COM COLABORAÇÃO CRIATIVA DE SIMONE DONATELLI E SAMUEL VITAL

ELENCO
LUIZ DAMASCENO, EDILSON BOTELHO, LUDOVAL CAMPOS, VERA ZIMMERMAN, CACÁ RIBEIRO, MILENA MILENA, ELEONORA PRADO E DOMINGOS VARELA

ATORES CONVIDADOS
MARCOS AZEVEDO E ELIANA SANTANA

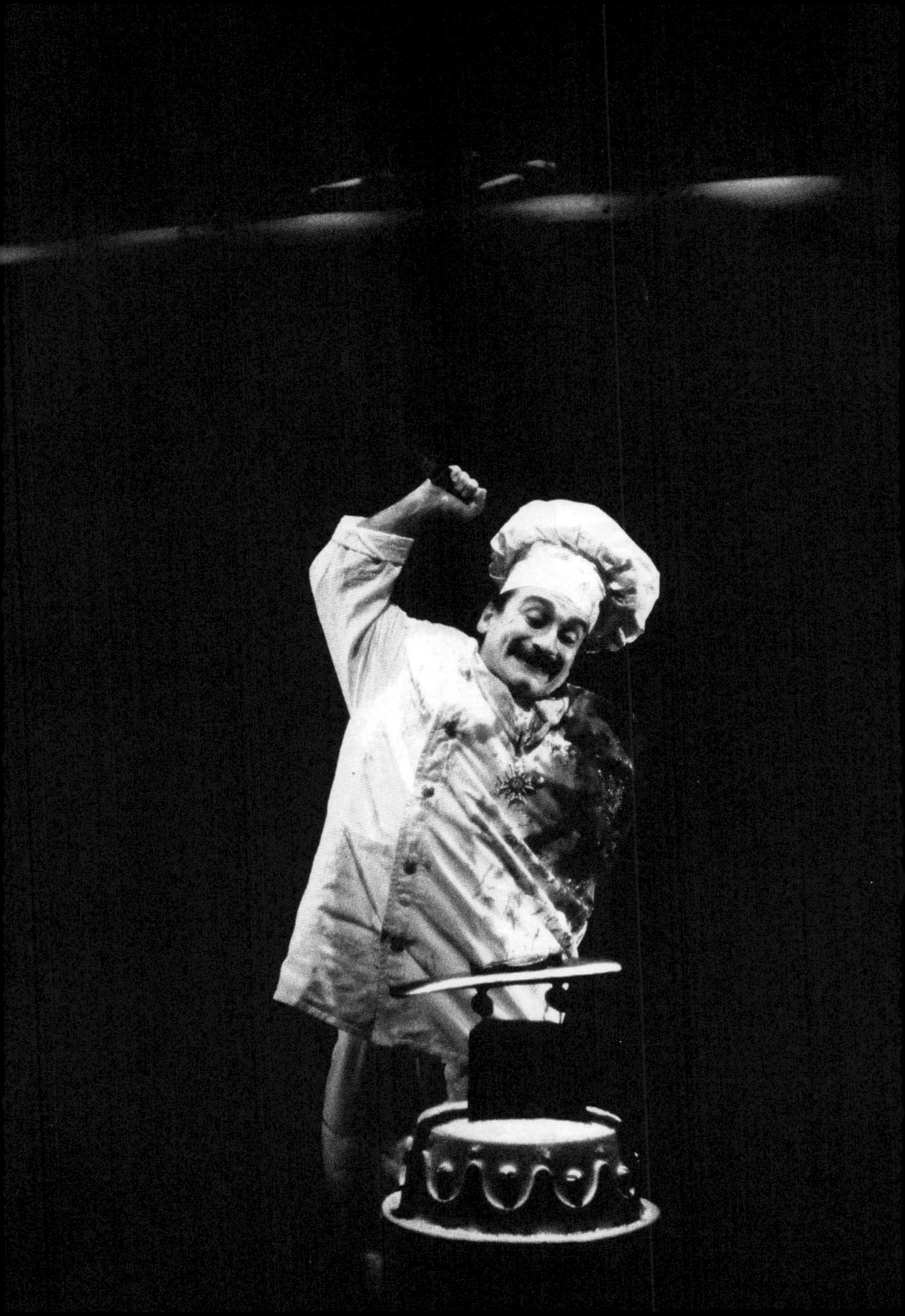

ME LUND PARA O CADERNO
"CULTURA" DO JORNAL
BERLINGSKE TIDENDE

"O TEATRO ESTÁ MUITO DOENTE"

É O QUE PENSA O DIRETOR GERALD THOMAS, QUE APRESENTA, EM VEZ DISSO, UMA SÉRIE GROTESCA E INCOMPREENSÍVEL DE ESPETÁCULOS.

O sangue jorra e facas voam pelo ar enquanto a música de Wagner sobe e o voyeurismo tem total liberdade na série de espetáculos "Trilogia B.E.A.S.T.", de Gerald Thomas e da Cia. Ópera Seca, encenada ao longo da semana passada no Kanonhallen, graças à boa iniciativa do convite feito pelo Teatro Internacional de Copenhague. O que começou como uma exibição vigorosa de experiências minimalistas, com pitadas de humor e efeitos dignos de um filme grotesco, seguiu a partir daí, no entanto, uma curva visualmente fascinante, mas, narrativa e tecnicamente, descendente, terminando o processo com uma pancada seca contra o chão duro da decepção.

A primeira parte, *The Flash and Crash Days* (1992), trata do conflito entre mãe e filha; já a segunda parte, *O império das meias verdades* (1993), descreve a perda da inocência e da bondade, os desejos da carne e o êxtase de secreções da cópula. A terceira parte, que é nova, *Unglauber*, tem como ponto de partida o funeral de um famoso cineasta brasileiro. Glauber Rocha (1938-1981), cujo filme mais conhecido é *O Dragão da Maldade contra o Santo Guerreiro*, fica estendido nu em um túmulo celestial, tendo ao seu redor um pizzaiolo fanático que corta os próprios braços, uma assassina que circula com um machado causando jorros de sangue, e um padre que é estuprado em uma pervertida reação em cadeia. De vez em quando, ouvem-se frases mal faladas em francês e inglês, um rato de brinquedo com rodas passeia pelo palco, e um militar com óculos escuros medita sobre a condição do ator. Aparentemente, trata-se de uma farsa em forma de *thriller* mudo em homenagem a Glauber Rocha – mas não fica claro o que deveria ser esclarecido.

"Não acho que europeus possam entender algo de *Unglauber*", afirmou corretamente o diretor alemão-americano ao participar de uma rodada de perguntas do público na noite de segunda-feira. "Mas é claro que há um jogo com a palavra alemã *Glauben* [Fé] e com o fato de que nosso tempo carece de fé. É nesse espaço em que me encontro".

O diretor aparenta se sentir bem com isso. Nenhuma ideologia ou autoridade. Ele é independente para se revoltar contra a seriedade e a arte carrancuda e chata. "O teatro está muito doente", insistiu, e, além disso, se recusou a nos ajudar a entender o que acabara de acontecer no palco – partindo do fato de que a arte não tem a compreensão como seu objetivo. "Ou você se emociona, ou fica indiferente – não tem nada a ver com o entendimento", foi sua explicação, que soou esperta demais e tornou seu comentário inicial supérfluo.

Compreender ou não: movido pelas visões da primeira parte da trilogia, há uma expectativa morna e, ao final, indiferença. Partindo-se de um desejo interessado em ponderar mais sobre as experiências parcialmente inexplicáveis, mas inexauríveis, que colocaram a Ópera Seca vários anos-luz à frente das artes cênicas que geralmente vemos no país, o sentimento é de sermos cada vez mais excluídos do espetáculo, por sua arrogância cênica e falta de generosidade. A explicação não é filosófica nem incompreensível: o conceito se tornou cada vez mais livre, e os espetáculos, mais inacabados. Ao final, em vez de arte, ficamos com um caos fascinante, mas, dramaturgicamente, impotente.

D	Damasceno
L	Ludoval
V	Vera
ED	Edilson
C	Cacá
M	Milena
EL	Eleonora
GATO	Gato
RATO	Rato

PRIMEIRO ATO

1

D   *[sentado sem expressão, imóvel, deprimido. Alguns minutos se passam e então, como um robô, da mesma maneira estúpida, ele levanta um braço e diz]* Bom dia. Que manhã maravilhosa!

[A expressão não muda e a cena é assustadora. Seu braço permanece levantado por um tempo e depois é abaixado. Primeira expressão ainda mantida, então, de repente, o braço é levantado novamente.] Bom dia. Que manhã maravilhosa!

[O braço fica levantado por um tempo, depois é abaixado. A expressão continua a mesma.] [Para o oficial – Ludoval – que segura seu braço.] Deus o abençoe.

2

L   *[entra e fala para o público, dublando o texto gravado]* Temos atores, mas não temos nenhum domínio no campo da interpretação. *[Damasceno permanece imóvel.]* Seu talento individual raramente é explorado, mas ele acredita estar excursionando pelas vias do virtuosismo através de um intenso e doloroso fanatismo.

[Damasceno levanta o braço da mesma maneira, mas agora parece que ele quer falar. Ludoval continua.] Sendo, francamente, um imitador, sempre há uma aura de ilusão e surrealismo em torno dele. Porém, o que ele não entende é que sua arte ilusória precisa ser apresentada como uma verdade para a plateia. *[Damasceno abaixa o braço e deixa as lágrimas caírem.]* Através de um artifício ele precisa virar a crônica abstrata de sua época. Esse artifício pode ser tão altamente desenvolvido que pode se tornar uma verdadeira obra de arte, aí já quase afastada da sua própria matéria. *[Damasceno, com lágrimas caindo, levanta o braço novamente.]* Na minha rápida experiência com Julian Beck, o doloroso fanatismo em transformar tudo em massa positiva do próprio contribuiu imensamente para o processo de memorização de um texto abstrato e cifrado de Beckett.

Se fôssemos seguir o trajeto desta lágrima *[aponta lágrima do Damasceno]*, não chegaríamos nunca a uma sequência cronológica que nos mostrasse a origem e a tradição dessa "suposta" tristeza, mas, para nos convencer dessa tristeza, o ator faria de tudo, chegaria a extremos, venderia a própria mãe. *[Ludoval abaixa o braço levantado de Damasceno.]*

LUDOVAL CARINHOSAMENTE AJUDA DAMA A SE LEVANTAR E CAMINHAM PARA A PORTA, NO FUNDO DO PALCO. LUDO, EM CUMPLICIDADE COM A PLATEIA. NESSE CASO, DAMASCENO É SÓ UM EXEMPLO. PERTO DA PORTA ESTÁ A CADEIRA DE RODAS, COM UMA PESSOA SENTADA DE COSTAS PARA A PLATEIA.

OS DOIS PARAM. OLHAM. CONTINUAM. LUDOVAL ATRAVESSA DAMASCENO PELA PORTA E ADMIRA O FATO DE ELE PODER ANDAR SOZINHO.

LUDOVAL CHEGA NA FRENTE DO PALCO DE NOVO. E, JUSTAMENTE NO GESTO, COMO SE FOSSE FALAR, ESCUTA-SE UM ENORME BARULHO ATRÁS DA PORTA.

ENTRA VERA, ENSANGUENTADA, BRAÇOS PARA O ALTO, MACHADO NA MÃO. ELA ACABOU DE DECEPAR O BRAÇO DO DAMA, QUE ESTAVA LEVANTANDO.

V   [apontando o machado para Ludo] Você não me ligou na hora combinada, e eu, imbecil, fiquei esperando até agora.

L   Você está um pouco nervosa. Quer um chá? Por que não se senta e se acalma um pouco? [Vera tira os óculos e se senta.] Eu invejo a profissão de rapsodo. Vocês sempre vestem a melhor roupa... [Vera está sentada e em transe, a expressão também não mudou desde que entrou. Ludo está começando a ficar nervoso, apreensivo.] Bem, não vou te perguntar sobre seus inimigos. Está bem claro que...

ENTRA DAMASCENO COM A MESMA EXPRESSÃO DE ANTES, COM O BRAÇO, QUE ESTAVA LEVANTADO, DECEPADO, SANGRANDO. SE COLOCA ATRÁS DE VERA.

D   É, o senhor tinha razão. A interpretação tem sido, sem dúvida, a parte mais laboriosa da minha vida. E você tem razão de novo quando diz que o meu fanatismo faz com que eu consiga falar de qualquer coisa melhor que ninguém.

L   A razão, meu amigo, é óbvia. Por que não se senta?

D   [limpando a garganta] Me desculpa, mas há outra cadeira em questão?

L   [grave, como se fosse um pêsame] Não, não há. Não há. Pelo que vejo, o senhor se acidentou ou teve um momento de reflexão muito grave... Gostaria que eu lhe falasse sobre isso?

D   Sim, senhor. Eu adoraria se o senhor o fizesse. Adoro ouvir os sábios falando.

V   Nesse caso, gostaria que me falasse sobre a representação dessa poesia abstrata e desdobrada em artifícios. Estou consciente, feliz não posso dizer, mas consciente, e espero contar com seu perdão se, por acaso, eu me afastar temporariamente da verdade. [Vera desmaia.]

LUDOVAL, AFLITO, NOVAMENTE ACOMPANHA DAMA ATÉ A PORTA. PARAM QUANDO CHEGAM PERTO DA PESSOA NA CADEIRA DE RODAS. CONTINUAM. LUDO PASSA DAMASCENO PELA PORTA.

LUDOVAL SE VIRA ABRUPTAMENTE PARA A PESSOA NA CADEIRA DE RODAS. PAUSA. CORRE PARA INVESTIGAR VERA DESMAIADA.

NO CENTRO DO PALCO ESTÁ A ASA-CAIXÃO. PERTO DELA,
UMA PEQUENA MESA DE CAFÉ COM TELEFONE.

LUDO ESTÁ DE ÓCULOS ESCUROS NO INÍCIO.

ENTRA ALGUÉM COM BANDEJA E, NA BANDEJA, O BRAÇO DECEPADO
EMBRULHADO EM PLÁSTICO, COMO UMA EVIDÊNCIA POLICIAL, NA MÃO
DO BRAÇO, UM ENVELOPE. LUDOVAL RETIRA O ENVELOPE, ABRE-O
NERVOSAMENTE, VAI PARA A FRENTE DO PALCO NOVAMENTE E TENTA
LER ESCONDIDO. LOGO NO INÍCIO DA LEITURA, VERA – APESAR DE
DESMAIADA – ACORDA E IMEDIATAMENTE COLOCA A MÃO NO OUVIDO
– O DEFUNTO TAMBÉM DÁ UMA LEVE LEVANTADA E COLOCA A MÃO
NO OUVIDO.

      L   E o prêmio está debaixo da poltrona D12.

LUDO VIRA O BILHETE E CONTINUA LENDO. VERA E O DEFUNTO
IMEDIATAMENTE VOLTAM À POSIÇÃO ORIGINAL. LUDO VAI ATÉ A
PLATEIA E TENTA PASSAR O BILHETE PARA ALGUÉM DO PÚBLICO.
DO PÚBLICO, LUDO ASSISTE À REENTRADA DE DAMA.

MÚSICA DE GÓRECKI.

SOLENE, DAMA ENTRA EM CENA, SEM OS DOIS BRAÇOS, E TENTA
ACORDAR VERA. ELA ACORDA, ELES ENTREOLHAM-SE.

      D   *[olha para Ludo na plateia e pergunta sem conseguir vê-lo, como se os refletores o cegassem]* Você está aí, não está? Eu sei que sim. Fui lá fora e o que você havia me prometido não existe. Vi coisas horrendas. Vi um homem que parecia possuir a infeliz habilidade de agradar a todos, agradava a todos, mas no fim não era ninguém, não possuía nada que fosse dele, nada que o distinguisse dos outros. Eu agora só tenho um pedido a fazer: me deixem ir ao enterro com dignidade. *[Para Vera.]* Faz a minha barba, por favor.

VERA ESTÁ COM O MACHADO NA MÃO E, POR ALGUNS SEGUNDOS, HÁ A
DÚVIDA SE ELA VAI FAZER A BARBA COM O MACHADO OU DECEPAR A
CABEÇA DELE. A PLATEIA RI. LUDO SOBE E TEM ATITUDE DE QUEM
NÃO ESTÁ CONTENTE COM A CENA. TENTA FOTOGRAFAR DAMASCENO SEM

AMBOS OS BRAÇOS, CHEGA A COLOCAR O BRAÇO AMPUTADO DE DAMA NO
SEU COLO, COMO TROFÉU PRA SER FOTOGRAFADO, VERA POSA ATRÁS
COM O MACHADO NA MÃO, VITORIOSA. DAMA POSA. UMA VEZ TIRADA A
FOTO, DAMA VOLTA A FICAR ARRASADO.

D   Minha barba é meu último desejo. Por favor.
RATO   [Entra, olha pro Ludo e diz] Faça isso por esse homem. Olha o que ele já fez por você. O que te custa lhe dar esse último presente?
GATO   [Entra e diz] Sinceramente, é um pedido comovente, como você pode sequer pensar em recusar?
L   Não me pressionem. Ele é um ator. Venderia até a mãe. Me admiro vocês caírem nessa melancolia tão facilmente. [Cai o morcego e berra] Faz a barba dele, porra!

LUDO E VERA ENSABOAM A CARA DO DAMASCENO. UMA VEZ COM
BASTANTE SABÃO NA CARA...

D   Não acredito. Não acredito que vocês não viram o que eu quis dizer. Vocês realmente acharam que era sobre a barba que eu estava falando?
V   Se você quiser saber o que realmente penso sobre essa barba, ou esse estilhaço que você está virando, penso que é um recurso para ganhar atenção, carinho, sei lá, mas que complica ainda mais a sua situação crescente de maneirismos e que pode chegar até a monotonia. Mas não cabe a mim decidir se você chegou ou não a uma sensibilidade adquirida. Se chegou, infelizmente, o recurso é pobre.
L   E isso não seria indesculpável num palco?
V   Sim, porque a grande alma de um ator é formada por um elemento sutil que é usado como uma filosofia para ocupar o espaço; um elemento nem frio nem quente, nem leve nem pesado, que não chega a ter uma forma definida, porém é capaz de virar todas elas, sem ser nenhuma, especificamente. Esse protocolo existe há três mil anos.
L   E esse protocolo precisará ser sempre assim?
V   Isso eu não posso te dizer. Se tivéssemos um pingo de decência, não estaríamos debatendo essa questão na frente de um morto. Ali, sim, estava um ator. Se estivesse vivo, estaríamos mais

D   *[levantando abruptamente]* Chega!!!
L   *[se afasta da situação e volta a se referir à plateia]* Atores acreditam estar excursionando pelas vias do virtuosismo através de intensos e dolorosos fanatismos, mas não possuem domínio no campo da interpretação. *[Um cachorro começa a latir: Ludo dá-lhe um tiro.]* Seríamos capazes de dar um tiro num cachorro que não parasse de latir, num galo que não parasse de cacarejar ou num papagaio *[aparece papagaio imitando Ludoval. Ludo dá-lhe um tiro e mata o papagaio]* que não parasse de papaguear, mas nos encantamos com os seres humanos que imitam o som dos animais. Seríamos capazes de sair só pra ouvir um homem cacarejar. A natureza humana parece ter sido esboçada em pedaços pequenos e, por isso, incapaz de imitar bem muitas coisas, como, por exemplo, interpretar bem as ações das quais as imitações são cópias, os simulacros dos quais as obras são dobras ou sobras. *[Damasceno começa a latir, falar como papagaio, cacarejar etc. e acaba repetindo as últimas palavras de Ludo, e, assim, saem.]*

LUDO E VERA ESCOLTAM DAMASCENO ENSABOADO, LATINDO, CACAREJANDO, REPETINDO LUDO, RINDO, ENLOUQUECIDO, PARA A PORTA E SAEM. ANTES DE SAIR COMPLETAMENTE, O TELEFONE TOCA. OS TRÊS PARAM. O TELEFONE TOCA DE NOVO. OS TRÊS, EM UNÍSSONO, PERCEBEM QUE É MELHOR NÃO ATENDER. A FIGURA NA CADEIRA DE RODAS DÁ ALGUNS "PULINHOS" COMO SE QUISESSE SE LIVRAR DA CADEIRA E ATENDER O TELEFONE. O TELEFONE PARA.

A MÚSICA FICA ESTRANHA, E A LUZ MUDA, FICA SOMBRIA. LUDO DÁ UMA OLHADA PARA DENTRO DA CENA. A PORTA SE FECHA. TODOS OS BICHOS QUE PARTICIPAM DESSA CENA COLOCAM SUAS CABECINHAS DE FORA. MÚSICA SOBE E FICA MAIS SOMBRIA.

EDILSON COMEÇA A SE LEVANTAR LENTAMENTE. SENTA NO PRÓPRIO CAIXÃO. ESPIRRA. SAI DO CAIXÃO COM NATURALIDADE, DESCE E ANDA PELO PALCO. OS BICHOS SE RETIRAM. EDILSON SENTA NA CADEIRA COMO SE FOSSE CLINT EASTWOOD [FRACASSADO POR NÃO

TER PROTEGIDO KENNEDY], COÇA A TESTA, ACENDE UM CIGARRO E OUVE BARULHO DO LADO DE FORA. ASSUSTA-SE E VAI BUSCAR UM LUGAR PARA SE ESCONDER.

ENTRA LUDO COM VENENO DE RATO. NÃO NOTA EDILSON. COLOCA VENENO MAQUIAVELICAMENTE. PRESSENTE EDILSON. NÃO SE OLHAM. LUDO SAI. EDILSON – CURIOSO – PROVA UM POUCO DE VENENO.

NOTA SOBRE A SAÍDA DOS TRÊS NA ÚLTIMA CENA: ENQUANTO ESCOLTA DAMA ATÉ A SAÍDA, VERA BALANÇA O MACHADO A CADA GRUNHIDO DE ANIMAL QUE ELE DÁ.

EDILSON PROVA O VENENO. ACHA ENGRAÇADO. FRANZE A TESTA PORQUE O GOSTO LEMBRA ALGUMA COISA DO PASSADO. VAI CAMINHANDO, PASSA A MÃO – COMO SE ALISANDO – NO CAIXÃO E NA CADEIRA. PUXA OUTRO CIGARRO E OLHA PARA CIMA. MÚSICA COM CLIMA DE LEMBRANÇA, DE TRISTEZA.

INTERRUPÇÃO: TOCA O TELEFONE.

A PESSOA NA CADEIRA DE RODAS FAZ TRÊS MOVIMENTOS NOVAMENTE. TELEFONE PARA DE TOCAR.

MÚSICA: "TÁBULA RASA", DE ARVO PÄRT.

      ED   *[nota o rato comendo o veneno e berra]* NÃO!

O RATO FOGE, DEPOIS DE COMER O VENENO.

DO CAIXÃO NASCEM FLORES AO SOM DE PÄRT.

ENTRA CACÁ E, DE ÓCULOS ESCUROS, PÕE-SE SINISTRAMENTE A REZAR NA FRENTE DO CAIXÃO, A SE LEVANTAR E BALBUCIAR MEMÓRIAS. CACÁ NÃO VÊ O EDILSON VERDADEIRO, QUE SE ESCONDE E OBSERVA A CENA.

TEXTO BALBUCIADO DE FORMA ININTELIGÍVEL EM GRAVAÇÃO.

TOCA O TELEFONE. PESSOA EM CADEIRA DE RODAS SE MEXE. CACÁ
FICA CABREIRO, FAZ QUE QUASE PEGA O TELEFONE, MAS DESISTE.
VERA, VESTIDA DE FAXINEIRA, SUSPEITANDO DE TUDO, VARRE O
PALCO, PERTO DA CADEIRA DE RODAS. CACÁ A PERCEBE.

  C Que estranho. Ouço pássaros no telefone. Quando ele tilinta, é um canário de cristal. Depois zumbe como um enxame de vespas de ferrugem.
  V Não diga isso, meu filho. O telefone é um aparelho.
  L [entra abruptamente com um bloco de desenho] Um aparelho muito simples. Um eletroímã, uns fios, uma campainha. Olha, vou desenhar pra você.

LUDO OLHA BEM PARA CACÁ, EMOCIONADO, RETIRA OS ÓCULOS DELE E
– DE ALGUM MODO – TEM VONTADE DE BATER OUTRA FOTOGRAFIA DELE
POSANDO AO LADO DO CAIXÃO. FAZ UNS PEQUENOS AJUSTES E BATE
UMA FOTO.

TELEFONE TOCA UMA SÓ VEZ. TODOS CONGELAM. LUDOVAL PARECE TER
ALGO A TEMER DESSA TAL LIGAÇÃO, E POR ISSO NÃO QUER ATENDER
NA FRENTE DOS OUTROS. VERA SE MOSTRA MUITO INTERESSADA.
TOCA UMA SÓ VEZ, MAS OS ATORES ESPERAM A SEGUNDA VEZ, QUE
NÃO VEM.

  L [se aproxima de Cacá, como se quisesse lhe confessar algo de forma ameaçadora] Eu sei exatamente o que aconteceu; não adianta fingir e nem fugir de mim. E agora, que você sabe que eu sei, fique bem visível e não tente nada estranho. Lembre-se bem disso quando o convidado chegar.

ENTRA EDILSON, QUE ESTAVA NOCAUTEADO PELO *FLASH* DA FOTO
TIRADA POR LUDO DE VERA E CACÁ PRÓXIMOS AO CAIXÃO.

  ED Eu não queria começar a minha história com um pé na lama e o outro na merda, meus olhos molhados, minha garganta seca, sem pulso... Não tenho a mínima intenção de caluniar essa profissão que tanto estimo. [Dirigindo-se ao público, Edilson dá uma risadinha, como se quisesse dizer que está fazendo chacota deles, com esse tom formal.] Eu estaria em total desespero se os meus pensamentos sobre esses homens e mulheres de raro talento causasse um mal-entendido e deixasse algum rastro de ódio. Sim, sim, sim, fui incapaz de amar. *[Vira-se abruptamente para Cacá e fala em seu ouvido, com ódio, rispidez e rapidez.]* Você me prometeu exílio, comida e roupa lavada. E a menos que eu fosse um palhaço ou um bobo da corte, te confesso que tenho achado o mundo ao meu redor um tanto cáustico, frio, antipático, todos mestres de alguma coisa, todos senhores de si, isolados, vagabundos. A minha última gota de humor está por se espatifar no chão, se não eu ainda diria *[Com trejeitos falseados, bem gay.]* "Oh, meu Deus, não está dando para rir hoje!". Bando de medíocres num mundo cada vez mais nivelado pelo que há de pior, de valores supostamente corretos e insossos? Hein? Além do mais, você não foi bom de cama. *[Afasta-se abruptamente de Cacá, retomando o tom formal.]* Não é incomum se ver um ator rindo na coxia, antes ou após a sua entrada. Vê-lo chorar, contudo, isso eu nunca vi. *[Edilson observa o elenco parado e acrescenta]* Vocês estão atuando debaixo de uma grande ilusão. *[Limpa a garganta.]* Ou então chegaram ao fim das suas pilhas.

D *[entra sem braços, arrasado depois do texto de Edilson. Posiciona-se levemente em sua frente, pede um cigarro a Milena]* Travesti! Maldito travesti! Isso então é um ator de verdade? Nós éramos melhores. Sim, interpretar um grande papel significava resolver um grande problema. Tente falar isso com a língua em frangalhos, cortada. Tente: "um soldado meteu alguma coisa na sua boca quando ela era pequena". Um grande ator fala de coisas que aconteceram... na infância! *[Olhando para Edilson no chão.]* Que atleta! *[Gesticula com a cabeça como se fosse o céu.]* Na merda *[gesticula com a cabeça como se fosse a terra]* e na lama.

L Ah, excelente! Um metrônomo!

C Sim, excelente. Aliás, eu já estava mesmo de saída. *[Ludo impede a saída de Caca.]*

ED Na merda ou na lama... eu tive má sorte. Volto em outra hora, outro dia, talvez nunca... Quero abraçar cada um de vocês como se fosse... *[Olha rispidamente para Caca e nostalgicamente para Vera, abraça os dois e se aproxima de Dama, antes de abraçá-lo.]* Uma vez, numa estação de trem, eu me lembro de ter visto um homem muito apreensivo, olhava para todos com medo e carregava um pequeno embrulho. Num determinado momento ele berrou, como se desafiasse a todos: "Vocês sabem de onde venho?", "Vocês sabem de onde estou vindo?". *[Dama se mostra apreensivo, pois esse homem era ele.]* Ninguém olhou, ninguém respondeu.

V *[para si mesma]* Ele está no ápice do seu talento quando traz um grande ensaio humanístico bem para o seio doméstico. Claro, porque o choque cultural sublinha o charme de suas reflexões e eliminam o...

D *[interrompendo]* Sim, ele olhava em volta e via homens que tentavam agradar a todos, eram todos corretos, comportados. Na verdade, ninguém tinha nada a dizer.

L Você se engana. Todos tinham algo a dizer, mas não o fariam ali. Tinham objetivos, eram homens de esforço, violência até, paixão, alguns possuídos de fúria. Mas uma estação de trem não seria mais uma estação de trem se todos ali se engajassem em apaixonados duelos verbais.

V Ora, mas que estação! Todos nós estávamos lá, disfarçados... *[Todos olham subitamente para Vera.]* Ou não estávamos? Estávamos todos, eu, você, você... Todos esperávamos ansiosamente a sua chegada, de longe... observando cada vagão, procurando a sua fisionomia fina, sua moldura muscular, sua postura elegante, suas proporções perfeitas... exceto pelos ombros, esses realmente...

ED Você está sugerindo que estávamos todos lá? Estávamos todos lá? Estávamos todos lá?

L Controlem suas emoções. *[Para o público.]* Os comediantes não percebem a comédia da mesma forma que o espectador. Afinal, estamos aqui imitando quem deveria realmente estar aqui. Um mundo de clones. Meu Deus... E olha que ainda não falamos de amor!

SEGUNDO ATO

TELEFONE TOCA. TELEFONE TOCA NOVAMENTE. LUZ SOBE LENTAMENTE, AMANHECENDO A CENA, DEIXANDO CLARO QUE É OUTRA ÉPOCA E QUE A CENA ANTERIOR TALVEZ NÃO TIVESSE EXISTIDO. O TELEFONE TOCA O TEMPO TODO.

ELEONORA TENTA IR ATÉ O TELEFONE. ELEONORA É UM PADRE AMARRADO, AMORDAÇADO.

ELEONORA PARA NO TELEFONE, QUE NÃO TOCA MAIS. BREVE MOMENTO
DE HUMOR. EDILSON, VERA E MILENA APARECEM SINISTRAMENTE POR
TRÁS DO MONUMENTO, PARA DAR O BOTE.

ELEONORA SENTE A ENTRADA DOS TRÊS. ELA SABE QUE "ERROU" AO
TENTAR ATENDER O TELEFONE NA AUSÊNCIA DE TODOS. FAZ ALGUNS
MOVIMENTOS, E PARECE TER CONSEGUIDO SE SOLTAR.

OS TRÊS, MANSAMENTE, CAMINHAM NA SUA DIREÇÃO.

    V   *[ironicamente se referindo a Eleonora]* Padre, eu ainda não confessei o pior.

EDILSON DESCOBRE UMA CHAVE PENDURADA NO PESCOÇO DE ELEONORA
E ACARICIA A CHAVE.

    V   Para que serve essa chave?

ELEONORA BALBUCIA ALGUMAS PALAVRAS ININTELIGÍVEIS. VERA FAZ
SINAL PARA QUE MILENA VÁ OUVIR O QUE ELEONORA ESTÁ DIZENDO.
MILENA ENCOSTA O OUVIDO NA BOCA DE ELEONORA.

    M   O miserável balbucia a "justiça, a prisão, a pena de morte pra vocês"... Hipócrita miserável *[Milena dá um tremendo tapa na cara de Eleonora]*.
    ED   *[para Eleonora caída no chão]* Agora... você vai comer essa menina.
    V   *[para Milena]* Agora chupa esse rato de sacristia.
    ED   Pobre mártir...
    EL   *[balbucia]* Miseráveis, miseráveis...
    M   O cacete dele está murcho. Nojento! *[E desfecha mais violência.]*
    V   *[posicionando-se em cima da cabeça de Eleonora]* Estou com aquela vontade de mijar *[e começa a mijar na cara de Eleonora]*.

EDILSON SE POSICIONA ATRÁS DE MILENA, QUERENDO FODÊ-LA
ENQUANTO ELA CHUPA O "PAU" DE ELEONORA.

    ED   *[para Vera]* Aperta a garganta dele... Isso, força... Isso, tenta achar um canal atrás do pomo de Adão... Isso, uma forte pressão gradual...

VERA APERTA A GARGANTA DE ELEONORA, ENQUANTO MILENA CHUPA
E EDILSON FODE MILENA POR TRÁS. ELEONORA, SUFOCADA, DÁ
URROS DE DOR E PRAZER, ATÉ QUE GOZA E TUDO PARA. ELEONORA
MORRE. MILENA SE AFASTA PÓS-ÊXTASE E EDILSON CAI PRO LADO,
TENDO GOZADO FORTE. MILENA LIMPA A PORRA DA BOCA E A DEVOLVE
PARA ELEONORA.

    M Toma, esfrega isso no teu santo cálice.

ELEONORA É DEIXADA MORTA NO CHÃO. MÚSICA DE MAHLER.

FADE-OUT ATÉ BO.

CONTRARREGRA ESPALHA, EM BO, DEZENAS DE ROSAS E CHAPÉUS DE
SOLDADO PELO CHÃO. UM ENORME BARULHO DE GUERRA, REVOLUÇÃO,
TIROS TOMA CONTA DA CENA. O ELENCO INTEIRO SE COLOCA EM
CADEIRAS, SIMETRICAMENTE DISTRIBUÍDAS PELO PALCO. EDILSON
ESTÁ DIRETAMENTE DEBRUÇADO SOBRE O CORPO DE ELEONORA, SE
CONFESSANDO.

VERA ESTÁ NUM CANTO DE CÓCORAS, DEBRUÇADA, CHORANDO E SE
REFAZENDO DO GOZO.

LUZ ACENDE E ELEONORA PERMANECE COMO FOI DEIXADA, SÓ QUE
ENTRE FLORES E CHAPÉU, EDILSON DE JOELHOS E ELENCO SENTADO.
PIANO DE MAHLER VOLTA E SUBSTITUI OS BARULHOS DE GUERRA.

    ED *[confessando-se, relacionando o texto a Vera]* Era só que... desculpa. Era só que eu precisava fudê-la... e a nossa relação intoxicada foi inventando essas distrações... No fim, tudo que consegui fazer foi segurá-la e apertá-la com força e dar um beijo em sua boca por causa de uma estranha paralisia interna que é decorrente do meu imenso amor por ela e pela sua morte. Perdão, padre, mas eu nunca estive tão contente.

TODOS ESTÃO SENTADOS EM CADEIRAS ESPALHADAS PELO PALCO
INTEIRO, E JUNTOS RECITAM - EM UNÍSSONO - OVÍDIO:

    Antes que houvesse o oceano, a terra, o céu.

A natureza era toda igual, uma forma disforme
Caos, caos, assim por dizer, tudo matéria rude esburacada.
Nada além de volume, inerte, em cuja confusão átomos
discordantes guerreavam: não havia sol.
Não havia lua para iluminar o universo
e a terra não estava pendurada no ar que a envolvia.
O mar não alcançava a margem da costa
Terra, sem dúvida, havia e ar, oceano
Mas a terra na qual nenhum homem podia respirar
Assim: ar sem luz, substância sempre mudando
Sempre em guerra: tudo dentro do mesmo corpo...

D *[levantando como na vez anterior]* CHEGA!!!

L Como? Não demonstras um pingo de preocupação pelo que está acontecendo aqui. Prefere que a expressão se torne física? Hem? Assim? *[imitando patinhos]*. Com quantos anos o senhor está, sr. Narciso?

D Dezesseis.

TODOS OLHAM ESPANTADOS.

D *[encabulado]* Bem... Dezessete.

L Após essa tensão nada natural, uma reação acontece. A família dele terá que arcar com esse homem, fisicamente exausto e cujos orgulhos foram terrivelmente feridos. Pode ser que, em casa, não fale uma só palavra por semanas e não haverá formas de descobrir quais pensamentos tristes estarão dentro da sua cabeça. O senhor é um judeu, sr. Narciso?

D Cristão novo.

L Apoio é meio fora de propósito, ao contrário, pode até irritá-lo, porque o apoio pode querer sublinhar algum elogio que vem a ser justamente o contrário do que seria o natural para ele: ou seja, ser amado pelo que ele é e não pelo que representa. Por que não recita para nós a sua ideia de uma prece à altura, sr. Narciso?

D Preciso de um comparsa *[olha para Cacá, que fará o papel de mãe]* para fazer de conta que me abraça e me ressuscita memórias longínquas... sim! Aqui eu me reconcilio com minha mãe, não quero odiá-la para sempre, especialmente nesse... *[com desgosto]* aeroporto!

MISE EN SCÈNE MAROTA E CANASTRONA ENTRE DAMA E CACA, QUE ESTÁ NO PAPEL DE MÃE.

    D   Podre de tempo no coração
Concebo pequenas criaturas
Pequenos caroços, não muito vivos,
quase larvas de abelhas do mel
hexagonais... não são nada.
Mas nesses corpinhos de vermes, pés e
asas chegam depois
Quem acreditaria nos milagres dos pássaros de
Juno, um pavão, a gaivota de Vênus...
Enterrar as carcaças de bundas cruelmente
Fatiadas, escolhidas para sacrifício...

    L   Por favor, pare *[acende um cigarro]*. Por favor... O senhor me deu *[faz gesto de dor de cabeça]*. Além do mais, com essa idade... francamente... Essa não chega a ser uma hora feliz para ele. Seu temperamento deve piorar, deve romper com a arte, voltar para o seio de sua família. Talvez daqui a três anos já nem fale mais do seu envolvimento com a arte da representação. Daqui a dez anos será um inimigo feroz da expressão artística. Odiará metáforas. Mudará de nome. Fará uma operação plástica, se mudará de país. Se perguntado, dirá que estudou... economia, e que vem de uma família "liberal". *[Dando ordens.]* Vamos. Ao enterro.

ELENCO PREPARA ELEONORA PARA SER CARREGADA PARA FORA, E VERA ACHA UMA CURIOSA CORRENTE EM SEU PESCOÇO. MOSTRA A EDILSON.

    ED   Santo Deus. É um judeu. Precisamos nos livrar do corpo.
    V   *[rindo e inspecionando o corpo de Eleonora de perto]* Não, não é. *[Remove algumas ataduras e um pouco de roupa.]* É inacreditável. Venham ver. Olha... *[e Eleonora, ou o padre, se revela uma mulher: tiram a roupa dela e o corpo é revelado]*.

VERA DEITA NO CHÃO DE BARRIGA PARA CIMA NUM GESTO DE DUPLO PRAZER PERVERSO, ENQUANTO A ROUPA E AS ATADURAS SÃO "EXPOSTAS" NUMA CORDA QUE DESCE E AS DEIXAM PENDURADAS.

C   [*inspecionando o pau do padre*] Não, não era judeu. E essa chave... [*Chegando perto de Edilson.*] Não faz sentido nenhum construir algo com uma mão e destruir com a outra. Sua vida pessoal está desmoronada. Quando eu decidi entrar no palco, me disseram tudo: que eu não tinha talento, que eu deveria ser tutor, vendedor, tudo, menos ser ator. Mas o meu coração estava com o teatro e estava com você. E, ao invés de estar feliz a partir de então, a minha vida virou um tormento. Honestamente não entendo... vocês [*atores*] com seus poderes de observação, sensibilidade, memória, temperamento, imaginação, capacidade de se transformar... cometem um crime desses, absurdo. Desnecessário, fora de controle.

L   [*fazendo sinal de tempo*] Deixe-me propor... Você, querida [*Vera*], não poderia substituir... [*Aponta para Eleonora, fazendo sinal de que uma deveria virar a outra, que tudo ficaria "bem".*] Isso poderia ser creditado aos mais velhos aqui, não? [*Olha para Damasceno, que leva um susto, no que Vera replica.*]

V   Nós viemos aqui pela nossa própria vontade e por prazer. Talvez esperássemos as brincadeiras de sempre ou algumas alusões a conspirações. O fato é que passamos por uma experiência irresistível. E não adianta tentar "esconder" ou fingir que não aconteceu. Aconteceu. Um padre ou rabino – ou rabina, sei lá – está morto. Ou morta. Deve ter vivido momentos incríveis, alguns terríveis, outros de crise severa. E, de repente, algo de inusitado aconteceu em sua vida, que não passava nem perto da arte da imitação. [*Virando-se para Ludo.*] Como você falou mais cedo. [*Para Dama.*] E agora querem apagar a única coisa de real, mesmo que terrível, chocante ou seja lá o que for? Não. Não faz sentido tentar ocultar o fato de que vocês testemunharam uma morte horrorosa. Muito mais hipócrita seria conviver, ou tentar conviver, com o sentimento de que isso poderia não ter acontecido. Afinal, esse parece ser o "conteúdo espiritual do drama", ou não? Não parece a vocês que todas as nossas faculdades terão que continuar existindo debaixo dessas condições, mesmo que elas tenham que contradizer as nossas caprichosas vontades de apagá-las? Eu, por exemplo, [*retira o dedo indicador e olha para ele*] falei tudo isso enquanto batia uma bela punheta.

L   Excelente *[pegando o dedo de Vera]*. Excelente. Daria pra você repetir o último trecho?

V   Conteúdo espiritual do drama, não? Não parece a vocês que todas as nossas faculdades terão que continuar existindo debaixo dessas condições, mesmo que elas...

L   Excelente, como um metrônomo. Pode repetir?

V   Conteúdo espiritual do drama, não? Não parece que vocês têm todas as faculdades e terão que continuar existindo debaixo dessas condições, mesmo...

L   Perfeito. Mais uma agora *[faz sinal pro som.]*

V   *[mais operística, acompanhada de música]* Conteúdo espiritual do drama, não? Me parece que vocês sofrem das faculdades mentais, mas terão que continuar desistindo dessas condições, mesmo que...

D   Chega!!!

ED   *[há uns cinco minutos, foi se esconder atrás do mausoléu. Agora se ouvem os berros dele]* Me ajudem! Socorro! Ai, meu Deus! Ai, meu Deus!

TODOS OLHAM ATÔNITOS, ASSUSTADOS E PERDIDOS. DAMA FAZ A BICHA SE RECOMPONDO DO BERRO QUE HAVIA DADO. DISFARÇA COMO SE FOSSE ELE O RESPONSÁVEL PELO ACONTECIDO A EDILSON. TODOS OLHAM PARA DAMA DISFARÇANDO. DAMA SE TOCA.

D   Chega! Basta! Agora mais essa!

ED   *[sempre do fundo]* Ai, meu Deus! Me salva! Me ajuda!

C   No fim não sobrará ninguém.

L   *[para Damasceno]* faz o mesmo gesto de querer sair daquele refrãozinho do início, enquanto se ouve no fundo os gritos de Edilson.

PEQUENO REFRÃO ENTRE LUDOVAL E DAMASCENO.

D   Sair?

L   Só para se preparar melhor.

D   Retoques?

L   Alguns.

D   Não devo.

L   Deve.

D Não posso.
L Pode.
D Não quero.
L Só um retoque.
D Para se preparar melhor.

UMA BRUSCA MUDANÇA. DAMASCENO NÃO OBEDECE, COMO NAS VEZES ANTERIORES. PRESSENTE QUE TALVEZ, DESSA VEZ, ELE NÃO VOLTE MAIS. SE EMOCIONA E FAZ JOGO DE EMOCIONADO E SE ACARINHA PARA PERTO DE LUDOVAL. LUDOVAL PERCEBE A INTIMIDADE E SE INCOMODA COM A VIGILÂNCIA DOS OUTROS.

EDILSON APARECE NO QUARTINHO — QUASE MORTO — SANGRANDO, E É TRAZIDO, RESPIRANDO COM ENORME DIFICULDADE. É DEITADO DO LADO DE ELEONORA, QUE AINDA NÃO FOI RETIRADA. LUDOVAL DÁ UMA SEVERA OLHADA PARA DAMASCENO, QUE DISFARÇA. O PÚBLICO DESCONFIA QUE NÃO PODERIA TER SIDO O DAMASCENO, POIS ELE ESTAVA EM CENA O TEMPO TODO. ENTÃO ATUAMOS AQUI COM A POSSIBILIDADE DE UMA CULPA FARSESCA.

ED *[falando com dificuldade]* Tem algo de estranhamente não inspirado nas mensagens que se ouve logo depois da morte... Não quero dizer que isso prove algo a favor ou contra o espiritualismo, mas certamente há um erro na origem sexual desse fenômeno. Talvez o que pese mais na evidência contra ele *[Damasceno]* é a tentativa de fazer desacreditar esse crime violento, fazendo-o passar por uma simples "assombração", ou magia negra... não se iludam com os *flashes* de gozo que estou tendo, por ser lembrado da existência de um outro mundo ali fora. Lá as pessoas não são mais tão excessivamente pessoais, não pensam tanto sobre seus problemas e seus ressentimentos. Mas nessa hora de atividade mental, estou consciente de ser o responsável por uma reação em cadeia. Quanto mais eu me concentro, mais eu me concentro. E, quanto mais concentrado estou *[já quase não consegue falar, olho vidrado]*, mais concentrado e-s-t-o-u. A-m-e-i uma... puta!

MORRE DRAMATICAMENTE NO COLO DE ALGUÉM. TODOS COLOCAM OS DEDOS SOBRE OS OLHOS, COMO SE CONSTERNADOS PELO EVENTO.

ED [*ressurge da morte, ainda com dificuldade em falar*] Ah, sim... Fedora... pegue meu relógio e empenhe ele. Use... o... dinheiro... pra... sobreviver [*e morre de novo, com um suspiro maior*].

CONSTERNADA, VERA VAI PARA O PULSO DELE E COMEÇA A RETIRAR O RELÓGIO, EDILSON COCHICHA NO OUVIDO DELA.

ED Meu passaporte está no bolso esquerdo.

ENQUANTO VERA VASCULHA OS BOLSOS, ENTREGA O RELÓGIO PARA LUDO E ENCONTRA MAIS JOIAS E OUTRAS COISAS. VAI DISTRIBUINDO TUDO PARA LUDO. O CORO CANTA. COMEÇA BAIXINHO E VAI SUBINDO.

MÚSICA: "LA CHUTE DE LA MAISON USHER", DE DEBUSSY.

Sempre em guerra, dentro do mesmo corpo.	Always at war and all within the same body.
Esse foi Édipo, o maior dos homens	This was Oedipus, the greatest of men
Tinha a chave dos mais profundos mistérios,	He held the key to the deepest mysteries,
Era invejado por todos os homens pela sua grande prosperidade.	Was envied by all his fellow-men for his great prosperity
O ser mortal tem de ser capaz de enxergar o seu fim	Mortal man must always look to his ending
E ninguém pode ser chamado de feliz até o dia em que carregar	And none can be called happy until that day when he carries
Sua felicidade pras profundezas do túmulo em paz	His happiness down to the grave in peace

TERCEIRO ATO

CORO AFASTA EDILSON PRA TRÁS DE TODOS E SAEM DE CENA, EXCETO LUDOVAL, QUE PASMA PERANTE ESSA PEQUENA ENCENAÇÃO.

LUZ LENTA EM LUDOVAL, FOCO SINGULAR. O RESTO ESCURECE. COMEÇA A TOCAR COM FÚRIA TOTAL A MÚSICA "ALL ALONG THE WATCHTOWER", DE JIMI HENDRIX. LUDO SE COLOCA DE JOELHOS, COMO SE FOSSE REZAR OU SE CONFESSAR. LUZ SINGULARIZA E FOCA NA ASA DO FIGURINO.

MÚSICA ABAIXA DEPOIS DE UNS DOIS MINUTOS.

> L   Minha ofensa é podre e vulgar, mas aspira aos céus. E possui a danação primal. Não somos mais capazes de contar uma só história. Como o nosso futuro representará esse presente? Com os arranhões do *Rap*? Com os cortes abruptos do *videotape*? Com a fragmentação dos dramaturgos e com a autopiedade das instalações de arte? Com os ferros retorcidos das bombas culturais do Nafta? Rezar não posso, mas vontade não falta de não ver replicado por aí os galhos das árvores que eu plantei. Como se não quisesse ver no mundo uma enxurrada de mim mesmo... Minha culpa mais forte derrota a minha intenção. E me mantenho numa pausa quando deveria começar. Vamos, joelhos teimosos, doam! Façam-me sofrer de arrependimento, vamos! Será que poderei continuar colocando assim as minhas impressões sem desmoralizar toda a minha geração? Será que posso, ao mesmo tempo, manter as minhas impressões e me interessar por uma literatura linear, histórica, acadêmica, estatística? Será que serei capaz de manobrar meus interesses enquanto eles manobram os deles, sem nos cruzarmos? Quero dar honra ao meu presente, mesmo que não saiba como.

DESCE UM SACO DO URDIMENTO.

NA PASSAGEM DO ATO 2 PARA O 3, ENTRA UMA PEQUENA MESA POSTA COM PRATO, COPO ETC., E UM PEQUENO JANTAR. O PÃO PRECISA SER CORTADO COM AS MÃOS, DE FORMA BÍBLICA E RÚSTICA.

L   *[se levanta da reza e senta na mesa. Come e pensa. Em seguida, começa a narrar]* Fedora penhorou o relógio, não voltou nunca mais para casa e usou o passaporte do amante pra comprar uma passagem para o...

VERA É VISTA ESCAPANDO COM UM CAPUZ, PENHORANDO O RELÓGIO. MILENA FAZ UM VELHO JUDEU PENHORANTE. TOCA DEBUSSY. DE REPENTE, NOTA-SE A PRESENÇA DE EDILSON JUNTO A ELA, TAMBÉM COM CAPUZ NA CABEÇA.

L   *[continua]* Espera aí... então ele não... ah, atores!

LUDO CONTINUA A COMER, SATISFEITO POR TER ENTRADO NO TRUQUE. ENQUANTO ISSO, ELENCO TRAZ ELEONORA DE VOLTA, COMO SE FOSSE PARA ENTERRÁ-LA, E A COLOCA NA CABECEIRA DOS PÉS DE VERA E EDILSON, QUE FAZEM DRAMA *NOIR*. VERA SE ENCOLHE NOS BRAÇOS DE EDILSON, LUDO PASSA MAL. QUADRO DA ÚLTIMA CEIA ESQUISITA.

L   *[ainda narrando da mesa]* Essa é uma história de amor. Eles não entendem por que está demorando tanto tempo para as pessoas entenderem isso. Mas com Fedora nos seus braços, finalmente ele poderá fazer a proposta de casamento diretamente a ela, na esperança de que isso os ajude.

V   *[do meio da cena, distanciando-se de Edilson]* Não, não adianta, é tarde demais.

ELENCO PERMANECE EM QUADRO, PARADO, EXCETO PELA ENTRADA DE DOMINGOS.

L   Alguns dias mais tarde, um porta-voz do Ministério da Justiça anunciou que um exame mental dos dois acusados iria determinar alguns mistérios ainda pendentes dessa trama.

ENTRA DAMASCENO, COM BRAÇOS, VESTIDO DE LEGISTA VELHO. EDILSON E VERA SÃO SENTADOS ATRÁS DO CORPO DE ELEONORA. O RESTO DO ELENCO É TRANSFORMADO EM ASSISTENTE DE TRIBUNAL.

L   Os detalhes desse caso não apareceram mais nos jornais, mas são assunto do dia nas cortes de todo o país, bem como nas faculdades de direito e nos meios jurídicos. Tudo foi dito. Falaram de homossexualismo ou dupla personalidade para ofuscar a saída de documentos secretos, falaram que essa morte havia sido planejada e somente tomou essa forma para parecer algo orgástico, sexualmente climático. Muitas piadas foram feitas à custa deles, mas o porta-voz do Ministério manteve a sobriedade ao tentar determinar a apuração de alguns fatos:

1 Se a vítima, junto com seus órgãos sexuais femininos, possui também órgãos masculinos em seu passado.

2 Se a vítima mostra algum sinal de intervenção cirúrgica em seus órgãos sexuais. Caso se confirme isso, é preciso determinar a natureza dessa intervenção.

3 Determinar se a vítima possui a incrível habilidade de retrair os seus órgãos masculinos para dentro da cavidade feminina.

4 Finalmente, examinar o ânus da vítima para constatar possíveis sinais de sodomização.

CENA ENGRAÇADA DO ELENCO TENTANDO COLOCAR O CORPO DE
ELEONORA DE QUATRO, COM O CU PARA CIMA. CORPO NÃO FICA,
EVIDENTEMENTE, MAS O ELENCO INSISTE. ENQUANTO ISSO,
LUDOVAL CONTINUA.

L   O pronunciamento final do juiz foi: "essa é a história de amor de três seres, todos psicologicamente frágeis e exaltados, que entraram no mesmo sonho onde um acredita no que o outro diz porque são intérpretes de uma realidade onde a morte não existe, ou existe todos os dias. É como se pegássemos três crianças criadas num mundo artificial, com pais imperturbavelmente simpáticos e que dizem o tempo todo...
D   [entre o elenco] Bom dia! Que manhã maravilhosa. Bom dia! Que manhã maravilhosa.

L   Eles sempre brincaram de matar e de morrer, todos os dias, na mesma hora. E sempre renasceram, e sempre jantaram juntos e dormiram juntos sob a bênção do pai...

D   Boa noite! Que noite linda! Boa noite! Que noite linda!

L   Não é à toa que o juiz pediu substituição no caso, porque sentiu que os absolveria e com isso causaria um enorme mal-estar contra a expectativa pública. Ainda disse com o sorriso nos lábios: "Poucos garotos conseguiram recriar seus sonhos e pesadelos de uma maneira tão sublime. Além do mais, eles têm o sabor fresco e crespo da mistura dos tempos", e, nesse momento, o juiz esboçou uma lágrima, "dos tempos... fato e filosofia, do humorístico ao macabro. Os meninos são inocentes".

ELE BATE O MARTELO COM FORÇA E, DESSE MOMENTO EM DIANTE, TUDO MUDA.

ELENCO COMEÇA LENTAMENTE A PENTEAR O CABELO, AUMENTA A INTENSIDADE DA PENTEADA, E LUDOVAL FICA CADA VEZ MAIS NERVOSO, ATÉ QUE O ELENCO FICA ENLOUQUECIDO SE PENTEANDO. LUDOVAL CAI DE JOELHOS NO CHÃO, MÃOS NO OUVIDO, IMPLORANDO QUE ELES PAREM. MÚSICA: SCHOENBERG.

L   Eu, pessoalmente, acho importante tentar entender o que ele quis dizer com isso. Temos aqui uma máquina que, se não for interrompida, continuará a funcionar como um relógio.

D   Que madrugada. Serena madrugada.
    Que madrugada. Serena madrugada.

L   Mas é evidente que uma interrupção terá que acontecer e, talvez, uma entrada inesperada pode, justamente, causar essa interrupção.

ENTRADA DE DOMINGOS.

L   [para Domingos] O homem começou se aventurando a explicar fenômenos, os poetas deram expressões às suas emoções, e os intelectuais se concentraram em levantar hipóteses e consertar a verdade.
    [Vai para Edilson e Vera.] Você ainda é uma criança... crente, fresca, crespa. E enquanto você estiver crescendo, deixa eu te dar um conselho? Esqueça tudo isso que aconteceu aqui. Não

aconteceu. O que você teve foram rápidos *flashes* de paranoia nessa brilhante cabecinha. Lembre-se disso, daqui a alguns anos, quando você estiver repensando o cinema, isolado, desolado, descrente, tendo medo de tudo e de todos: o inimigo é uma arma figurativa, de mentirinha, mal inventada, fruto da tua paranoia. Além do mais, dá um trabalho! Anos depois, você terá que fazer as pazes, elogiá-los, falar exatamente o contrário sobre eles... e os símbolos sociais! Você poderá mitificá-los, transformá-los em verdadeiras armas de guerra, mas cuidado para não torná-los obstáculos, porque, assim, virarão subterfúgios da vanguarda e o artista... *[Domingos leva Edilson pra passear. Damasceno vai atrás, desolado]* o artista se vê obrigado a atribuir a culpa da sua própria incapacidade a um sistema que, na verdade, o ignora solenemente. *[No ouvido de Edilson.]* É mais aconselhável, por mais que doa, converter um estado terminal, um beco sem saída, num objeto de oportuna instrumentação. E aí, você alcançará o domínio total da manipulação...

D Um novo dia! Que belo dia!
Um novo dia! Que belo dia!

L ... da manipulação dessa máquina que terá que ser interrompida por alguma outra pessoa. Aí você se perguntará: Valeu? Foi bom? *[Passeando com Edilson.]* E se você chegar à conclusão de que não valeu, a sua poética terá chegado a uma polaridade que nem você conseguirá abrandar, a uma complexidade que nem você conseguirá desvendar. E, mesmo assim, vivendo num inferno, você será capaz de coisas surpreendentes e surpreendentemente belas. Lembre-se disso enquanto você estiver crescendo e, ao tentar atravessar uma rua perigosa, tente parar na esquina por dois minutos, respirar fundo, olhar pra cima, levantar lentamente o dedo indicador e ouvir...

ENTRA "QUANDO BATE UMA SAUDADE", DE PAULINHO DA VIOLA.

A CENA CONGELA EM SILHUETA ENQUANTO, NO PALCO, ATRÁS, ACENDE A CENA DA FILMAGEM DE UM BANQUETE FALIDO EM PRETO E BRANCO – CENA RECORRENTE DE *UNGLAUBER*, E UM DOS TEMAS ANTROPOFÁGICOS DE OSWALD –, UMA CÂMERA DESCE DO CÉU. "ASSIM FALOU ZARATUSTRA", DE STRAUSS, TOCA AO FUNDO. VEMOS,

EM DISTORÇÃO, COMO SE FOSSE A LENTE DE UMA CÂMERA, ALGO QUE GLAUBER ROCHA JAMAIS FILMOU: *O SIMPÓSIO (O BANQUETE)* DE PLATÃO.

CHIEF BUTTER—KNIFE

AND THE HAUNTING SPIRIT OF HIS ARCHENEMY, KRYPTODICK

ESTREIA
**JANEIRO DE 1996, NO TEATRO
AVENY, EM COPENHAGUE,
NA DINAMARCA**

**COM A COMPANHIA DINAMARQUESA
DE TEATRO DR. DANTE AVENY,
QUE, MAIS TARDE, TORNOU-SE
CONHECIDA COMO DOGMA 95**

CRIAÇÃO E DIREÇÃO
GERALD THOMAS

LUIZ FERNANDO VIANNA
PARA O "SEGUNDO
CADERNO" DO JORNAL
O GLOBO, 1995

GERALD THOMAS GANHA PRÊMIO NA DINAMARCA APENAS COM ENSAIOS

ESPETÁCULO DO DIRETOR É ESCOLHIDO O MELHOR DE 1995 NA TERRA DE HAMLET ANTES MESMO DA SUA ESTREIA.

Há algo de inédito no reino da Dinamarca. O novo espetáculo de Gerald Thomas, que estreia amanhã, recebeu na semana passada o Prêmio de Cultura Copenhague como o melhor de 1995 na terra de Hamlet. Deu a louca no calendário, porque os jurados do prêmio pediram a Gerald em dezembro para assistir a três ensaios de "Chefe faca-de-peixe e o assombrador espírito do seu arqui-inimigo Kriptopênis".

O título não assustou o júri, que encarou os ensaios como o que de melhor aconteceu em 1995 nos palcos dinamarqueses. Segundo os jornais locais, a decisão não tem precedentes na história do prêmio.

Montado com a Companhia Doctor Dante, da Dinamarca, o espetáculo brinca com mitos da cultura *pop* americana, como os índios de faroeste e o Super-Homem, que é o protagonista. Clark Kent, a identidade secreta do super-herói está mais humano do que nunca: tem um momento de impotência sexual e outro que também não combina com a sua imagem tradicionalmente máscula.

– A foto de divulgação do espetáculo mostra uma cena em que ele é currado por uma índia – conta Gerald, de Copenhague. – Os super-heróis, assim como caubóis, não tem mais noção do que combater. Os heróis estão se humanizando e se tornando o Mel Gibson, o Arnold Schwarzenegger, homens envolvidos com a complexidade urbana, que não vestem malhas azul e vermelha. É uma mitologia realista. O espetáculo fala de uma sociedade que não cria mais mitologias, desse aspecto da modernidade.

Além do Super-Homem, estão no espetáculo Lois Lane, a paixão de Clark Kent, e James Bond, o agente 007. Gerald planeja fazer deste trabalho a primeira parte de uma trilogia chamada "West Union", dedicada aos ícones da cultura *pop* americana, cuja fragmentação característica é a maior referência do diretor, segundo ele mesmo.

Nos dias 27, 28 e 29 de março, durante o Festival de Curitiba, ele faz um *workshop* com a sua Cia. de Ópera Seca para mostrar o início da construção da segunda parte da trilogia, que será dedicada aos caubóis.

– Será um espetáculo para a mulher que a gente ama, porque os caubóis só são caubóis para as mulheres que amam – diz o diretor. – Para os outros, são homens malvestidos, cheirando a cavalo. Acho engraçado quando as mulheres se dizem objetos. Não veem o que os homens representam para elas.

Essa segunda parte estreará em Copenhague no segundo semestre, e chegará em São Paulo em 23 de setembro. A parte feita com a Doctor Dante – que será trazida para São Paulo em outubro, dentro de uma turnê que inclui nove países – mostra um embate vazio entre Super-Homem e o Kriptopênis.

– Os dois são criminosos no espetáculo – diz Gerald. – Eles sempre chegam nos lugares ao mesmo tempo e, em vez de lutarem contra males comuns, lutam entre si. Os males seriam a Bósnia, o assassinato de Rabin, mas eles não são mais chamados para isso.

A Doctor Dante se tornou a mais prestigiada companhia de teatro de jovens da Dinamarca em 1922, quando passou a ocupar o Teatro Aveny, um dos mais tradicionais do país. Além de ceder o prédio, o governo destina uma verba anual à companhia.

A terceira parte da trilogia só deverá ser feita em 1998. Mas, neste ano, Gerald ainda montará a ópera "Tristão e Isolda", de Wagner, numa coprodução Berlim-Weimar-Dresden-Copenhague. No segundo semestre, deve iniciar sua parceria com o Teatro Cricot 2, a companhia criada pelo lendário encenador Tadeusz Kantor, morto em 1990. E ainda promete estrear como coreógrafo trabalhando com Ismael Ivo, bailarino brasileiro radicado na Alemanha.

CHIEF BUTTERKNIFE - 260 | 261

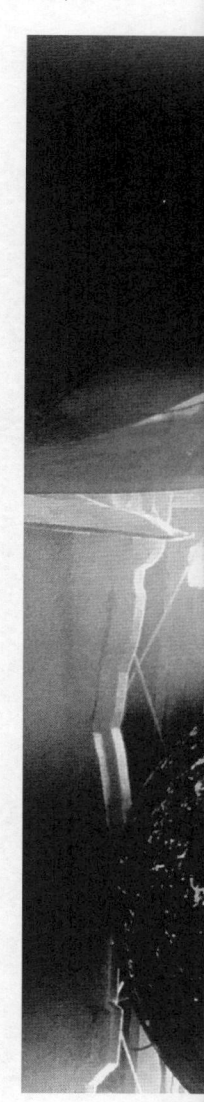

M	Menina
PAI	Pai
T	Trine
K	Kim
LT	Lotte
LR	Lars
U	Ulrich
P	Pauli
C	Clark
KE	Kent
J	James
MOR	Mor

NARRAÇÃO

M	Pai, o que você escreveu naquela lixeira?
PAI	É francês... diz *fin du siécle*.
M	Por que você tá jogando tanto livro fora, pai?
PAI	Não tem mais espaço, meu amor.
M	Que fotos são essas que eu achei aqui no lixo, pai?
PAI	Ah... são só...
M	São tão lindas, pai. Você acha que essa menina parece comigo?
PAI	Não, ela é bem mais velha e...
M	Parece comigo sim, quando eu vou na aula de dança...
PAI	Mas ela é muito...
M	Posso guardar essas pra mim, pai?
PAI	Não.
M	Por que não, pai?
PAI	Porque não podemos continuar guardando tudo que vamos juntando pela vida afora.
M	Quem tirou essas fotos?
PAI	Tá na hora de dormir, meu amor.
M	Deixe eu ficar com essas, pai?
PAI	Hora de dormir...
M	Eu vou guardar algumas.
PAI	Não, não vai. Já pra cama. Boa noite.
M	Boa noite.

PRIMEIRO ATO

VOZ EM OFF *[ditado ao telefone para a secretária eletrônica do teatro]* ... É, essas fotografias... As cenas que aconteceram atrás dessas cortinas não estão nessas fotografias... Elas são indescritivelmente cruéis. São, de qualquer forma, típicas do horror de qualquer decadência. Felizmente, você não será exposto a todo esse horror, por enquanto ele permanecerá no fundo da lata de lixo, junto com cascas de laranjas apodrecidas, volumes e volumes sobre as mais diferentes ideologias nas mais variadas formas, resto de comida azeda, guimbas de cigarro...
... Engraçado, se pelo menos eles pudessem fazer parar o tempo e trazer suas intenções de volta... pobres coitados com suas almas revoltadas e confusas, destinadas a viver seu próprio holocausto nos seus últimos segundos, até a hora de encarar o incinerador...
... Enquanto isso, página por página, uma a uma, suas vidas vão sendo apagadas de nossas mentes modernas.

T *[encostada numa coluna de concreto, perto de um piano]* Oh, meu Deus! O que é que eu vou fazer? O que é que eu vou fazer? Alguém, por favor, me ajude. Essa vida não é pra mim. O que é que eu faço? Claaaaark... Jaaaaames, me salvem!!!! Claaaaark... Jaaaaaaames... venham me buscar! Me desculpem se eu, por acaso, ofendi alguém (eles devem estar me mantendo aqui dopada, de alguma maneira, não pensem vocês, nem por um segundo, que eu não os estou vendo escondidos atrás daquele matinho alí, com as armas apontadas pra mim, sorrindo, cínicos, esperando só que eu abra uma lata de ervilhas, meu Deus do céu... minha cabeça!!! Claaaaaark, me tira dessa loucura, pelo amor de Deus, por favor, por favoooor...

MÚSICA DE *SUPERMAN*, DE JOHN WILLIAMS, TOCA COMO *SOUNDTRACK*, E O PIANO SE ABRE. DO PIANO SAI UM BONECO DE PLÁSTICO PEQUENO (NA VERDADE, UM FRASCO DE XAMPU - COMUM NA DINAMARCA - EM FORMATO DE SUPER-HOMEM). TRINE PEGA-O COMO SE ELE FOSSE SEU SALVADOR. ELES CAMINHAM PARA A COXIA NUM MOVIMENTO DE RESOLUÇÃO DE CENA: "ELE ME SALVOU, POR ORA" OU "EU ESTAVA SONHANDO".

BLACKOUT.

K [*vindo da plateia — cego, de manta, óculos escuros, capa de chuva, fala através de narração.* HMI *5 kg a full (refletor) atrás dele dá a impressão de que o sol brilha lá fora. Aqui dentro da cena: trevas*]. "'Essa noite teria sido seu *début*'... se é que ela ainda se lembra. Mas eu não posso deixá-la ir. Não. Ela tem sido minha única companhia no meio dessa escuridão, e vai continuar sendo minha, até o último dia desta terra, até que eu arraste pro fundo, comigo, todo este planeta.

Ela será mantida aqui até que eu desapareça, assim, tão misteriosamente quanto apareci. E ela insiste em me pedir socorro... Parece que não compreende exatamente no que nos tornamos... Quinze anos de idade, uma menina amedrontada e esquecida, apavorada e totalmente esquecida. Me perdoa, me perdoa."
[*para Trine*] O que eu vou fazer? O que eu vou fazer?

LOTTE BATE OVOS CRUS NUMA PANELA ATRÁS DO PIANO, E TRINE ESTÁ SENTADA OLHANDO PARA A PLATEIA.

ENTRADA DO LARS: VIA SKYLIGHT (CANHÃO DE LUZ), PELA PLATEIA – MOLHADO/INUNDADO (ALTURA DA QUINTA FILA). A IDEIA É A DE PERTURBAR TODA A FILA EM QUE ELE "ATERRISSA". DE LÁ, ELE PEDE QUE ALGUÉM O AJUDE A SE DESVENCILHAR DOS GANCHOS QUE O PRENDEM, E CAMINHA PARA O PALCO (NA MOITA). LOTTE CONTINUA DE COSTAS, NO MONÓLOGO DE TRÊS VOZES, E TRINE, DESESPERADA, AGUARDA AJUDA.

LARS ENTRA PELA COXIA DIREITA, COLOCA UMA BANANA DE DINAMITE. OLHA TENSO EM VOLTA. TUDO EM SILÊNCIO. TRINE O PERCEBE. LOTTE CONTINUA DE COSTAS. NADA VÊ. LARS TIRA UM GRAMPEADOR. LARS GRAMPEA.

BARULHO ENORME.

TENSÃO.

LARS SOME.

LOTTE OLHA EM DIREÇÃO À PLATEIA.

NÃO VE NINGUÉM.

LOTTE RESPIRA ALIVIADA.

ESSA SEQUÊNCIA ACONTECE CINCO VEZES.

ENQUANTO LARS DESCE DO *SKYLIGHT* COM ROUPA DE *AQUALUNG*, DINAMITE NA MÃO ETC., O DIÁLOGO ABAIXO ENTRE LOTTE E TRINE ACONTECE.

LT   Quando meu pai morreu, foi tragédia total, um desastre inconcebível. Quando minha mãe morreu, não foi.

T   Não aguento mais ouvir você falando isso, não aguento.

LT   Hoje é diferente. Finalmente aconteceu: é sua estreia. Você tem que brilhar, você tem que matá-los a cada pirueta. E quando você saltar e estiver voando pelo ar, faça nos sentirmos completamente livres, libertos, prontos para enfrentar o universo, sem limite algum.

     Você vai ter que matar, você vai ter que morrer.

     Então... o que é que vai ser? Vamos ver? Hora de jantar, ah, não fica assim... não fica deprimida assim, você tem que pensar positivo. Imagina isso... luz, florestas, passarinhos (todos mortos queimados, naturalmente). Você tem que recobrar suas forças. Bem... façamos alguma coisa. Meu pai nunca se deu conta do fracasso que ele e a obra dele foram. Anos e anos e nem um único quadro vendido, nenhuma exposição, nenhum convite, nenhum amigo, nada. Mas dava a impressão de que nada disso o afetava. Ele parecia saber exatamente o que queria fazer com a vida dele. E com a nossa (... e com a dela!!!).

     A certa altura da vida, minha mãe finalmente demonstrou a total repulsa que sempre teve por ele, aversão mesmo, na verdade... era nojo. Foi aí que ele enlouqueceu de desejo por ela, fazia tudo que era humanamente possível pra seduzi-la, e acabava dando um jeito de tirar dela uma bela trepada no fim do dia. Esperto, viu! Isso ele era, inteligentérrimo...

Todo mundo achava que ele era burro, que não tinha talento, e mesmo assim ele conseguiu tirar até a última gota de leite daquela vaca.

Meu avô queria que nós tivéssemos emprego, que tivéssemos salário, o que meu pai recusou de cara. Meu avô materno, contudo, queria muito que nós fôssemos empregados, para ele mexer nas nossas carteiras, sugar até a última merreca e viver no bar. Sim, "quer dar um beijinho no vovô?". O canalha, sempre procurando uma garotinha indefesa. "Por que não senta no colo do vovô e ouve umas histórias?" Safado. Eu devia ter três, quatro anos, e ficava esperando meu pai sumir lá no horizonte. Era frio, *brrr*. Lembro que era gelado e o puto não acendia a lareira – "Corre comigo, corre comigo", ele me dizia, e a gente começava a correr pela campina até os dois ficarem suados, caídos no chão gelado. Ah, sim!

Minha avó por parte de mãe era uma mulher muito malvada, megera, nada a ver com a minha mãe. Minha mãe tinha coração enorme, não era fácil encontrar, mas tinha. "Quero meu filho de volta. Quero meu filho de volta", ela ficava plantada ali, na porta da cadeia, dia após dia, noite após noite, implorando que soltassem um dos filhos. Claro que não se falava que ele tinha matado a esposa e dois filhos (pobrezinho... Deus o abençoe) e que chegou a espancar um dos policiais que o prendeu (Deus o abençoe, Deus o abençoe). Nesta época mamãe vivia, dia e noite, sentada dentro de casa, numa cadeira, olhando pro vazio, não dizia uma palavra, com uma bacia enorme cheia de batatas no colo, e uma das mãos misteriosamente escondida entre as várias camadas de roupa que ela usava. Pra mim, era evidente, mesmo pequenininha, que ela não parava de se masturbar, o tempo todo. Era óbvio, eu percebia os pequenos espasmos e gozos controlados, isso podia ser em pleno almoço ou no jantar da família.

Minha mãe conseguiu ser completamente horrível com meu pai.

Um belo dia ela realmente pegou pesado na crueldade e disse pra ele aos berros o fracassado que ele era, que não servia nem pra agricultor/fazendeiro/peão... Isto porque, naquele dia, ele não trouxe a bendita cesta de legumes. E alguém por acaso teria analisado as condições meteorológicas? Será que alguém se deu ao trabalho de ir lá fora ver como estava a terra, medir a qualidade da água?

Ele preferia trazer para casa o que encontrasse, às vezes umas nozes, às vezes uma cesta de flores (que eu tenho certeza que ele cultivava para o velório dela). Mas, na época, ele não tinha pensado, de fato, em matá-la, quer dizer, sim, talvez tivesse "considerado", mas não considerado mesmo, vocês me entenderam! Quero dizer, ele matou, ah, sim, pode ter certeza que ele matou, e como matou! Ahhhhh, ele matou de manhã cedo. Estuprou, deixou-a inconsciente e aí foi devagar, bem devagarzinho, como se estivesse pensando que não ia fazer, ele olhou a faca, o sol começando a brilhar pela janela, olhou as fotos na parede, e enfiou a faca no pescoço dela, cortou, cortou, cortou até a puta ficar mortinha da silva.

NARRAÇÃO SIMULTÂNEA AO TEXTO ANTERIOR (TUDO AO MESMO TEMPO).

    LT   Ele sempre preferiu trazer pra casa a cesta de flores (não é lindo? Não seria apreciado em qualquer outra família?). Isso, então, a filha da puta odiava, ela tinha verdadeiro pavor! Era só ele entrar pela porta com aquele sorriso na cara e as flores na mão, e ela levantava devagarzinho, e com toda a calma do mundo se aproximava dele e dizia: "Você é um covarde, Nathan. Um covarde. Está nos matando de fome aos pouquinhos, dia a dia". A voz dela era sempre pausada, lúcida, lírica e insuportável. Então, ela se virava vagarosamente, parecia coreografado, e voltava pra aquela cadeira que olhava pro nada, e que certamente já devia estar tomando a forma de seu clitóris. Toda a noite ela tirava dele o travesseiro e as cobertas, deixando o infeliz morrendo de frio.

Como sofreu esse homem. E eu... como sofri. Principalmente porque sempre achei que tinha muito mais direito à cama dele do que ela. Afinal, eu o desejava e ela não. Certo?
[gravação simultânea/os três textos acontecem simultaneamente]
Apesar de que o que ela realmente queria dizer era: "Por que, caralho, você acha que tem o direito de ser tão poético e tão sublime, enquanto nós estamos todos aqui apenas pensando numa maneira de, simplesmente, continuar? Ah, e essas flores? São pra mim? Que lindo, não? Obrigada, meu bem. Vou já colocá-las num vaso e então teremos que ir pra Aveburys e tentar jantar alguma coisa, nós cinco. Todo mundo, lavar as mãos, vamos..." Essa foi a última vez que ela disse alguma coisa sobre comer. Foi. Ah, se foi...

DEPOIS QUE LARS TENTA EXPLODIR SUA ÚLTIMA DINAMITE E FALHA, ENTRA A TURMA DE *TRENCHCOAT* (CAPA DE CHUVA). KIM ESTÁ ENTRE ELES, ÓCULOS ESCUROS COMO NA PRIMEIRA ENTRADA. ESTACIONA EM FRENTE A LARS:

K   *[Clarke]* Quem você pensa que é, porra? Que porra você acha que tá fazendo, tentando salvar uma putinha desse jeito? Você sabe quem ela é? Hein? Sabe o que ela fez?

LR   *[James]* Desculpe, senhor, eu só respondi quando ela chamou e... Não era pra ser...

K   Por que não confere com a porra da sua "base" se não tem uma missão mais apropriada, uma pro garoto se divertir, tipo Chechênia, Sarajevo ou...

Você não entende? Não percebeu ainda que a gente vive na pior das fantasias deles, e não na melhor? Não te disseram que não precisam mais da gente? Caralho, por que você insiste, insiste, insiste, insiste, INSISTE, INSISTE.

Eu fico doente que o menino não veja a menor graça na lenta destruição da máquina de desejo.

PAULI DÁ O PRIMEIRO SOCO, NO MOMENTO EM QUE LARS ESTÁ PRESTES A SE LIVRAR DA SITUAÇÃO ACENDENDO UMA BANANA DE DINAMITE...

K   Só existe um inimigo e você não tem a mínima ideia de quem seja...

LR   Foram momentos como esse que me fizeram ver a vida como metáfora, e todo o pânico simplesmente sumiu, desapareceu, não deixou nenhum traço de ter existido. É uma coisa extraordinária, aliás, que a gente consiga se preparar para viver...

Quem são essas pessoas?

U   *[para Trine]* Da próxima vez que você quiser sumir, vê se não deixa um rastro tão óbvio, sua puta! Por que você anda mentindo pra mim? Por que me traiu? Por que é que você não me ama mais? O que você vê nele? É aqui que você anda se escondendo? Você sabe que eu tenho te procurado feito um louco? Eu vou te matar!!! Eu vou te matar. Eu te mato. Eu vou matar esse cara!!

T   Você está morto. Não entende que está morto?

ULRICH VAI ESPANCAR LARS E TRINE DÁ UM GRITO

T   Não é ele, imbecil. É... ele.

BO.

T   *[com uma flecha nas costas]* Foi... foi vingança... deve ter sido... foi... oh.

TRINE MORRE.

LT   *[espanca Ulrich]* Ninguém, a não ser um verdadeiro sádico, gosta de ser objeto de uma obsessão *[primeiro soco]*.
Esse é pela confusão que você anda causando *[segundo soco]*.
Você é um charlatão escancarado *[terceiro soco]*.
Você é um charlatão e te espancar é o único jeito de fazer gente que nem você abrir o bico *[quarto soco]*. Então, conta pra gente – com calma – quem você é. Por que essa necessidade de enfiar uma flecha nas minhas costas, se não para chegar causando? Típico de ação e efeito, tão coisa de charlatão. E, a propósito, obrigada, muito obrigada, por ter interrompido um romance...

	entre mim e... quer dizer, entre ele e ela. A cena te pareceu tortura? Pareceu mal ensaiada? Não te lembrou de um certo... pesadelo, um certo... me ajuda aqui, Jimmy.
P	Sim, alimentação forçada, "uma reabilitação rápida", um "regime de supernutrição", um "coma rápido ou eu vou chutar essa porra até sair de cena", um...
LT	Obrigada, Jimmy! Já entendemos. Minha paciência está se esgotando. Estou sentada aqui, esperando que você me diga por que a matou. Pode me contar tudo. Vamos lá, me divirta Jimmy. Quero ver, "me ilumine", Jimmy.
U	Não tem sido fácil pra mim. Começou quando eu nasci. Com poucas horas nesse mundo, eu percebi uma coisa estranha à minha volta. Notei um cheiro forte de tabaco...
LT	As últimas palavras dela foram: "morreu, seu imbecil". O que ela quis dizer com isso? Ela te conhecia? Ela estava falando de uma época em que a morte não será nada mais que um efeito, um acidente ou um intervalo entre uma vida e outra? Quer um drinque? Tome *[alcança uma garrafa]*. Onde diabos ele foi? *[Referindo-se a Lars.]*
U	Estranho, não tem ar. Notei um cheiro forte de tabaco no cachimbo, dancinhas estranhas, barulhos bizarros e rituais nojentos que aconteciam ao meu redor. É verdade, com apenas alguns minutos de vida, pendurado de cabeça pra baixo, o que me chamava a atenção era perceber que eu tinha nascido... numa família de índios. A partir daquele momento, minha vida foi um terror. E eu me acostumei. Aliás, meus hábitos sempre foram diferentes. Eu tinha paixão por plástico, por carros e arte moderna. Adorava quadros enormes com respingos abstratos de tinta, e instalações que se autodestruiriam em alguma fração de tempo... Sempre odiei isso de ficar pulando em roda, batendo tambor, girando em transe enquanto se solta o uivo de coiote.

Minha paixão por música complexa era insubstituível. Minha maior conexão era com Arnold Schoenberg, considerando, é claro, o salto evolutivo inegável de Wagner no campo da arte total. Não é difícil imaginar como me parece errado se envolver com todas essas superstições, essas rezas bobas, quando tudo o que eu queria era ficar no meu cantinho e ler *Finnegan's Wake*, o Inferno de Dante e os últimos compêndios sobre poesia concreta.

Bom, um dia aconteceu. Veio a notícia. A tribo se cansou de mim. Um dia fui notificado pela minha recusa constante em aceitá-los como meus irmãos. Enfim, eu iria a julgamento. Se fosse condenado, a menor pena seria a expulsão, a máxima, morte. Passei uma noite horrível sem conseguir dormir, sem conseguir fazer as malas, sem tempo para armar uma defesa consistente, sem conseguir um advogado bom. Finalmente, eles chegaram. Era madrugada, assim que as corujas dormiram e os sapos acabaram de copular.

TRIBUNAL SOLUÇO: SEIS "ÍNDIOS" SENTADOS EM POSIÇÃO DE LÓTUS - CADA UM "SOLUÇA" ALTERNADAMENTE - EMITINDO UM SOM AGUDO AFLIGINDO, ASSIM, ULRICH, INDO A MOR, QUE ESTÁ SENDO JULGADO E, PORTANTO, EXPULSO DA TRIBO. ESSE TRIBUNAL DE SONS FUNCIONA COMO UM ENXAME DE ABELHAS E AMEDRONTA O "RÉU", ATÉ QUE CHEGA KIM, O CACIQUE - PARA "DEPENAR" O COQUAR DO ULRICH (SINAL DE EXPULSÃO!).

U Foi uma experiência extremamente dolorosa. Julgado e banido pelo meu próprio irmão Butterknife, expulso e derrotado por meu companheiro de 30 anos, todos os meus amigos, minha família, meus bichos... jamais vê-los de novo. Nunca senti nada assim. Eu sabia que o que me esperava pela frente não seria nada fácil, e que a busca de uma nova identidade ia se atracar comigo com unhas e dentes, numa batalha da qual eu não sabia se sairia vivo, mas eu tinha que tentar. Agarrei o resto de dignidade que me sobrou e parti debaixo de um sol a pino, acenando pro meu povo, consciente que meu rumo era aquela ficção modernista e pós-modernista que um dia me pareceu tão distante e inatingível como uma miragem. E que só era visível àqueles a quem foi dado o privilégio de ter nascido nos amálgamas sociais conhecidos como cidades. Mas, de repente, quando eu menos podia esperar, me dei conta de que tinha sido TRAÍDO. Por Deus! Era inacreditável! Que destino era esse! Meu próprio irmão!

T R A Í D O!

ULRICH SAI CAVALGANDO RUMO AO SOL E RUMO À SOCIEDADE
PÓS-MODERNA E PÓS-DRAMÁTICA QUE ELE, COMO ÍNDIO, LOURO E DE
OLHOS AZUIS, TANTO ADMIRAVA. ADMIRAVA E LIA DELEUZE. E ERA
NESSA DIREÇÃO QUE CAVALGAVA.

MAS O CAVALO, A CERTA ALTURA, O TRAI. E CAI. E SE RECUSA A
CONTINUAR.

ULRICH PERCEBE QUE SOMENTE COM UM TERNO E GRAVATA
CONSEGUIRIA SE INSERIR NA SOCIEDADE MODERNA (E DOS BRANCOS),
PORTANTO, NÃO LHE RESTAM SAÍDAS.

TRINE NÃO ENTENDE COMO SEU IRMÃO, ULRICH, PÔDE FAZER ISSO
TUDO. ESSA METAMORFOSE A DEIXA ATÔNITA.

TRINE AJOELHA-SE AO LADO DE ULRICH

- **T** Não vai ficar assim... eu juro, vou vingá-lo seduzindo seu assassino.
- **U** Fígado? Oh, *no*.
- **T** Sim, e... casando-me com ele, arrancando a vida dele devagar, bem devagar, corroendo seu fígado com promessas inebriantes de amor, paixão, dependência que não vou cumprir, vou fazê-lo se arrastar no chão, implorar como um órfão implorando leite. Não vai ficar assim, meu amor. Não vai ficar assim.
- **U** Mas... a escolha foi minha.

A CENA CONTINUA NA FESTA DE ANO-NOVO

- **P** "Paradoxos comportamentais e enigmais morais até então inimaginados e quiçá inimagináveis...".
- **KE** Para de falar merda, Jimmy.
- **P** Trouxe a grana?
- **KE** Sumiu. Sumiu, porra. Tirei o olho um segundo. Sumiu. Caralho.
- **LT** Sumiu!
- **P** Então por que essa merda? Por quê?
- **KE** Não fui eu.

P   Ah, me poupe, né, Kent? Pense que foi um acidente, um acidente não planejado, irreproduzível, no qual esse jovem americano fica à morte ou se desintegra fisicamente. Imagine, Kent, que (ah, essa é engraçada) apesar da ausência de um corpo (ah, Kent!), apesar da ausência de um corpo concreto e formal, restou uma espécie de padrão eletromagnético que lembra a consciência... Kent, quem é seu inimigo número um?
Um, dois, um, dois, três, quatro.

O GRUPO CANTA A "MISSA GLAGOLÍTICA", DE JANÁCEK.

KE   Parem!
P   Esta consciência – com o tempo – seria capaz de reconstruir todo o ser em si.
KE   *[apontando para Ulrich]* Esse filho da puta levou todo nosso dinheiro!
P   ... E o ser inteiro voltaria para assombrá-lo...
KE   Ele deve ter escondido em algum lugar.
P   E seguiria você, pouco a pouco, estaria lá com você, o tempo todo, dia e noite, devorando sua alma...
KE   É, mas não fui eu.
P   ... devorando e mastigando de novo no jantar até você não aguentar mais...
K   Não fui eu. Jimmy, diz pra eles que não fui eu. Eu não consigo matar. Eu só brinco com as facas por diversão. Oh, meu Deus! O que foi que eu fiz? Eu não tenho licença pra matar.
P   Oh, seja mais decoroso, Kent. Pelo menos se ajoelhe e ore pela paz dessa pobre alma, já que você não parece muito em paz nessa pobre terra.

KIM AJOELHA-SE PARA REZAR.

K   A imundície que eles acumularam pela vida vai borbulhar numa espuma grossa e vai engoli-los até acima da cintura, à medida que for subindo de nível. Aos berros, eles vão implorar pelo meu socorro, e eu vou apenas olhar e sussurrar... Eles tiveram escolha, todos eles.

Agora taí, o mundo inteiro de pé nesta borda, olhando com um certo ar de superioridade no fundo dos olhos do inferno, com um sorriso cínico na cara, pensando apenas em como encher seus estômagos e apartamentos com algum tipo exótico de lixo digerível, subitamente são incapazes de pensar em nada pra dizer... não...

LT A gente senta, né?
P E espera.
LT E espera.
P Tranquilos e suaves.
LT *[cochicha com Trine]* Corre.
P Suaves e tranquilos.
LT *[sussurrando e mostrando a Trine que segura um revólver]* Vou contar até três.
P *[puxando o próprio revólver]* Alvo de colisão inquestionável, senhora, é muito divertido ficar comigo, viu? Passe o bife.

LOTTE, TREMENDO, ENTREGA O REVÓLVER A PAULI, MAS KIM O DETÉM NO MEIO DO CAMINHO

P Não tente nenhuma gracinha, senhora, ou eu frito todos nós aqui. À sua estreia, senhora. Colisão. Fracasso. Coisas ruins. Feias. *[Para Trine.]* Venha cá com esse imbecil *[Lars]*. Rápido!
T *[para Kim]* Por favor, Clarke, me ajude... Meu irmão está contaminado.
K Não... Ele já foi expulso. Agora é com os franceses.
P Ali.
T Claarke... Jaaames, por favor!
K Sorbonne!
T Eu não entendo. Que importância tem... Que importância tem eu fazer uma estreia ou não? Quer dizer, que porra (desculpem, que porcaria!)... Que porcaria de importância tem pra uma gangue de mafiosos que nem vocês que...
K Não...
T Eu danço, ou não danço...
K Você deve achar que a gente não passa de um bando de imbecis, de gafanhotos, preocupados em salvar a direita, a esquerda, o centro, sorrindo ao entrar e ao sair, para satisfazer a existência de pobres coitados, covardes, crianças bonitinhas, criancinhas

bonitinhas fazendo brincadeiras perigosas com a gente, sem saber o quanto chegaram perto da morte. Bom, eu vou dizer: ainda não recebi um único chamado da Bósnia, por exemplo, ou do Carandiru. E você, Jimmy? Da família do Rabin, quem sabe?

P Não.

K E você, James?

LR Não, senhor, não tive.

K E você? Você já? De Kobe? Oklahoma? Vai dançar, caralho!!! Eu não sinto tanto prazer desde o dia em que a puta da Lois Lane descobriu que tinha uma parte de mim que não era de aço.

P Seu kryptominimicrotiquinho verde.

KE Para de falar merda, Jimmy. *[Para Trine.]* Você aí com os outros cavalos. Quero ver.

LT *[tocando o piano]* Excelente. Excelente. Bom, descobrimos que os Avebury não tinham comida, nem um bolinho, nem uma noz em casa, naquela pocilga. Então fomos todos embora, todos nós e Nathan, meu pai, passar nos Corcoren, depois nos Howell, em toda a Costa Leste, procurando um jeito de jantar. Nathan, no comando da trupe, tentando quebrar o mal-estar dizendo coisas do tipo: "Bom, se eu pudesse levar uma vaca pra casa, eu levava, não levava?!", e nisso a filha da puta ia resmungando, enquanto a gente andava pela estrada congelada, a idiota, a imbecil, nem sabe o que quer dizer desemprego, inutilidade, inoportuno, azar, infelicidade total. *Brrr*, que frio, que coisa patética ver essa fila de gente atravessando em uma noite cada quilômetro quadrado da antiga Iugoslávia, procurando um jeito de jantar. E por quê? Já que eu sei que o filho da puta vai chegar em casa cuspindo sangue e fazendo bagunça no sofá de novo. Meu irmãozinho Jules mordeu ele uma vez, duas, na verdade, duas, uma vez no rosto e uma na mão. Meu Deus, quanto sangue tinha naquele quarto naquele momento!

T *[no piano]* ... Alguém me ajude... eu não... eu não tive tempo... tempo de preparar... desculpem, mas... não tive tempo... pra... sem tempo pra ensaiar... a estreia no novo milênio... o novo reino... desculpem... não tive tempo... mas eu... eu fui traída... ele tem outra pessoa... eu vou fazer escândalo... vou pra imprensa... vou parar de comer...

LT Ele estava tão arrasado depois desses anos todos procurando comida, esse homem que, pra começar, nem dava a menor importância pra comida, que pintava a vida melhor que ninguém, reduzido àquilo! Reduzido a um cavalo de três patas, nos carregando por aí, sem rumo, pela terra bruta dos países do norte, que dificultava ainda mais encontrar coisas no meio da rua. Então eu falei pra ele – e eu devia ter uns doze – vamos matar essa vaca e fugir pro Brasil e começar uma vida nova juntos. E, com isso, ele sorriu. Ah, sim!

VOZ EM OFF Mas nunca uma mula, um cavalo forte, bonito, digno, de três patas – e deixa eu ser a puta dele, a amante "me leva pra cama, papai, eu vou te fazer feliz de um jeito que aquela vaca nunca conseguiu". E ele ria da minha proposta. Mas será que alguma vez ele gozou dentro dela pensando em mim? Será que ele gozou alguma vez pensando em mim?

NARRAÇÃO DE ANO-NOVO Esta cena aconteceu em uma festa de ano-novo, pouco antes de o relógio soar meia-noite, em 31 de dezembro de 1999. Clarke e sua turma estavam se divertindo às custas das garotinhas. Por um tempo pareceu que eles tinham esquecido totalmente do pobre Chefe Von Scheissgericht, esfaqueado até a morte... No chão... Ou do seu caderninho, e das pilhas de notas de cem dólares que Clarke encontrou. Aliás, o caderninho de Scheissgericht acabou sendo revelador.

FECHA A CORTINA.

Dizia-se ter pertencido a um tal General Von Scheissgericht, um oficial do departamento de meteorologia, que se refugiou com os índios, e com eles aprendeu a prever as condições do tempo. Em uma página datada no auge da Guerra Fria, em 1962, Clarke encontrou o seguinte texto:
Controle Charlie anotação: "Encontrada a menina perfeita para transação. Assassinada, poeta, índia, alemã, meteorologista ou comerciante de escravos, na verdade não importa. Mais cedo ou mais tarde, o mundo será tomado por janelas escurecidas, corpos inindentificáveis morrendo de fome. Ordas de raças primitivas

invadindo cidades sofisticadas, e as cidades, elas próprias, esperando pela hora da morte, países sendo cobertos por areia atemporal e poeira industrial".
Alguma coisa nesta anotação provocou um profundo choque em Clarke. Ele teve uma estranha visão. A menina que ele vinha mantendo ali, lembrou de onde ela viera. Acordou do pesadelo embebido em suor e olhou o relógio. Que alívio!!! Super-homem? Era assim que as crianças o chamavam no colégio, por conta do nome Clarke. Índios? Que ideia! Não foi em 1999. Foi em 1996 e foi na noite depois do assalto ao banco. Sim, foi isso mesmo. Ele tinha assaltado um banco e voltado para a sua amante em casa. "Que sonho besta, Clarke!", ele disse a si mesmo, "você não pode continuar tendo sonhos assim! Ainda bem que John Wayne não apareceu nesse!" Clarke se levantou para olhar a rua e beber água. Depois, como de costume, estuprou a esposa.

OUVE-SE UM GRITO. A CORTINA SE ABRE.

KIM COME O CU DE TRINE. ELES DORMEM. ELA VÊ ULRICH (COMO ÍNDIO) NO SONHO, ELES ACORDAM E PAULI ESTÁ LÁ.

K   Jesus! Você tem que aparecer dando susto?
P   Você encontrou o dinheiro. Me dá...
K   Ele estava aqui. Foi aqui... em algum lugar. Divide e me passa metade! Ou... divide em quatro partes e me dá duas... Ou divide em oito e me dá duas... Ou divide em oito e me dá três... Ou em dez e me dá quatro... *[Kim puxa um revólver.]*
P   Vai, atira! Não está carregada.
K   Você está blefando!
P   Puxa o gatilho!

LARS É ENCONTRADO EMBAIXO DA CAMA E ARRASTADO POR KIM.

K   Só tem uma coisa pra fazer com você, cortar o seu pau fora, roubar essa bosta da sua caneta e deformar seu ridículo *sex appeal*. Vamos gravar o filho da puta e mandar pro... Pra onde a gente devia mandar, Sr. James? *[Para Trine.]* Toca ele ali naquele lugar... ali, aí mesmo meu amor, dá uma chupada nele, dá pra ele uma língua enorme. Tá sentindo, Jimmy? Tá gostando?

LR   Senhor, o senhor fez esse mundo virar essa enorme confusão só porque se sente desnecessário, inútil, indesejado. Eu, por outro lado, tenho dedicado a maior parte do tempo tentando entender o que é que isso tudo virou e no que é que isso vai dar. Agora parece que qualquer um pode ter tudo isso que nós temos, que nós somos – fora a fantasia, fora a habilidade de termos aguentado tudo que tivemos de aguentar, o senhor e eu, nós dois. E apenas porque eles não acreditam mais. Ninguém acredita mais, senhor... Sabe o que eu acho, senhor, nosso amigo, o índio, o que ele fez foi realmente notável, mesmo que pareça superficial. Mas o fato é que ele sobreviveu a mais abominável traição do seu povo por ser diferente, por ser atraído por coisas anormais. Mesmo assim, profundamente ferido física e emocionalmente, foi em busca de uma nova identidade, e mal ou bem achou uma forma de se integrar, o melhor que pôde, considerando seus limites óbvios em dominar completamente as circunstâncias completamente novas pra ele. Não é esse, senhor, o caso de todos nós?

K   Olha, garoto, quem sabe você não aperta essa bunda e mete seu vantajoso pau na buceta da minha mulher deliciosa, enquanto eu te dou a oportunidade maravilhosa de ficar bem na fita nos últimos dez segundos de vida em vez de bater uma...

LR   Estou falando sério, porra!!! Sua sina é minha sina. Tem um monte de coisas horríveis que não se sabe de mim também. E eu não me orgulho. Não me orgulho disso. Não me orgulho de... Quando olha pra mim, o que o senhor vê? Eu, Pierre Riviere, que decapitei minha esposa, minha mãe, meu irmão, mas tenho a honra de afirmar que o fiz em nome do verdadeiro amor pela minha filha, *[Lotte entra]* amor por alguém que me deu tanto que acabei louco, que entendeu demais da hipocrisia vivida pelos outros... "Oh, senhor, você verá... Eu, o Coronel Stokes Howell, primeira divisão de infantaria, posto 3, equipe de apoio especial dos fuzileiros navais no ataque a Nancy, eu me declaro um traidor de todos os princípios humanos, tendo visto os corpos que vi caírem bem diante dos meus olhos, tendo provado do sangue e gostado, tendo visto Marlon Brando no papel de alguém que também gostou, como descrito acima, e descoberto que era uma versão branda de mim, até a morte por tiros – Alguém atira em mim?... Não, não tinha ninguém ouvindo. Também me certifiquei de dar a ordem em um momento em que a história registrasse,

	mas todo mundo que ia cumprir estava no seu beliche tratando da copulação infértil." Senhor, cabe a nós adotar a encarnação ou o papel que desejarmos e nos for necessário. Também posso interpretar Prometeu ou o último cântico de Édipo ou mesmo de Electra em sua ópera. Quão verdadeiros são? Depois de ter decidido tirar tudo deles, todos esses anos que o senhor acha que te devem, por ter feito tanto bem. Ora, senhor, se me permite, eles não te devem nada. No mínimo, o senhor deve a eles, porque é criação deles, eles o desenharam e publicaram. Se o senhor decidiu cumprir a promessa deles, caralho, a culpa é toda sua.
LT	Genial! Absolutamente genial! Você tem a maior habilidade com as palavras. Mas aí, o que me vem a cabeça é: "Bem, se ele usa e abusa das palavras dessa maneira prolixa, porque cargas d'água eu não entendo absolutamente nada?". Bom, foi isso que eu pensei. *[Lotte vai até Kim.]* Sinto muito por você! *[fazendo referência ao discurso de Lars]*. Quando olha pra ele, o que você vê? Hein? Quem você vê? É uma piada, não é? O homem de aço! Que vergonha, Duque! *[Para Trine.]* Sabia que eu o chamava de Duque? Sabe do que ele me chamava? Conta pra ela, Duque! Conta pra ela do que você me chamava! Memória nem pensar, né? Não lembra? Cérebro doado para um morto, encaminhado para laboratório para exame de conteúdo proteico? Ele me chamava de...
K	Para, porra, por favor.
LT	Ele chegava tarde, tinha acabado de fazer o planeta atrasar dez minutos pra evitar que um garotinho fosse atropelado por um caminhão... no sul da Austrália... ou no norte da Mongólia... ou na lua, ele chegava, ajoelhava ao lado da minha cama, fazia massagem no meu pé e fazia carinho na minha perna, devagar, dizendo no meu ouvido: "Deusa... minha Deusa"... o tempo parava, o cheiro do ar era divino, eu sentia... Duque! Olha só você! Olha ele *[para Lars]*. Você não tem que vencê-lo com citações.

Você pode ganhar dele com um carinho simples, como esse olhar. Vocês todos são homens. Vocês vivem em um mundo de homens. Vocês tentam fazer o que acham que fazem os homens! *[Lotte tira a câmera de Pauli e o revólver de Kim.]* Não tem nada aqui. Não é nem uma metáfora no sentido que, digamos, uma peça de teatro usaria. É completamente vazio, desprovido de qualquer emoção, qualquer consistência, nenhuma substância a não ser a que o homem lhes proveu através dos anos.

P   Posso lhe preparar um café, senhora? A senhora parece... a senhora parece que está arrasada!

LT *[ainda acariciando Kim]* Arrasada? Absolutamente! Não estou nada arrasada! Você é que está! É uma brincadeira nossa, não é, Duke? Jogos que as pessoas jogam... Só aprendemos a olhar um para o outro no fim do dia, em meio a toda essa loucura, em meio a essas coisas horríveis, e dizer, meu Senhor, existe uma pessoa no mundo que me entende. Uma pessoa. Abençoado seja. E permita que ele faça o necessário pra comprar a felicidade. Contanto que pare no fim do dia para olhar do jeito que olha. *[Para Kim.]* Duke... olha pra mim, olha pra mim...

KIM OLHA.

ULRICH CAI DE TRÁS DA CAMA, ESTÁ AMARRADO COM CORDAS. TRINE E LARS O ESTÃO AJUDANDO. KIM VAI DORMIR.

U   É um rascunho. Ooh, tem um vento entrando. Posso... fechar aqui?
Vamos descobrir.

INTERVALO

NARRAÇÃO [ANTES DO 2º ATO]

M   *[chorando]* Pai! Pai! Pai!
PAI *[sonolento]* Que foi?
M   Eu... Eu estou tendo esses pesadelos.
PAI Só por...
M   A menina na fotografia. Ela...
PAI Tenta dormir filhinha.
M   É um lugar estranho.

SEGUNDO ATO

K Tem café?

Maldição!

Cigarros?

Por que nunca pensamos nessas coisas? Então, quem foi o maldito que tomou todo o café? Cacete! Aqui é o ponto de encontro?

LT Sim

K Como você sabe?

LT Ele disse no mundo.

K Ah ... *[pausa]* e esse é "o mundo"?

LT Diz que é!

K Ah... Mas como você sabe que mundo?

LT Está vendo outro?

K Então ele vai vir.

P Sim! Ele sempre vem.

LARS ENTRA. FICA UM TEMPO PARADO, DE PÉ.

K Lá vem o babaca... o mala.

P Vai vir acompanhado de...

K Bem...

LR Então, eu vim... Acabou o mistério *[risos]*. Lugar legal, não é? Eu venho aqui muito pra... refletir. Sim, adoro vir aqui e olhar o *[aponta para o mundo]*... sob uma outra perspectiva. Ajuda. Não resolve todo o sofrimento, mas ajuda. Na verdade, de vez em quando...

K *[para Lotte e Pauli]* Não acredito nesse puto. De que porra que ele tá falando? Esse cara existe? *[Para Lars.]* Você trouxe ela?

LR Trouxe a grana?

K Hã?

LR A grana. A bufunfa. O camarão frito. Você trouxe o dinheiro?

P Sim, trouxemos a grana

K Que idade?

LR Quinze.

K Quinze! *[Dois ajudantes de palco entram ainda sem Trine, um leva um saco falso no ombro.]* Quem são os canalhas?

LR Canalhas.

K   Ela tem mesmo quinze mesmo?
LR   Zero quilômetro, salva do forno no último minuto. É assim que ele faz. Deixa elas irem quase até o fim, quando faltam dois metros pra "sauna", ele as tira arrasadas, tremendo... coitadinhas. Chamam-no de sádico, mas, de fato, sob outro ponto de vista, ele pode perfeitamente ser visto como um salvador... e não foram poucas.
LT   Mais um assassino de milhares.
LR   Oh, não, senhora! Não seja tão conservadora. Milhões. Bilhões. Mas não vamos ficar aqui julgando o General von Scheissgericht, vamos? Ou vamos...
K   Onde é que ela está, caralho? Lars? Onde é que está a grana então, caralho?

PAULI VAI RELUTANTE DEPOSITAR UM SACO NO MUNDO, ULRICH ENTRA

U   Realmente não se pode mais contar com ninguém. Olha isso... 45 agentes: E nenhum, nenhum capaz de prever uma coisa dessas... *[aponta para o clima terrível.]* Nem mesmo uma suspeita, por alto? Canalhas! Então *[referindo-se ao dinheiro]*, tudo limpo e sem marcas. Que piada, hein? Sem marcas, sem marcos... sempre fui bom de trocadilhos.
K   Está tudo em dólar.

ULRICH FAZ SINAL AOS CANALHAS PARA IREM EMBORA COM O CORPO.

K   Tudo bem, são marcos. Marx maldito.

ELES VOLTAM TRAZENDO TRINE NO OMBRO. SOLTAM-NA NO CHÃO

U   Fresquinha. Direto do pomar de... *[Ulrich aponta para Lotte e vai até o globo]*.
K   Jimmy... Jimmy... Não gostei disso... Não estou acostumado. Me dá um cigarro.
U   Olha, senhora, o estado geral das missões impossíveis é tal que eu fico pensando aqui comigo quem quer que eu possa salvar, eu vou salvar. Mesmo que o lucro não seja lá essas coisas... Bom, pela humanidade, pelo bem do mundo, mas aí, eu sempre me

arrependo. Os idiotas não dão conta nem de prever uma mudança repentina no clima. Quer dizer, sério, é uma vergonha ficar parado aqui, encharcado, pingando, enquanto...

LT Isto posto, meu querido, você pode escolher. Ou eu te explodo bem aqui, nesse mirante magnífico, nesse limbo inspirador de merda, e todos vão ver esses seus restos mortais tentando sair de trás desse esconderijozinho aí tentando provar alguma coisa, ou, em vez disso, você abre logo o jogo e entrega o mapa do campo de uma vez: os 26 pavilhões, as câmaras de gás, "de gás"? e os aposentos dos oficiais. Segura essa ou não. Se você não se retratar imediatamente, se não ficar claro que você é um traidor, a guerra está perdida. E você sabe que se for assim, mais dia menos dia, um pobre coitado desses, de um pavilhão étnico qualquer, vai simplesmente apagar você com macumba, uruca, ebó, você vai sentir comichões estranhíssimos pelo corpo e aí...

U Não tem como, senhora. Tenho quarenta e cinco especialistas em meteorologia sob meu comando, medindo cada milímetro na mudança de temperatura na respiração desses bostas. *[Ulrich vira-se para Lars.]* Isso é gratidão. Gratidão, sabe o que é isso, não? Se é capaz de qualquer coisa por gratidão. Chegam ao extremo de salvá-los dos chuveiros, e daí? E daí, grandes coisas. Eles nos acusam de coisa pior. É muito injusto, senhora.

LT *[volta a Kim]* Eu não consigo passar por isso, que puto débil mental. Está aqui *[a arma]*, eu não consigo.

P *[sussurrando nervosa para Kim]* Imbecil maldito. Quer que matem a gente, idiota?

DOIS CANALHAS CHEGAM EM ULRICH.

U Diga lá, garoto... Quando finalmente conquistarmos seu país, o que você sugere? Talvez devolver todas as peles de tamborim aos gatos? Criar o serviço de proteção à pele de gatos com potencial a virar tamborim? Ou criar esculturas vivas usando a matéria-prima principal das popozudas disponíveis... devemos... sugere aí... você acha que a gente deve...

LR Senhor, li na previsão de hoje que mais tarde, por volta da meia-noite, o clima vai ficar tenebroso, com alerta de tornado às 23h e frio na madrugada.

Onze e dez, senhor... "pode virar uma coisa sem precedentes, alternando fluxos de chuva e vento, precipitações chegando à marca dos 5 cm." Cinco centímetros, senhor.

U   Ah, pode parar. Você tinha conhecimento desse relatório o tempo todo? Estranho.

KIM ENTRA NO BURACO. TRINE É COLOCADA SOBRE SEUS OMBROS.

LR   *[para Ulrich]* Tem certeza... Quinze anos?
U   Eu sigo ordens. Me disseram quinze anos, sem envolvimento anterior, espécime raríssima dessa tribo do sudoeste ou do noroeste ou daquela reserva que explodiu bem debaixo do nariz dos pobres coitados. Eu sigo ordens. Sim, senhor, quinze anos. Bom, divirta-se. Vocês sabem onde me encontrar. Aí reside o problema... Todo mundo sabe onde me achar. *[Sai.]*
LR   Quinze aninhos, fresquinha de uma tribo de... Bom. Deixa pra lá. Virgem. Pai e mãe mortos na câmara de gás (bem quando estávamos deixando o recinto, aliás, não tenho certeza de que ela viu). Me sinto com todo o direito de realizar uma cerimônia de casamento adequada. *[Para Pauli.]* Trouxe todos os documentos?
P   Tudo que eu encontrei. Sigam com isso. Estou com frio, molhado, inchado, com dor, sofrendo, nariz entupido, tosse, braços, gordo, mal vestido, vento, chuva maldita! Vamos logo com isso.
LR   Certo.
LT   Eu não quero ver. *[Vira-se de costas.]* Você segura essa?
K   Se eu seguro essa? Você segura essa?
LT   Não tenha dúvida.
K   Eu também. Todos nós sabemos muito bem porque é que estamos fazendo...
LT   Mas às vezes eu esqueço... *[Lotte sai enfraquecida, escoltada por Pauli.]*

LARS CONDUZ CERIMÔNIA DE CASAMENTO CONFORME A TRADIÇÃO.

K   Presta atenção aqui! Presta bem atenção! Agora que anoiteceu, quero que você me escute muito bem! Eu tenho tentado fazer tudo exatamente como você me diz pra fazer. Tenho feito tudo direitinho. Não abri nada pra ninguém. Isenção total. Por que é que você, então, não acaba logo com essa porra? Deixa eu acabar com essa merda! Passa essa bola, cacete! Eu simplesmente não aguento mais essa barra, arrastar esse meu corpo moribundo por esse mundo afora, tá foda, sem a menor condição de ficar em paz, nenhum minuto, nenhum minuto de paz, neste estado de alerta insuportável. Esperando, esperando...

ALÉM DO MAIS, EU A ENCONTREI! AQUI ESTÁ ELA! NÃO CHEGA? NÃO BASTA PRA VOCÊ?

Eu os vi sair cambaleando do cinema, de suas câmaras de cristal, piscando pra mim com olhos vazios e com cara de culpa.

Minha vontade era de vomitar naqueles olhos vazios, rasgar suas tripas e arrumar aqueles restos mortais em filas de cadeiras, como numa sala de aula. Uma vontade enorme de explicar pra eles que eu sabia tudo de seus passados, de seus presentes e de seus futuros. Eu li, eu li tudo que eles escreveram, eu li tudo o que eles pensaram e o que eles deixaram de pensar, comi a comida deles e vomitei, salvei suas mulheres dos estupros recorrentes, salvei suas crianças de toda a sorte de maus-tratos e... Pra quê? O que é que você me deu em troca? Uma vida vagando por aí, atormentado, insone, as imagens mais tristes, as pinturas mais sombrias... Mas saiba que permaneço jovem e cheio de esperança! O mundo é jovem e esbanja esperança, como eu! Você não acha? Não parece? Quando eu trago essa mulher pra você, promovo este ritual de casamento, ninguém faz nada. Ninguém sabe porra nenhuma!

T Oh, meu Deus, onde estou?
K À esquerda do limbo e à direita da terra de ninguém.
T Você se parece tanto com... (não, não pode ser) ... Você se parece tanto com Butterknife. Chief Butterknife, olha só você. Não pode ser! Não! Não é possível!
K Estávamos todos lá, não? Todos lá. Todos nós.
T Não, nada disso. Você só parece com ele, é só uma questão de semelhança.
Olha aqui moço, eu não sei o que é que você quer...
K Não passo de uma alma vagando por aí e preciso finalmente morrer. Apenas isso. Preciso de você. Da sua ajuda.
T Então me dê o revólver.

K   Nada de revólver, por favor! Esse negócio de bala só me faz cócegas. O que eu preciso mesmo ...O que eu realmente preciso... É foder uma virgem! É isso. Fodendo uma virgem, eu recupero minha imortalidade e posso morrer em paz.
T   Mas eu não sou virgem, senhor.
K   O quê?!? Me venderam você como virgem de 15 anos! Malditos alemães.
T   Não, não acredita nisso não *[falando de sua aparência]*, eu apenas deixei meu povo do norte à procura de um verdadeiro Deus, uma iluminação, por isso eu parti pra América e me juntei a uma tribo indígena. Lá, então, me tornei...
K   E você chegou a encontrar?
T   O quê?
K   Esse Deus, você encontrou?
T   O quê?
K   O tal Deus, encontrou ou não?
T   A tribo, então, me casou com o Chefe Leandish – há meses não comia nada, aliás não sei como sobrevivia! –, depois ele foi morto pelo próprio irmão... Oh, meu Deus! É você, não é?
K   Como ele era?
T   Você conhece muito bem, você matou...
K   Deus, como era a cara dele?
T   Cara nenhuma, não tinha Deus nenhum, superstição pura. Uma tentativa desesperada de restabelecer alguma ordem intelectual numa paisagem absolutamente desestruturada pelo desaparecimento de Deus como único princípio conceitual possível, capaz de "linkar" natureza e ciência? Sem um Deus, como seria possível para um cientista ao menos considerar a existência de uma possível verdade universal. Privado desse recurso básico, estariam relegados única e exclusivamente à metáfora!
K   Hã?
T   Teosofia! Por isso que eu fui buscar a ajuda dos índios. É bem simples, sabe? Eu tenho talento para dançar, mas sei que nunca serei uma grande bailarina. Tenho total consciência de que estou condenada a ser algo que não sou.
K   Uma bailarina.

T   Olha, é simples: Kant defendia que existiam dois níveis da realidade: o nível fenomenológico, que corresponde à ciência, e o nível numênico, que corresponde à ética. Aos olhos de um Deus antigo, eu podia ter sido bailarina... Eu só teria que treinar e o talento cabia a ele. Mas agora... a tarefa da percepção da natureza é tarefa do homem, o homem se tornou a fonte de percepção das forças da natureza. Tentei de tudo. Os extremos contraditórios aos quais fomos expostos pelas experiências científicas nos relegou a essa alienação de quaisquer que fossem nossas próprias conclusões, e cá estamos nós, seres humanos fadados a esta infinita sensação de solidão.

K   Eu sabia voar.

T   Sabia nada. Mas seu "corpo" está voando agora. A mesmíssima definição que diz que os corpos têm a tendência de se aproximarem uns dos outros pode perfeitamente bem ser aplicada à noção de átomos, de planetas, ou das estrelas nesta galáxia.

K   Talvez eu já esteja morto.

T   Já que forças gravitacionais conectam dois corpos quaisquer: dados dois corpos de massa M e M_1 e separados a uma distância R, a força gravitacional seria de $KMMQ/R_2$, na qual K é a constante gravitacional newtoniana equivalente a 6,67 $cm^3 g^{-1}$ segundos e 2 à 10^{-8}, o único sistema dinâmico de fato...

K   Pare, por favor! Eu só preciso de uma virgem, sem explicações astrofísicas...

T   Estou tentando dizer que, se desafiadas todas as leis da imaginação, você talvez seja capaz de voar novamente, com base na propriedade da reversibilidade dos padrões dinâmicos. Não é fácil. Você vai ter que se empenhar na leitura de mecânica quântica e da barreira entrópica.

LR   Me encontre para jantar.

LT   Não posso.

LR   Então me encontre amanhã.

LT   Não posso, não posso. Oh, meu Deus! O que eles andam fazendo com você?

LR   Não posso viver essa mentira nem mais um instante.

LT   Você parou de escrever?

LR   Eu tenho precisado ver você desesperadamente.

LT   O que está escrevendo?

LR   Fui suspenso.
LT   Como??
LR   Me fizeram comentar corridas de cavalo... Mas é temporário.
LT   Eu amo você.
LR   Ah, Deus!

SE ABRAÇAM

LT   Tenho que ir.
LR   Então, é para eu fazer o quê?
LT   E vou cozinhar pra essa putinha aí. Ovos... pra dar um fim nessa bulimia, dúzias de ovos... caralho! Por que é que ele tinha que escolher logo uma anoréxica? Você entra pelo teto. Finge que você está vindo encontrá-la e que vai explodir isso tudo aqui com dinamite. Procura uma roupa de borracha, essas de neoprene de mergulhador... Ai, eu vou adorar isso!! Se ele te pegar, vai achar que você só veio atrás dela.
LR   Genial.
LT   Tchau, então. *[Indo embora.]* Ah! Como foi mesmo que ela morreu no fim?
LR   ???
LT   Por que você fez com que ela morresse no final?
LR   O editor me pressionou e eu...
LT   Ah...

TELEFONE TOCA.

LARS E LOTTE IMEDIATAMENTE ATENDEM O TELEFONE.

K   *[ao telefone]* Ela não é virgem. É uma astrofísica vestida de índia que gosta de dançar, mas sabe que nunca vai ser bailarina.
LT   Explica melhor, quando você diz que ela é astrofísica...
LR   É pra enlouquecer! Estou dizendo. Eles fazem isso há anos. A arte vem fazendo isso há anos, até que alguém pire completamente. Aí eles se encontram e se reúnem em salinhas para falar o porquê disso e o porquê daquilo, mas o fato é muito simples. A arte vem fazendo isso há anos, exaurindo a nossa paciência, violando a

nossa inteligência, fodendo cada sentido existente, até que alguém desaba e o sistema inteiro entra em colapso. Eu já vi isso, sei como funciona.

NESSE MOMENTO, PAULI CAMINHA ATÉ A FRENTE DO PALCO.

P   E tudo que eu fiz foi a pergunta mais simples: quem é você dessa vez? Só queria saber... Quem você vai ser dessa vez? Acho que perguntei numa hora ruim. Ele se levantou com um acesso de raiva que eu nunca tinha visto em um ser humano. O rosto dele estava deformado e seus olhos pareciam que iam pular pra fora da órbita, e começou a dizer coisas numa língua ininteligível, corria de um lado pro outro feito um louco trocando o uniforme nazista pela roupa de índio. Aí ele parou e me olhou de um jeito que me fez congelar. E partiu pra cima de mim sacodindo aquelas facas por cima da minha cabeça, no meu pescoço. Eu fiquei... mudo. Ninguém pra me ajudar. Ninguém pra ajudá-lo. Os contrarregras já tinham ido embora e a música no palco era alta demais. Eu ali, relegado ao meu próprio destino, fodido, sozinho... e o pior aconteceu. Ele começou a me esquartejar, gritando nessas vozes que eu não... Pensando agora, é realmente impressionante como eu não perdi a calma. Eu me lembro – bem na hora que uma faca tava entrando aqui –, eu me lembro de dizer a ele para não levar para o pessoal e que eu podia ajudá-lo a rastrear o que lhe era particular, o que lhe era individual, quer dizer, seu problema pessoal, particular, individual, até as origens. Eu tinha a intuição de que fui criada numa época em que todos os homens, todas as nações eram condenadas à descrença... Bom, essa falta de crença no... E, o mais estranho, ele parou.

LR   Ele inclusive chegou a dar um nome.
LT   Não posso falar agora.
LR   Ele escolheu o período em que aconteceu tudo isso.
LT   Você já se arrumou? Eu estou indo fritar uns ovos. Você vai entrar pelo telhado e...?
K   Ele já fez isso. Já fez várias vezes. Já cansou de fazer, até eu já cansei.
LT   Que tal, então, uma roupinha de caubói?
K   Ele também já fez...

LT   E um artista de circo, um palhaço, um mímico, um político sério, um policial, que tal um...

K   Pode inventar aí que ele já fez.

LT   *[silêncio]* Foi uma bela de uma vida, não foi? *[Silêncio.]*

U   Desculpem. Não, é sério. Sim, eu ando confuso, eu sei. Vocês também já ficaram confusos, não? Sim, eu sei. Acho que a única diferença entre nós é que eu tive que aprender do jeito mais difícil. Tive que viver a vida inteira em estado de confusão. Olha, o engraçado é que não tem tanta diferença assim entre nós, sério. Talvez, a única diferença é que temos um entendimento diferente do que é confusão. Ela incomoda vocês, enquanto que eu... Bom, pra mim, serve como um jeito triste de lembrar que a confusão nada mais é do que o custo do progresso. E ainda mais engraçado é que não se chega a lugar nenhum sem uma boa dose de confusão. A estabilidade que vocês querem não leva a nenhum lugar que seja interessante. Claro que dá um conforto. Dá pra dizer que vocês se sentem seguro por, digamos, a vida inteira. Mas aí... na seguinte... bom, nem queira saber... nem queira saber.

M   Pronta para 33, 58, 61 e 141. Número 33, por favor! *[Lars começa a tirar a roupa.]* Número 58, por favor! *[Lotte começa a tirar a roupa].* E número 61 *[com um leve sorriso, Ulrich se levanta]* e 141 *[Pauli levanta devagar].*

NOWHERE MAN

ESTREIA
MARÇO DE 1996, NO FESTIVAL DE TEATRO DE CURITIBA. ENCENADA NO BRASIL, NO CHILE E NA ARGENTINA

CRIAÇÃO E DIREÇÃO
GERALD THOMAS

MÚSICA ORIGINAL
MICHELLE DIBUCCI

ELENCO
LUIZ DAMASCENO E CIA. DE ÓPERA SECA (LUDOVAL CAMPOS, MARCOS AZEVEDO, CAMILA MORGADO E ISMAEL CANEPPELE)

ESPETÁCULO FEITO EM COMEMORAÇÃO AOS DEZ ANOS DE LUIZ DAMASCENO NA COMPANHIA DE ÓPERA SECA

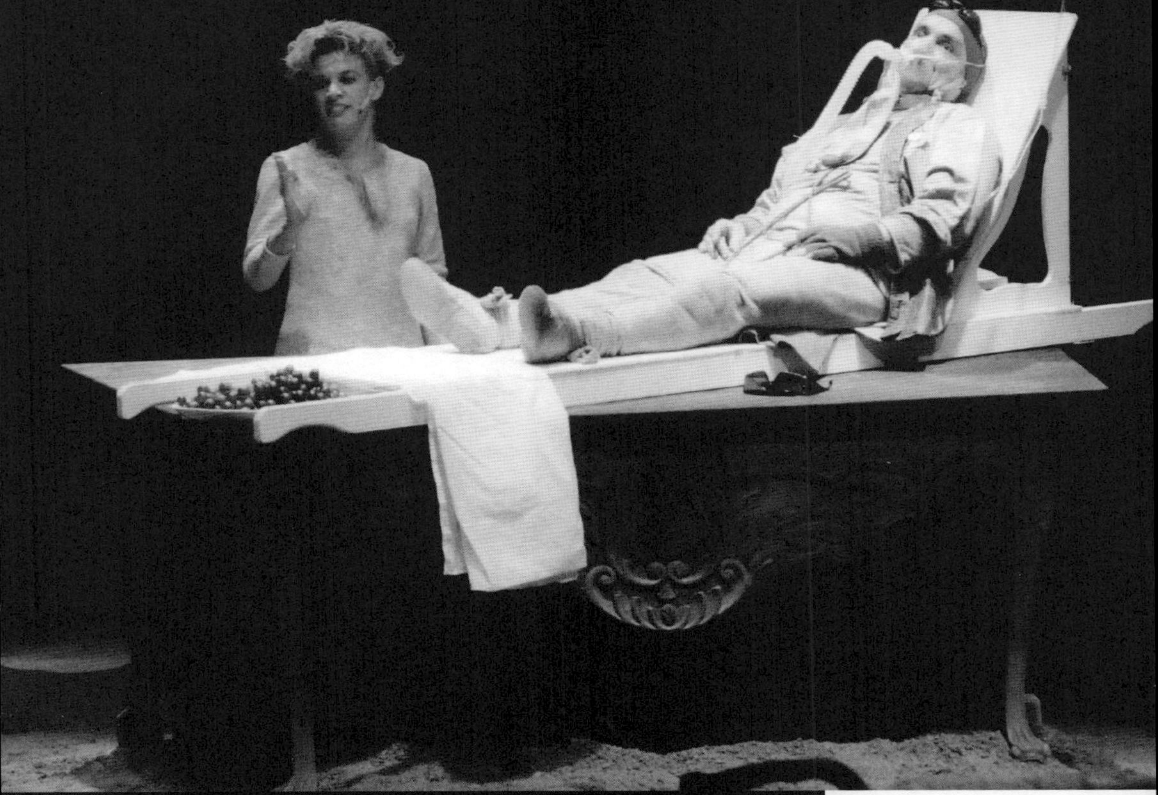

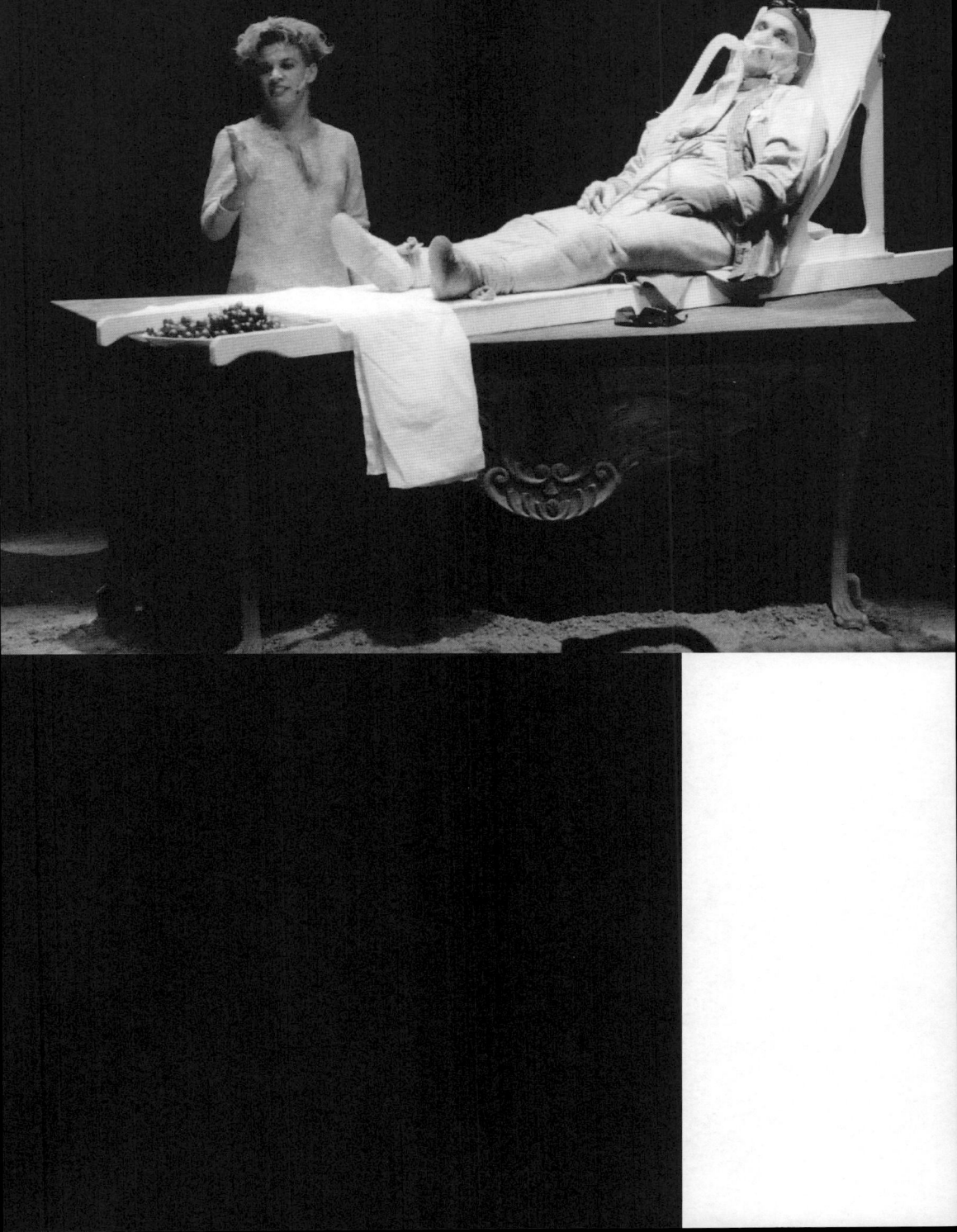

O HOMEM DE NENHURES

NOWHERE MAN RESSALTA ASPECTO CÔMICO DA OBRA DE GERALD THOMAS

HAROLDO DE CAMPOS PARA
O CADERNO "MAIS!" NA
FOLHA DE S.PAULO DE
27 DE OUTUBRO DE 1996

Uma falena preta, negrejante, abre asas em trapézio e borboleteia: dança. Está nua, e o triângulo de terciopelo entre suas coxas móveis (da dança) replica, em miniatura, às asas trapezoidais do vestido alçado. Ela dança, Carmen Miranda cambaleante, ao ritmo de um samba de Chico Buarque cantado na língua nórdica de Ingmar Bergman. Das velaturas vocálicas e das angulosas consoantes do sueco emerge, aos poucos reconhecível, um refrão familiar: "Canta samba Brasil!", ligeiramente "estranhado" pelo sotaque. Ao fundo da cena, em azul e branco, nuvens sobre céu, um telão radiante corta o escuro do palco. Compõe uma paisagem à Magritte e à Duchamp. Com cinco latrinas brancas enfileiradas como esculturas vacantes. Cinco retretas que sinalizam aqueles mallarmeanos "lugares absolutos" (na fala comum e nos grafitos do lavabos públicos "lugares solitários"...). Cinco viúvas sedentárias, porcelanizadas, prenhes do mistério freudiano, grávidas do (agora não mais retido) ouro fecal. Três enfermeiros e duas *nurses*, todos vestidos de branco hospitalar, acabaram de fazer escoar, para o mais profundo fundo dessas higiênicas tubulações hidráulicas, sua propiciatória (e demasiadamente humana) oferenda aos deuses inferiores, num ritual não mais que metaforizado em fundo de cena.

Um bebê gigante (Luiz Damasceno), um macroneném, avermelhado ainda do sangue parturial – acabara de sair de um útero borrachosamente complacente, hiante buraco púrpura perfurado no tampo de uma mesa rococó (escrivaninha de dramaturgo? Távola filosofal? Berço de embalar neonatos e tálamo para cópula conjugal dos genitores?). Acabara de nascer e/ou renascer. Não muito antes, por falar em Magritte, havia desfilado contra um friso gris, um rodapé de fundo de cena, uma severa silhueta de guarda-chuva, enquanto uma fogosa dama de amarelo-canário (Raquel Rizzi), emperiquitada sobre saltos altos da mesma cor, se esforça por barganhar a mesa-totem com um magote cochichante de compradoras potenciais, na tentativa desesperada de salvar da ruína as falidas contas domésticas...

Aparentemente, essa mercadejante matrona é a mãe-esposa do bebê nu e sangrento (diretamente extraído de uma tela de Francis Bacon) e se reveza nessa posição com a falena dançarina (Milena Milena), agora de branco vaporoso, com manchas sanguinolentas no vestido de noiva, abandonada sobre a mesa-cama, cabeça, cabelos e um braço pendentes, uma figura finissecular de bela adormecida, recém-saída do pincel pré-rafaelita de Dante Gabriel Rossetti ou de seu colega Burne-Jones.

Estou tentando recapturar em palavras alguns dos mais fascinantes momentos ("cenogramas") de "Nowhere Man" e dou especial destaque à cena final, misto de balé mortuário e rito de ressurreição, em ritmo de samba sueco-tropical. Já havia visto no Rio a nova peça de Gerald Thomas, mas uma falha de computarização prejudicara naquela ocasião a estudada iluminação de cena. Revê-la agora, no Sesc da rua Clélia (Lapa), deu-me a possibilidade de avaliá-la mais completamente.

De fato, a iluminação, que Thomas quer exatamente sincronizada como nas pautas de uma partitura, é elemento importantíssimo da sintaxe visual da peça. É a luz, projetada com calculada pertinência, que permite a transformação do palco num deslumbrante âmbito rubro de entressonho e pesadelo. Sempre que o protagonista, dilacerado entre mãe e musa (a bela adormecida de branco, vestido ensanguentado, e também a negra falena dançarina, armada de um chicote sadomasoquista que ela vibra e estala em torno do filho-amante); sempre que o homenzinho bebê encarnado por Damasceno põe um par de óculos de armação vermelho cintilante, o cenário todo empurpurece, se deixa tomar por uma luminosidade escarlate, um véu difuso de sangue (himenal, menstrual, puerpérico). Essa monocromia, simbólica também de assassinato e suicídio, recorda-me, por um súbito impulso associativo, episódios marcantes de romance, em que a cor única tem função de Leitmotiv, serve à ênfase semântica. Assim, a "orgia vermelha" do "tableau vivant" protagonizado por Lucíola, a altiva Frineia retratada por José de Alencar (a expressão "orgia vermelha" é de Antonio Candido, que destaca, com fina percepção, essa inspirada cena alencariana); o verdadeiro "estudo em amarelo", com que Balzac pontua a presença do pai Grandet, evocando subliminarmente o ouro acumulado pelo avarento (do brilho de seu olhar à tonalidade amarelo-grisalha de seus cabelos); ou, finalmente, no extremismo "decadentista" de Huysmans, o suntuoso banquete todo negro de "À Rebours".

Mas não somente pela sedução da visualidade (arte na qual é mestre) prende-nos Gerald Thomas nesse seu novo espetáculo. Nele se acentua um traço sempre rastreável na dramaturgia geraldiana: o cômico, a farpa irônica, o farsesco levado até a autoironia.

O macrobebê edipiano é também um "trombone" (como se diz em gíria teatral italiana), um ator canastrão (a exemplo do Hamm de Beckett), atônito e agônico, aguilhoado pela consciência crítica e atormentado pelos aplausos (plateia de pé!) que recebe quando menos espera, ou seja, quando lhe parece evidente ter fracassado monumentalmente em seu desempenho. O "mundo às avessas" quevediano (e hegeliano) se instala em cena. E o perplexo ator ora se metamorfoseia – destino de filósofo cínico? – no cachorro domesticado de "Quincas Borba" de Machado de Assis, para melhor fugir de tudo e de todos, ora se divide, derrisório e vaníloquo, entre Fausto e Mefisto. Ambos, no fundo, uma só personagem em duas "personae" complementares, mefistofáusticas: *die Faust*, "o punho" em alemão; "the fist", "o punho" em inglês, não por mera coincidência as duas línguas de Thomas, além do seu português-brasileiro, de menino carioca crescido sob a asa instigante de um parangolé monocromático de Hélio Oiticica.

A acentuação do veio cômico (ou da veia histriônica) no teatro geraldiano, que vem sendo ressaltada pela crítica desde a primeira apresentação da nova peça no último Festival de Teatro de Curitiba, provoca risadas na plateia. Descontrai-se e desreprime-se assim o público, levado à perplexidade pelas turbulências vermelhas que o diretor desencadeia em cena aberta, num jogo obsessivo de humor/amor/morte, no qual engaja o excelente elenco da Ópera Seca: estupenda performance de Damasceno, à cuja arte experimentada e arguta o espetáculo muito justamente é dedicado; frisantes desempenhos de Milena e Raquel, bem coadjuvadas por Ludovaldo e Marcos Azevedo.

No caso da escritura "grafocênica" de Gerald Thomas, dessa escritura que se escreve encenando-se, vale dizer, à medida mesma que se vai pondo em cena, em luz, em voz (as intervenções em "off" do diretor, como sempre, pontilham ironicamente o espetáculo), parece-me, cada vez mais, que à crítica cabe mais uma função propedêutica. Quero dizer, uma função de introduzir o espectador à singularidade "verbi-voco-visual" da peça, um papel de "aperitivo" (do latim, "aperire", "abrir"), de instigação a assistir o que só no palco se passa e se explica (de "ex-plicare", desdobrar). Muito mais do que uma tarefa exegética, que exija do crítico uma análise exaustiva de conteúdos, do fragmentário campo semântico desse teatro, cujos sentidos em dispersão – esfiapados, experimentais – muitas vezes não são claros nem mesmo para o próprio diretor-dramaturgo, tão perplexo com suas construções/desconstruções como os próprios atores que põe em cena (sem falar do desnorteado auditório).

É o valor que dou a estas anotações sumárias, registros impressionistas de pós-espetáculo. Que sirvam como uma calorosa recomendação aos frequentadores de teatro para a prática desse exercício de abertura mental e desfrute sensível que é presenciar o "Homem de Nenhures" (*Nowhere Man*) em suas aventuras e desventuras atópicas, de quem não foi a Portugal e perdeu assim mesmo o lugar. Já que, como profetizou o velho timoneiro náufrago Stefauno Malamado, nesse espaço lúdico de andanças e errâncias (ou vida, ou teatro), "nada terá tido (ou haverá de ter) lugar senão o lugar"...

Aproveito para assinalar que a montagem entre nós da nova peça do dramaturgo anglo-carioca-alemão ocorre exatamente no momento em que, com o apoio do departamento regional do Sesc, a "trintenária" Editora Perspectiva lança, em primoroso trabalho gráfico, "Um Encenador de Si Mesmo" [...], ampla coletânea de ensaios de e sobre Gerald Thomas, volume criteriosamente organizado por Sílvia Fernandes e J. Guinsburg.

Abre a cortina. Uma mulher morta está deitada sobre uma mesa.

N	Narrador
D	Damasceno
M	Musa
A	Antimusa
H	Homem
V	Velho
A E	Anjo Exterminador

N   A mulher amada. A mulher que a gente ama. A mulher amada por ele. A mulher que ele ama. E esse é seu pai... a mulher dele. E esses são alguns amigos da família. Como se vê, ela tem companhia. Ele não. Ele não tem ninguém. Nem mesmo um cachorro.

ENTRA MÚSICA.

N   Nosso herói é um ator... um político... um coreógrafo... um filósofo, um musicólogo, um amante das belas-artes, apreciador de uma bela pincelada, mas atravessa uma crise severa.

MÚSICA.

N   Nosso herói se encontra só, esquecido, suas questões parecem ter se tornado um suvenir, uma bugiganga de recordação, um chaveirinho de plástico de Nossa Senhora de Aparecida. E tudo que tem é a mesa que gerou sua obra, a mesa na qual se senta e vê o mundo girar. Nosso herói se encontra solto nas cálidas e frias areias do deserto.

D   É! É assim que sou. Coloco tudo na mesa. Nada a esconder. É isso. O quê? Quem sou eu? Vá olhar nos livros de História, vá beber nas fontes literárias, vá consultar videntes... sei lá... Sempre foi assim: os homens matam aquilo que conhecem, aquilo que amam. Ser tirado pela morte, ou por alguém que exerce esse papel de morte, ou exala seu cheiro... infecta o ar. É uma cena altamente dramática, mas não é uma cena de dramalhão, não é uma cena de se ficar berrando. Eu berrei. Percebi isso no exato momento em que eu o fiz – ali estava eu, de frente para a morte, o silêncio final... Um precioso e delicado momento de suspense... Quando gritos são murmúrios e um berro é, no máximo, uma silenciosa boca aberta instilando medo e suspiro final no âmago da audiência –, mas eu não tinha como voltar atrás. Eu berrei, eles ouviram e foi horrível. Achei que berrando iria dar toda a energia. Besteira. Não me matei. Matei a cena! Mas, e todo esse meu exagero? E toda essa gritaria e *overacting*? Vocês acreditam que eles gostaram? Acreditam que me deram todos os prêmios do estoque? Acharam que a cena estava incrivelmente bem representada e me cobriram de estatuetas de ouro. O pior momento da minha vida, a pior escolha de atuação... e me aplaudiram de pé! De pé! A coisa está ficando cada vez pior. Dá vontade de vomitar! De vomitar! Então decidi criar uma coreografia: *"O Reverso da Mortalidade"* ou *"Despertar da Musa Defunta"*. Feita para ser a pior coreografia já criada, a mais nojenta, a mais horrenda. A musa morta começaria dançando por aí, com a saia levantada, mostrando a... "coisa" dela, e iria rebolando o corpão até o fundo, um telão pendurado com um céu cheio de nuvens brancas... ah, sim! A música iria ser muito alta, um velho samba berrado em sueco. Seria o suficiente para me darem mais prêmios, a fórmula mágica para uma carreira imortal. Me aplaudiriam de pé outra vez. Vocês sabem, essas coisas têm uma tendência para se tornarem *cult, cult, CULT! CULT!* Dança, mulher, dança! Mexe essa bunda, para com esse fingimento, levanta e dança! Estou mandando! *[Reconsiderando.]* Não funciona... *[ternamente]* vai, dança, neném, vamos ver essa coisa... dança samba, neném, dança pra mim... Do jeito que só você sabe. Muito trabalho. Nasci no século errado. É trabalho demais para mim.

PÕE ÓCULOS DE REALIDADE VIRTUAL.

N Passava os dias assim. Se alguém batesse na porta, ele simplesmente gritaria:

D "Desculpe, não tem ninguém para atender a porta, estamos todos recebendo uma... massagem coletiva!" *[Para o abajur.]* Calem essa maldita boca ou meto uma bala na cabeça de vocês! Ninguém abre aquela porta! Ai, meu Deus... o que foi que eu fiz? Que merda foi essa que eu fiz? *[Em off.]* Escapada... fuga... improviso... isso! Me leva. Me esconde. Me mata. Não! Não me mata. Me pega e não me larga. Me agarra e não me deixa... Me cozinha, mas não assa... Me frita mas não queima... *Urggggghhhhh!* Vamos ver. Essa música não para nunca... não é música, é ruído. Esse ruído não para nunca. *[Para o operador de som.]* Aumenta. Aumenta ele! Mais. Isso. Escapar pelo ruído, pela música. Vamos ver. Beethoven... Não, Beethoven não. Poético demais, e poetas deixam lágrimas. Schöenberg. Sim! Não! Schöenberg, não. Inteligente demais, e intelectuais deixam pistas. Wagner. É, isso, Wagner, a obra do escapismo total... Não, egocêntrico demais... Além do mais, Wagner deixa danos. Gershwin. É isso! Gershwin e seu *jazz* neuropseudoclássico... a sinfonia incompreendida. Escapo de um jeito, e vão me compreender de outro. Escapo, e não me acham. Reapareço como outro qualquer, com outra máscara, e disfarço meu velho repertório com o verniz do futuro. Exatamente como foi no *jazz*, na música dodecafônica, no *blues*, no samba, quando os escravos da África seguiam o cortejo de túmulos anônimos no compasso dos tambores... ou o zumbido zumbi do *rap*... *shit*... *bull*... *pit*...

N Nosso herói teve uma revelação. Ou pelo menos achou que teve. Era um desses engenhosos judeus, que surge entre nós a cada década. Estima que viu a luz através da evolução dos sons da música, tal qual esses gênios todos que capturaram a alma humana nesses inimagináveis tons e semitons, esboços afônicos e escoriações computadorizadas do declínio verbal.

D Sim! Gershwin! A origem! Tenho que ser capaz de decifrar a sábia transformação do *jazz* em clássico e do clássico em *jazz*. Assim vou ser capaz de viver em qualquer lugar desse... E imigrar e me reinventar e ser reinventado e sair daqui, desse cume... E assimilar qualquer cultura... E me tornar um zé-ninguém... *no man*... *Nowhere man!*

N Mordeu a mão até ver sangue. Qual fuga? Que inteligência ele pensa que viu em Gershwin? O que ele pensa que viu? Qual fuga? Qual evolução musical e escoriações computadorizadas do *hip/*

shit/bull/pit? Como ele julga que isso vai levá-lo à renovação? Ela está tão morta como sempre esteve... Cada vez mais ele tem a impressão de ser cada vez menos, tornando ao pó ou pólen estéril levado ao léu de suas paisagens mentais. Nosso homem passa os dias em solipsismo, monologando sua solidão para o tempo passar. Sua alma berrava.

D *[em off]* Mordi minha mão até ver sangue. Senti meus dentes afiados, cortando a pele em volta, e girei meu dedão devagar até completar o círculo. Segurei-o ali até a dor me subir pelo braço e ombro. Agarrei tudo o que me remetia a ela e comecei a rasgar. Estava determinado a varrê-la do meu sistema, a apagá-la, a associar sua imagem à dor física e, assim, livrar-me dessa dor. Rasguei cada pedaço da sua roupa, até não sobrar mais nada. *[Não mais em off.]* Vê como ainda você é forte? Vai, continua. Rasga, até não sobrar mais nada... seja um moedor humano, eu me dizia, "seja um moedor humano", enquanto continuava a rasgar peça por peça. Foi então que notei algo curioso. Um som estranho tomou conta do meu pensamento. Tentei ignorá-lo no início, mas logo não foi mais possível. O barulho foi crescendo até ficar insuportável. Eu estava ouvindo meu próprio barulho, mas era o barulho de um... de repente eu estava latindo, rosnando, fazendo sons de louco. Depois de um tempo, percebi: estava rosnando feito um cachorro!

N Então começou a chorar. Não era a dor na mão ou a imagem de sua musa morta desvanecendo véu a véu. Era isolamento... Solidão... Tendo se exilado nessa desértica terra gasta, sem Didi nem Estragon à vista, sem árvore para a reunião, e sem meios de canalizar seus dotes musicais, nosso herói começava a se parecer com um daqueles personagens estúpidos de *Perdidos no Espaço*. Começou a dar por si como uma mistura de Pateta com Doutor Smith, e todo esse resmungo e rosnado, e toda a latição em torno da destruição do que era seu poderiam muito bem passar por um grito interno por socorro. Mas, espera um pouco, talvez virar cachorro não seja assim tão ruim.

D Será que eu poderia continuar acreditando em Deus, sendo um cachorro? Pode um cão uivar a Deus? Não, claro que não. Além do mais, é complicado ser um cachorro, tendo que viajar como eu viajo, a não ser... a não ser que eu adote um nome humano, de um senhor do século passado, romântico e educado, sarcástico e narcisista... ou Borba Cão... ou Emmanuel Kant... ou Caetano Emanuel... ou Fausto. Sim! Fausto! Que dignidade... "E quem é esse, minha senhora?". "Esse? Esse é meu cachorrinho Fausto". Sim! Fausto! Brilhante! Chega de pintar, chega de escrever, chega de ter que ser gênio, apenas uma tigela de comida dada de vez em quando pela mulher que me ama. A mulher que me ama! Fausto, o cachorro da transformação. O cachorro da transformação espiritual, mestre das alianças estratégicas: pactos, contratos, negócios... um cachorro com futuro! *[Para si mesmo.]* Mas o que eu já estou fazendo? Jogando esse joguinho humano de ter que vencer sempre. *[Para o público.]* Dá licença? Alguém aí está entendendo de que diabo eu estou falando?

N   Nosso herói teve que reconsiderar suas escolhas. Ao invés da luz no fim do túnel, tudo o que havia eram copinhos descartáveis e embalagens vazias de batata *chips*. Está certo. Talvez ele fosse dormir um pouco e deixasse que o tempo resolvesse alguma coisa. Até mesmo ela decidiu interromper sua performance. Tinha ficado ali deitada naquela posição desconfortável por horas a fio, dias e dias, meses, para representar a "musa defunta". Quem era ela? Quem era ela? Quem era ela?

NA SEQUÊNCIA, A MUSA DESPERTA E DANÇA. DEPOIS DE UM TEMPO, PEGA UM CHICOTE E SAI PERSEGUINDO DAMASCENO. A PERSEGUIÇÃO ACONTECE, ATÉ QUE GERALD O TRAZ DE VOLTA.

D   Margarida, você esteve ótima! Fabulosa!
M   Mas você me pôs numa posição foda! Me diz que eu sou tão linda quanto as outras mulheres! Me diz! Me diz que eu sou tão linda! Me diz!
D   *[em off]* Mordi minha mão de novo, tentando atrair alguma compaixão pelo patético estado em que me encontrava...
M   Me diz que eu sou tão linda e que você não liga para as minhas feridas. É isso, não é? Você me acha nojenta. Você acha essas feridas nojentas, não é? Não foi por isso que você me deixou? Por que você me exibe em vez de me amar, em vez de me prometer o céu, em vez de confessar que sou eu a mulher da sua vida? Por que você me exibe?
D   *[em off]* Ela me perguntava coisas profundas, mas de sua boca saía o terrível odor da sacarina. Eu precisava ganhar tempo.

DAMASCENO MORDE A MÃO DE NOVO, ESPERANDO ATRAIR COMPAIXÃO.

M   Me diz que eu sou tão linda, me diz! Tenho orgulho de ter parido um filho, não há nenhuma vergonha nisso! Tenho orgulho de ter sido capaz de r-e-p-r-o-d-u-z-i-r!

D   Margarida, o jogo acabou. Me deu uma vontade louca de fumar. Você tem fogo?

M   São feridas de quem se orgulha de ter reproduzido!

D   Acabou!

A VENDA DA RELÍQUIA: A MESA

A   Não liguem para a bagunça. Aliás, nem reparem. Ele não anda bem. Foi uma época difícil, de confusão, de profusão, por assim dizer, ele foi mergulhado em uma avassaladora onda de criação com... Terríveis consequências, tudo em demasia, tudo em relação, tudo interligado com as mídias, quero dizer, tudo muito no sentido de acusar a audiência por ser inocente demais, ingênua demais, atrasada demais no apego a um enredo estúpido para poder continuar acreditando.... Tudo se reduziu para uma única mídia, e na verdade tudo se tornou um simpósio – bastante interessante esse simpósio, aliás. Ele chama isso de "musa defunta prostrada na califrígida areia do deserto", mas agora vamos falar de algo que realmente nos interessa: essa mesa. *[Para Damasceno.]* Para de vadiar pelo chão e de embaraçar os convidados. Tudo acabado entre nós se eu não vender a merda dessa mesa do caralho.

H   Bastante instigante, provocativo e até exótico encontrar um cão tão bem treinado. Acho que prefiro comprar o cachorro.

D   *[em off]* Nossa! É melhor parar com isso. *[Levanta-se abruptamente.]*

A   A surpreendente volta do homem!

D   *[em off]* Essa noite todas as mulheres vão morrer. Está escrito! É chegada a hora! Não passa de hoje à noite, a morte de todas as mulheres.

A   A surpreendente volta do homem!

D   *[em off]* Esta noite! Esperem só! Todas vocês!

N Então a mesa foi apresentada aos potenciais compradores. Nossa adorável antimusa estava pronta para pegar a primeira oferta. Não tinham um centavo. A mesa era uma relíquia, um raro artigo de colecionador, de safra única, encontrada por acaso. Também emanava poderes místicos. Costumava infectar o atual proprietário, com os encantos daqueles que a usaram no passado: escritores, professores, médicos, inventores...

A Esta mesa foi encomendada por Luís XIV, por ocasião do *vernissage* do *Petit Palais*, em Versalhes. Parece que ele mandou vários emissários mundo afora atrás da nata dos marceneiros, artesãos abençoados pelas mais finas habilidades. E os emissários viajaram e viajaram... Luís XIV estava cansado da Europa. Entediado. A Europa e sua constante obsessão por valores rançosos, racionais e consagrados. Queria algo "selvagem", embora *sophistiqué*. Depois de muita procura, seus espiões voltaram da Manchúria com esse magnífico objeto. O marceneiro, segundo dizem, era um homem de letras, *finement eduqué*, e passou um tempo inacreditável traduzindo essa relíquia, que foi, aliás, sua derradeira obra de arte.

D Mentira. Mentira pura. Foi Richard Strauss quem fez isso, bem no meio do Terceiro Reich, logo depois de se tornar Ministro do...

A Faltou alguma coisa, meu bem?

N De fato, foi Richard Strauss o responsável. Nessa mesa compôs suas melhores obras, como *Morte e Transfiguração, Salomé, Electra*. De todo modo, impressionava mais vender isso como mesa de Luís XIV.

D [em off] Ela não pode estar fazendo isso comigo. Há objetos secretos escondidos na mesa. Há marcas de sangue e vinho maculando sua superfície. Há memórias minhas encravadas na madeira. Não posso ficar assim, só olhando! Sou um escritor! Um artista! Tenho que achar uma saída para isso!

M Quer parar com esse plano de milhagem de teorização barata e fazer alguma coisa? Ela não pode vender isso como uma simples mesa! Esse é o teu ventre, cada arranhão nele é tua certidão de nascimento.

SAI A MUSA. DAMASCENO APROVEITA PARA SUBIR NA MESA E MIJAR NAS PESSOAS CANTANDO.

D   Grande! Perfeito! Meia-noite! Não há meios de se intimidar o gênio! Não há papel que o gênio não faça com maestria! Não há um único original que um gênio não saiba copiar! Rápido! Um muro! *[Desce o telão.]* É hora de me apartar do mundo. É hora de me apartar de cada ser existente e compreender a luz como único alimento entre o vasto universo e o imenso eu!

CENA DA PINTURA. VELHO APARECE AO TÉRMINO DA CENA.

N   Havia um homem em um canto, sozinho, durante toda essa cena. Ele parecia um pouco alheio ao conflito interno do nosso herói. Ele parecia até mesmo bastante tranquilo, enquanto enrolava um cigarro. Seu nariz pingava levemente, mas havia nele algo bastante sublime. Parecia "importante". Talvez trouxesse em si a sabedoria dos séculos, talvez toda a história da humanidade morasse em seu cérebro... Ele dava a impressão de estar pronto para trazer respostas a todas as perguntas, qualquer pergunta que fosse, desde a criação do universo até os últimos avanços tecnológicos no uso dos supercondutores. Nosso herói se aproximou dele, do seu modo usual, tímido, lento e relutante e, não sabendo o que dizer, simplesmente pediu um cigarro.

D   Tem fogo? Gostou da performance? *[Para a plateia.]* Deus! Deve ter odiado! Deve ter achado datado e totalmente tosco! Provavelmente é um filósofo ou um psicanalista. *[De novo para o Velho.]* Obviamente, tudo o que está pensando é correto. É datado de propósito e tem esse leve toque tosco por cima. É intencional. Sabe, temos que "descobrir" o elemento de ligação entre o desconstrutivismo em si e as partes que constituem o ato criativo. Em outras palavras, temos que mergulhar de cabeça na vasta piscina das contradições que há entre o inútil e o indispensável da própria arte, enquanto elementos de alusões pré-freudianas à racionalidade, vista como meio de conexão de símbolos internos de nosso ser a outros ícones de referência. Este é, claro, o único modo pelo qual seremos capazes de avaliar a verdadeira dimensão da humanidade nesse universo... e seremos capazes de escrever sobre o seu desejo de se tornar grande demais, sua necessidade de se ampliar ao infinito diante de Deus. Esse é o único meio de trazer a humanidade de volta à sua ínfima dimensão, uma dimensão que se tornará cada vez menor ao longo do tempo, dando ao homem o verdadeiro e humilde contexto de que ele precisa para transcender as eternas e estúpidas questões de "de onde viemos, por que e para onde vamos". *[Para a plateia.]* Ele deve ter ficado muito impressionado com a transparência e a franqueza da minha explanação sobre os aspectos clínicos da questão de como se dá que o homem precise relacionar os atos criativos no sentido de um espelhamento, representando e interpretando sua própria inexplicável misteriosa e maldita aparência na superfície desse planeta. Ele com certeza me respeita agora mais do que nunca. Às vezes, tem que ser assim: o fato de que um homem como ele deva carregar tanta instrução, cultura e informação deve ser o próprio fator que o protege de assimilar novas versões de nossa mortalidade e vulnerabilidade. Então, lá estávamos nós... dois filósofos, dois gênios, encontrando-se por puro acaso. Ele, o mestre. Eu, o antimestre. Sem dúvida, ele quer ser como eu. Claro que eu queria ter um pouquinho dele também... mas não esse nariz pingando.

O VELHO OFERECE UM CIGARRO A DAMASCENO.

D *[para o público]* Céus! Quanta caridade, quanto paternalismo! *[Para o Velho, desconfiado.]* O que quer em troca?

N O Velho não deu uma só palavra. Oferecer um cigarro era um gesto amigável, obviamente mal interpretado por nosso herói, em seu estado mental perturbado que o impedia de reconhecer algo como um gesto de boa vontade. O Velho estava vestido de farrapos, como se saísse de uma performance de Beckett. Talvez essa roupa lhe tenha parecido hilária nas primeiras horas da manhã, quando se vestia. Ou talvez fosse um milionário que gostasse de se vestir como um vagabundo. Talvez se visse como uma espécie de Plauto... ou Platão... ou Platinhas, quem sabe. Depois de alguns minutos de infrutífera e densa atmosfera entre ambos, nosso herói decidiu tomar a ofensiva.

D Pois é... assim é a vida nesse planeta: concreto, enchentes, bombardeios aéreos, satélites espiões, mais concreto, barro, algumas flores aqui e ali, alguns asteroides apontando para nós, um horizonte novo a cada dia, fins do mundo, entropia brava...

N   O Velho balançou a cabeça como se querendo dizer que estava gostando. Por alguns instantes, os homens se olharam um ao outro, olho no olho, como duas almas iluminadas, exilados na Terra por uma multidão de mediocridades...

D   [apontando para o público] Carneiros... carneirinhos... milhares de carneirinhos. Todos vítimas, todos pobres, todos cobaias das brechas de leis efêmeras, leis parciais, leis que reivindicam para eles a única responsabilidade de serem os mordomos e os restauradores ocasionais de todo o conhecimento atingido pela humanidade. Prefiro morrer desnutrido, perfurado de mil pregos nas costas, a ter de vender meu nobre cérebro ao sistema. É verdade: não há absolutamente nenhum uso prático para nós nesse mundo prático. A não ser que criássemos um... você não pode sequer começar a imaginar a quantidade de ideias que tive, e que tive que rasgar, queimar, jogar fora, destroçar, pois só assim o sistema não poria suas mãos em cima. É um horror, é degradante! Carneiros! Mas, para dizer a verdade, toda essa coisa me diverte muito. É como uma peça. Uma peça rabelesiana. É risível.

N   Muito bem, parece que esses dois finalmente começaram a se entender. Nosso herói aparentemente conquistou o Velho com sua velha lábia e, depois de quase uma hora de citações literárias e afirmações de alto nível, ambos desataram a rir... e rir... e rir... Passaram uns bons dez minutos rindo, até o Velho sacar do bolso um bloquinho de anotações e começar a rabiscar algumas frases.

D   [para a plateia] Aí está! Somos iguaizinhos. Ele deve estar anotando uma ideia, exatamente como eu faço quando o clarão do gênio me alcança na rua: paro e escrevo. Nós, os gênios, temos que escrever tudo. Sabemos que a inspiração é algo divino que nunca se repete.

O VELHO ENTREGA O BLOCO A DAMASCENO.

D   [lendo, espantado, para a plateia] P-o-r f-a-v-o-r, escreva t-u-d-o. Não ouço nada. Sou surdo.

DESAPONTAMENTO E SUSPENSE. DAMA PEDE SOCORRO PELA INTERNET, MAS NÃO CONSEGUE LINHA. VELHO SE APROXIMA E OFERECE FOGO. CENA DO JOGO DE MÍMICA PARA ADIVINHAÇÃO DE NOMES: "ME-FISTO-ME-FAUSTO".

v   No cu. No seu cu. Se o seu nome for mesmo Fausto, então toda a sua abordagem em minha direção foi, como premissa, errada. O fraco se aproxima do forte com humildade, isto é, se quer ter algumas perguntas respondidas. Tudo o que você fez foi regurgitar frivolidades, estupidezes, interpretações equivocadas de tudo... Teria ficado muito mais impressionado se você tivesse falado da seriedade do erotismo do último filme de Kubrick, por exemplo. Aí, então, eu teria algo a te dizer. E o que te diria é: não seja tão infantil, minha criança. Seja jovem. Seja inocente, mas, por favor, não caia na armadilha de ter que validar seu reconhecimento público por meio de efeitos bombásticos que têm que ser retraduzidos a cada semana, só para que você possa se chocar e se divertir e se surpreender levemente pelas mudanças superficiais no *layout* de sua cara.
D   O quê? Você fala?
v   Reconheço os clichês. Quando todo mundo tiver falado o suficiente e caído morto de exaustão por tantas regras e imposições da moda e conceitos "revolucionários", só então eu vou começar a abrir meus ouvidos e deixar as coisas entrarem... Aqui. *[Oferece cigarro.]* Pega um. Mas é sem filtro.
D   Obrigado.
v   Pode me fazer um favor? Pode ouvir esse trecho e me descrever em palavras? *[Gershwin é tocado no gravador portátil.]* Você sabe o que é isso?
D   "Tico-Tico no Fubá?"
v   Você sabe quem compôs isso?
D   Chiquinha Gonzaga? Pixinguinha? Braguinha? Adoniran Barbosa? Chico Buarque? Chico Viola? Paulinho da Viola? Jackson do Pandeiro? Jacó do Bandolim? Nelson Cavaquinho? Nelson Ned? Nelson Sargento? Almirante? Martinho da Vila? Velha Guarda da Portela? Salgadinho do Katinguelê?
v   George Gershwin. Deveria ouvir isso às vezes, quando tiver acabado com todo esse papo-furado e conversa para boi dormir. Deveria dar um tempo e parar, parar. Só isso. Senta em algum lugar e pede um chá, alguns biscoitos, ou mesmo um chope, e olha em volta. Fica atento. Pega um livro ou vá a um recital de poesia. Você tem uma vida para viver enquanto você não morre, minha criança, se não fosse esse estúpido apetite pela eternidade. Pronto. Assina isto.

D   Contrato? Que contrato? Qual contrato? Que diabo é esse contrato? O que você quer dizer com contrato?

N   O Velho fingiu ser surdo de novo. Nosso herói estava começando a ter uma ideia, pela primeira vez há muito tempo... Doze horas tinham se passado desde que acordou com uma serra na mão diante um ruído forte, logo após ter sonhado que tinha serrado sua musa em duas.

DAMASCENO MATA O VELHO COM SUA SERRA E COMPLETA A PINTURA COM O SANGUE QUE JORRA COMO EM UM QUADRO DE POLLOCK. A PINTURA É ROUBADA.

D   Polícia! Alguém! Policial! Rápido. Eu não estou bem. Preciso de um descanso. Por favor. O contrato prevê descanso. Aqui! Leia isso; cláusula 3 da página 2: se todos esses eventos forem demais para os nervos do *performer*, ele terá o direito a uma semana de descanso em uma clínica de nosso convênio, a Clínica Lacan.

SOBE O TELÃO ATRÁS DELE, EM LINHA, A EQUIPE MÉDICA DA CLÍNICA LACAN. ENTRE ELES, A MUSA, A ANTIMUSA E O ANJO EXTERMINADOR, UM HOMEM COM CORRENTES. MÚSICA *TECHNO*. CADA UM DELES DANÇA — A MUSA DANÇA FLAMENCO — E SE EXIBE PARA DAMASCENO, QUE ESTÁ EM UMA MACA COM MÁSCARA DE OXIGÊNIO.

AE   Deus, ó Deus! *[Cai de joelhos.]* Os que merecem não ganham e os que ganham não merecem. Senhor, por que o tratais assim? O que fez ele para ser reduzido a ferros contra sua vontade, pobre, pobre, pobre homem de bem! Ó Deus, o que foi que ele fez? Não posso aguentar mais, frente a seu sofrimento e ao sofrimento de nosso povo. Eu só quero ser bom, fazer o bem, eu só quero ser capaz de me assumir como sendo, ó Deus, eu só quero ser capaz de dar meu amor, para todos e qualquer um que precisar. Amor, meu Deus, eu só quero ser capaz de dar Amor! Quero ser como uma pombinha branca e voar alto e espalhar paz por todo lado, sim, quero ser o símbolo da paz, o símbolo da esperança. Quero fazer com que o pobre fique rico, além de poder dar chocolate para as criancinhas. Sim, quero ir por aí dando ovos de Páscoa, ovos de Páscoa recheados de esperança e fatias de peru defumado, como faz Papai Noel. Quero sair do armário, sair do armário e voar como Papai Noel, recheado de chocolate... chocolate escondido em caminhõezinhos de plástico. Quero ver as criancinhas comendo os caminhõezinhos de plástico, destruindo eles com seus dentinhos frágeis para chegar no chocolate e, depois do chocolate, em outras drogas, como cocaína e marzipã e heroína. Quero encher uma Mercedes Benz com centenas de escravos negros, como sardinhas, como bacalhaus frescos, como desejo insaciável que se tem depois de ter dado à luz ou ter visto alguém sofrer ou ter visto essa injustiça toda, por piedade, salvai-o e me levai, meu Senhor, levai a mim! A MIM!

D *[pondo seus óculos virtuais]* Só há uma saída para isso. Nascer de novo. Morrer e nascer de novo. Vamos brincar com essa ideia até ela dar certo, um dia. Uma mudança no rosto. Não é mal. O fim do bigode. O fim do bigode? Sim! O fim do bigode! Vou nascer alto, negro e lindo. E rico. Alto, negro, lindo e rico.

BLACKOUT, DURANTE O QUAL DESCE UM TELÃO NO MEIO.

N Nosso herói foi capaz de uma proeza extraordinária. Conseguiu escapar. Infelizmente, para uma personagem com aspirações clássicas, essa escapada não vai proporcionar a ele surpresas muito agradáveis. Ou vai? Nessa viagem, ele provavelmente terá que enfrentar todos aqueles com quem se encontrou na vida e idolatrou, rejeitou, caluniou pelas costas, conspirou a favor, associou-se com, prestigiou e quis matar em seus espasmos de euforia e subsequente depressão. Essa viagem vai trazê-lo de volta a seu início, o dia primeiro, o minuto desse dia em que tudo começou para ele, o minuto do dia em que nasceu.

MÚSICA. DAMASCENO NASCE POR UM BURACO DA MESA. A MÃE GRÁVIDA ESTÁ SENTADA, ENQUANTO O PAI, VIOLENTO, RONDA A SUA VOLTA, NERVOSO, PEDINDO-LHE PARA QUE DANCE. O TEXTO É EXATAMENTE O MESMO QUE O NOSSO HERÓI DISSE À MUSA MORTA, LOGO NO COMEÇO DA PEÇA. O HERÓI RECÉM-NASCIDO VÊ A VIOLÊNCIA DA CENA ENQUANTO CHUPA O DEDO. POR FIM, A MÃE É LEVADA A DANÇAR, TEM UM ATAQUE DO CORAÇÃO E MORRE. O HERÓI RECÉM-NASCIDO VÊ ISSO E TENTA MAMAR EM SEU PEITO, ENQUANTO O PAI O AFUGENTA. O TELÃO DO MEIO É LEVANTADO, REVELANDO UM GRUPO DE ENFERMEIRAS QUE SAEM CADA QUAL DE UM BANHEIRO. PAI E HERÓI OLHAM A

CENA, O RECÉM-NASCIDO É POSTO EM UMA MACA DE NOVO, COMO SE FOSSE UMA ENCUBADEIRA, ENQUANTO A ALMA DA MÃE MORTA FICA A SEU LADO E O GUIA PARA UMA PÓS-VIDA, UMA VIDA ETERNA. ESTA CENA É TAMBÉM A COREOGRAFIA CAFONA A QUE O HERÓI SE REFERIA EM SEU ÓDIO, QUANDO DISSE NO INÍCIO DA PEÇA QUE CRIARIA A PIOR COREOGRAFIA DE TODOS OS TEMPOS, JÁ QUE ESTÁ SENDO APLAUDIDO DE PÉ POR SEU PIOR E MAIS ININTELIGÍVEL TRABALHO. ERGUE-SE O TELÃO DE FUNDO REVELANDO UM LINDO CÉU AZUL COM NUVENS, ENQUANTO OUVIMOS "QUEM TE VIU, QUEM TE VÊ", DE CHICO BUARQUE, NA VERSÃO *TECHNO* DO GRUPO SUECO THE FLYING DUTCHMAN. HERÓI E MÃE DANÇAM AOS CÉUS.

VENTRI— LOQUIST

ESTREIA
DEZEMBRO DE 1999, NO SESC VILA MARIANA

TEXTO E DIREÇÃO
GERALD THOMAS

ILUMINAÇÃO
GERALD THOMAS E CAETANO VILELA

TRILHA SONORA
GERALD THOMAS

MÚSICA
MICHELE DIBUCCI

FIGURINO
GILDA BARBOSA

COMPANHIA DE ÓPERA SECA
AMADEU LAMOUNIER, ARIETA CORRÊA, BRUCE GOMLEVSKY, CAETANO VILELA, CAMILA MORGADO, CÁSSIO DINIZ SANTIAGO, ELISA BAND, FABIANA GUGLI, FÁBIO MENDES, LUDMILA ROSA, MARCELLO BOSSCHAR, MARCOS AZEVEDO E MURIEL MATALON

A POÉTICA DE DÚVIDAS DE GERALD THOMAS

MACKSEN LUIZ PARA
O *JORNAL DO BRASIL*
DE 4 DE MARÇO DE 2000

Ventriloquist confronta a plateia com a incerteza, a incapacidade de digerir o entulho de uma época em que tudo parece tão transitório e vago quanto a repetição da voz de um boneco de ventríloquo. A montagem de Gerald Thomas, em cena no Espaço Cultural Sérgio Porto, vai buscar na lata do lixo do fim do século os detritos de ideias e o impasse da criação para digerir, num ato antropofágico, os rejeitos de um tempo. O texto de Gerald Thomas é um manifesto sobre todas essas incertezas, uma avaliação quase poética de um século de monólogos em que se fala sem qualquer ressonância para si e para o outro.

Na construção dessa arquitetura de palavras e imagens que se confundem, e muitas vezes até se anulando, o autor desestrutura as vozes em ruídos paralelos e imprecisões sonoras, e manipula o movimento numa sequência de gestos que se perpetuam pela ausência de sentido verdadeiro. As referências de *Ventriloquist* podem estar no fragmento da ópera *Moisés e Arão*, de Arnold Schönberg (1874-1951), através da sugestão de uma de suas cenas, ou, ainda, no desencanto verbal que remete a Beckett, ou também numa citação passageira de *A tempestade*, de Shakespeare. Mas, antes de se procurar identificação de fontes, é necessário compreender um estado de perplexidade. Gerald Thomas reflete sobre a perplexidade como um generoso ato de compartilhar dúvidas com o espectador, o transformado em sujeito da cena, e a quem oferece, como um náufrago, a garrafa com vários bilhetes. O prazer do espetáculo está em se permitir abrir essa garrafa e se deixar levar pelo que diz cada um dos bilhetes.

A encenação de *Ventriloquist*, aparentemente, é tão fragmentada quanto o texto, mas há na urgência e vertigem das cenas uma fina tessitura que captura pensamentos em ação, traduzindo em teatro o caráter de fingimento da representação. A mentira é jogada no rosto do público todo o tempo, e os aspectos patéticos, em alguns momentos até ridículos, são ênfases que o diretor busca para não deixar dúvidas sobre o cenário de que se está falando. O teatro é o palco, talvez, de "parábolas baratas", de onde se pode tocar na morte, e, igualmente, é uma área em que se está cada vez mais solitário. O criador, um Moisés sem a fatalidade bíblica de conduzir seu povo à Terra Prometida, serve de metáfora da passagem por um tempo em que se foi condenado ao presente como a idade de ouro da única utopia ainda possível.

Nessa ciranda sociofilosófica, há lugar para o humor que quebra com a seriedade como atitude e o bom gosto como estética. Uma peruca de comediante popularesco ridiculariza um Andy Warhol falso, e os trejeitos de costureiro maneiroso lembram a vulgaridade de um programa de televisão em cenas que nos devolvem as imposturas da representação. *Ventriloquist* é um espetáculo espasmódico, feito de arranques, cenas que se desfazem com a mesma naturalidade como foram elaboradas, permitindo que a aparência comprometa, deliberadamente, o bom acabamento. Mas, ao mesmo tempo, *Ventriloquist* tem uma sofisticação de meios no despojamento cenográfico, no uso da música e no desenho de um universo cênico que remete à abstração de um inconsciente cultural.

O truque teatral ganha a dimensão de uma revelação exposta, aberta à frente do público para entrever todos os seus mecanismos. Mas ao contrário do que se imaginaria, a exposição dos truques faz com que sejam desmontados os seus efeitos, e assim da mentira chega-se à verdade. A belíssima cena final, em que a narradora enfrenta a dramática da morte e a poética da solidão, o teatro se manifesta em plenitude.

A força feminina do elenco – Muriel Matalon, Arieta Corrêa, Fabiana Gugli, Camila Morgado e Ludmila Rosa – contrabalança o histrionismo dos atores – Marcos Azevedo, Bruce Gomlevsky, Marcello Bosschar, Fábio Mendes, Caetano Vilela e Amadeu Lamounier –, harmonizando-se numa cena sempre provocante. *Ventriloquist*, desabafo reflexivo sobre um tempo de dúvidas, capta, em jogo teatral instigante, engraçado e, ao mesmo tempo, emocionante, a beleza das dissonâncias.

Todos os dias, antes do espetáculo, Gerald falava com a plateia, fazendo uma espécie de *one man show*. O principal assunto da sua fala era Cacá Diegues. Gerald contava que um dos objetivos do espetáculo era dar espaço para personalidades falarem, por meio de gravações em *off*, sobre questões que lhes urgissem falar. Dizia, então, que a primeira pessoa que procurou foi Cacá Diegues e que tinha gostado tanto das suas falas que resolveu mantê-las como parte integrante do espetáculo, em vez de substituí-las por outros depoimentos. Na época, o seu filme *Orfeu* tinha chances de ser selecionado para concorrer ao prêmio de Melhor Filme Estrangeiro no Oscar, mas ficou fora da disputa. Gerald se solidarizava com Cacá e comentava como achava absurdo o fato de ninguém, nenhum artista, jornalista ou intelectual, ter se manifestado sobre o ocorrido. Ressaltava que Cacá era um artista brasileiro fundamental, um dos agitadores do movimento do Cinema Novo, e que não importava a qualidade desse filme. Outra coisa que Gerald costumava fazer nesse prólogo era se dirigir a um conhecido seu que estivesse na plateia e travar um diálogo com ele. Pedia também para os espectadores desligarem celulares e dizia que, se ouvisse um celular tocando durante o espetáculo, confiscaria o aparelho. Gostava ainda de pegar objetos dos espectadores e tecer comentários sobre os mesmos. Ao final da sua fala, bradava: "elenco". Os atores entravam em cena e se posicionavam para o início da peça. Às vezes, Gerald apresentava os atores um por um, falando seus nomes.

CD	Cacá Diegues
MM	Muriel
MA	Marcos
B	Bruce
G	Gerald
L	Ludmila
C	Camila
MB	Marcelo
FG	Fabiana
B	Bruce
D	Dominic
FM	Fábio
T	Todos

BO.

SOLO DE SAX DE PHILIP GLASS. ENTRA A LUZ DEVAGAR, ILUMINANDO SOMENTE ARIETHA, QUE ESTÁ EM PÉ NO PROSCÊNIO, NO CANTO ESQUERDO, COM A CABEÇA ABAIXADA, FAZENDO GESTOS DE QUEM TOCA UMA GUITARRA, COMO SE ESTIVESSE COMPLETAMENTE DROGADA. BRUCE, QUE ESTÁ SENTADO NA POLTRONA DO LADO DIREITO DO PALCO, OLHA PARA ARIETHA.

VOZ DE CD *[repete várias vezes]* Bonita essa música, essa música é bonita mesmo... *[Bruce ventriloquisa fala do Cacá Diegues em off.]* Eu acredito em Deus. Ele é feito a roda, o vapor, o avião, foi o homem que inventou, mas isso não quer dizer que não exista. Eu estou nas mãos de Deus e sei que ele gosta de mim.

MM[1] Foi aqui. A luta foi aqui. Eles vinham de todos os lados. As mulheres eram mantidas ali. Com a vitória dos inimigos, as mulheres eram desnudadas, desnudadas e curradas bem aqui.

MA *[com voz de menina pequena]* *[Filha]* Pai, o que tá escrito nessa lata de lixo?

1
APÓS A TEMPORADA NO TEATRO EM SÃO PAULO, MURIEL PAROU DE FAZER O ESPETÁCULO. SUAS FALAS PASSARAM A SER DITAS PELA PERSONAGEM CAMILA.

[Pai] É algo em francês que você não entende.
[Filha] E o que quer dizer essas palavras?
[Pai] Fin du siècle, fim do século, vai dormir, vai!
[Filha] E por que é que tem livros e fotos na lata do lixo?
[Pai] Vai pra cama, menina, já tá tarde!
[Filha] Posso ficar com essa foto aqui? Esse homem é tão bonito!
[Pai] Vai pro teu quarto, menina!

MM *[mais áspera, agressiva]* Foi aqui...

MA *[para Filha]* Quem é esse homem, pai?

MM ... A luta foi aqui, eles vinham de todos os lados. As mulheres eram mantidas ali. Com a vitória dos inimigos, as mulheres eram desnudadas, desnudadas e curradas bem aqui. Isso aconteceu há dois mil anos. E as mesmas perguntas ainda persistem. Por que, meu Deus? Por quê? Esse campo de batalha é o campo de todas as batalhas, todas elas aconteceram aqui. Como se fosse um espelho. Eu mudei de nome, mudei de identidade, mas sempre estive aqui, sempre fui eu, eu, era eu, sempre fui eu, eu, era eu, sempre fui eu, eu, era eu, sempre fui eu, eu, era eu...

À MEDIDA QUE MURIEL REPETE O FINAL DO SEU TEXTO, A LUZ ENTRA ILUMINANDO QUASE TODO O PALCO. A MÚSICA AUMENTA.

B *[sentado na poltrona, com voz de nordestino, repete diversas vezes]* Bonita essa música, essa música é bonita mesmo...

MISTURAM-SE A MÚSICA E AS VOZES DE BRUCE E DE MURIEL. AO MESMO TEMPO, MARCELO, QUE ESTAVA À DIREITA DA MURIEL, VAI ATÉ ARIETA, FAZ GESTO DE QUEM BENZE, DEPOIS VAI PARA TRÁS DA POLTRONA DO BRUCE E DEITA. *A LUZ* ENTRA ILUMINANDO CAMILA, FABIANA E LUDMILA, QUE ESTÃO NO FUNDO DO PALCO, À ESQUERDA. AS TRÊS VÊM LENTAMENTE CAMINHANDO PARA A FRENTE, ENQUANTO FABIANA FALA COM MUITA RAPIDEZ UM TEXTO DA PEÇA *VALSA Nº 6*, DE NELSON RODRIGUES. QUANDO ESTÃO NO MEIO DO PERCURSO, FABIANA SE CALA E LUDMILA FALA OUTRO TEXTO DA MESMA PEÇA COM VELOCIDADE IGUALMENTE ACELERADA. QUANDO ATINGEM O PROSCÊNIO, ENTRA UMA GRAVAÇÃO EM *OFF* COM A VOZ DE GERALD, CAMILA VENTRILOQUISA O TEXTO GRAVADO.

VOZ DO G   Este texto é, às vezes, intercalado pelo texto da *Judge Judy* em *off* [trata-se de um seriado norte-americano].

FABIANA VENTRILOQUISA *JUDGE JUDY*. ENQUANTO ISSO, FÁBIO E
AMADEU VÃO ATÉ MURIEL, ARIETA SE LEVANTA E VAI PARA TRÁS.
FUSÃO DE MÚSICA, ENTRA MURIEL.

MM   [*Lista de bebidas, drogas e remédios sendo encomendados. Cada dia, a atriz fala uma lista diferente*] 300 garrafas de uísque, 450 de champanhe, 30 de tequila, água pra boca seca, bandejas e bandejas de cocaína, comprimidos de Prozac, seringas descartáveis, não, descartáveis não.

ENQUANTO MURIEL FALA, BRUCE SE LEVANTA DA CADEIRA.

BARULHO DE RANGER DE PORTA. BRUCE MEXE A CABEÇA,
ACOMPANHANDO O SOM.

ESCUTA-SE UM ESTRONDO

CAMILA CAI COM O ESTRONDO.

MA   [*agressivo*] Essa é a verdadeira função de uma guerra: mostrar, expor, matar. Matar, mas, ao mesmo tempo, entreter, criar modas novas, trabalhos novos, tudo para o deleite de Deus...
L   Ou de algum compositor fantástico.
C   Aqueles que não têm a coragem de se manifestar: fodam-se!

ESCUTA-SE OUTRO ESTRONDO.

MARCOS, ARIETA, LUDMILA, BRUCE, FABIANA E AMADEU CAEM COM O
ESTRONDO.

C   O pior é que eu não vou fazer nada.
MB Não vale a pena mesmo.

FABIANA VEM ATÉ O PROSCÊNIO, DO LADO ESQUERDO.

FG[2] *[para a plateia]* Vocês não tem ideia do que estão perdendo.

ESCUTA-SE UM ARROTO.

ENTRA MÚSICA DE LORCA.

MA *[ventriloquisa arroto em off]* Devo estar no meu limite. Será que tudo isso acontece antes da criação da palavra? Ou este será o momento antes da articulação da palavra?
FG Não, isso é só uma festa!
MA Eu tenho pura e simplesmente um nome.

MURIEL E CAMILA CAMINHAM LENTAMENTE PARA A FRENTE. APÓS CLÍMAX DA MÚSICA, MURIEL CAI NO CHÃO E TENTA SE LEVANTAR REPETIDAS VEZES, MAS CAI NOVAMENTE. FABIANA E LUDMILA SE APROXIMAM DELA.

FG Depois de tanta bebida, né, coitada!
L Depois de tanta bebida, né, coitada!
B Depois de tanta bebida, né, coitada!
MB Depois de tanta bebida, né, coitada!
D Depois de tanta bebida, né, coitada!
FM Depois de tanta bebida, né, coitada!
MA E tanta bebida, tanta bebida, tanta bebida...

FABIANA VEM ATÉ O PROSCÊNIO, DO LADO ESQUERDO.

MÚSICA PARA.

FG *[para a plateia]* Não vem a comida... mas vem a véspera da linguagem, que enche as nossas bocas da mesma maneira.
MM *[para Fabiana]* Querida, cê tá com uma cara péssima!
FG Eu?
MM Se olha no espelho, cê tá horrível!
FG *[para Marcelo]* É verdade?

[2] NO MEIO DA TEMPORADA, GERALD PEDIU PARA FABIANA DIZER ESSA FALA EM OUTRO MOMENTO.

MB   Não vale a pena mesmo.

C[3]   O homem não inventou porra nenhuma, só roubou da natureza. A resposta não vai entrar pela porta, nem talvez influencie no resto de nossas vidas. Ouvimos, falamos, comemos e comemos demais, bebemos e agora falamos como se fôssemos outros, como se fôssemos generosos, só conseguimos ser generosos com as vozes dos outros.

Eu[4] ouço, eu falo, eu como e como demais, eu bebo e agora falo como se eu fosse outro, como se eu fosse generoso, só consigo ser generoso com as vozes dos outros[5].

FG   Vocês não têm ideia do que estão perdendo.

MM   Se vocês fossem fazer uma pesquisa sobre a farmacêutica, pra que lugar vocês iriam?

MA   Farmacêutica não tem a ver com cocaína?

MB   Eu iria pra Índia, no século XVII. Eu calculo que foi nessa época que eles começaram a estudar as ciências ayurvédicas.

MM   A farmacêutica é uma análise lógica da totalidade, que destila e mistura tudo, visando encontrar na causa um possível disfarce para os sintomas. A industrialização dos sintomas? Alguém tem que reagir a isso! Alguém, alguma hora, vai ter que entender que não adianta mais adiar a análise lógica da totalidade. A farmacêutica está relacionada com o suprematismo. Essa festa

3
BEM NO INÍCIO DA TEMPORADA, DEPOIS QUE A CAMILA
FALAVA ESSE TEXTO SOZINHA, ELA O REPETIA
A PARTIR DA SEGUNDA FRASE EM CONJUNTO COM
O MARCOS E, EM SEGUIDA, COM TODO O ELENCO.
DEPOIS, O GERALD CORTOU AS REPETIÇÕES.

4
NO MEIO DA TEMPORADA, A ATRIZ SUBSTITUIU A PRIMEIRA
PESSOA DO PLURAL PELA PRIMEIRA PESSOA DO SINGULAR.

5
NO MEIO DA TEMPORADA, GERALD DESLOCOU A FALA
DA FABIANA, "VOCÊS NÃO TEM IDEIA DO QUE TÃO
PERDENDO", PARA ESTE MOMENTO. A ATRIZ, ENTÃO,
PASSOU A DIZÊ-LA APÓS A FALA DA CAMILA.

lida com o suprematismo. O suprematismo científico. Estamos chegando perto do fascismo. De todos os fascismos. As cores do fascismo.

C   *[para a plateia]* E a Revolução Científica? E a Revolução Científica?
T   *[para o próximo]* Qual Revolução Científica?
MM   Me fala sobre esse cientista, físico, astrônomo. Quem é que determinou o universo segundo o homem novo?

LUDMILA VEM ATÉ A FRENTE ESQUERDA.

L   É na Prússia? Na Arábia Saudita? Em Santiago de Compostela? Ou você fala da burguesia, do excesso dos barrocos franceses que brigavam com os barrocos alemães porque ninguém mais acreditava que o homem era um ser vazio, a alma uma coisa vazia, o destino, um destino vazio? Qual homem novo, querida?
MA   Copérnico, evidentemente, querida.
FM   *[entrando no palco pelo canto direito frontal, empurrando uma arara com diversos* jeans *e cruzando a cena até o fundo esquerdo. Camila vai atrás.]* Copérnico nasceu em 14 de fevereiro. Galileu em 15 de fevereiro... e Brecht no dia 10... e o Paulo Coelho...
B   E o Paulo Coelho? E o Paulo Coelho?
FM   O Paulo Coelho nasceu a dez mil anos atrás. O universo passou a caber inteiro em cima de uma mesa. Foi aí que fodeu tudo. Foi a partir desse ponto que o homem se sentiu no direito de brincar com as coisas, manipular as coisas, e foi a partir desse ponto que o universo passou a ser um estado mental, e foi a partir desse ponto que eu comecei a sentir um medo do caralho. *[Marcos vai ver os* jeans.*]*
L   Gente! E o impacto filosófico? E o impacto filosófico desse medo? E o impacto filosófico desse medo em mim? *[Para Bruce.]* Seu canalha! *[Bruce põe o copo no chão. Fábio vai servir Bruce. Bruce pega outro copo e bebe. Fábio volta para a lateral direita.]* E o impacto filosófico desse medo em si? E o impacto filosófico desse medo em mi? Em ré? Em dó? Em fá? Em sol? Em lá? Em lá? Em lá? Em lá?
MM   *[chegando perto dos* jeans*]* O consumo?
FM   O homem...
MB   E a mulher...
FM   E os *pitboys*... o homem começou a ter mais tempo.

B   [nordestino] E aqueles que não se enquadram nem num nem noutro? Que palavra estranha essa, né? Noutro, noutro, noutro...

L   Para!

D   Evidentemente, a Revolução Industrial possibilitou ao homem a liberação da cabeça do resto do corpo... a cabeça... a cabeça... a cabeça...

L   Fala logo sobre essa porra dessa cabeça!

D   A cabeça... voltou a ser somente uma peça pensante.

B   [nordestino] Engraçado, né, esse negócio de peça pensante, peça pensante...

FG   [para Bruce] VOCÊ PRECISA REAGIR A ISSO! VOCÊ PRECISA REAGIR A ISSO! VOCÊ PRECISA REAGIR A ISSO!...

CAMILA SE APROXIMA DE BRUCE.

C   Com toda a modernização da telefonia no Brasil, continua essa mesma porra, esse caos, essas linhas ocupadas, congestionadas, constipadas, ATL, TPM, FHC, ACM, fica essa vozinha luso-brasileira dizendo "ATENÇÃO! Telefone ocupado". Por que eu tenho que tomar cuidado com um telefone ocupado? Fora essa e outras patifarias e canalhices que os portugueses deixaram aqui, agora ainda tem esse "cuidado, telefone ocupado".

FG   VOCÊS PRECISAM REAGIR CONTRA ISSO! VOCÊS PRECISAM REAGIR CONTRA ISSO! VOCÊS PRECISAM REAGIR CONTRA ISSO!...

FM   Vocês sabem quem nasceu hoje? Hans Lippershey, o inventor do telescópio! Uau! Bach nasceu no mesmo dia que Ayrton Senna. Kokoschka nasceu em 1° de março. Victor Hugo nasceu em 26 de fevereiro. Chopin... não, Vivaldi... não, Villa-Lobos nasceu dia 5... não, dia 7... Michelangelo... não, Mondrian... quer dizer, a fundação da Bauhaus foi em 27 de março. Nureyev nasceu... quer dizer... no mesmo dia em que nasceu Bach.

B   Você já falou em Bach.

FM   Mas não falei em Ibsen.

L   Ótimo! Agora vamos falar em Ibsen e Gal Costa.

FG   Ótimo! Estamos prontos pra enfrentar os próximos mil anos. Mas com que língua? Com que linguagem? Qual a etimologia disso tudo? Quem traduz isso aqui? Quem traduz aquilo ali? E quem traduz a confusão alheia? E quem traduz o grão de areia...

no deserto... de Moisés? Que subiu... e quem traduz o Elevador Lacerda? E a coluna da Lu Lacerda? Quem fará tudo isso, meu santo Deus?

FM *[para plateia]* Antigamente as pessoas tomavam muito ácido. Hoje em dia as pessoas tomam antiácido.

MA O que te vem na cabeça quando você ouve uma notícia de que houve uma chacina e que morreram uns tantos ou tantos outros, você liga?

C Se for pela ATL você não liga...

MA Você se importa? Ou você acha ótimo que essas gangues estejam se liquidando mutuamente? Te vem uma coisa de beco sem saída, de passado escravocrata, um *conundrum*, um rodízio fora do controle, uma mandala apodrecida, uma cabala completamente apodrecida, um beco sem saída.

MM Você tem muita pena, né? Você não entende que mais cedo ou mais tarde a gente vai ter que acordar para o fato de que os racismos são todos um único racismo, e que a escravidão não deixou de existir, ela agora existe de uma forma ainda mais trágica, as quadrilhas escravizam as crianças, as comunidades...

FM Aí me vem uma coisa de outro mundo, a minha segurança física me afeta, mas não de uma maneira direta. Você sabia que antigamente as pessoas eram muito inseguras? Hoje em dia, são tão cheias de segurança.

C Me vem uma coisa de números impessoais.

MB Estatísticas...

C Vem cá, você é capaz de imaginar a cara das pessoas, a vida das pessoas que são estatísticas quando a gente vê na CNN uma bomba caindo sobre Bagdá ou Belgrado ou na Chechênia? Você consegue mesmo conceber a cara, a identidade de inimigo?

MB Eu vejo... uma mãe... no Vietnã, mas isso é só uma imagem que eu vi na *Veja* há uns vinte anos... Nunca mais me interessei por guerras... Quer dizer, eu me interesso sim, eu me interesso demais pela guerra do Ibope. Que loucura, gente! Vocês sabiam que a Hebe Camargo declarou que a Adriane Galisteu é a sucessora natural dela?

C Essas guerras são coisas vivas e horrendas, gente... aqui no morro, endossadas por nós... Somos nós que promovemos a guerra racial, social, porra! Somos nós que patrocinamos!

MM   Se eu tivesse viva na Segunda Guerra Mundial, eu teria feito alguma coisa?
C   Teria?

DOMINIC FALA UM MONTE DE COISA EM INGLÊS.

L   Você, você tem tesão nele? E você? Você tem tesão em Deus? E você? Em quem que você tem tesão? Quem é que você acha que você possui aqui dentro? O que te dá o direito de você me olhar assim, com esse olho severo, de megera? Por quem que você nutre o seu tesão?
MM   Agora a gente tá na quinta Guerra Mundial e não faz mais nada.
MB   Não há nada de romântico nessas guerras de hoje. Nada. É por isso que eu prefiro mesmo as guerras do Ibope.
C   Você acha que a guerra pode ser legal?
MA   Essa é a verdadeira função de uma guerra: entreter, criar modas novas, trabalhos novos, tudo para o deleite de Deus...
L   Ou de algum compositor fantástico.
FM   Como transformar uma guerra em sua?
MB   Pelo Ibope, querido.
C   Pois, pra mim, a guerra é ainda mais cruel quando ela tem intervalos comerciais... aquela cara daquela loura... aquela daquela outra... aquela com aquele véu na cara, aquele negócio meio muçulmano... muito esquisito aquele negócio de véu na cara, viu, pô...
MB   Pois eu choro quando eu a vejo.
C   Aquela?
MB   Não, eu digo, quando eu vejo aquelas imagens de uma guerra, eu me coloco ali no meio e penso no que é ser mãe naquele momento, penso no destino cruel do que é ser mãe naquele momento e choro...
B   Engraçado essa palavra choro, choro, choro, choro, choro, choro, choro, choro...
MM   Como é que você se apresenta a alguém? Você tem noção de que quando você se apresenta a alguém você usa a sua imagem mais utópica, mais fingida?
D   Eu não finjo.
FM   Mas quando você entra num lugar, o que é que você quer que as pessoas reconheçam em você?

D	Eu não finjo.
MB	Eu almoço todos os dias vendo *The World's Most Amazing Videos* e choro. Eu vejo arte e já não me emociono tanto. Eu leio livros e não entendo uma palavra. Eu vejo peças e não ouço mais uma palavra.
FM	Ele consegue causar repúdio nos lugares onde ele mais quer agradar. Um vexame. E as roupas que ele usa! *How gross!*
MB	Você acha isso?
D	Bem... eu... eu...
FG	A pergunta era: quando você entra num lugar, o que é que você quer que as pessoas reconheçam em você? Ninguém sabe responder? Isso é uma coisa crítica ou acrítica?
B	Eu não sei mais se eu quero parecer judeu ou nordestino.
MM	Ah, eu gosto tanto da vida.
FM	Eu finjo muito.
D	Eu não finjo.
MA	E pra onde vocês todos levam esse fingimento?
FM	Eu finjo pra ficar de acordo com o outro.
B	Engraçado essa palavra outro, outro, outro, outro, outro, outro, outro, outro...
L	Cale-se e coloque-se.
FM	Eu fico chocado que a falsidade das declarações da Hebe Camargo possa te deixar assim, anestesiado.
MM	Como aquela anestesia em pó que vendem nos morros.
C	Mata tanta gente, né?
L	E são a razão de tanta desgraça numa cidade tão fantástica.
MB	E é por isso que eu cheiro quando leio as declarações da Hebe Camargo.
MA	Vou arrasar com essa estética pseudoescrota de vocês. Vou acabar com tudo isso. Eu tô pensando em... fivelas... fivelas, aonde não tem fivelas... fivelas aqui, fivelas ali, a revolução das fivelas! Fivelas nos sapatos, fivelas nas bolsas, fivelas nos morros, que tal?
MM	Eu fico pasma com a falta de honestidade de vocês. Vocês são todos uns egomaníacos!
T	Somos!
MM	E vocês fingem com que propósito?
D	Eu não finjo.

FM   Com o propósito de impressionar uma pessoa para que essa pessoa tenha uma boa imagem de mim... eu quero ficar conhecido como... como... ah, eu quero ficar conhecido!
MM   E qual é a cara do teu *alter ego*?
FM   Não sei. Eu finjo.

FABIANA VENTRILOQUISA *JUDGE JUDY* EM *OFF*.

C   É muito filme passando, muita peça estreando, muito edifício subindo, a economia caindo, muitas multinacionais se casando, se comendo, é muito produto, muito subproduto, muito carro, muita notícia de tudo o tempo todo.

FABIANA VENTRILOQUISA *JUDGE JUDY* EM *OFF*.

C   Fala alguma coisa que eu entenda!
B   Praia! Praia! Praia! Praia! Praia! Praia! Praia! Praia!

FABIANA VENTRILOQUISA *JUDGE JUDY* EM *OFF*.

C   Para acelerar esse processo, eu vou logo ao que interessa: fui ver um desfile. Eu amo desfiles. Eles me emocionam, me emocionam mais que a arte, que eu não entendo. Nesse desfile, vi uma noiva... linda... Ela tinha uma mochila nas costas. Ela andava calma, seca, sombria, morta, doce e docemente morta... suave... uma coisa gótica, branca, e, quando parou em frente aos fotógrafos, se virou... lentamente... e revelou... um bebê esquartejado cujos membros saíam pelos buracos da mochila. O pescoço do bebê estava cortado, visivelmente. E do corte em seu pescoço... nasciam flores.
L   E as flores dessa criança esquartejada? O que elas significam pra você? Significam que existe vida após a morte? Ou significam que existem flores após a morte?
C   Aquela criança era tão incrível!
MM   Não, ela não era incrível, era horrível! É uma parábola barata. Te emociona porque tudo te emociona. Ratos televisivos te emocionam! Duplas caipiras te emocionam! Você precisa aprender a se comunicar, coitada!

C Eu queria ser lembrada como uma pessoa que dividiu a cultura e o comportamento da minha época. Mas eu não faço nada pra que isso aconteça.

MM Você faz pior que isso. Você faz que nem o Portinari que, sozinho, ele sozinho, já é uma dupla caipira!

L Ah, vai comer cachorro-quente, menina!

B Engraçado essa palavra cachorro, cachorro, cachorro, cachorro, cachorro...

FM Gente, pensei numa coisa tão bonita... olha só: até que ponto a nossa utopia não tá ligada a uma ideia ingênua de eternidade, ao tal pacto com o diabo, à ideia de ficar nesse planeta por mais um tempo e usar a nossa sofisticação pra deixar um rastro vivo na história!

MM Uma história feita de *jeans*... bom, todo mundo pode ter um. Se eu te perguntasse quem você gostaria de ser, a Marilyn Monroe ou a crioula do morro?

MB Crioula do morro, porque a crioula do morro poderia brincar de ser Marilyn. Mas a Marilyn nunca poderia brincar de ser crioula do morro.

C Muito bem, dando as respostas certas, entendendo o jogo apocrítico... sabendo que tem que inverter e fragmentar a pergunta pra deixar o interlocutor mudo. Mudo!

B Eu queria ser as duas coisas. Dá pra ser as duas coisas? Dá pra ser as duas coisas? Dá pra ser as duas coisas? Dá pra ser as duas coisas? Dá pra ser as duas coisas?

D Vocês são tudo o que vocês estão falando mesmo, não precisam fingir.

B Eu tive um trauma muito grande quando eu era pequeno.

D Ih, meu Deus!

B Seis ladrões entraram na minha casa. Acho que foi a primeira vez que eu tive contato... Podia morrer num minuto e não podia não fazer nada. Eu tô numa batalha interior aqui agora, tô me segurando. Eu passo muito mal quando eu tenho que subir num andar alto. Lá de onde eu venho é tudo muito plano. Eu não contava com isso quando eu resolvi emigrar. Contava não. Contava não.

MM Que neurose!

VOZ CD *[Fábio ventriloquisa texto do Cacá Diegues em off]* Tenho andado muito feliz. Mas isso não quer dizer que eu precise sair por aí me sacudindo todo, saltitando de alegria, pulando de felicidade. A euforia é tão histérica quanto a depressão. A verdadeira felicidade é um sentimento calmo e sereno, pudico, que mal se percebe e que, por pudor, não é mesmo para ser percebida.

C Tem alguém escondendo o jogo aqui? Quem é?

L Eu tô simplesmente arrasada. Você tem ideia do que me aconteceu, tem? Você tem ideia do que me fizeram quando leram o seu relatório? Você tem ideia do que dizem do seu relatório? Você tem ideia do que vão fazer com o seu relatório? Você tem ideia do que vai acontecer com você por causa do seu relatório? Aquilo que você disse sobre o meu cheiro... aquilo é verdade? E aquilo que você disse sobre a minha umidade, aquilo também era verdade? Você não tem ideia de como uma mulher se sente quando ela se vê desnudada assim, e se vê revelada assim, caindo pelas escadas, esbarrando nas paredes, destruindo os móveis como eu destruí quando você... quando você... e agora eu fico aqui, com essa porra dessa foto na mão!

B E o Paulo Coelho? E o Paulo Coelho?

L Isso me fez pensar por que que eu fiquei sofrendo esse tempo todo, me preparando por meio ano, se tudo acabou dando no cu... Eu confesso... eu confesso que eu tô no meu limite, mas se você prestar atenção em mim, se você prestar um segundo de atenção em mim, você vai perceber que eu estou a três segundos de morrer...

Isso me fez pensar por que que eu fiquei sofrendo esse tempo todo, me preparando por meio ano se tudo acabou dando no cu... Eu confesso... eu confesso que eu tô no meu limite, mas se você prestar atenção em mim, se você prestar um segundo de atenção em mim, você vai perceber que eu estou a três segundos de morrer...

B Alá, aquela porra daquela gaiola... Ela me sentava, eu me deitava no divã e mandava eu falar sobre aquela porra daquela gaiola. Ela falava comigo na terceira pessoa. Porra, como assim? Olhar pra mim e falar comigo na terceira pessoa "Por que o soldado não senta e fala um pouco da relação que tem com aquela gaiola?" Eu não era soldado nem nada, porra, eu tinha três anos de idade, três anos de idade... eu cuspia nela, dava uma gravata nela, chamava ela de filha da puta... e só então, quando eu via aquela psicóloga no chão, cuspindo sangue, se arrastando até a porta... eu me sentava calmamente e dizia: "Como simulacro, acho que essa clausura, movida por um buraco de espessura não maior nem menor do que três centímetros cúbicos, pode ser vista como uma forma de manifestação artística, como uma forma prosaica e prolixa de manifestação, de uma asfixia em decomposição e de uma interrupção quase que necessariamente... impressionista... o fato é que eu me cago de medo a cada vez que eu viajo de avião, é assim, é assim, sim, a cada dia que passo eu fico mais frágil, mais triste e mais vulnerável aos seus ataques, e não tem nenhuma psicanálise porra nenhuma, não tem nenhuma psicanálise porra nenhuma, tem é um medo do caralho, é um medo do caralho, é um medo do caralho, é um medo do caralho, é um medo do caralho...".

MA   *[repete várias vezes]* Fim de século, fim de milênio, tome monólogo, tome monólogo...

T   *[repetem várias vezes]* Fim de século, fim de milênio, tome monólogo, tome monólogo...

MA   Já entrou no meu *site*? Entra no meu *site*. Bota uma foto sua no meu *site*, que eu boto uma foto minha no seu *site*. Faz um *link* do seu *site* pro meu *site*. Entra no meu portal, na minha arroba, na minha arroba ponto com, arroba ponto com, ponto com...

T   *[repetem várias vezes]* Fim de século, fim de milênio, tome monólogo, tome monólogo...

MA   Já entrou no meu *site*? Entra no meu *site*. Bota uma foto sua no meu *site*, que eu boto uma foto minha no seu *site*. Faz um *link* do seu *site* pro meu *site*. Entra no meu portal, na minha arroba, na minha arroba ponto com, arroba ponto com, ponto com...

T   *[repetem várias vezes]* Fim de século, fim de milênio, tome monólogo, tome monólogo...

MM   *[fala texto que é uma lista de nomes com diversas combinações. Cada dia a atriz fala uma lista diferente]* Tem os Ferreira, tem os Moraes, tem os de Castro, tem os Saldanha, tem os Saldanha de Castro, os Castro de Moraes, tem os Ferreira de Castro, os Castro Ferreira de Moraes, tem os Saldanha de Moraes Ferreira e Castro, tem os Leões, tem os Passarinhos, os Carneiros, os Cordeiros, tem os Passarinho de Leão, os Leão de Cordeiro, os Carneiro de Passarinho, os Cordeiro de Carneiro e Leão, tem os Golden, tem os Rosen, tem os Berg, tem os Stain, tem os Goldenberg, tem os Rosenstain, os Rosenberg, os Rosenstain, tem os Levy Venâncio, os Aires, os Venâncio Aires, os Marcondes, os Aires de Marcondes, os Venâncio de Marcondes, os Ferraz, os Venâncio de Marcondes Ferraz, tem os Marinho, tem os Branco, tem os Rosa e tem os Cobalto, tem os Marinho de Branco, os Branco de Marinho, os Cobalto de Marinho e Branco e os Branco de Marinho Rosa e Cobalto.

T [repetem várias vezes] Fim de século, fim de milênio, tome monólogo, tome monólogo...

FG [para Marcelo] O sol! O sol é muito poderoso, sol é brilho, sol é luz, sol é vida. O sol mostra que seus projetos estão muito, muito mais próximos de serem realizados. É tempo de ir à luta. Explorar o seu talento. No amor, no amor, no amor, algo proibido, proibido fará a sua cabeça. E se você olhar ao redor, poderá perceber que a pessoa amada está muito mais perto do que você imagina. Cinco reais! Sai da minha frente.

B E o Paulo Coelho? E o Paulo Coelho?

FABIANA REPETE O TEXTO ANTERIOR PARA BRUCE E DEPOIS PARA OUTROS ATORES, DIRIGINDO-SE SEMPRE AO ATOR QUE ESTIVER NA FRENTE DA FILA.

FG Eu não estou debochando de você, mas a sociedade está, a festa tá te chamando de penetra, tem um ou dois aqui que não são, mas o resto é! E todos aqueles que são, sabem que são! O Cacá Diegues diz uma coisa que eu adoro: "Se eu tivesse forças e poder para isso, acabaria com os dois grandes mitos da civilização ocidental que nos fazem muito mal. O primeiro, o mito conservador, nos diz que a idade do ouro da humanidade estava em algum momento do passado; é, portanto, preciso viver se lamentando e reverenciando o que já passou. O outro, o mito progressista, nos diz que essa idade de ouro está no futuro; é preciso, portanto, aceitarmos os sacrifícios, viver as dores do esforço para construir o que há de vir. Mas a verdade é que só existe o presente, a idade de ouro da humanidade é o tempo que nos foi dado viver".

MM E para mim? O sol não rola para mim? Em que eu não sou suficiente? Não sou suficientemente fina, zen-budista, capitalista, niilista, pós-modernista, construtivista, expressionista? O que é,

	pessoal? O que é? Meu Prada não combina com seu Gucci? Eu também sou filha de Deus! Não parece, mas eu sou, eu sou, sou, sou, sou...
FM	Gente, pensei numa coisa tão bonita, olha só...
B	Ela me sentava, ela me deitava no divã e mandava eu falar sobre aquela porra daquela gaiola. Ela falava comigo na terceira pessoa. Porra, como assim? Olhar pra mim e falar comigo na terceira pessoa: "Por que o soldado não senta e fala um pouco da relação que tem com aquela gaiola?". Eu não era soldado nem nada, porra, eu tinha três anos de idade, três anos de idade... eu cuspia nela, dava uma gravata nela, chamava ela de filha da puta... e só então, quando eu via aquela psicóloga no chão, cuspindo sangue, se arrastando até a porta... eu me sentava calmamente e dizia...
MA	A Bíblia me ensinou muitas verdades... E uma vez que eu entendi isso, eu simplesmente não pude mais esquecer o verdadeiro significado da liberdade... isso abre a gente, modifica a gente...
FG	É, mas não precisava ter soltado o passarinho do menino.
MA	Libera os seus sentidos. Deus... Não, Deus não, Adão. Adão comeu a maçã e a livre e espontânea vontade.
FG	E olha no que deu, virou esse inferno!
MA	Não tem nada a ver com religião, nada, nada! Outro dia mesmo eu li um livro fantástico.
B	E o Paulo Coelho? E o Paulo Coelho?
FG	Patético como ele persegue o Paulo Coelho.
FM	Você não quer tentar adivinhar? Vai ver é um desses aqui. Essa cena não está boa. Eu acho que é o figurino dele. Quem sabe se você tivesse feito uma peça *pink*.
MA	A minha mãe, a minha mãe estava muito mal. "Se você pudesse escolher qualquer coisa, mas só uma, hein, que coisa seria essa?" "Mais tempo", ela disse, mais tempo. Olha só como eu fico arrepiada? Foi desde então que eu comecei a me interessar por moda.
FM	Mas você nunca fez nada *pink*.
MA	Você pode falar o que quiser. Eu confesso que fui eu que inventei aqueles rasgos nos joelhos das calças *jeans*.
FG	Eu sabia que tinha sido você!
MA	E depois vieram aquelas ombreiras, lembra?
FG	Mefisto!
FM, B & MM	Cafona!

MA Cala a boca. A própria morte andando, linda... enfim, agora, senhoras e senhores, eu me sinto apto a vir a público expor a minha nova fase, a minha fase *pink*!

FM Passada!

C A gente se ilude com algumas vitórias, mentira. Não existe vitória alguma. Existem pequenos avanços, ínfimos, infinitesimais, mas não são nada frente à violência diária. A minha identidade real, eu confesso que dela eu ainda tenho um pouco de medo. Pois o nome que me foi dado ao nascer, Moisés, tem tamanho significado bíblico, tamanho significado místico de liderar o meu povo para a terra prometida.

VOZ CD *[Fábio ventriloquisa texto do Cacá Diegues em off]* Fico muito agoniado em ver este início de século dominado pelas inércias intelectual e artística, provocada por uma espécie de sequestro da vontade. As utopias revolucionárias dos meados do século XX eram baseadas no exercício da vontade e como, para isso, precisávamos de toda a nossa energia, diziam-nos que era necessário sacrificar os nossos desejos pessoais. A revolução só seria possível se sacrificássemos nosso orgasmo. Agora o capitalismo contemporâneo assegura sua vitalidade nos oferecendo o contrário, ou seja, a satisfação de todos os nossos desejos, contanto que abdiquemos de nossa vontade.

MM Bem, senhores... todas as coisas boas têm um fim... a melhor coisa que aconteceu... na minha vida... foi... a honra... o privilégio... de comandá-los. Não sei se vocês, como eu, tiveram o privilégio de enxergar, com tanto orgulho, a trajetória de um impostor. Minha vida, não minha existência, minha vida, nasce da rejeição que muitos têm por ela. E alguns não entendem que, ao aplaudi-la, estão, na verdade, negando acesso a meu ser mais profundo. Não sou eu esse ser: é o teatro. É dessa arte feita por impostores treinados, vocalmente afinados, gestos bem montados, que se constroem essas camadas, três, quatro, até cinco... de entendimento ou mera compreensão. O teatro sempre foi o melhor lugar para a morte. Por isso, se morre tanto no teatro. Por isso o palco chama a morte com tanta intimidade. O homem novo... apesar dos pesares, ele conseguiu escapar, sim, se reinventou. E, se está entre nós, não o reconheceremos. É o homem do novo mundo. Ah, não novo no sentido de novidade, a "última"... novo no sentido de soma, de perfeição, de conseguir ser tudo aquilo que não fomos, nesses milhares de anos desastrosos e de desastrosas peregrinações. Adeus... e Deus os abençoe. Ah, sim... eu ia quase me esquecendo... vou sentir saudades de tudo isso. Vou mesmo.

OUVE-SE "SOLITUD" NA VOZ DE BILLY HOLLIDAY, ACENDE UMA LÂMPADA COMUM EMBAIXO DE UMA ESCADA CASEIRA, O ELENCO INTEIRO VAI ATRÁS DESSA LUZ E SE EXPREME EMBAIXO DA ESCADA COMO SE FOSSE O ÚNICO ABRIGO POSSÍVEL. O VOLUME DA MÚSICA AUMENTA.

UM CIRCO DE RINS E FÍGADOS

PARA MARCO NANINI

ESTREIA
ABRIL DE 2005, NO SESC PINHEIROS, EM SÃO PAULO

TEXTO
GERALD THOMAS, COM MARCO NANINI

DIREÇÃO, ILUMINAÇÃO, TRILHA SONORA, PROGRAMAÇÃO VISUAL, CENOGRAFIA E ILUSTRAÇÃO DOS PAINÉIS
GERALD THOMAS

ELENCO
MARCO NANINI, FABIANA GUGLI, AMADEU LAMOUNIER, PEDRO OSÓRIO, GUSTAVO WABNER, GILSON MATO GROSSO, BETO GALDINO, WILLIAM RAMANAUSKAS, RODRIGO SANCHES E NARCISO TOSTI

And on the stage, hanging above the
combatants, reminding everyone of
the entity that drew them there, was a
huge green sign with white letters that
Put simply, Rupert Murdoch seems
hopes and nostrums have been found
wanting. In the United States, the
unemployed were advised to ''vote
with their feet'' — to leave the de-
pressed Middle West for the booming
Sun Belt. But now the oil boom in the
Southwest is collapsing, and that re-
gion is passing into a slump. ''A rising
tide lifts all boats'' was the confident
adage last year, but the economy cur-
rently sits afloat in pretty still waters,
be called into question.
What is responsible for the extra 20
million unemployed? A small part
of the answer — but only a small
part — is the growth in the overall labor force. Much more important, there has been a shift
in what modern economies
do — away from manufac-
turing and toward serv-
ices, away from tradi-
tional goods toward
electronics. A pro-
cess of readjust-
ment, of job de-

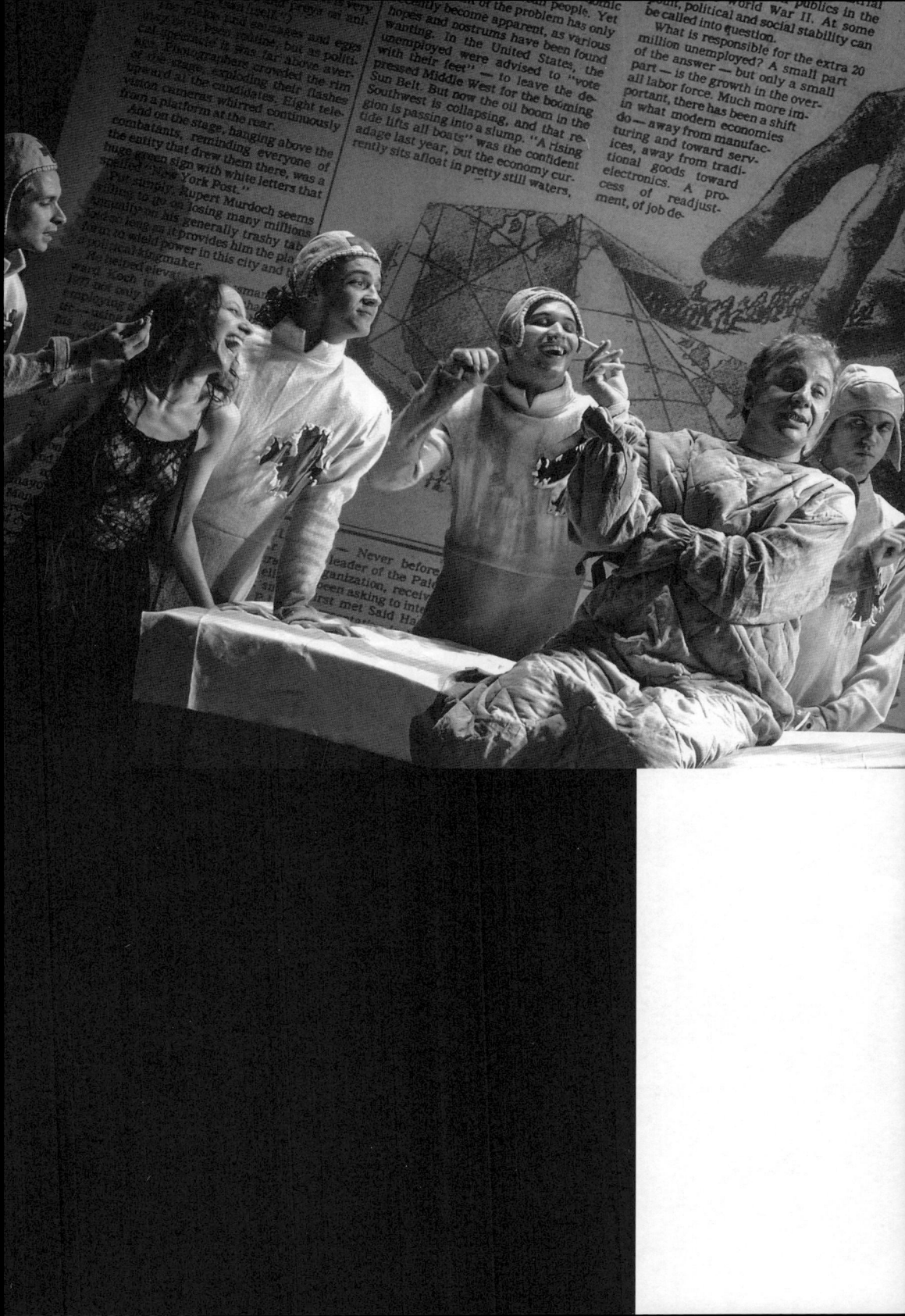

NANINI ILUMINA A ANGÚSTIA DE GERALD THOMAS

EM "UM CIRCO DE RINS E FÍGADOS", DRAMATURGO RETOMA VIGOR DA DÉCADA PASSADA E DIVIDE RESPONSABILIDADE COM ATORES

SERGIO SALVIA COELHO
PARA O CADERNO
"ILUSTRADA/ACONTECE"
NA *FOLHA DE S.PAULO*
DE 7 DE MAIO DE 2005

No fim da peça, em meio a fumaça recortada por focos de luz, o protagonista dá seu último adeus à plateia, que não sabe mais se ri ou se chora. Sim: é Gerald Thomas de volta, com o vigor da década passada, como se via em "Carmem com Filtro 2" ou "The Flash and Crash Days".

Não se trata simplesmente, no entanto, de uma volta para trás. Importantes lições foram assimiladas: cada vez mais Thomas compartilha com os atores a responsabilidade pelo espetáculo, que agora se equilibra entre uma estética cênica meticulosa (Thomas, como de hábito, assina texto, direção, iluminação, trilha, cenografia e projeto gráfico, e tem no figurinista Antonio Guedes um parceiro à altura) e um texto que se apoia na performance, não raro no improviso, dos atores, com a missão de desautorizar os Movimentos Obsessivos e Redundantes para Tanta Estética (ou seja, negar a M.O.R.T.E., título de sua última grande montagem de transição). E, para essa função, tem agora o privilégio de contar com Marco Nanini.

Assim, a montagem se impõe como uma explosiva fusão entre uma opressiva atmosfera expressionista e um humor negro libertador, que vem direto do surrealismo de Genet e Beckett. O impacto visual do cenário – grandes painéis saturando a cena de significados, para logo em seguida serem retirados e deixá-la desolada – relembram o público que o ator demiurgo é, na origem, um artista plástico.

O fato de esses painéis serem reproduções em grande escala de esboços para montagens antigas dá pistas sobre a própria trama da peça. Thomas, durante muito tempo, desenhava suas peças em vez de escrevê-las, até que um dia, saturado de si mesmo, experimentou em "Nowhere Man Unplugged" (o palco nu), simples suporte para seu ator Luiz Damasceno.

O mundo, no entanto, seguiu sendo um pesadelo, e as obsessões visuais voltaram a assombrá-lo. No fundo do poço, a saída foi arrumar um novo *alter ego* para poder se observar de fora. No começo da peça, portanto, Marco Nanini, depois de sonhos agitados, acorda e se vê transformado em Gerald Thomas, no seu limbo de criação, tendo apenas hipocondria e erudição como armas originais.

Isso é um trabalho para o super-Nanini. Pondo o público no bolso a cada cena, sem perder nunca o fio da meada da angústia com a falta de sentido do mundo, eis um raro exemplo de ator visceral e distanciado ao mesmo tempo, que comove pelo riso, que diverte com a desgraça mais mórbida. Cada cena é calibrada para ser esgarçada por ele, e frases em princípio pueris, como "Nada prova nada" e um melodramático "Maldito momento!", se tornam bordões a serem lembrados por muitos anos.

A alegria de Nanini ilumina as trevas da obsessão geraldiana, sem desautorizá-la. A própria voz em *off* do autor, marca registrada de suas peças, pode agora estar bem menos presente, em uma serenidade quase olímpica, ela que já foi tão resfolegante.

E a Musa-Bailarina, outra personagem fixa, aqui a cargo da múltipla Fabiana Guglielmetti, escapa do linchamento, mas não de David Lynch, em uma caricatura comoventemente pueril. Quando ao coro persecutório, outrora tão esmagado de responsabilidade, agora visivelmente se diverte muito com as marcas criadas por Dani Hu com a verve de Jackie Chan e que Luiz Damasceno tornou orgânicas.

No fim da peça, em meio à fumaça recortada, depois de passar por obsessões passadas e enfrentar os mesmos simulacros e becos sem saída, o protagonista dá seu último adeus à plateia – mas já é tarde demais para morrer.

Ele agora encarna não só Gerald Thomas, mas todo o teatro brasileiro, dos jovens fomentados à sabia indignação de Walmor Chagas, que, em meio à precariedade e desrespeito, se recusa a ser vencido. Que soe o hino nacional, pelo samba de Ivo Meirelles: Gerald Thomas está vivo, e o teatro não morre tão cedo.

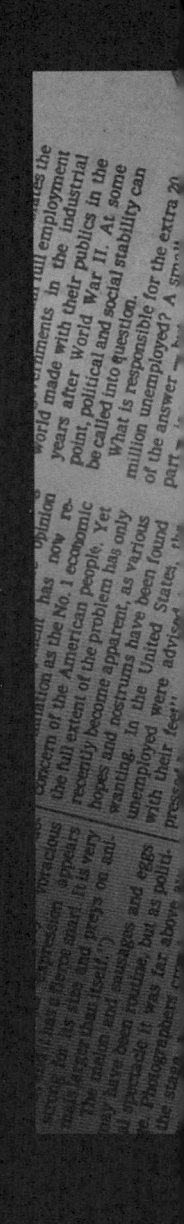

UM CIRCO DE RINS E FÍGADOS - 344 | 345

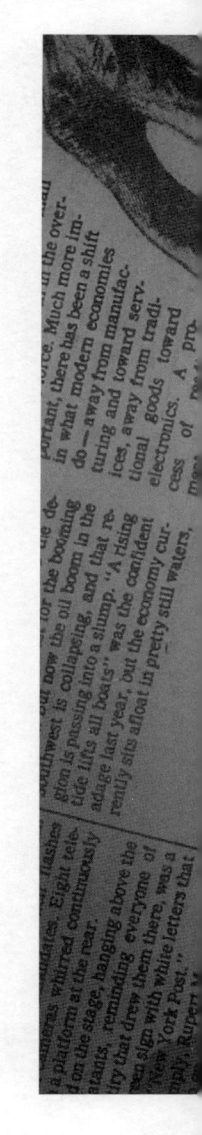

Música sombria. Um *blackout* dá lugar a um foco de luz fraca sobre Nanini, que está deitado em uma maca, debatendo-se e soltando grunhidos de dor, como se estivesse em um pesadelo. Atrás dele, um painel com o desenho de Gerald Thomas, que ilustrou artigo de Arafat no *New York Times*. À frente dele, no proscênio, uma cadeira vazia.

N	Nanini
E	Entregador
P	Policial
P2	Segundo policial
B	Bailarina
S	Sequestrador
A	Apresentador
M1	Médico 1
M2	Médico 2
M3	Médico 3
SEN	Senadores
2MCS	Marco Antônio
GT	Gerald Thomas

PARTE 1

N   *[debatendo-se na maca sozinho]* Ai, não, não, ai, ai! Vocês estão operando o homem errado! Vocês estão operando o homem errado! Vocês estão operando o homem errado... não! Ai! *[Um barulho: música de Lunsqui, que acorda Nanini.]* Santo Deus! Que foi?

VOZ EM OFF   Morfologias achadas em *Júlio César*, de Shakespeare.

N   Para. Para com isso... O que é que está acontecendo?

TOCA A CAMPAINHA. UM ENTREGADOR UNIFORMIZADO COMEÇA A EMPILHAR CAIXAS.

E   *[mostrando ao Nanini dezenas de formulários em uma prancheta]* O senhor pode assinar aqui, e aqui, e aqui e mais aqui. Falta esta e mais esta... *[Nanini assina e os passa para o entregador, que dá uns passos examinando os papéis. Para. Volta.]* Ah... faltou assinar este aqui.

VOZ EM OFF   *[No momento em que Nanini vai assinar]* Leia com cuidado. Isso pode ser a sua condenação. Lembre-se das morfologias achadas na peça *Júlio César*, de Shakespeare.

E   Nossa! O que foi isso?

N   Isso aqui é uma procuração! Não vou assinar isso!

E   Ah, desculpa. Está aí por engano.

ENTREGADOR SAI DE CENA. NANINI, SOZINHO NO PALCO POR
UM TEMPO, OLHA AS CAIXAS, EXAMINA A DOCUMENTAÇÃO RECEBIDA.
EM SEGUIDA, NA MUDANÇA DE LUZ, VAI AO PROSCÊNIO.

N   As caixas contêm documentos importantíssimos e coisas estranhérrimas. Um brasileiro que viveu na clandestinidade em Nova York durante quase sua vida inteira conseguiu os papéis definitivos de que o governo americano estava por trás do Golpe de 64. Mas vieram também multas de trânsito. Muitas multas de trânsito, somando algo em torno de SEIS MIL DÓLARES! E uma proposta bizarra: esse brasileiro queria usar o meu apartamento para reconstruir aqui a maquete de Brasília, para saber o que tinha errado! Ora bolas, que absurdo! Deixa eu rememorar: documentos supersecretos, essa loucura de reconstruir aqui uma maquete do plano piloto, multas... Ah, sim... e rolos e mais rolos de papel higiênico! Mas esse brasileiro foi pego logo após os ataques de 11 de setembro, e seus diários chegaram às minhas mãos e à minha cabeça, e não consigo me livrar deles nem nos sonhos... Então, só me resta levar isso tudo adiante e contar essa história para ver se, ao contá-la, ela me deixa. E, ao me deixar, talvez reencontre o seu verdadeiro dono – o João, o João Paradeiro. *[Anda de um lado para o outro.]* Me sinto meio possuído. Não sou mais bem esse que está aqui. Mas também não é (sou?) nenhum outro. Vivo cercado por várias pessoas aqui dentro de mim, uma vigiando a outra. É um verdadeiro inferno. Quando choro, não acredito que sou eu que estou chorando. Mas isso até que faz algum sentido, porque se você, se você for ao fundo da lágrima de um ator, você não chega a lugar algum, ou melhor, chega sim: às glândulas endócrinas. E a um ego tão enorme que ele seria capaz de tudo, até de vender a própria mãe. *[Chora de maneira clownesca.]* Buáaaa, buáaaa...

PARTE 2

ENTRADA DO PAINEL FOTOGRÁFICO, NO QUAL APARECEM POLICIAIS
ARMADOS. EM SEGUIDA, O PAINEL SAI E LÁ ESTÃO OS MESMOS
POLICIAIS DA FOTO, NA MESMA POSIÇÃO.

P   Este homem! Podem prendê-lo!

N   Estátua... O que é isso? *[Correria e perseguição. Nanini é algemado, senta-se em uma cadeira, cercado por oficiais.]* Mas que ousadia! O que é isso? O que está acontecendo?
P   Tudo o que o senhor disser a partir de agora poderá...
N   Meu Deus, mas que clichê! Não é possível que eu esteja ouvindo um texto desses numa hora dessas. Inacreditável, não é?
P   É, eu também acho. Mas o negócio é o seguinte...
N   Eu que o diga: o negócio é o seguinte! Eu recebo essas dezenas de caixas pelo correio. Leio a metade do que elas contêm...
P   E a outra metade?
N   Não sei. Não abri. Sei que se trata da vida de um tal de João Paradeiro, de paradeiro desconhecido, ninguém sabe se vivo ou morto, cujos diários foram parar nas mãos de um conhecido meu, e agora estão aqui. Achei superintrigante o que li.
P   Não, não é só isso. Se abrirmos as outras caixas, você verá que não se trata somente de diários.
N   Em primeiro lugar, eu exijo que você me livre dessas algemas. Algemas gêmeas, algemas gêmeas! *[Risos.]* Não é engraçado isso? Algêmeas! *[Risos.]* Sou um grande ator! Maior que Gielgud, que Olivier, que Hopkins, e maior que todos os outros somados! E mereço aplausos e prêmios por tudo que já conquistei na minha vida. Além disso, não devo nada a ninguém. Tenho todo o direito de receber material de pesquisa. Essas caixas nada mais são do que material de pesquisa. É isso. Pesquisa sobre alguém que desapareceu misteriosamente em Nova York. Um batedor de carteiras interessado na vida de um GÊNIO da dramaturgia internacional. Diga-me, senhor...
P   Meu nome? Silvia.
N   Como?
P2 Libera o homem das algemas. Realmente, um ator como ele tem o direito de pesquisar.
N   Silvia?
P   Eu estou reconhecendo o senhor. Sabe... eu também já fui atriz. Mas depois que o Gilberto Gil entrou para o Ministério da Cultura, eu perdi o emprego. Agora, graças ao Sesc, eu consigo umas pontas, como esta aqui. Papel, aliás, que não me cai nada bem. Mas chega... E quanto às outras caixas...

N   Olha aqui. Sou um grande ator. Tenho o hábito de me dedicar a grandes causas. E esse hábito requer algumas cerimônias, alguns rituais. Esses rituais precisam de silêncio e solidão... *[Dá três gritos.]* Não posso ser invadido assim. Primeiro, é esse telefonema do autor, depois esse monte de caixa, depois esse cara sem paradeiro, esse batedor de carteira apaixonado por... senhor? Senhora? Como devo chamá-lo? Como é mesmo o seu nome?

P   Silvia Regina da Cruz Colombo. Mas pode me chamar pelas minhas iniciais.

N   Mas são muitas!

P   *[inspecionando uma das caixas]* Olha só isso aqui, não há uma única folha de papel aqui. Nenhum diário. Nada. Somente caixas de isopor refrigeradas. Vamos abrir, uma a uma, com cuidado.

N   Ai, meu Deus, e se essa merda explodir? E se for da Al-Qaeda? Nossa mãe! Quero dizer, MINHA, não. *[Policiais abrem as caixas. De dentro delas, eles tiram rins e fígados.]* O que é isso, minha gente? O que é isso, minha gente? O que é isso, minha gente? Agora começo a entender as morfologias que aquela peste daquela voz tentava me dizer... Como era mesmo? Morfologias achadas em *Júlio César*, de Shakespeare. *A-ha!* Então existe traição nisso tudo. Brutus. Marco Antônio. A queda do Império Romano. Mas e eu com isso, meu Deus? Aqui nesse meu apartamento, encantado por Genet... Ai, me dá uma aspirina, um copo d'água com açúcar, uma fileira de alguma coisa. Me dá alguma coisa, pelo amor de Deus! Acho que vim parar no meio de uma peça de Dario Fo e não sabia. Será que o autor está sabendo disso tudo, meu Deus? Acho que não, né? Porque depois que ele despachou essas caixas pelo correio, nós não entramos mais em contato, e o resto, o PAPAI aqui tá tendo que descobrir sozinho. Cadê o número dele? Alguém tem o número dele? Sabia. Traição! Pura traição. E agora eu aqui, envolvido com a polícia! Tenente Silvia, a imprensa já está sabendo disso?

P   Até agora não, mas, se quiser, faremos uma nota oficial.

N   Nota, não! Pelo amor de Deus, não! Nota, não! Quer dizer, uma ou outra, mas deixa eu dar uma lidinha antes. E pode deixar que eu mesmo solto, tá? Não. Meu nome em letras capitais ligado a eventos como esse seria... Ai que dor! Ai que dor no peito! Ai que dor no peito! *Aaaiiiiii...* que dor no peito! Ai que dor! Que dor!

NANINI CAI NO CHÃO. OS POLICIAIS O LEVAM PRA CADEIRA.
ELE SAI.

    P   Ninguém se mexe. Ninguém sai do lugar.
    N   Ai, que puta dor no peito e ninguém sai do lugar? Não que esse seja realmente o meu lugar, entende? Eu deveria estar em Faluja, no Iraque, disfarçado entre as tropas americanas como um cozinheiro mexicano angariando informações. Informações e mais informações, informações e mais informações... Ai, que dor no peito! Meu Deus do céu! O que será que essas outras caixas contêm?
    P   Informações!
    N   *Ahhhhh...* já sei! Vou pedir demissão amanhã e não serei mais relator porra nenhuma. Ninguém lê os meus relatos. Devem estar todos empilhados, como num conto de Kafka. A essa altura já devem ter alugado um imóvel só para colocar tudo aquilo que eu escrevo.
    P   E sobre o que o senhor escreve?
    N   Trabalho no Instituto Médico Legal.
    P   Então por que essa estranha reação ao ver estes rins e fígados?
    N   Eu disse que trabalhava no Instituto Médico Legal, mas não disse o que fazia lá. *[Policial permanece mudo e com cara de dúvida.]* Não vai perguntar? *[Policial ainda com cara de dúvida.]* Ele realmente não vai perguntar. Que loucura! Não vai perguntar? Não quer saber? Nem um pouquinho? Nem sobre Faluja? Nada sobre o Iraque ou a invasão? São assuntos tão pertinentes. Não quer mesmo saber de nada disso? Gente, estou pasmo! Preciso encontrar a coleção de Shakespeare aqui e reler *Júlio César*. Deve ter alguma pista, já que aquela voz nunca mais...
VOZ EM OFF   Não se preocupe, estou presente, observando, só não estou me manifestando.
    N   Pelo amor de Deus, me explica tudo isso aqui. Pelo amor de Deus, pelo amor de minha mãe, pelo...
VOZ EM OFF   Na minha última intervenção, você me mandou à merda, e respeitei seu desejo de silêncio, agora...

N Mil desculpas! Por favor, aceite as minhas mil desculpas. Preciso da sua ajuda: como é que eu faço para sair dessa? Aliás, o que é tudo isso? O que é que tem nas outras caixas? Alô? Tem alguém aí? Alô? Puta merda. Ele se foi. Meu curativo voltou a sangrar, preciso de outro.

NANINI SAI DE CENA.

P Atrás dele! Não voltem aqui sem ele.

NANINI VOLTA VESTIDO DE COZINHEIRO, TAL QUAL UM *CHEF* DO *LE CORDON BLEU*.

N Sei fazer uma boa dobradinha.
P Pronto. Algemem o homem.
N Mas por quê? O que é que eu fiz? Por causa da roupa? Era assim em Faluja! Eu cozinhava para uma tropa inteira. Panelões inteiros em troca de informações, e todos ficavam felizes.

COMEÇAM A ALGEMÁ-LO E LEVAM-NO PARA A CADEIRA.

N NNNNNNÃÃÃOOOOOOOOOOOO! Isso é tão injusto! Se João Paradeiro soubesse que isso iria me acontecer... Será que foi isso que aconteceu com ele? Será que foi isso que aconteceu com o autor? Será que é isso que acontece com todo mundo que recebe essas caixas? Maldito momento em que recebi essas caixas. Maldito momento em que fui acordar hoje de manhã! Maldito momento! Maldito momento! Maldito momento! *[Sóbrio]*. Epa! Tem algo a ser desvendado nessa frase. Tem algo a ser desvendado nessa frase. Tem algo a ser desvendado nessa frase. Gente! Eu estou me repetindo. Que é que me deu? São essas algemas gêmeas? Estou vendo tudo duplo. Só falta agora entrar aqui o próprio Jean Genet e me dizer: "olá, Nanini! Que bom que somos companheiros de cela! Sabes fazer um bom omelete?". "Sei!" Sei muito bem o que ele quer dizer com isso, "omelete"... "Tendo lido o *Diário de um ladrão*, senhor Genet, sei muito bem quais são as suas intenções." Não, nunca fiz omelete algum. Aliás, nunca peguei num ovo na minha vida! *[Para a plateia.]* Com Genet, Beckett e Joyce tem que se tomar um cuidado incrível, pois todas as palavras são uma cilada. Cada frase, uma armadilha. "Então, senhor Genet, quantos anos o senhor pegou dessa vez?" Ele, o Genet, já entenderia ÂNUS, entende? E a conversa viraria um inferno. Pederasta que era, não havia uma frase intacta. Não passaria uma. Eu teria que dormir com um olho aberto, como na *História do Olho*, de Georges Bataille... ai que inferno, essas referências! *[Para o policial.]* Tira essas algemas de mim, por favor. Pra que isso? Tira essas algemas de mim. Por favor! *[Nanini se liberta das algemas, entregando-as, em seguida, ao policial.]* Então toma... Elas estavam soltas mesmo. Isso aqui é teatro, pensa que eu não sei? Pra que essa palhaçada? Eu não estou aqui pra palhaçada! *[Nanini toma um choque ao encostar na cadeira. Sai ameaçando os policiais. Dá choque em um deles. Então avança para cima do policial e o estrangula. O policial morre. Os outros fingem que não veem.]* Meu Deus! O que foi que eu fiz? O que foi que eu fiz? Meu Deus! O que foi que eu fiz? Não fui eu, fui eu? Não fui eu, fui eu? Não fui eu, fui eu? Não fui eu, fui eu? Não fui eu, fui eu?

VOZ EM OFF Claro que não. Você agiu sob impulso criativo e porque foi injustamente tratado. Os romanos faziam assim – não no filme do Mel Gibson, é claro –, mas, historicamente, o império caiu porque os Césares todos agiam com brutalidade, seus senadores...

PARTE 3

N Entendi! É isso! Agi por impulso criativo. Obaluaê! *[Aos outros policiais.]* Por que nenhum de vocês reagiu?

POLICIAIS Porque o homem era um porre. O senhor pode ficar tranquilo, pois mais cedo ou mais tarde um de nós teria feito a mesma coisa. Pelo menos, assim, vimos um grande ator cometendo um crime. Coisa que não se vê todos os dias!

N Obrigado, poxa, obrigado!

VOZ EM OFF Os senadores diriam o mesmo. Uma mão lava a outra. Você certamente deve ter visto a mesma coisa em Faluja ou em Baçorá ou em Cabul ou em Tora Bora, quando cozinhava para as tropas as tripas...

N A situação ali era outra.

VOZ EM OFF Outra?

N Nessa época, além de cozinhar e colher informações, eu era também um missionário literário.

VOZ EM OFF	Como assim?
N	Vou falar bem rápido, porque estou louco pra ver o que tem dentro daquelas outras caixas. Pensando bem, não vou falar nada, não. É a mesma coisa que ir no *Uffizi* em Firenze... ou no *Metropolitan* em Nova York... Nada quer dizer nada. Cada palavra pode ser uma cilada. Acabei de embutir umas dez, e aqueles ali nem perceberam.
POLICIAIS	Não estávamos prestando atenção. Estamos conversando entre nós pra tentar explicar pro nosso chefe o que aconteceu aqui a fim de proteger o senhor.
N	Mas, e as caixas? *Hein*? Não daria pra vocês irem embora e me deixarem sozinho com elas? Afinal, vocês são tão carinhosos, umas gracinhas, e já tivemos tragédia demais... Preciso de um pouco de calma e privacidade. Sou sensível, muito sensível! *My God*, não são nem duas da tarde e olha quanta tragédia já aconteceu! Preciso de tempo pra ver o que tem dentro das outras caixas. Será que vocês não me deixariam um cartão? Qualquer coisa, eu juro que telefono. Que tal? *Hein*?
POLICIAIS	Tá bom. Acho que não temos nada com isso mesmo. Temos uma novela pra terminar.
N	Como?
POLICIAIS	Nós somos os figurantes na novela em que você é o ator principal. Olha bem pra gente. Não lembra, não?
N	Ah, claro! Que memória de merda! Como pude me esquecer de vocês? Como vai, gente? *[Nanini sai esbofeteando os policiais. Estes saem de cena, deixando-o sozinho. Nanini abre a primeira caixa.]* Meu Deus, o torso de uma bailarina! *[Segunda caixa: um par de pernas.]* *My Christ*! A perna de uma bailarina com a outra sapatilha.

ENTRA FABIANA EM *BO*. MOMENTO DA DANÇA DE DAVID HERBERT LAWRENCE. AS INICIAIS DE DAVID HERBERT LAWRENCE, DHL, FORMAM O NOME DA CONCORRENTE DA FEDEX NO SERVIÇO INTERNACIONAL DE ENTREGAS *COURIER*. A DANÇA ACABA.

N	*[sozinho no palco]* Tem uma série de coisas que nem mesmo eu estou mais sendo capaz de entender. Será que vou ter que empregar um semiólogo? Estou cansado. Estou exausto. E o resto das caixas? Se injustiça tem um endereço é esse aqui: Serra Maestra. O que eu disse? Serra Maestra? Acho que estou

perdendo a razão e a noção de tempo e espaço. Veja bem. Eu não acredito no mapa-múndi, assim como "eles" nos vendem. Vocês acreditam? Quer dizer, estou mais para Arthur Bispo do Rosário, Dom Quixote ou Hamlet, aqueles que olham em volta cabreiros e duvidam. Sim, porque eu duvido. Tudo bem. Pode ser realmente que a Ucrânia faça fronteira com a Rússia, e que a Coreia do Norte tenha uma zona desmilitarizada com a Coreia do Sul. Mas... você! Você já atravessou essas fronteiras para saber se elas estão exatamente onde esses mapas nos dizem que estão? Você já atravessou o canal do Panamá pra saber a largura dele? Aqui, ó! Ninguém me engana, não. Não mesmo. É por isso que quando o Genet entrar na minha cela vou dizer que só sei cozinhar "pentes e escovas de cabelo". Nessas ele já entendeu as entrelinhas, ou seja: caspa. E vai responder: "Ô, Nanini... por mais esfomeado que eu esteja, vou pedir àquele argelino ali para preparar algo para mim". *[Fazendo um estilo machão.]* É, cara! Tu tem que se defender, cara. Tu tem que se defender! Numa cela dessas, cara, tu tem que se defender. Senão tu acaba com uma rosa enfiada no cu, que nem no conto dele. Que graça tem isso, uma rosa cheia dos espinhos no cu? Porra, poesia é poesia, mas *péra* lá!

VOZ EM OFF   Em vez de falar sempre na primeira pessoa, você deveria usar seu talento pra denunciar a corrupção do governo, dos governos, das empresas, das polícias, dos ministérios, da mídia, dessa merdalhada toda...

N   Eu sei. É claro que sei disso. Mas por onde começar? É tudo tão gigante, entende? Não é à toa que Quixote via um Moinho Gigante, e não é à toa que Hamlet, apesar de toda sua sabedoria, não conseguia ir para a ação e ficava nas palavras, palavras, palavras... Talvez seja esse o meu refúgio. Talvez seja esse o refúgio de João Paradeiro e o do autor e o de tanta gente que não consegue mais pegar em armas! Porque tá foda, e todo mundo sabe disso. É só olhar em volta. Não importa o país. Hoje em dia não importa mais a fronteira. Por isso eu acho ridículo essa história toda de visto! Tá todo mundo com o cu na mão, porque a relação de poder mudou. É um deus contra o outro, um grupo de interesse contra o outro, e tem o P E T R Ó L E O...

VOZ EM OFF   E tem as caixas que você ainda não abriu.

N   É que estou com tanto medo de abri-las e achar algo que não quero achar.

PARTE 4

ENTRA UM BATALHÃO SELETO DA *HOMELAND SECURITY*, O FBI.

N   Ai, meu Deus. Agora essa!

FBI   Retirem todas essas caixas já. Mantenham esse homem num canto. Coloquem esse capuz nele. Desinfetem ele por inteiro.

ALGUÉM, COM UM *SPRAY*, DESINFETA NANINI POR INTEIRO, DE ALTO A BAIXO. ELES SE RETIRAM, DEIXANDO NANINI SOZINHO. AOS POUCOS ELE RETIRA O CAPUZ. MUDANÇA DE LUZ.

N   Retiraram... Levaram... Meu Deus, roubaram... Quem eram eles? Preciso avisar. Meu Deus do céu? Eu estava vivendo para aquilo e agora roubaram a minha alma. *[Percebe que a mão está dormente.]* Minha mão. Não sinto minha mão. Não sinto as duas mãos. Perdi o interesse nelas... Os pés. Perdi o interesse neles também. Resta saber o que resta do resto do meu corpo. Que violência! O que fazer agora? Tenho mãos, mas o que fazer se perdi o interesse nelas?

NO FUNDO DO PALCO, A DANÇARINA EM UMA BANHEIRA ESTÁ SENDO TORTURADA POR ALGUMAS PESSOAS. OUVEM-SE BERROS. VEEM-SE O MOVIMENTO DA ÁGUA E A REVOLTA FÍSICA DA BAILARINA, QUE É CONSTANTEMENTE SUBMERSA NA ÁGUA, REEMERGINDO DE TEMPOS EM TEMPOS PARA RESPIRAR.

B   Ai, meu Deus! Que dor! Que dor! Que dor! Que merda de dor! Que puta merda de dor!!!

NANINI SE APROXIMA DA BANHEIRA.

N   *[para os homens cometendo tal ato]* Ei, ei, ei... Vocês viram o que aconteceu ali? Não liguem para as minhas mãos. Elas são assim mesmo desde que eu as abandonei. Por favor, não reparem. Algo de grave aconteceu. Não sei o que houve. Me roubaram as caixas. Me tiraram a alma do corpo. O sentido da vida. Me sinto como um Descartes ao contrário. Não, que bobagem eu falei agora.

	Escapuliu. Me sinto como um Kant sem razão. Não, nada disso... Estou piorando, deve ter sido o desinfetante – efeitos colaterais... Vocês viram o que me fizeram?
OS HOMENS	Desculpe, senhor, mas somos alheios a tudo isso. Ela nos paga uma vez por semana para virmos aqui refazer a tintura do cabelo dela, só isso. *[Eles saem.]*
N	Não acredito. Minhas mãos. O mistério todo pela metade. A voz. Você ainda está ai? Está ai? Foi-se, né? Sabia! Era parte da trama das caixas. Foram-se as caixas, foi-se minha vida. Tudo começou hoje de manhã, e minha vida parece ter se acabado com a retirada delas. Não valemos um tostão furado mesmo. O que tinha naquelas caixas, além dos órgãos, de tão importante, que fez com que o FBI as confiscasse? Por que não me confiscaram também? Por que não me prenderam? Ninguém se interessa por mim? E meu talento? Caralho! Como podem fazer isso comigo? Me sinto tão pequeno e tão impotente!

A BAILARINA DE CABELOS MOLHADOS SE APROXIMA.

B	Você perdeu tempo demais se dedicando a uma causa que não era sua. É por isso que suas mãos agora estão dormentes e você perdeu o interesse por elas. Dê uma olhada para a superfície da palma delas. Nada, né? Nada. Lisa como a mais medíocre das folhas de papel xerox. Mas a sua vida deveria ter todas as suas linhas representadas aqui. O que isso significa? Que você não existe mais? Você desapareceu? Morreu? Teve o mesmo paradeiro que João Paradeiro? Vamos! Pegue o telefone. Ligue para você mesmo.

NANINI, NO CHÃO, PEGA O TELEFONE. DISCA SEU PRÓPRIO NÚMERO.

N	Alô? Eu tô aí? Deus do céu! Eu morri?
	PARTE 5
VOZ EM OFF	Ainda não.
N	Ah... que bom que você voltou!

B Você justifica sua vida com frases escritas por outras pessoas! Sua existência inteira é validada ou não pelo aplauso ou pelo amor de uma plateia ou de um Ibope! Como você é barato! Você acha que eu não estava ouvindo quando você dizia que, como ator, você se dedicava "às grandes causas"? Que piada! Quais grandes causas? Quais grandes causas? O espelho? Você tem realmente noção do que acontece no mundo? Você se importa? Alguém aqui se importa? Ou só vieram rir um pouquinho? Ou muito? É só abrir os jornais...

N Mas eu leio os jornais...

B Pra ver o tamanho da sua foto!

N Não, não é verdade!

B É só abrir os jornais e ver a miséria em que o mundo se encontra. E a injustiça! Está terrível. Nunca esteve igual desde 1929! Aliás, fiz uma dança pra isso!

COMEÇA A DANÇAR. NANINI OBSERVA E, INSTANTES DEPOIS, A INTERROMPE.

N Você vem aqui, surge de uma banheira, me rasga ao meio, dizendo isso e aquilo de mim, mas no fundo você só quer mesmo se exibir e tomar o meu lugar. E se você realmente acha que eu sou um ator megalomaníaco, engana-se, queridinha. Profundamente! Já militei no MR-8, no PCBR, no PC do B, no VAR-Palmares e na Ação Popular... Já segui o Che pela Cordilheira dos Alpes atrás de queijo suíço. Já visitei Cuba três vezes na intenção de ver Fidel, tá bom? Enquanto você ficava aí nesse... *[Nanini imita a bailarina e sai de cena. Ouve-se barulho na coxia. Ele, em off, retoma seu texto.]* Quem deixou essa merda no caminho? *[Volta à cena, trazendo a bailarina que o seguiu.]* Don't touch me. Don't touch me. Don't touch me*, tá entendendo? Enquanto você estudava a sua Martha Graham e seu Merce Cunningham, eu estudava Groucho Marx e a Revolução Bolchevique! Devorava os livros de Lenin.

B E o que aconteceu?

N Não passei no teste.

B Como?

AMADEU [entra no palco, fala e sai] Era um papel pra um filme maravilhoso sobre a Guerrilha do Araguaia, mas outro ator pegou. Aí ele se desencantou. Parou com essa coisa de ser ator e ficou vagando pelas ruas, catando vale-refeição, coisa aliás que ele nunca usou – só colecionou.

N Nada disso! Peguei um emprego no Instituto Médico Legal. [Bailarina se mantém em silêncio interrogativo.] Você não vai perguntar? [Momento de indiferença continua. Diante disso, Nanini explode.] Estou pasmo! É a segunda pessoa que simplesmente não quer saber o que eu fazia no Instituto Médico Legal. Ai! Meu curativo! As mãos voltaram. Os pés voltaram também!

INVASÃO DE SERES ENCAPUZADOS COM METRALHADORA.
NANINI É SEQUESTRADO.

B NNNNNÃÃÃÃÃOOOOOOOOOOOOOO! [Dança.]

PARTE 6

VOZ EM OFF Existem alguns muitos mistérios na história política brasileira, como, por exemplo, por que não deixaram autopsiar o corpo de João Goulart? E aquela morte estranhíssima de Carlos Lacerda, que jamais foi explicada? E que colisão foi aquela de Juscelino Kubitschek que deixou uma enorme cratera debaixo de seu Opala preto? Que colisão é essa que deixa uma cratera imensa debaixo de um carro? Tudo isso eu tenho documentado em fotos do DNER nas minhas pastas da Anistia Internacional. Não adianta me ameaçar. Esses corpos, por exemplo, jamais chegaram ao Instituto Médico Legal.

SOBE A LONA COM DESENHO DE GERALD. NANINI APARECE DENTRO
DO INSTITUTO MÉDICO LEGAL, NO NECROTÉRIO. ALGUNS CORPOS
ESTÃO EXPOSTOS NO CHÃO.

N Nossa mãe! Quanto tempo!
S Então foi aqui!
N Foi.
S E como ninguém descobriu?
N Eu sabia o horário dos outros. E tinha uma chave só pra mim...

S   Não há nenhuma outra pessoa que saiba?
N   Acho que não.
S   Me descreva a sensação.
N   Ah, senhor... É muito difícil. Estou com vontade de vomitar. As coisas por aqui mudaram.
S   Me descreva a sensação
N   Meu Deus do céu! Pensei que nunca fossem descobrir. Me diga o que você sabe.
S   Tudo.
N   O que quer dizer tudo?
S   Tudo! Que o senhor vinha aqui, à noite, sozinho, e sodomizava os cadáveres. Um a um, abria as gavetas, colocava-os na maca de metal e os sodomizava. Depois, meticulosamente, depositava-os de volta. Quero saber por que fazia isso.
N   Não sei. Não era bem eu. Era alguma coisa que tomava conta de mim... Eu sabia que algo estava errado... Eu sabia que era crime, mas, ao mesmo tempo, não era, entende? Eles já estavam mortos mesmo, então, que mal eu estava fazendo? Que mal eu fazia?
S   Sim, sim. Mas, e a sensação?
N   Total satisfação! Me perdoe se estou falando uma coisa horrível. Sei que estou.
S   Continue.
N   Era como se eu estivesse no último minuto da minha vida. E no último minuto da minha vida, eu me permitia fazer o inimaginável. Eu era imbatível nesses momentos, assim como estar no palco. No palco não sentimos dor, de tanta adrenalina que corre. Aqui também era assim. O que vocês vão fazer comigo? Eu vou ser condenado por isso, né? Vai dar notícia no jornal, né? Ai, meu Deus, eu estou arruinado. Imagine só o público lendo isso. As televisões... As televisões dando isso. Pronto, acabou.
S   Não, não vamos dar nota alguma. Não estou aqui para julgá-lo. Mas, para vê-lo, eu quero vê-lo fazendo.
N   Como?
S   Exatamente o que você ouviu. Quero olhar, olhar, enquanto você sodomiza um cadáver.
N   Não é possível. Quando se acha que a coisa está no pior nível, ela fica mais horrível ainda. NÃO!
S   Eu quero olhar, olhar, enquanto você sodomiza um cadáver.

NANINI VAI ATÉ UM CORPO, AJEITA-O, AVANÇA PARA CIMA DO
SEQUESTRADOR E, ASSIM COMO NA CENA DO POLICIAL, ESTRANGULA-O
COM CERTA FACILIDADE.

N   Meu Deus! Que loucura! Que dantesco! Que comédia! E agora? Deve ter mais "deles" lá fora. *[Nanini tira a roupa do sequestrador, coloca o capuz na cabeça e se transforma nele. Em seguida, simula uma voz grossa e bate na porta.]* Olha aí! Pode abrir! Já vi tudo! *[Mudança de luz.]* Que pesadelo! Será que isso está mesmo acontecendo comigo? Preciso sair daqui desse pesadelo e voltar. Meu Deus, será que alguém ouviu essa história? Acho que não. Ainda não. Cada um tem seus segredos, seus fetiches... Se a sociedade inteira se abrisse, sabe-se lá o que não se ouviria. *[Em um corredor de luz, ao fundo, surge a figura de uma mulher.]* Mãe? Mãe? É você, mãe? Você veio me visitar? Mas logo aqui, mãe? *[A figura desaparece. Nanini nota que algumas das caixas do correio estão ali dentro do necrotério.]* Olha só! Como as partes se juntam. É surpreendente. (Flashes *explodem de todos os cantos. Câmeras de* TV *aparecem e o cercam.)* Meu Deus! A mídia!

PARTE 7

DEPOIS DA PREPARAÇÃO DO ESTÚDIO, NANINI APARECE SENTADO NUM
TALK SHOW, ALGO COMO LETTERMAN OU JÔ.

A   Boa noite, Brasil! Nanini, mas que prazer tê-lo aqui.
N   Faz tempo, né? O quê?... Uns bons dez anos. Eu andava meio esquecido por aí.
A   Mas agora você está de volta e com revelações FASCINANTES!
N   *[gracejando]* Você não me pega assim tão facilmente, escondido aí atrás dos seus óculos e sua cultura erudita. *[Risos. Bebe um gole.]*
A   Você há de concordar que os fatos não mentem e que você concordou em vir aqui hoje gravar esse programa e nos revelar tudo...
N   Claro, claro... não é que eu não vá falar, entende? Mas é que há dois dias... Gente, há dois dias que nem durmo. Nem a maquiagem consegue disfarçar essas olheiras. Há dois dias começaram a acontecer coisas estranhíssimas na minha vida.

A   É? Conta um pouquinho pra gente. Mas só depois dos nossos comerciais. Voltamos já, já, em 30 segundos.

PAUSA PARA COMERCIAIS.

N   *[para o Apresentador]* Olha, acho que não vou aguentar. O microfone está desligado, meu filho? Eu não sou molestador de crianças! Não sou molestador de crianças, entende? Vi que isso está pautado pra mim e eu não vou responder! Não quero entrar nesse território. Não sou molestador de crianças.

A   *[ouvindo algo no ponto eletrônico]* Como? Voltando? Ok. Bem, de volta com Marco Nanini e sua carreira fantástica. Como você dizia, antes da pausa, como é mesmo essa coisa de molestar crianças em que você está envolvido?

N   Não, querido. Eu estava te explicando justamente o contrário. Eu não tenho A-B-S-O-L-U-T-A-M-E-N-T-E nada a ver com essa moda de molestar crianças. Acho que você está confundindo as bolas. Aliás, que curioso, né, os Estados Unidos nesse momento: Schwarzenegger, que nem americano é, um AUUUUUUUU... *[Entra música, todo o elenco e técnica dançando. Quando a música para, ele retoma.]* Schwarzenegger, um AUUUUUUUU... um austríaco como governador da Califórnia. Essa mesma Califórnia, que perseguiu Michael Jackson. Figura estranha: não é homem nem mulher, não é branco nem negro, não é adulto nem criança. Mora num rancho da abstração e do nunca, enquanto seu país está remodelando o mundo árabe e criando um ódio irreversível e muito mais homens-bomba do que antes.

A   Sim, mas e você...

N   Não... Eu estava aqui só divagando... bem, eu AUUUUUUU... como estava dizendo, eu não tenho nada a ver com crianças. Aliás, nem me dou muito bem com elas. Você deve estar se referindo a esse episódio do Instituto Médico Legal. *[Ouvem-se aplausos da plateia.]* O público amou esse episódio.

MAIS APLAUSO.

A   Claro, ele merece. Você veio a público com algo que é tabu. Nossa sociedade guarda tabus horrendos, e se não houvesse heróis como você para quebrá-los, estaríamos dez anos atrasados no tempo.

MAIS APLAUSOS DA PLATEIA. NANINI LEVANTA E SE CURVA.

N   Eu só molestava mortos. Entendeu? Só isso. Sodomizava um a um, até me satisfazer. E isso variava de noite para noite. Às vezes eu me satisfazia com um, às vezes eu precisava de quatro. E variava. Tinha noite em que o meu barato era morte natural. E tinha noite em que eu gostava de coisa mais deformada, tipo acidente de trânsito, coisa mais mutilada, completamente desfigurada. Isso tudo pode parecer uma coisa grotesca pra burro, mas o fato é que não estava causando mal a ninguém, a não ser a mim mesmo, talvez. Mas buscamos o prazer nos lugares mais estranhos, não é?

A   Nanini, Nanini, você já pensou em procurar ajuda de um terapeuta, psicólogo...

N   Como? Com que tempo? Desde que o escândalo explodiu, eu nunca tive tanta oferta de trabalho na minha vida inteira. Se você somar tudo o que fiz na vida e comparar à quantidade de convites nesses últimos dois dias, querido, é simplesmente surpreendente! Nunca as ofertas foram tantas e em tão curto período de tempo.

APLAUSOS DA PLATEIA.

A   Nanini, você tem fama de namorador. Me diz, quantos *affairs* você está tendo nesse momento?

N   Você quer dizer vivos, simultâneos e a sério? Uns três.

A   Além do casamento. Eles todos sabem uns dos outros?

N   Claro que sabem. Não tenho mais idade pra sair por aí mentindo. Só minto quando é casinho rápido. Aí os outros ficam... *[Faz gesto de quem fica emputecido.]* Mas estou contemplando escrever um livro sobre isso – aliás, essa foi uma das ofertas que eu mais gostei. Nem vou precisar escrever fisicamente, sabe? Vou ditar pra alguém, e esse alguém transforma isso em literatura. É tão genial, isso! Escrever sem escrever! É o máximo!

A   É... o *ghost-writer*. O escritor fantasma. Gente, isso é tão moderno! Já não tivemos a cidade fantasma, o trem fantasma? Agora tem autor fantasma! Eu tenho até um fã fantasma! É interessante notar que *fan*, em inglês, quer dizer ventilador. E, em chinês, quer dizer arroz. Genial isso, né? Coisas que só se aprende quando se estuda na Suíça.

N   É... Mas, em literatura, o que conta mesmo é a essência.

A   Ah, sim, seu livro! Você pode nos dar uma prévia?

N   Ah, vou ter que rever minha vida inteira, porque agora chovem papéis de tudo que é lugar. Quer dizer, essa coisa do Instituto Médico Legal foi a melhor coisa que podia ter me acontecido.

APLAUSOS.

A   Nanini, pra terminar... Conta aqui: você tem outros fetiches mórbidos?

N   Tenho. E muitos. Mas se eu revelar tudo agora vai perder a graça, não é?

A   Tá certo! Olha, foi um enorme prazer recebê-lo aqui e... espero que não se passem outros dez anos...

N   Obrigado a você. *[Para a câmera.]* E obrigado a vocês.

BLACKOUT.

PARTE 8

DE VOLTA À CASA, PRIMEIRO CENÁRIO. BAILARINA EXECUTA UMA DANÇA ENFURECIDA, RASGANDO PAPÉIS.

N   *[Voltando ao palco]* Enfim sós, meu amor. Que dança linda! Ela representa tudo. Toda a sua revolta contra o mundo está aí nessa dança.

B   Sim. E contra você também! Ai, quanto ódio! Detestei o programa. Detestei aquela autopromoção. Muito simples. Hoje em dia você vai e comete um crime e todos acham lindo. E te aplaudem! Faz sentido? Em vez de você estar no Pinel, atrás das grades, recebe mais ofertas do que nunca.

N   Meu amor, para com isso! Vem aqui, você se lembra daquele dia em que Saddam Hussein foi capturado naquele buraco pelas tropas americanas? Lembra? Lembra aquele vídeo em que um soldado inspecionava o cabelo dele pra ver se tinha piolho e examinava a boca dele também? Aliás, não sei muito bem pra quê – será que existe piolho no dente também? Meu amor...Você me examinaria daquela maneira?

B   Claro que sim.

FAZEM A CENA. RUÍDOS DE UM QUASE ORGASMO DOS DOIS SÃO INTERROMPIDOS PELO SOM DO TELEFONE.

B   Achei! Tá aqui, tá aqui!
N   Pega, pega! Que delícia!
B   Esmaguei.

TOCA O TELEFONE.

N   Alô. Fala mais alto, por favor. Quem está falando? João Paradeiro, de Nova York? Meu Deus do Céu! Você não tem ideia de como... digo... não, não quero dizer nada, quero que você fale... Sei... sei... *ahã... hum...* sei... claro, claro... sei... sei... sei... lá por volta de quarta mais ou menos, de manhã bem cedo... sei... sei... Alô? Alô? João? João, alô? Puta merda! Caiu. Era ele! Ele está vivo e está aqui na linha!

B   Como é que você sabe que era ele, e não um trote? Ai, vem, eu tava quase terminando, vem!

N   Não, peraí. Isso é importantíssimo.

SOM DE CAMPAINHA.

N   Quem é?
VOZ   Tenho uma encomenda para o sr. Marco Nanini.

ENTRA O MESMO ENTREGADOR DO INÍCIO, COM NOVAS CAIXAS.

E   O senhor poderia assinar aqui?

N   Meu Deus! Começou tudo de novo! Olha só quantas ofertas de trabalho: teatro, cinema, televisão, rádio, publicidade... Convite para a Ilha de Caras. Que exaustão! Que mudança radical de vida! Estou em demanda mesmo. Aquele programa...

B   *[aos prantos]* É o nosso fim. E o fim dos outros três, não é? Acabou-se uma vida. Começa-se outra. Sei como são essas coisas. Agora você vai decolar e nada te segura. Já te vejo com a estatueta na mão agradecendo com esse teu inglês de galinha... E tudo isso porque você sodomizava cadáveres. Que total absurdo. Nem Ionesco...

N   Pare com essa asneira. Era o João Paradeiro no telefone. Você me acha um ser tão vazio assim?

B   Acho você um doente, um compulsivo, um caso realmente entre a bipolaridade e a esquizofrenia. Mas eu te amo. E manda esse João Paradeiro à merda. Ele foi uma boa desculpa pra começar essa trama toda, e agora você fica todo emocionado. Olha aqui, se você ler o depoimento de qualquer ser humano sobre essa terra, qualquer pessoa, não precisa ser favelado ou clandestino e ter sobrevivido a ataque nenhum, ele é em si emocionante... Porque o ser humano é emocionante. É que muita gente não tem como dizê-lo, porque se protege numa carcaça de ferro qualquer e não revela seus segredos mais íntimos, seus fetiches, seus medos, suas fobias, o que sentiam quando crianças... Essa minha dança era exatamente sobre isso. É uma pena que você não pega mesmo!

N   Estou sem ter o que dizer.

B   Teu espelho quebrou.

N   Estou sem espelho. Não tenho noção da minha expressão agora. Isso nunca me aconteceu. Sempre soube como eu era por fora. Agora, estou sem noção. Perdi a minha cara.

B   Não por muito tempo. As mãos e as pernas duraram...

N   Por favor, presta atenção no que estou te dizendo... Acho que estou tendo uma forte dor no peito...

B   Que dramático! Quer que eu te foda agora?

N   Me ou... ouve... *[Cai no chão.]* acho... *[Desmaia.]*

B   Marco, Marco! Meu Deus! Isso é de verdade? Marco! *[Pega no pulso dele. Encosta o ouvido no peito dele.]* CARALHO, meu Deus. *[Pegando o telefone, disca.]* Uma ambulância imediatamente... sim... ataque cardíaco... sim... está respirando...

CHEGAM OS ENFERMEIROS, COLOCAM-NO NUMA MACA E SAEM DO PALCO, ENQUANTO ENTRA O CENÁRIO COM A CAMA DE HOSPITAL.

PARTE 9

NANINI ESTÁ NO HOSPITAL, SOB MÁSCARA DE OXIGÊNIO, DELIRANDO, SENDO OBSERVADO POR UM TIME DE MÉDICOS.

N Eugenics, Eugenics... Quando você me parou na rua, seu filho da puta, jamais imaginei que você pudesse estar me traindo! Afinal, consegui esses documentos importantíssimos pra você. Olha aqui. Custaram a minha reputação, a minha influência e todo o dinheiro que eu tinha. Consegui esses órgãos pra você, seu viado. Eu consegui esses rins, quase mato esses turistas húngaros e agora você me denuncia? Como assim, cara? O que é que você esta fazendo comigo? Não, peraí! Peraí! Fala pra eles me largarem. Eu faço o que você quiser. Tudo que você quiser. Mas cana, não! Cana, não! Por favor!

M3 Ele deve estar tendo lembranças profundas de alguma outra vida... ou algo...

N Nem sei como consegui escapar. Só sei que escapei. Depois de cinco dias correndo pela mata, exausto e quase desidratado... consegui chegar a uma tenda... estavam assando alguma coisa numa fogueira aberta. Cheguei desse jeito assim, sujo, imundo, todo rasgado e cheio de feridas. Mas ela me recebeu de braços abertos. Achou que eu era um deles, e eu fingi que era. Fui logo dizendo: sou brasileiro e sou clandestino. Meu nome é João Paradeiro e acabo de roubar documentos da CIA que implicam o governo americano terrivelmente no Golpe de 64 no Brasil e na derrubada de Allende. Eu achava que estava fazendo um favor a um amigo, mas que amigo porra nenhuma. Esse filho da puta me denunciou. De repente, me vi numa emboscada. Eles me perseguiram, mas como eu sou do mato, consegui escapar. Agora trabalho num circo. E com essa nova identidade... *[Acorda num susto.]* Onde estou, meu Deus? Hospital? Quem são vocês? Os Anjos na América? Eu estou na Broadway? Estou no céu! Esse é o paraíso! *[É acometido de uma crise de fraqueza.]*

M1 O senhor tem que ir com calma. Teve uma parada cardíaca e vai ter que ir com calma.

N	Que loucura! Estava tendo verdadeiros delírios agora... Fui transportado e... deixa pra lá. Cadê todo mundo? Digo, cadê a minha musa?
M2	Esta lá fora dando uns traguinhos.
N	Ai, por tudo nesse mundo, me dá um cigarro.
M3	Querido, você acaba de ter um ataque...
N	Eu sei, eu sei, mas vai... só uns traguinhos. Juro: dois traguinhos e depois entrego o cigarro de volta nas suas mãos. *[Médico não resiste, acende cigarro e o entrega a Nanini.]* Ah, que gesto humanitário! Ah, que saudável!
M3	Você estava com a pressão altíssima, e a sua mulher me falou do estresse. Além disso, o senhor andou alucinando...
N	Não eram alucinações. Eu sabia do que estava falando. Eu vivo uma vida dupla.
M3	Ah, tem um telegrama de Nova York pro senhor.
N	Uai. Um telegrama em branco? O que quer dizer isso? Doutor... o que quer dizer um telegrama em branco?
M2	Como é que você pode fazer aquilo com os mortos no IML?
N	Não era bem eu... *[Bailarina entra.]* Ah, que bom! Estávamos falando justamente de como a CIA teve uma brutal participação no golpe da Rainha Vitória...
B	*[para o Médico 3]* Ele está excitado demais. Está drogado? Também quero.
M3	Sim, está sob efeito de sedativos. Rivotril, 2 mg, mas pode ser que esteja dando efeito paradoxal.
N	Efeito paradoxal? Acha que eu não ouvi isso? Ora! A vida em si não é um enorme efeito paradoxal? Ai, meu Deus... que dor no peito! Estou sem língua pra chupar! Doutor, estou sem língua pra chupar!
M3	Falei pra ir com calma.
B	Não tem jeito de a dosagem ser maior?
N	Não adianta quererem me dopar. Estou sem língua... E vocês ficam aí, conspirando sobre o meu efeito paradoxal? Ora, que ridículo! Tá todo mundo muito confortável, nas suas casinhas, seus carrinhos, seus confortos... Todo mundo chupando, e eu sem língua? O que é isso agora?! Agora é desvendar o código de Da Vinci.
B	Meu Deus. Nunca vi ele assim, tão radical. De novo, estou achando que não é ele.

N   Sou eu, sim! Ah... E se lembra de quando eu te falei que peguei em armas, e que segui o Che pela Cordilheira dos Alpes atrás de queijo suíço, e que tudo era para um teste de cinema? Aquilo era verdade. Não tinha cinema nenhum envolvido ali. Não tinha cinema nenhum envolvido ali. Não tinha cinema nenhum envolvido ali. Não tinha cinema nenhum envolvido ali. Fiz aquilo tudo por amor ao Barretão! E por quê? Por quê? Por quê? Porque gosto de um frango assado! *[Médico 1 vem com mais uma pílula na mão.]* Isso mesmo, me dopa mesmo. Sem língua vai fazer muito efeito mesmo! Que piada! Ninguém aqui mais sabe o que faz! Sei que o público amou quando sodomizei aqueles cadáveres! *[Para Bailarina.]* Meu amor, dá uma retocada aqui na maquiagem, que eu tô no auge do meu discurso. Isso! Obrigado! *[Bailarina o maquia levemente, e Nanini continua.]* Então, nada prova nada. Prova alguma coisa? Nada prova nada. Prova alguma coisa, meu amor? Nada prova nada. Vocês aí, prova alguma coisa? Nada prova nada.

PAUSA PARA IMPROVISO DE NANINI COM A PLATEIA. ELE DIZ, APROXIMADAMENTE, O QUE SEGUE.

N   Tomaram Rivotril também! Eu vou ter que abrir uma intimidade com vocês. O Gerald me pediu que eu insistisse com vocês até obter uma resposta forte. Então eu imploro que vocês me ajudem, senão nós não vamos sair daqui tão cedo! E ele ainda me ameaçou, dizendo que vai botar mais fumaça aqui. Eu sou alérgico. Estou sobrecarregado. Então, por favor, me ajudem. Vamos tentar. Prova alguma coisa?

DEPOIS DA RESPOSTA, ELE RETOMA.

N   É a voz do povo! Fala comigo, caramba! Recuperei a minha língua! Prova alguma coisa, meu amor?
B   É, sei lá, não sei, não, não prova nada. Ou então prova. Mas prova o quê? Prova o quê?
N   Prova que tive vocês nas mãos por um tempo para provar que pouco importa se existe ou não João Paradeiro. E por quê? E por quê? E por quê? Porque nada prova nada. Cadê a pílula? Cadê a dopamina? Dopamusa? Dai-me, santo! Dai-me... quero

delirarrrrrrrrr... Desculpe, gente, mas vou me livrar desses fios porque não sou marionete, e pouco me importo se vou viver alguns momentos de fraqueza. Vou voltar pro circo. Tchau!

SAI CORRENDO E DEIXA A EQUIPE MÉDICA E A BAILARINA BOQUIABERTOS. CENA PERMANECE CONGELADA POR ALGUM TEMPO. NANINI SUMIU. 30 SEGUNDOS.

GT [*em off*] Manoel Fiel Filho, Vladimir Herzog, Rubens Paiva, Stuart Edgar Angel e tantos outros... aqueles que pegavam em armas e aqueles que não pegavam em armas, como Wladimir Pomar, Pedro Pomar, Elza Monnerat, Diógenes Arruda, João Amazonas, os desaparecidos no Dops, aqueles torturados no DOI-Codi, nos comandos do I e do II Exército, ou aqueles queimados pelas bombas de efeito moral, pelo General Dilermando Gomes e pelo Coronel Erasmo Dias. Nelson Rodrigues Filho, Alex Polari de Alverga, todos os presos políticos brasileiros, todos os exilados brasileiros, Cid de Queiroz Benjamin, a família Benjamin, todos aqueles que desapareceram de uma hora para outra, aqueles que não voltaram, mesmo aqueles que voltaram, foram desterrados pelos labirintos do Ato Institucional Número 5.

NANINI VOLTA DE MULETAS, ARRASTANDO NAS PERNAS TODA SORTE DE FIOS, COM BOLAS, LATAS; NOS BRAÇOS, TODOS OS TIPOS DE CURATIVOS; NA CABEÇA, UMA ENORME BANDAGEM, COMO SE ESTIVESSE VOLTANDO DE UMA ENORME BATALHA. TODO ENSANGUENTADO.

N   Não consegui sair. O lugar está todo trancado. Isso aqui não é hospital porra nenhuma. É prisão.
B   Como assim?
N   Não se faça de tola. Você faz parte dessa trama toda.
B   Meu Deus do céu! Quer dizer que você acha que... Teria sido muito mais fácil se você tivesse deixado o cara construir a sua maquetezinha de Brasília pra saber onde tudo deu errado. Mas não! Você é um egoísta! Não gosta do Oscar Niemeyer e nem do Lúcio Costa, não é? Brasília é a prova de que Charles Darwin estava certo. O homem vem da floresta. Ou, pelo menos, se instala nela.

PARTE 10

N Escuta aqui... Está na hora de tirarmos as nossas máscaras. Você até agora não entendeu o propósito da questão: preciso do colo, de conforto. Estou há horas pedindo, mas você não me dá. Há vinte anos sou viciado em heroína, e você finge que não nota! Até quando você vai virar a cara enquanto me injeto com aquela porra, hein? Será que você vai sempre ignorar as seringas no banheiro do camarim? Sempre? Nunca vai mencionar o assunto? Nunca? Vai ser sempre essa hipocrisia entre nós? Você não enxerga que eu tenho um problema? Será que vou ter que esfregar essa substância na sua cara pra que a gente inicie o assunto? Sou dependente químico, caralho. Sou dependente químico, caralho. Sou dependente químico, caralho. Sou dependente químico, caralho. Será que você entende isso, nessas palavras? Olha as veias do meu braço, olha. Olha! *[Bailarina chora muito.]* Algo aconteceu aqui. *[Aponta para plateia.]* Tem... tem ali... tem alguém morto na plateia.

B Não!

N Está morto há uns 20 minutos. Estou tentando disfarçar há um tempo. Mas ele morreu na cena em que... entende agora a minha aflição? Não seria nada bom ficarmos aqui discutindo a nossa intimidade na frente de um morto.

B Mas você sodomizava cadáveres.

N Sim, mas não falava com eles, né? Ora bolas! Você tem cada uma! Sodomizar é uma coisa. Discutir intimidades na frente de morto é outra. Pelo amor de Deus! *[Luz da plateia é acesa. Nanini vai até o defunto.]* Agora vamos ter que interromper o espetáculo. Que situação mais desagradável! Tanto teatro pra ele morrer, tinha que morrer bem neste! Parece que está dormindo, mas está morto mesmo. Quem tá dormindo é aquela senhora ali. Levanta-te, Lázaro... *[Nanini reconhece o morto.]* Santo Deus! João Paradeiro! Era você o tempo todo! Meu Deus do céu! O que a gente vai fazer agora? Vamos fazer uma cerimônia pra ele, uma procissão! Uma cerimônia no palco! Me ajuda aqui, pelo amor de Deus! Preciso de voluntários pra me ajudar a carregar. *[Nanini pede que a plateia o ajude a levar o corpo ao palco. Depois de depositado o cadáver no palco, Nanini nota um enorme nascer do sol no horizonte do ciclorama.]* Meu Deus, como isso é lindo! O nascer do sol! A

natureza dentro do teatro. Acho que nunca vi isso. *[Bailarina está de joelhos, de costas para o público, aos prantos, vendo o nascer do sol, acompanhado da Sinfonia n. 5, de Shostakovich.]* João, você vai ter o enterro que merece. *[Das coxias, surgem senadores romanos, um a um. Cada um deles tem uma espécie de pássaro exótico no dedo, e Nanini faz de conta que não está nem aí para eles, mas sim preocupado com os pássaros. Eles dão um passo para dentro da cena e param. A cena se transforma repentinamente no julgamento de Brutus.]*
Ah! Morfologias achadas em *Júlio César*, de Shakespeare. Estou confuso. Estou muito confuso. Muito, muito confuso. Muitíssimo confuso. O que é isso agora? A Baixada Fluminense? O Império Romano? A ala *gay* da Beija-Flor?

B *[Dá um tapa nele]* Para! Você está perdendo toda a sua compostura. Respeito, por favor!

SEN Temos um assassino e sua vítima nos braços.

N Não, nada disso. Fui buscá-lo na plateia. Ele morreu sozinho. Pode perguntar. Pergunta lá.

SEN Quem não mata não tem sangue nas mãos.

N *[Olha as próprias mãos]* As linhas da vida voltaram. *[Surgem dois Marco Antônio.]* Marco Antônio!

MCS Brutus.

N Só me faltava essa. Ah... Estou começando a entender... Esses são os figurantes da novela... E esse é o ensaio da cena que não tive por causa das caixas e da internação no hospital... Não é? Não é? *[Para Bailarina.]*

SENADORES SE APROXIMAM E EXAMINAM O CORPO.

SEN & MCS Não, definitivamente não é ele. Isso aqui é um impostor. Além do mais, está respirando. Olha a barriga dele. Pega no pulso dele. Você acredita em tudo. Me deixa.

N Mas então de onde vem o sangue?

SEN Da sua própria ferida, imbecil! Você está sendo acusado de matar a si próprio. Um personagem é imortal, ou será que você não sabia disso? Bom ou ruim, não interessa. Shakespeare escreveu ótimas peças e peças de merda, mas não importa. Importa que se possa montá-las hoje, 400 anos depois, e tendo um prisma diferente da história, pode-se pegar aquilo como base e transformar em algo magnífico. A natureza é magnífica. E o teatro é como a natureza. Não se pode matá-lo. Nasce de nós, e não da indústria. O nascer do sol é magnífico, como você mesmo viu. Não se tem o direito de matá-lo. Não se tem o direito de matar um personagem teatral. E você está se matando. Isso é imperdoável.

N   Esse texto é pra eu decorar? Mas pra quando? Quando grava? Meu Deus, que loucura! É externa? Olha, eu não posso pegar sol. Eles sabem disso. Está no meu contrato. E aquela voz? Nunca mais? De onde vinha mesmo?

CORPO   [vestido de Senador] No IML, eu era um dos corpos sodomizados. É por isso que estou aqui.

N   Não. Você não era nada disso! Nada disso. Não entra nessa que vai ser péssimo pra sua vida. Aquilo era tudo... Era tudo o quê? Meu Deus! Não sinto meu abdômen! Meu sexo sumiu também!

SENADORES RIEM. CADA UM PEGA SUA ARMA E APONTAM PARA NANINI.

E   Teve um papel que você julgou não ter assinado. Mas, infelizmente, assinou. E agora é a sua hora de falar. Nós somos do Esquadrão Gilberto Gil da Morte ao Teatro. E viemos aqui para acabar com esses seus burguesismos e essa sua mania de acreditar numa outra verdade tropical.

N   Olha, gente, eu... moro no Brasil. Vivo e trabalho no Brasil com muito orgulho. É irônico porque, apesar de querermos brincar, trabalhar, sempre parecem querer... querer colocar algum obstáculo, alguma pedra no nosso caminho. Desde Sófocles, por exemplo, sobrevivi a tantos tribunais, a tantas Inquisições, a tantas Guerras Mundiais, conflitos locais, emboscadas culturais, ditaduras, proibições de todos os tipos e, no entanto... continuo de pé, e tudo aqui nesse país maravilhoso das chacinas e do racismo não assumido! E de tantas outras atrocidades e injustiças. Sou como o Brasil: não tenho solução. Sou um problema. Mas sou um problema sensacional. Assim como um belo gol, a mais bela literatura dramática do mundo, a literatura de Nelson Rodrigues. Não há ninguém melhor no mundo. E mesmo ele levou ovo e tomate na cara quando... Deixa pra lá. Causo muita dor. O teatro causa muita dor. Mas somos como a própria natureza: belos como o nascer e o pôr do sol, e devastadores como um tsunâmi, um terremoto, um furacão. Destruímos, desconstruímos, brincamos de estilhaçar tudo. Mas essa lucidez toda vale a pena: afinal, é ela que sobrevive por todos esses séculos, mesmo com essa tecnologia toda agora entrando como se fosse um pontapé no nosso estômago. Eu fico assim, como o berro silencioso de Munch, como o *Álbum de família*, e quando dizem que ator não se emociona, estão errados. A gente se emociona sim.

SENADORES ATIRAM E CAEM MORTOS. NANINI É ENVOLTO NA BANDEIRA BRASILEIRA, TOCA O HINO NACIONAL EM RITMO DE SAMBA.

BAIT MAN

O ESPETÁCULO *BAIT MAN* FOI PRODUZIDO PELA CIA. DOS ATORES DENTRO DO PROJETO "AUTO PEÇAS", COMEMORANDO SEUS 20 ANOS DE EXISTÊNCIA.

ESTREIA
DEZEMBRO DE 2008, NO SESC COPACABANA, NO RIO DE JANEIRO

PREPARAÇÃO CORPORAL
DANIELA VISCO

CENOGRAFIA
**GERALD THOMAS
(REALIZAÇÃO:
DOMINGOS ALCÂNTARA)**

FIGURINO
MARCELO OLINTO E PATRÍCIA MUNIZ

TRILHA SONORA ORIGINAL
E *SOUND DESIGN*
PATRICK GRANT

ILUMINAÇÃO
GERALD THOMAS E CAETANO VILELA

ELENCO
MARCELO OLINTO

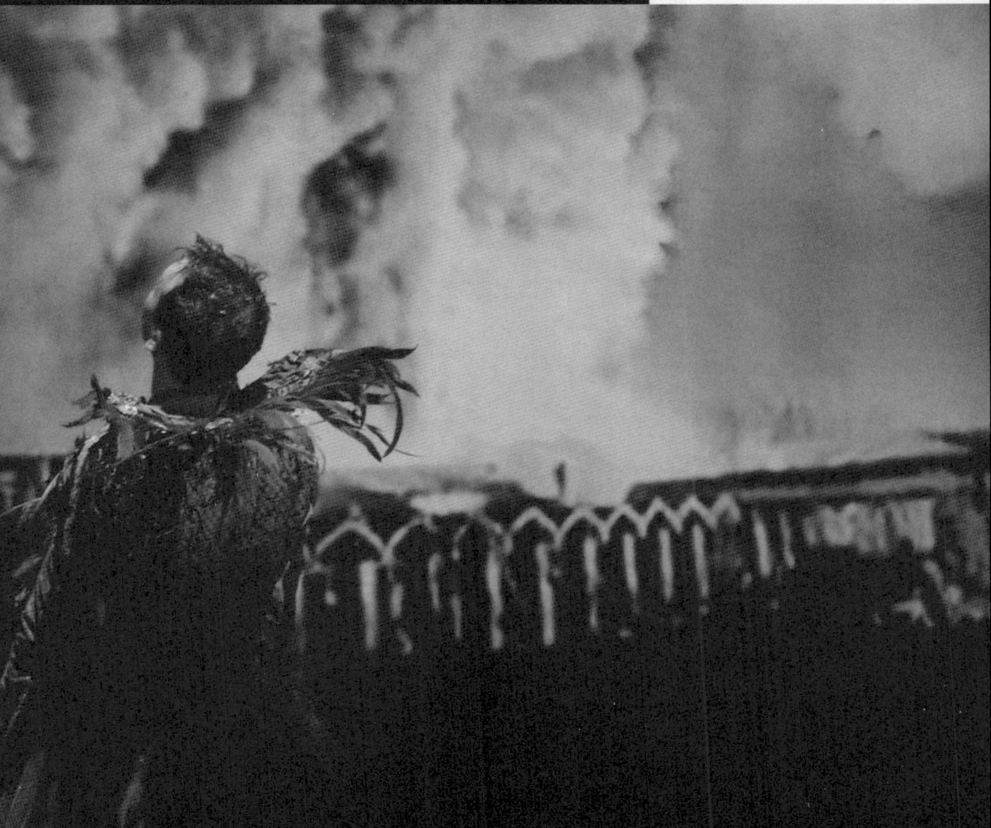

TROCADILHOS PARA ALÉM DAS PALAVRAS

TEXTO PRETENSIOSO DE GERALD THOMAS EXPÕE CRUELDADE DO NOSSO TEMPO

MACKSEN LUIZ PARA O "CADERNO B" DO *JORNAL DO BRASIL* DE 18 DE DEZEMBRO DE 2008

Gerald Thomas propõe trocadilhos para além das palavras em seu *Bait Man*, cartaz do Espaço Sesc, em Copacabana, como se a ação, ou inação, do homem submetido ao "banho de vinho tinto de sangue" fizesse parte do jogo das inevitabilidades do nosso tempo. O indivíduo, torturado pela banalidade da violência, transformado numa peça de carne pendurada numa exposição de atrocidades, se esvai pelas frestas de uma realidade de sentidos duplos e aparências enganosas, que o imobiliza e atrai a sua perplexidade.

O que resta a esse homem, bêbado do real, mas que desconhece as razões para o que vive, encharcado de incoerência e de culpa. No teatro de meias verdades ou de mentiras cínicas, interpreta o papel do bufão ensanguentado que bebe vinhos de safras incontornáveis e participa de patético desfile de moda, numa antropofágica deglutição da imensa solidão do silêncio dos tempos.

Nas metáforas da existência na atualidade, Gerald Thomas não abandona as citações, a busca de representar o momento com fatos do passado, de reinterpretar significados e reverberar a imobilidade ruidosa. Muita pretensão na exiguidade de uma vinheta teatral? Sem dúvida, mas há nesse texto algo de circunstancial e abusadamente pretensioso no desejo de capturar traços do nosso tempo, de fazer um esboço de compreensão e de imprimir urgência para demonstrar.

A escrita cênica de Gerald Thomas capta a intensidade com que expõe as suas próprias dúvidas e inflexiona a arte contemporânea. A capacidade de criar identidade visual para suas montagens permite que o autor, diretor e cenógrafo deixe, a cada espetáculo, a sua marca também na ambientação. Em *Bait Man*, a semiarena coberta de areia, com caixas de vinho espalhadas pelo chão e um simulacro de palco ao fundo, cuja cortina se abre para desvendar atrocidades, confirma a sua mão firme para o desenho da cena.

O ator Marcelo Olinto, que pela primeira vez é dirigido por Gerald Thomas, integrante que é da Cia. dos Atores, demonstra nessa estreia ainda alguma hesitação a se integrar ao estilo interpretativo do encenador. Olinto se sai melhor quando sugere o humor e ilustra, corporalmente, imagens mais contundentes – a virulência e a ironia são menos sensíveis ao ator.

Bait Man está pendurado de cabeça para baixo. Foi e continua sendo torturado. Um homem chicoteia Bait Man. Depois de um tempo, ele se cansa e vai embora. Bait Man se desvencilha das cordas e desce. A luz aos poucos aumenta. Ele está com o corpo coberto de hematomas, sangrando e sujo de sangue. Geme de dor, tenta organizar a cabeça, entender onde se encontra. Olha o próprio corpo. Tenta se organizar, examina-se. Leva um tempo olhando, andando e reconhecendo as coisas.

BM   Bait Man
BM1 Bait Man 1
BM2 Bait Man 2

BM   Eu tô ferido, eu tô ferido, eu tô ferido. O champanhe borrrrrrrrrbulha, borrrrrbulha, os dentes doem. Os dentes doem. Doem. *[Tosse. Demora a perceber que está com sede, até chegar à conclusão de que está com sede.]* Um champanhe. Um champanhe agora não cairia nem um pouco mal. Não, não, não, não. Um champanhe, não... Ah! Ele *borrrrr*... Ele *borrrrr*... Ele, ele *borrrr*... Ele *bor*... Ele *borrr*... Ele *borr*... Ele borrrbulha. O champanhe *borrrr, borrrrr*. O champanhe borrrrbulha. O que o champanhe faz? O que que o champanhe faz? Ele borrrrrrrbulha... O champanhe borbulha. O champanhe borbulha. Ai, ai. O champanhe, champanhe... borbulha. Ai, ai, ai. O champanhe, ai, borbulha. Ai. O champanhe borbulha, não? Ai, o champanhe borbulha. O champanhe borbulha, e os dentes doem! Os dentes doem! Os dentes, dentes... Os dentes doem! O champanhe borbulha, e os dentes doem. O champanhe borbulha, e os dentes doem. O champanhe borbulha, e os dentes doem. Não, champanhe não, não. O champanhe borbulha.

TEMPO. ANDA PELO ESPAÇO. O CHÃO ESTÁ COBERTO DE POEIRA, CAIXAS E GARRAFAS. SÃO VINHOS ESPECIAIS E RAROS. FELICIDADE E ÊXTASE.

BM   [*pega uma garrafa e olha o rótulo*] 1933. Jesus, é 1933! Estranho! Estranho! Não é bom o suficiente. Meu Deus! 33. Jesus, que coisa, 1933. Que ano estranho. Estranho. Não vou falar disso aqui, mas, sério, é 1933, porra! É... Lembra? *Mein* HEIL!!!!... Vou tentar, vou tentar.

CANTAROLA, ABRE O VINHO, SENTE O CHEIRO.

BM   Decantar. Deixa ele respirar, um tempinho.

COLOCA A ROLHA NO CHÃO.

BM   Ai... Marienplatz, 1933. Aquele bigode lá, hein? *Heil*, Hitler...

MAIS O SOM DO QUE AS PALAVRAS DITAS CORRETAMENTE, COMO UM JARGÃO VOCAL.

BM   HEI... Que estranho. Ano da ascensão, da anexação.

SURPREENDE-SE, QUASE UM SUSTO. SENTA E OLHA A ROLHA.

BM   Nossa, que beleza de rolha. AH! Olha que loucura. Que maravilha de rolha. Que rolha. Rolha. Rolha. Que rolha linda... AHN... Olha! Ahn... Que beleza de rolha. Rolha. Rolha. Que rolha linda. Que loucura. Rolha, rolha, eu vou decantar o vinho, decantar, decantar, como pode o teatro, ah, enfim... É tempo, tempo entendeu, é o tempo que o teatro tem que ter, teatro não, uma câmara de tortura. Precisa de tempo, tempo. Teatro e tortura, amizade e literatura e um bom vinho precisam de TEMPO.

CHEIRA, BEBE, SABOREIA E PERCEBE ALGO ESTRANHO. PERCEBE ALGO ESTRANHO, ENTENDE O QUE ESTÁ ACONTECENDO. A DESCOBERTA O FAZ CUSPIR O LÍQUIDO QUE ESTÁ NA SUA BOCA.

BM   Que horror! Horror! Meu Deus do céu! Que horror! Não! Isso não é vinho, é sangue, é sangue, sangue... SANGUE... humano! Todas as garrafas do mundo estão com sangue... NÃO, NÃO PODE SER! Será que o sangue de todos os judeus, ciganos, escravos, sufis, zen-budistas, índios, antistalinistas, antimacartistas estão... Todos os corpos dissecados e empalhados de Jango, Carlos Lacerda, Kubitschek estão aqui? E Letelier também? Engarrafados aqui? Será que? Será que, futuramente, Niemeyer estará aqui dentro também? Meu Deus!

VASCULHA.

BM   Será que eu estou bebendo a mim mesmo? Ah... Quer saber? Quer saber?

BEBE MESMO ASSIM. PASSA MAL E VOMITA TUDO. SUSPIRA, ARRUMA-SE, AJEITA-SE E SE RECOMPÕE. ARISTOCRÁTICO, AFETADO.

BM   É... Eu acho sinceramente... Muito mais... Uma, uma coisa assim... Acho psicótico. É assim... Eu, eu... Será que o dr. Perricone sabe disso? Eu... Será que os ortomoleculares sabem disso? Quer dizer, né, aí...

VAI FALANDO COM A GARRAFA NA MÃO E DERRAMA VINHO EM SI MESMO. REAÇÃO DE DOR, POIS A PELE MACHUCADA ARDE.

BM   Ai, ai, que loucura, como arde meu Deus do céu! Ai. Ui.

JOGA VINHO DE NOVO. COMEÇA A TER PRAZER. PRAZER COM A PRÓPRIA DOR. CONTINUA ALTERNANDO O JOGAR E O REAGIR COM PRAZER.

BM   Uh, ah, uh, ah. Não sei... Também, eles ficam receitando vitamina A, C, D, B, E, boro quelado, zinco quelado, bico calado, *selenium* e não para por aí. *Selenium*... Já trocamos de remédio, de milênio, digo, de *selenium*, há anos. Estamos no *selenium* 21 há anos. Sei lá há quantos anos... *Selenium* 2001, 6008... AH... Pera aí. Ah, olha aí. Pera aí. Pera aí.

PEGA UMA GARRAFA. OBSERVA, DÁ-SE CONTA DO QUE DESCOBRIU. FALA BAIXO.

BM   Esse aqui é um Barolo 1945. Barolo 19...

RI COM A DESCOBERTA.

> **BM** Barolo 1945, Bordeaux 1933, Barolo 1945, Bordeaux 1933, Barolo 1945, Bordeaux 1933. Bom, eu não devo nada a ninguém. 1945 numa mão, 1933 na outra. Meu Deus do céu, esse é o ano da ascensão e o ano da queda.

DIVERTE-SE, DÁ UMA SUTIL RISADA. PERCEBE O QUE SE PASSA.

> **BM** Bom... Ascensão e queda. Bom... Meu Deus. Duas garrafas marcantes! Querido, uma loucura. Que loucura. Eu estava com a história na mão e não sabia! O ano da ascensão e o ano da queda. Ascensão e queda. Ascensão e queda. Sansão e Dalila isso aqui. São duas pilastras.

AFASTA-SE. BANHA-SE COM OS VINHOS. CHORA, GANE, SENTE PRAZER.

> **BM** Banho de vinho. Divino. Quis dizer banho divino. Divino. Espanhol. Banho divino

JOGA MAIS VINHO EM SI. GRITA, GEME.

> **BM** Ai como arde. Ai.

SENTE PRAZER E, NUM CRESCENTE, REPETE E MUDA AS PALAVRAS, CRIANDO UM JOGO SONORO.

> **BM** Banho divino. *Baño devino.* Banho *devino*. Banho divino. Pano de vinho. Banho de vinho. Pano de *vino*. Pano de vinho pano *devino baño* divino. Divinas palavras. Será que tem alguma clínica fazendo isso por aí? Agora a próxima meta é um bom Brunello di Montalcino! Ou um Tignanello!

VIRA DE COSTAS E TOMA MAIS BANHO DE VINHO. MURMURA PARA SI MESMO.

> **BM** Sabe que... Eu acho nunca vi... Sinceramente. Eu vou dizer uma coisa para vocês... Ai... Sinceramente. Ai...

PIGARREIA ALGUMAS VEZES, COMO SE SE PREPARASSE PARA FALAR.
MURMURANDO.

    BM   Acho que... Eu nunca achei que agradar a burguesia seria desperdiçar aquilo, aquilo que acreditam ter de melhor. E agora que eu fiz tudo isso aqui? Qual será a próxima?

TEMPO, PENSANDO. CONCLUI.

    BM   Um banho de caviar? Banho de caviar.

OLHA PARA BAIXO E VÊ CAIXAS DE CAVIAR. ENCONTRA CAIXAS
DE CAVIAR. ASSUSTA-SE COM A SURPRESA.

    BM   Ah, meu Deus do céu... Que coincidência! Ossetra! Beluga! Sevruga! Que loucura, as coisas estão todas aqui. É uma doideira. Que coisa mais *à propos*! *Apropos*! "A pro pos"! *Apropos*! Gente, que luxo. Caviar vindo direto da Rússia, do Irã, do Iraque. Olha agora, olha agora. Olha, agora é sério. Sério. Tudo isso pra dizer o seguinte: tortura vale a pena sim. Vale a pena e não é só isso não! Não é mesmo. Vale a pena ralar e ter os seus direitos completamente castrados, violados... Eu não sei como explicar isso melhor *hummm*... Vou tentar explicar... É... É... É... Confiscados... Raptados... É... No final de um regime assim tão, tão vil, tão violento, tão filho da puta, cruel... Ah... Você tem comidinhas ótimas, bebidinhas maravilhosas, entendeu? Tão gostosinhas.

DESCOBRE ALGUMA COISA GENIAL. NÃO ACREDITA.

    BM   Gente, o que é isso? E olha que loucura essa agora! Meu Deus do céu. É uma roupa *fashion*! Não posso acreditar. Isso daqui é John Galliano. Não tô acreditando! Um John Galliano direto da próxima coleção de verão! UAU!

ENTRA MÚSICA. BAIT MAN SE VESTE E COMEÇA A DESFILAR.

    VOZ EM OFF   Mais rápido, vamos, vamos, vamos! Porra, eu estou dizendo mais rápido, mais. Mais rápido, vamos! Vamos!

ELE ANDA RÁPIDO PELO PALCO ATÉ CAIR, SEM FÔLEGO.

> **BM** Eu confio na defesa antiaérea sim, caralho, e é justamente por isso que estou aqui escorregando em artilharia e repudiando qualquer ideia de proteção! Que proteção porra nenhuma! Isso é o Estado entrando em nossas vidas como estupro! Não, Não! Me recuso. Vou pra batalha com um Bordeaux na mão, divino como um ser humano divino, ou com um Barolo contendo sangue humano, porque assim nós somos! Assim sempre fomos. Nossa!
>
> **BM** *[fala mais baixo]* Meu desejo é o de atacar, entende? *[Falando alto novamente.]* Por isso mesmo, devorei quatro milhões de metros cúbicos de concreto. É... Tá tudo aqui dentro. Tudo e-n-g-o-l-i-d-o, entenderam? Engolido, enrustido. Esse concreto todo? Aqui dentro. Junto desse vinho humano? Uma delícia! *Hummmmmm!* Delícia! Poesia concreta, arte concreta, morte concreta! É, tudo aqui dentro.

PASSA A MÃO NA BARRIGA E FAZ UM CARINHO.

> **BM** E, assim, eu migro pelos mundos, como se fosse o sabão nas mãos de Pôncio Pilatos ou uma esponja na sola de Mick Jagger. É isso. Pronto: é o que tenho a dizer, Kurt Cobain! Ah, aquela parte da tortura... E que ela vale a pena? Deus me livre! A gente diz tanta coisa né? Vive tanta coisa né? Tanto afastamento, tanto silêncio. Silêncio. Caramba! Como a gente vive num tremendo silêncio, que as pessoas nos devolvem... Isto é, quando elas não nos possuem, ou querem possuir, elas nos dão os ombros e o silêncio brutal. Como é brutal o significado de tudo isso. Como tem gente escondida dentro desse silêncio. É quase como nessas garrafas, mas sem o sangue. Hoje, nem mais sangue humano tem. Por isso me espancam! Ah, entendi!

O ATOR OLHA EM VOLTA, TRISTE, CONFUSO, AINDA NÃO PERCEBEU
O CENÁRIO COM UMA CIDADE EM CHAMAS ATRÁS DELE.

> **BM** Brutal, o significado de tudo isso! Gente escondida dentro desse gigantesco silêncio. E nessas garrafas? Todas as obras inacabadas da humanidade? E os imbecis solitários bebendo-as sem saber, nos bares e nos restaurantes, olhando o rótulo, sendo enganados

por algum *sommelier* dando pinta, dizendo: "Bem, este aqui tem um sabor arredondado e híbrido, cheio, digamos, como o carvalho ainda no céu da boca por assim dizer e a fruta fresca, uma fruta ainda em estado de 'crescimento' e, portanto, de desenvolvimento, recém-chegado da coleção de um milionário australiano...". Porra! Mal sabe ele que lá dentro pode se esconder a obra inacabada de um Franz Kafka ou de um Calderón de La Barca ou mesmo... Ai, que desespero! Todo mundo bebendo literatura inacabada ou sangue de assassinos ou mártires e nós aqui posando de... Ah, que tortura!

BM1 Vai, sai, sai e veja o que está acontecendo.

BM2 Não posso. Estou sufocando. Sufocando entende? Entende? Segura minha mão. Por favor, segura...

BM1 Não, não seguro. Vou te bater mais. Você fica nessa coisa de intelectualizar tudo. Para de transformar tudo num diário de louco. Você é uma menina! Menina. Repita comigo: SOU UMA MENINA!

BAIT MAN 2 DÁ UM SOCO NO AR NO LUGAR ONDE ESTÁ BAIT MAN 1.

BM1 Ai, doeu, seu filho da puta. Parece aquele filme, seu viadinho.

BAIT MAN CAI NO CHÃO, MAIS UMA VEZ.

BM Ícaro? Era isso, então? Ou Átila? Ou Homero? Ou o que? O que é pra eu aprender aqui? Sério? Gente, agora é sério! Rolhas? Sangue Royal? Virar uma pintura viva de Francis Bacon desfilando, pra ser comprado por Damien Hirst? Não, não sou mais quem eu sou, porque não estou mais pensando em quem eu penso no que estou pensando, e vocês não estão vendo exatamente o que vocês acham que vocês estão vendo, então sugiro uma pausa... de um mês, ou então o aplauso que o Próspero pediu, ou a condenação que Prometeu pediu, ou então o silêncio que foi concedido a Hamlet pelo Fortinbras, porque, porque, porque... porque.

ASFALTA—RAM A TERRA

TETRALOGIA

GERALD THOMAS E SAMUEL BECKETT EM PARIS, EM 1984.

1
ASFALTARAM O BEIJO

2
BRASAS NO CONGELADOR

3
UM BLOCO DE GELO EM CHAMAS

4
TERRA EM TRÂNSITO

UMA SEMANA NOS ENSAIOS DE GERALD THOMAS

EDWARD PIMENTA JR. PARA A REVISTA *BRAVO!* DE MAIO DE 2006

Ajoelhado, vestido de mulher, o homem saca da bolsa um pote de caviar, passa o dedo e come. Alguém informa que o recipiente contém urânio enriquecido em vez de ovas. Três metros nos separam. À minha direita, Gerald Thomas olha fixamente para o ator Luiz Damasceno ali no chão. Eles já trabalharam juntos muitas vezes e demonstram grande intimidade. Percebo que há uma comunicação telepática entre o diretor e o ator, que faz uma melindrosa primeira-dama do cinema nacional. Da bolsa saem, em seguida, um par de algemas, um chicote e um pedaço de carne humana. É a primeira vez que vejo o ensaio da peça *Um bloco de gelo em chamas*, parte da tetralogia "Asfaltaram a Terra", em cartaz no Sesc Vila Mariana, em São Paulo. Com um certo gosto de urânio enriquecido na boca, sei que voltarei ali mais vezes para acompanhar outros ensaios.

Gerald me apresenta a Sérgio Groisman, que, até então, não era propriamente um ator. Mas fica muito à vontade no palco. Ele é o personagem principal da peça *Brasas no congelador*, um retrato impressionista da falência do Estado, das organizações, das ideologias e do projeto da família cristã. Aliás, a angústia do homem que vê o mundo caindo aos pedaços é uma questão central nas quatro peças, assim como a crítica mordaz aos semioticistas e desconstrutivistas, a quem o diretor parece atribuir boa parte dos males do mundo.

Não imaginei que por trás de seus espetáculos houvesse tanto trabalho. Cada efeito é construído, lapidado exaustivamente: o texto sincopado, a encenação refinada, a ambiência absurda, a sátira rápida e o molho final dado pela trilha sonora. Os próprios atores montam e desmontam cuidadosamente os cenários improvisados. Em um mês de ensaios o grupo está coeso. Gerald percebe os talentos e lhes dá mais espaço. Sussurra no ouvido deles. Entra em cena e mostra exatamente o que quer. É difícil imaginar que aquilo vá se transformar numa peça de verdade.

O técnico coloca um ponto eletrônico no ouvido de Gerald, prendendo-o com uma fita adesiva no pescoço. O diretor pede uma cópia do texto ao assistente, "aquela com letras maiores". Esta é a quarta sessão de ensaios a que assisto. *Asfaltaram o beijo* é a primeira peça escrita e protagonizada por Gerald Thomas. Começa a primeira frase de uma fala de 11 minutos. *"Happy birthday, Sam"*, ele diz. Gerald fala sobre como leu e viveu Samuel Beckett. É uma boa fala. Legítima por ser uma homenagem real, e não uma autorreferência.

Tudo está nos *scripts*. Há pouco improviso, mas o diretor desbasta o texto e dá forma aos espetáculos à medida que os ensaios evoluem. Acende a faísca para as coreografias e ginga de pé, ao som de *rock* ou música clássica, tanto faz. Gerald se queixa de uma úlcera. Pode estar pensando nos espetáculos que dirige a distância, como *Nowhere Man*, de 1996, que está sendo montado em Londres. Ou no recente *Um circo de rins e fígados*, que logo ganhará os palcos do teatro La MaMa, em Nova York. O grande desafio é fazer com que os atores encontrem a embocadura perfeita para cada um dos textos, o que acontece de maneira muito convincente no caso de Fabiana Guglielmetti, protagonista de *Terra em trânsito*, um dos pontos altos do projeto. Presa no camarim junto com um cisne, a atriz entope o bicho de comida, cheira cocaína, entra numa crise de ansiedade persecutória e recompõe os piores momentos da história política recente. Faz gozação com os silêncios psicológicos das peças de Harold Pinter e chama Paulo Francis de nazista. O Paulo Francis, aquele que parecia atribuir aos semioticistas e desconstrutivistas boa parte dos males do mundo.

"Asfaltaram a Terra" é uma iguaria com recheio de escárnio e indignação. A receita: Monty Python, Philip Glass, Bertrand Russell, Nietzsche, Mozart, Jimi Hendrix, Pina Bausch, Kafka, Susan Sontag, Wagner, Samuel Beckett – e uma generosa pitada de Gerald Thomas.

ASFALTA—RAM O BEIJO

ESTREIA
ABRIL DE 2006, NO SESC VILA MARIANA, EM SÃO PAULO

CRIAÇÃO, DIREÇÃO E CENÁRIO
GERALD THOMAS

COMPOSIÇÃO E TRILHA SONORA
EDSON SECCO

LUZ
ALINE SANTINI

FIGURINO
ANTÔNIO A. GUEDES

CENOGRAFIA
DOMINGOS VARELA

ELENCO
GERALD THOMAS E COMPANHIA DE ÓPERA SECA (FABIANA GUGLI, ANNA AMÉRICO, EDSON MONTENEGRO, FÁBIO PINHEIRO, GERSON STEVES, JULIANO ANTUNES, LUCIANA RAMANZINI, PANCHO CAPPELETTI E RODRIGO CONTRERA)

Há uma mulher em cena. Ela se arrasta e se movimenta lentamente sob a penumbra. Um ator entra e joga pétalas de rosas sobre ela.

GT Gerald Thomas
C Contrera

VOZ EM OFF As mulheres sempre tiveram uma enorme importância na sua vida, os homens também. E a própria vida? Da qual você sempre resmunga, se queixa e afirma estar à beira de um suicídio, hein? Responda, vai! Responda!

GT Olha, vocês se preparem, por favor, porque este espetáculo é muito pra baixo, não tem nada de pra cima como *O bloco de gelo em chamas*, que é tudo muito *gay*. *Gay*, em inglês, quer dizer *happy*. *Happy*, em inglês, quer dizer alegre. Isto aqui é espetáculo de judeu, tá? E judeu é sempre acusado de arruinar a vida de todo mundo, porque, sabe como é? Judeu está sempre sendo expulso de algum lugar porque, sabe como é, a gente sempre causa alguma grande confusão, porque a gente tá sempre se metendo na vida de todo mundo, e aí parece que a gente lida com dinheiro, né? E alguns parecem que ganham e capitalizam toda a grana e, aí, pimba! Os dedos apontam justamente para aqueles que ganham a grana, e somos expulsos e, aí, vamos pra outros países, aprendemos a língua, tudo de novo, começamos o processo todo novamente. E, aí... "como é que você tá?", "ih, não sei"... o outro país começa todo o negócio de novo, num outro país... judeu! Este espetáculo é de judeu. Eu esqueci o quipá, nem sei muito bem... Então, pois é, eu, na verdade, queria ter feito uma homenagem ao Beckett, que me deu visibilidade. Mas meu dia hoje foi horrível, eu estou sendo acusado... Minha vida hoje foi um inferno que eu vou dizer... Eu tô aqui assim, eu tô me sentindo atropelado.

VOZ EM OFF Você é um demagogo! Não foi atropelado por nada, a não ser por sua enorme...

GT Olha, eu fui atropelado, sim! Me disseram coisas horríveis no telefone, foi uma coisa muito desgastante! Já acendi vela no camarim, já me queimei todo, mas judeu se queima mesmo, a gente se queima, a gente tá acostumado...

VOZ EM OFF Observe! Observe o espaço vazio à sua volta. Observe, isso, vai! Anda um pouquinho pelo palco. Isso! *[Gerald anda e olha ao redor.]*

GT Pronto, tô olhando! E agora, o que é que eu faço? É só isso?

TOCA MÚSICA E ENTRAM AS ATRIZES, QUE DANÇAM EM CENA.

VOZ EM OFF Pra você é tudo um enorme vazio, forma e vazio, não é? E aqui, neste lugar, como você se sente?

GT Aqui, em São Paulo? Eu não sei, sábado passado, quando eu cheguei, na hora do espetáculo, o voo da Varig me trouxe na hora. Eles foram maravilhosos. Eu, em São Paulo, não sei como me sinto. Eu não vou dar minha opinião, não, porque eu vou ser muito desrespeitoso com vocês. Mas, em São Paulo, meu cabelo fica um horror, fica seco, não tem o que fazer...

VOZ EM OFF Você imita todos, né? E sabe satirizar tudo assim com quase todos os judeus, porque você não se sente preso a nada, a nenhum idioma, a nenhuma pátria, a nenhuma ideologia.

A FUMAÇA QUE DESENHA A LUZ ENTRA NO PALCO.

GT Quer saber de uma coisa, não aguento mais essa fumaça, sabia? São trinta anos respirando essa porcaria, eu mesmo... não sei porque eu... Olha... eu vou dizer... Eu acho que eu vi isso aqui uma vez numa ópera do Otto Schenk. É isso, na Áustria! Tá vendo? É tudo germânico, austríaco, judeu... é tudo uma porcariada só. Eu achei lindo, só que não era esse exagero não. E eu falei: "vou encher a porcaria do palco de fumaça, e aí isso vai definir a luz e vai ser como o Gêneses: primeiro a luz, depois o resto!". Primeiro, faça-se luz, depois o resto! O resto o quê? Nós, né? Aí, nós, os seres humanos, nada, destruição. Armas de destruição em massa, potencialmente.

VOZ EM OFF O ser humano é um mistério, não é? No entanto, aqui, você não é mistério algum, infelizmente.

GT	Tá bom, tá bom, me humilha!
VOZ EM OFF	Abaixa seu rosto, vamos! Eu disse: abaixa!
GT	Já baixei! Não me ouve!
VOZ EM OFF	Agora tente ficar humilde.
GT	Como assim?
VOZ EM OFF	Eu disse: tente ficar humilde.
GT	Mas, como assim?
VOZ EM OFF	É difícil, não é? Já que você sempre achou saber tudo, melhor do que todos, não?
GT	Sou diretor, ator...
VOZ EM OFF	Tente um pouco e fique quieto. Fique calado.
GT	Eu escrevi este texto, esta porcaria! Eu sou o autor, recebo direito autoral e tudo. Como assim, calado?
VOZ EM OFF	Levante o braço direito.

GERALD LEVANTA O BRAÇO ESQUERDO.

VOZ EM OFF	Não, eu disse o braço direito. O direito!
GT	Como se fizesse alguma diferença, né?
VOZ EM OFF	Agora mexa o pé esquerdo. Mexa o pé esquerdo!
ATORES DA COXIA	Relaxa, relaxa, Gerald, você vai conseguir!
GT	Elenco, vocês podiam entrar aqui no palco, por favor!

ENTRA O ELENCO.

GT	Eu preciso preparar uma coreografia desconstrutivista e iconoclasta.
VOZ EM OFF	Você diz essas coisas há décadas, ninguém mais aguenta. Você já mostrou todas as partes do seu corpo, colocou toda tua biografia em tudo quanto é lugar. Ninguém aguenta mais. Agora, tá na hora de te apagar.
GT	Gente, vocês concordam com isso? Vocês estão de acordo? Me salva, faz alguma coisa! Então este é o final do espetáculo?

A LUZ SE APAGA, E UM SOM ALTO TOMA O ESPAÇO.

GT   Não vai descer a foto com Beckett, nada? Peraí! Peraí, calma! Eu ainda tenho aquela foto, aquela homenagem... não tá na hora ainda, eu já estou sem voz. Contrera, você tem um texto tão bonito, então ocupa aqui o centro do palco, em cima das flores.

C   Em cima mesmo?

GT   Isso. Dá o teu texto que é tão bonito, eu vou me juntar aqui ao elenco.

C   *[atrás dele, junto do seu corpo, uma das atrizes que estava dançando repete o texto]* Se eu esquecer, tenho uma cola aqui. Fugindo, eu consigo entrar e sair, sair e entrar. Fugindo, eu posso ficar; fugindo, eu posso ir embora. Quem foge, não precisa ser aceito. Quem foge, pode tudo. Os escravos fugiam em direção ao litoral. Quem não podia, ficava no caminho e fazia seu quilombo. Quem foge, não pede remorsos; quem foge, olha pra frente; quem teme, olha pra trás. Quem foge, fala manso; quem foge, bate forte. Eu fujo porque não tenho mais nada a perder. E sempre ganho, porque só me resta fugir. O homem é livre e vive preso, diz Rousseau. Estou preso e vivo livre, digo eu. Preso a mim mesmo, de quem não consigo fugir. Fico no palco para fugir da plateia. Fico no palco sem ser ator. Fico no palco e fico lá fora. Vocês me veem agora e nunca mais. Pois, quando me canso, saio. E quando vou embora, não digo adeus. E quando volto, não digo "ói eu aqui, esperando um abraço". Eu vou e volto. E como posso tudo, sentem que fico. E como posso tudo, sentem que vou. Um dia eu vou, para sempre. Fujo sem parar, adiantando esse dia, quem sabe. Fujo sem parar para morrer e ressuscitar, quem sabe. Fujo quando calo, quando falo, quando olho, quando viro o olhar. Só queria mesmo um amigo. Os amigos aparecem quando eu fujo. Porque eu fujo de mim. E todo mundo foge. Todo mundo aceita quem não consegue fugir de si mesmo.

SAEM OS DOIS.

GT   Coreografia: exercício iconoclasta e desconstrutivista. Podem me acusar mesmo, eu sempre digo isso e vou continuar dizendo. Tô certo ou não tô, meus senhores?

O ELENCO SE DISTRIBUI NO PALCO. COMEÇA A MÚSICA. OS ATORES FAZEM UMA COREOGRAFIA, ENQUANTO GERALD PASSA POR ELES, DANDO INSTRUÇÕES E CORRIGINDO. GERALD VAI PARA A FRENTE DO PALCO.

  GT Gente, aquele que morreu ali fui eu!

DESCE A FOTO DE GERALD COM BECKETT.

  GT Agora o espetáculo fica sério e fica triste e fica engraçado, mesmo porque essa foi uma relação que eu tive, e foi aí que a minha vida começou mesmo, porque foi esse homem aqui, Samuel Beckett, que me deu toda a visibilidade que eu tenho hoje em dia. É a ele que eu agradeço por tudo que tenho e tudo que não tenho, porque eu só faço teatro por causa dele. Aos dezesseis anos de idade, quando eu comecei a estudar na Biblioteca do Museu Britânico, em Londres, peguei o primeiro livro desse homem e comecei a ler compulsivamente e convulsivamente: *Molloy*, *Malone morre* e *O inominável*. E comecei a enlouquecer, junto dos livros de Joyce. E ele, inclusive, era o cara que, com essa mão artrítica, eu já o conheci com essa mão artrítica, foi o cara que com vinte e seis anos de idade anotou, literalmente, anotou *Finnegans Wake*, enquanto Joyce ditava. Pode-se dizer que, de fato, Beckett escreveu *Finnegans Wake*. Cem anos, hein? Quem diria, Sam? Quando eu sentava na tua frente, nos últimos seis anos da tua vida, você já não queria mais estar entre nós. "I seat by the window and watch the world go by", era o que você dizia. "Eu sento perto da janela e vejo o mundo passar." Ele foi o homem que me disse que Godot, na verdade, era um ciclista do *Tour de France* chamado Godeaux, que um dia resolveu não aparecer na reta final, no *Champs-Élysées*, e o povo ficou esperando lá, esperando, esperando... de verdade, o cara não apareceu. Era um campeão do *Tour de France*. O cara deve ter pegado uma direita lá qualquer e foi pra Itália. Esse Godeaux existiu, vocês podem pesquisar. Isso intrigou Beckett. Em uma das vezes em que eu sentei com ele, ele tava recebendo uma carta de um morto, Alan Schneider, o melhor amigo dele, o diretor que abriu todas as portas do Estados Unidos da América pra ele e, ironicamente, Alan Schneider morreu três dias antes dessa carta que ele havia recebido, atropelado em Londres por um ciclista, um anônimo ciclista londrino. Schneider estava dirigindo umas peças de Harold Pinter em Londres. Foi colocar a carta no correio de Hampstead. Colocou a carta, não olhou, como era americano, olhou para o lado errado, é trágico... Ele era meu rival, me odiava, tentou impedir de toda a forma a minha estreia de *All Strange Away*, em 1983, em Nova York e morreu no bairro em que eu mais vivi em Londres. Eu conhecia teus textos, quase todos, de cor. "*For to end yet again skull alone in a dark place pent bowed on a board to begin. Or imagination dead, imagine. Or A voice comes to one in the dark. To one on his back in the dark.*" Você me chegava, Sam. Ele era um pintor e um gravador: "de onde vem isso, Mr. Thomas?". Mas, olha, ele foi um dos caras mais importantes da minha vida, talvez o mais importante. Você faz muita falta no mundo. Você fez de tudo, né, Sam? Você escreveu em francês pra escapar dos vícios da língua inglesa, lutou na resistência pra evitar que a Europa fosse tomada por nazistas e foi esfaqueado por um marroquino, que, no julgamento, disse: "eu não sei porque eu fiz isso, não sei porque fiz isso". Simplesmente, você dividiu o teatro do século XX. Hoje, teus espetáculos são montados por todo o mundo, no mundo inteiro, e até hoje ninguém te entende de verdade. "*Ever failed. Fail again. Fail better.*" Falhar. Falhar de novo. Falhar melhor. Ou, então, a melhor frase dele: "*I can't go on, I'll go on*". Não posso continuar, vou continuar. Com lágrimas nos olhos, eu sinto tanta saudade de você. Sam, parabéns!

2

BRASAS NO CONGE— LADOR

PEÇA ESCRITA ESPECIALMENTE PARA SERGINHO GROISMAN

ESTREIA
ABRIL DE 2006, NO SESC VILA MARIANA, EM SÃO PAULO

CRIAÇÃO, DIREÇÃO E CENÁRIO
GERALD THOMAS

COMPOSIÇÃO E TRILHA SONORA
EDSON SECCO

LUZ
ALINE SANTINI

FIGURINO
ANTÔNIO A. GUEDES

CENOGRAFIA
DOMINGOS VARELA

ELENCO
SERGINHO GROISMAN E COMPANHIA DE ÓPERA SECA (ANNA AMÉRICO, EDSON MONTENEGRO, FÁBIO PINHEIRO, GERSON STEVES, JULIANO ANTUNES, LUCIANA RAMANZINI E PANCHO CAPPELETTI)

PARTE 1

Quatro pessoas identicamente vestidas, de frente para a plateia, depositam suas valises no chão. Sentam-se. Uma se levanta, olha em volta cabreira e volta a se sentar. Depois outra faz o mesmo. As quatro se levantam, ficam murmurando entre elas mesmas.

S	Serginho
A	Pessoa A
B	Pessoa B
C	Pessoa C
D	Pessoa D
E	Pessoa E
P	Pai
M	Mãe
TD	Todos
CR	Contrarregra
TX	Taxista
JC	Jesus Cristo
BA	Barrabás

OS QUATRO Eu ia...

SERGINHO ENTRA PELA PLATEIA, TAMBÉM SEGURANDO UMA VALISE, E VAI ATÉ O PALCO.

S Deu tudo errado!
OS QUATRO Mas eu também ia.
S Quieto!
OS QUATRO Peraí! Baixinho. Baixinho pode? Bem baixinho? Sussurrando?
A Os táxis! Eles te seguiram?
S Eles desconfiaram de alguma coisa. Deu tudo errado. Como vocês me pediram, eu peguei os 16 táxis, em 16 direções diferentes, e acabou dando tudo errado, pois o último táxi que peguei calhou de ser o primeiro, e ele falou assim:
VOZ EM OFF "Opa! O senhor de novo? Mas eu não peguei o senhor justamente aqui?"
B Nossa, mas então é óbvio que ele desconfiou de alguma coisa!
C Eu disse pra tomar cuidado, imbecil!
S E como se toma cuidado ao tomar táxi de madrugada no escuro, hein? Essa porra dessa organização nunca pensou em ter motorista?
A Quer dizer que ele desconfiou de alguma coisa?
S O motorista?
B Sim.

S   Ah, claro, estava escrito assim no boné dele: "TV Cultura Bandeirantes Record SBT, operando em conjunto pela primeira vez na história da televisão brasileira".

A   E as valises?

C   Estão todas aqui, pelo que parece.

S   Mas, tem conteúdo? Tem conteúdo? Hein?

C   Quem será o primeiro a abri-las?

S   *[coloca a valise no chão]* Ai, agora você feriu os meus ouvidos. Abri-las. Ninguém fala assim. Não se usa mais "abri-las". "Abri-las", que tipo de português é esse, meu? *[Os quatro começam a discutir e emendam numa canção.]* Quietos, quietos! O que é isso? Eu sei o que eles vão dizer, por isso estou aqui. Não sei porque mereço estar onde mereço estar. Onde mereço estar, hein?

OUVE-SE UM SINO. A LUZ SE APAGA, E UM FOCO ACENDE SOBRE E, À DIREITA DO PALCO. ELE PARECE CHAMAR ALGUÉM DA COXIA, INSISTENTEMENTE. A LUZ VOLTA A ILUMINAR SERGINHO E OS QUATRO E UMA NOVA CENA QUE ACONTECE ATRÁS DELES, UM POUCO ACIMA. UM DOS ATORES – O PAI – DESCE, TOCA NO PRIMEIRO DOS QUATRO, QUE CAI PARA O LADO, DERRUBANDO OS OUTROS.

P   *[para Serginho]* Você sempre teve tudo o que quis. Queria blocos para desenhar, lá estavam os blocos. Eu mesmo ia lá, depois do meu trabalho, exausto como eu estava, depois de ter derramado todo o meu suor, todo o meu suor pra sustentar essa família e não morrer de vergonha por causa das nossas diferenças, do nosso sotaque. Eu te trazia os blocos, eu te trazia os lápis de cor, te apresentei aos pintores clássicos, te apresentei a música clássica. Li, ainda no meu colo, lembra-se? Me lembro como se fosse ontem... li ainda no meu colo pequenos sonetos de Shakespeare, e pra quê? Meu filho nunca me obedeceu. *[Vira de costas para Serginho.]*

S   Eu obedeci, meu pai. Eu sempre te obedeci. Sempre disse o quanto eu te amava nos meus sonhos, nas minhas preces, nas minhas orações. Mas você foi embora cedo demais *[o pai se vira para ele]*, cedo demais. Eu não tive tempo, meu pai, não tive tempo, você não me deu tempo. *[Os dois vão se abraçar. Quando estão quase se abraçando, os quatro se levantam e chamam Serginho. O abraço não se realiza.]* Aliás, quem são vocês? Não sei o nome de ninguém

	aqui, me exponho a vocês, dedico a minha vida a vocês, dopo a minha mãe em casa, deixo o cachorro todo amarrado pra vir aqui e nem sequer sei quem vocês são ou o que é isso aqui.
B	Aqui não é o lugar de se ter lembranças. Somos uma grande organização. A maior.
S	Sim... mas do tipo... você poderia dar uma pista? Eu me alistei numa...

OS OUTROS QUATRO PULAM NELE.

A, B, C & D	Quieto!
S	Mas, afinal, se isso aqui é tão grande e maior, como você diz, por que não me dizer?
B	Aqui teu nome temporário é Nelson.
A, C & D	Nelson! Nelson!
S	Temporário?
B	Tudo muda a cada dia. Cada dia você vai ter um nome diferente, por questões de segurança. Então, nem vale a pena memorizar o nome dos outros três, porque no momento em que tiver aprendido, já terá mudado.
S	Nelson, então.
B	Acabo de receber um comunicado pelo ponto que já mudou pra Aderbal.
S	Mas não durou nem...
B	Aqui é assim. Vamos às valises.

TODOS SE ABAIXAM E ABREM EM UNÍSSONO. A ÚNICA DE ONDE SAI ALGUMA FONTE DE LUZ É A DE SÉRGIO. TODOS O OLHAM COM RAIVA E DESCONFIANÇA, E SOLTAM EXCLAMAÇÕES DE INDIGNAÇÃO.

S	Quietos! Qual é o problema? Não gostaram do que estão vendo não? É que a tecnologia de ponta vai entrar em colapso e só o urânio processado vai...
A	Isso é algum boicote?
S	É que o conteúdo não bate mais com as exigências.
A	Não se trata disso! O mercado...
B	*[interrompendo]* Quieto! Para de arrotar verdades! Se você soubesse de alguma coisa, não tava aqui no plantão do pronto-socorro.

S	Queria falar sobre a perspectiva histórica, de como o mundo não foi criado ontem. De como a história vem em ciclos, vem em ondas, se repete, como fica tranquila e como é importante saber de onde você veio, aonde você vai e o que você tá fazendo aqui.
B	Tá, tá, tá! Mas, naquele horário?
S	É o que eu tenho.
A	Mas é por isso que nós estamos aqui!
B,C & D	[para A] Shhhh!
B	Alguma saudade? Algo que te toque profundamente?
S	O asterisco da história.

TODOS OLHAM A MALA DE B E GRITAM.

A	Imbecil. Você não sabia que não era pra nos expor a isso? MÁSCARAS, RÁPIDO!

TODOS CORREM EM BUSCA DE MÁSCARAS NUCLEARES. A, B, C E D COLOCAM AS MÁSCARAS.

B	Você vai dar o fora daqui, Aderbal. [Prestando atenção na escuta.] Como? Não é mais Aderbal? Agora é... sim, estou na escuta... Pereira. [Vira-se para Sérgio.] Pereira, você vai dar o fora daqui. Você não entende nada. Deixa pistas em casa, dopa a mãe, amarra o cachorro e traz urânio processado numa valise para uma reunião ideológica, caralho! Cadê os documentos? Você nos expôs todos. Esse é o nosso material de venda.
S	Urânio? Você enlouqueceu? Que urânio? Processado? São brasas da minha lareira que eu trouxe nesse embrulho preto. Uma pergunta: a gente pode sair daqui?
TD	Não!
S	Então, achei que agente podia fazer uma confraternização de amigos, num churrasquinho, trouxe as brasas.
TD	Ah!
S	Amigos secretos.
A	Então, cadê o urânio?
S	Mas eu nunca fui incumbido de nenhum urânio.

A, B E C SE REÚNEM NUM CANTO E FALAM COM A BASE.

S   [*a mãe vem andando para a frente do palco*] Quando minha mãe veio de Varsóvia, ela me trouxe uma herança cultural enorme: confie nos homens, na TV estatal e no balé. Os três têm coisas em comum. Fiquei encantado com o balé. Mas o balé não supria a minha deficiência moral e cívica com esse país. Precisei militar e pegar em armas. ALGO TEM QUE SER FEITO.

OUVEM-SE SINOS. NOVAMENTE A LUZ CAI, DEIXANDO APENAS UM FOCO SOBRE E QUE, NOVAMENTE, CONVERSA COM ALGUÉM NA COXIA EM GESTOS RÁPIDOS E PRECISOS. MAIS SINOS. ACENDE-SE A LUZ DO PALCO.

P   [*está na parte mais alta do palco atrás e fala para a mãe, abaixo*] Talvez ele não tenha mesmo noção do que nós passamos, não é? Talvez ele só esteja falando como um comunista barato de salão, aqueles que dirigem seu carrão do ano e só reclamam diante dos pobres, e nós, hein? Você se lembra?

M   Não sei... O guarda-roupa guarda a roupa, o guarda-pó guarda pó, né? Ih... e o guardanapo, guarda o quê? O napo? Ai, meu Deus, em que parte do corpo fica o napo? [*Começa a fazer sons ritmados.*]

P   Para! Você se lembra de como foi duro tudo?

M   E eu deixei um lápis cair no chão, e ele ficou desapontado! Decepcionado!

S   [*vem para a frente do palco*] Continuamos enganados todos os dias pela mídia, e a corrupção nesse Brasil está de tal forma no DNA, na nossa bílis, que resolvi entrar na segunda fase da luta armada na clandestinidade. Dentro de uma emissora de televisão de canal aberto, duas, três, quatro, cinco da manhã, não importa! Só que acho que vim parar no lugar errado. [*A, B, C e D voltam aos seus lugares.*] Meus colegas de trabalho. Encontrei esses caras num *site* super-recomendado por um amigo.

E   [*no foco de luz*] Fica esse bando de pseudomilitante tirando onda de não sei o quê. Ora, ora, isso me ofende, caramba. Ainda tenho princípios, ainda acredito que militar... não, peraí, militar não, eu digo militar, *mi-mi-mi-mi... ta-ta-ta-ta* [*Imita uma metralhadora.*] Tô me confundindo todo aqui. Eu tô falando do verbo militar politicamente, pra que as coisas possam melhorar, entende? Por isso é importante a gente sempre estar de frente, um sorriso estampado na cara, é importante ter alguma fé. Qualquer,

qualquer, *quer-quer*... *[Para A, B, C e D.]* Não interrompam! Quietos! *[Para Serginho.]* Agora chegou minha vez. Eu te admiro. Você, apesar da fome, apesar do dinheiro, manteve sua integridade. Eu passo sua mensagem.

s Porra, mas às três da manhã?

e Mas o resto aqui, se dessem a mesma oportunidade, estaria te entregando pro primeiro satélite bichado, ou então pro Cinav. Cinav não, pra Ambev. Que nave é essa? *E la nave va.* Que fizeram com João Batista de Figueiredo? Torturaram o cavalo dele? *[imita um cavalo]* Baratos! *[Aponta para A, B, C e D.]* Vou detonar com vocês por causa de uma coisa que não são. E ficam aí de *balibali* etc., e ainda não entenderam que existe uma coisa sublime acontecendo aqui em vários níveis. Algumas revelações acontecem pouco a pouco. *[Pega um revólver e aponta para a cabeça de Serginho.]* Eu conheço alguém que vai te dar um horário melhor, eu conheço o caminho das pedras, vou te levar pra H. Stern. H. Stern não, vou te levar pra Amsterdam Sauer *[B se aproxima por trás, usando a mão como revólver. Ao encostá-la na sua cabeça, ele solta Serginho. Todos o empurram de volta para o foco.]*

b Aqui nós não lidamos nem com diamantes, nem com lápis dados, nem com África do Sul. Só com Nelson Mandela. *[Para Sérgio]* Balibali. *[Ele não responde.]* Balibali.

s Por acaso é comigo? Mas ainda há pouco eu era...

b Não importa o que você era ainda há pouco. Aqui é assim, e não adianta fugir. Você leu nosso estatuto? Entendeu direito sobre e contra o que lutamos?

s Uai! Não é pela liberação dos povos, pela igualdade social, pelo fim da miséria e contra a invasão total da mídia corporativa como o único meio de comunicação?

b Ai, meu Deus! Não posso te dizer de onde somos, mas somos parte de uma das maiores pesquisadoras de perfumes do mundo e trabalhamos para uma das maiores grifes. Entendeu?

s Não!

b Não? Que emissora de TV você anda assistindo?

SERGINHO FAZ UM CÍRCULO COM A MÃO. TODOS SE ASSUSTAM.

B	Executem o homem.
A, C & D	*[juntos]* Peraí. Nós também achávamos que se tratava de uma rede de canais abertos.
B	Quê?
A, C & D	Não falei nada! Não falei nada!
B	Os três falaram juntos! Vocês...

B SAI CORRENDO.

A & C	*[para Sérgio]* E essa brasa?
D	E essa brasa?
S	Era urânio processado o tempo todo. Eu sabia que ele trabalhava pro Ted Turner, aquele da CNN. Só precisava se revelar. Mas ainda há um traidor entre nós.

TOCA MÚSICA DE SUSPENSE.

A, C & D	Você desconfia de nós.
S	Quero o nome de vocês.
A	Veja bem, é que a minha mãe não me deu um nome, exatamente.
S	Para com essa merda e me dá o nome. Antes que aquela louca volte e mate a nós todos.
A	É que meu nome é um nome daqueles que morreram na Guerrilha do Araguaia.
B	Meu nome é Guel Arraes! Não, não pense nada. Minha mãe teve um caso com o Miguel durante o exílio em Paris. Só isso.
S	Quer dizer que tudo isso é codinome, é?
A & B	Evidente que sim, né?

OUVE-SE O SINO. FOCO FECHADO EM E QUE, MAIS UMA VEZ, FAZ GESTOS RÁPIDOS, COMO SE CHAMASSE ALGUÉM DA COXIA. MAIS SINOS. A LUZ VOLTA. COMEÇA A TOCAR "CANÁRIO DO REINO", DE TIM MAIA. TODOS ESCUTAM. SERGINHO DUBLA. A MÚSICA ACABA. SOM GRAVE TOMA O PALCO.

S	Lembranças de Auschwitz. Pelo menos lá, sabia-se quem ia e quem não ia. Quem ia e quem voltava, quem ia e não voltava. Alguns voltavam. Bem mais magros, mas voltavam. *Arbeit macht frei*: o trabalho liberta o homem – e o hímen. Nunca pude

esquecer quando atravessei aquele portão de metal pela primeira vez... *[surgem telas com pedaços do rosto de Sérgio fragmentados]* e vi aquela pilha de óculos e sapatos, e aqueles cabelos... O que pensar daquilo tudo?

A   Ele deve estar falando de uma TV Arbeit Frei, uma TV Auschwitz, isso não vai colar.

S   Refleti. Saí de lá rapidinho, marquei uma trepada para aquela noite e, na saída, lá no portão, comprei um *big* cachorro-quente, um superdogão, ali mesmo, na entrada, e comecei a vomitar.

A   Agora sim, uma TV Trepada com Dogão. *[Risos.]*

C   Isso vai colar, o povo assiste isso.

TODOS RIEM.

P   *[na parte mais alta do palco]* Eu vou me separar de você.

M   Leva a salada de batata. Tem um pouquinho de arroz também, mas tá bem no fundo, ó!

P   Os meus ouvidos estourando, meu estômago explodindo...

M   Ah, miséria!

P   O guri, a partir de hoje vai ficar com você, vai ficar tudo bem. Se for pra enlouquecer, que seja de uma vez.

M   A carne mais barata do mercado é a carne negra!

P   Que assim seja!

S   Só não entendi uma coisa, quando olhei, digo, observei o vômito, era só ervilha, milho em lata, grãos e leguminosas. Alguma transformação entrópica estava acontecendo comigo, entende? Eu comi o negócio, vomitei, tava com uma azia, não conhecia nenhum médico, tava na Polônia, precisava de um sal de frutas, resolvi, então, ir até a avenida central de Krakowskie pra comer alguns punhados de sais vitais pra ver se passava a azia. Quando eu cheguei lá, eu vi um monumento extraordinário, de verdade, algo monumental e subterrâneo, assim como pessoas que trabalham embaixo da terra e que cavam o sal com as próprias mãos. Verdadeiras obras de arte, como catedrais, mausoléus, santos, entidades, e aí, sabe o que aconteceu? Minha azia passou, total, e foi substituída por uma...

B   *[interrompendo]* Para com isso! Ninguém tá interessado numa ultrassonografia do teu sistema gástrico. Esse tipo de TV não cola, ninguém vai ver. Para de falar de Auschwitz.

C   Fala das minas de sal.
S   É que as coisas estão ligadas.

OUVE-SE UM SOM MUITO AGUDO, PERTURBADOR.

D   *[para Serginho]* Essa palavra aqui é proibida.
S   Qual?

NINGUÉM RESPONDE.

S   Qual? Ligadas. *[Ouve-se de novo o som agudo.]* Ligadas. Ligadas.

SERGINHO BRINCA COM A PALAVRA QUE DISPARA O SOM AGUDO PERTURBADOR.

B   Para com isso! Você tá levando a gente à indigestão.
S   É que as coisas estão ligadas. *[Dessa vez o som não vem.]* É que as coisas estão ligadas. *[Para B.]* Precisamos de algo entorpecente pra poder lidar com a "coisa". A nível de "coisa". *[Para a plateia.]* O resgate da nossa individualidade e da nossa cidadania: "coisa"; a pós-graduação: "coisa"; o mestrado: "coisa". Bom, já que eu comecei, não vou parar. Como eu tô querendo dizer pra vocês.
B, C &D   A gente tá passando mal mesmo.

B, C E D VÃO PARA O LADO DO PALCO. TOCA MÚSICA, E O PAI, AGORA COM A ROUPA RASGADA, SUJO DE SANGUE, OLHA PRAS SUAS ROUPAS E MÃOS.

ATOR   Nenhum curativo? Hein? Tentaram me matar, caralho. E vocês? Todos vocês ficam aí, com esses olhares tranquilos, fingindo que nada está acontecendo, fingindo que tá tudo bem, hein? Tem uma verdadeira guerra civil acontecendo lá fora, e todos vocês ficam olhando pra mim com esses olhares tranquilos, fingindo que nada está acontecendo! O povo lá fora tá tentando se matar por causa do *Big Brother*. O Pedro Bial tentou me matar com uma facada. O Pedro Bial tentou me matar com uma facada!
S   Pedro Bial?

ATOR O Pedro Bial tentou me matar com uma facada. *[Para Serginho.]* Eu esperava mesmo isso dele, com tanta droga que você vê na TV. Vem, vem!

S *[vira-se para B, C e D]* Vocês, assim como no *Macunaíma* de Mario de Andrade, vão acabar na feijoada envenenada, que consumirá esse país pela ignorância.

B *[para os outros dois]* Como ele é bobo! *[Para Serginho.]* Como você é bobo. Bobo! *[B, C e D se aproximam de Serginho.]* Você é muito bobo. A feijoada envenenada não era a de Macunaíma não, era a do Hamlet.

S Eu que sou bobo! Saiba uma coisa: não tinha feijão na Dinamarca!

A *[entrando no palco]* Tinha sim! Tinha a feijoada dinamarquesa servida com a camiseta da Hering. *Smørrebrød* não é o único prato servido na Dinamarca. Os moicanos e os indonésios não aguentaram a pressão dos holandeses, subiram e se instalaram em Aarhus, a segunda cidade da Dinamarca, e lá tem muito feijão sim, e do preto, não é esse *baked beans* que você tá acostumado não! Entendeu? Qual será o futuro dos *shows* de sobrevivência da TV? Será um *show* de mortes ao vivo? Voltamos a Auschwitz!

S Auschwitz?

A É isso! E agora?

S E agora?

TOCA A MÚSICA "ESTÚPIDO CUPIDO", COM CELLY CAMPELLO. SERGINHO DUBLA. TODOS ESTÃO NO PALCO.

A E agora?

S E agora? *Brasas no congelador* volta.

TD Já!

TODOS FICAM PARADOS ENQUANTO UMA GRANDE MESA É COLOCADA EM CENA. EM CIMA DELA, HÁ UMA METRALHADORA.

PARTE 2

SERGIO PEGA A METRALHADORA.

S   Todo o mundo, mãos ao alto! Mãos ao alto! Sabia! Essa indústria é foda. Eu não estava brincando. Vocês não me enganam não. Vocês são da máfia do Ibope, mas eu não vim aqui perder tempo. Eu sei porque eu estou aqui, eu vim aqui pra fazer a revolução, entenderam? A revolução!

CR   *[entra de repente no palco, interrompendo a cena]* Ei, Ei! Mano, estão falando aqui dentro que eu falo alto demais, eu falo alto demais? *[Para Sergio.]* Você acha que eu falo alto demais?

S   Você entra no lugar errado, fala alto ou baixo, você entra no momento errado, no momento de muita dramaturgia, o momento da revolução. Você entra bem agora, quando eu tô com uma fala especial. Desculpe, vai embora!

CR   Me perdoa, seu Sérgio!

S   Vai! Vamos. *[Contrarregra sai do palco. Volta a tensão da cena.]* Essa indústria é foda! Foda! Mas eu sei porque eu tô aqui, eu sei quem são vocês, vocês são da turma do Ibope. Eu vim aqui por um motivo, eu vim aqui pra fazer a revolução, entenderam? A revolução!

O PERSONAGEM A ENTRA E, SEM QUE SÉRGIO NOTE, ENFIA UMA SERINGA NELE, PELAS COSTAS. SERGIO CAI. OS OUTROS, ALIVIADOS, AGRADECEM.

C   Foi por pouco.

A   Quietos! Ele realmente acreditou na história do perfume. Eu sempre quero colocar um comercial antes da apresentação dele, e ele nunca deixa! Depois dá um trabalho danado pra editar. Peguem as valises dele. Quero ver se é urânio mesmo. Tragam aqui pra mesa, já!

C   Não, isso aqui não é urânio. São brasas. Olha só. Ai! *[Queimou a mão, ao tocá-la.]* Ai, ai, ai. Água, água, água! Só tem imbecil nessa organização. E querem revolucionar o país.

A   Mas são a cara do país. *[Para plateia.]* Ô, desculpa.

B   Então, é ou não é urânio?

A   É claro que é. Urânio queima do mesmo jeito que brasa. Você já ouviu falar em alguém que guardasse brasas num congelador?

B [chega perto de E e lhe aperta o colarinho] Olha aqui, sua besta! Se você não sabe o que são metáforas, vá ler Borges e como o relógio dele corria contra a corrente do rio Nilo. Congelador era uma forma de tortura nos tempos da ditadura, como DOI-Codi, Oban, Dops e outros.

A Ah... entendi. [A, B, C e D estão atrás da mesa. O taxista está sentado na frente dela.]

TX Salvo en las severas páginas de la Historia, los hechos memorables prescinden de frases memorables. Un hombre a punto de morir quiere acordarse de un grabado entrevisto en la infancia; los soldados están por entrar en la batalla, habla de barro o del sargento. Nuestra situación era única y, francamente, no estábamos preparados. Hablamos, fatalmente, de letras; temo no haber dicho otras cosas que las que suelo decir a los periodistas. Mi alter ego creía en la invención o descubrimiento de metáforas nuevas; yo en las que corresponden a afinidades íntimas y notorias y que nuestra imaginación ya ha aceptado. La vejez de los hombres y el ocaso, los sueños y la vida, el correr del tiempo y del agua. Le expuse esta opinión, que expondría en un libro años después. Yo puedo ser un taxista, pero tengo una educación literaria.

C Que maravilha!

D Lindo, lindo! Borges.

B Não, Cortázar.

A Casares.

C Gente, é Pablo Neruda.

B Não, Mercedes Sosa.

D Julio Iglesias.

B É do Henrique, o filho dele.

C É do Ricky Martin.

D Não é, isso é da Shakira.

A Jorge Amado.

B Vargas Llosa.

D Garcia Márquez.

C [levantando-se] Não é de nenhum deles, é do horóscopo do Quiroga.

TX [apontando para Serginho, que vem da coxia] Ah, tá aí, ó! O cliente pão-duro, que não me deu um centavo de gorjeta. [Começa a tocar "O bom". Serginho dubla.]

S   [*para os cinco: A, B, C, D e E*] Que loucura, que delírio! Onde eu tô? Onde eu tô? Onde eu estou? Onde é que eu estou? [*Para a plateia.*] Eu estou dentro do cérebro do presidente George W. Bush! [*Solta estalinhos e se assusta.*] O Edmilson, o menisco, o Garotinho, um palito, gás da Bolívia, não chega. Quando é que a gente vai deixar a Faixa de Gaza? A que horas chega o exército israelense? Quem aqui pratica artes marciais? Quem, quem, quem?

B   Gente, gente, mantenham ele calado! Preciso achar um plano B.

TD [*em uníssono*] Você é o plano B.

B   Ai, meu Deus.

D   Nessa televisão não se fala em Deus, lembra?

S   Não aguento mais isso tudo. Ninguém sabe quem é quem e por que isso? Peguei 16 táxis para vir aqui só pra que o último fosse o primeiro. Lei de Murphy, como sempre. Quanto mais a gente se esconde, mais seremos revelados. Não adianta.

TX Oi! [*Cumprimentando Serginho.*]

S   Oi.

TX *No te acuerdas de mí?*

S   O quê?

TX *No te acuerdas de mí?*

S   Ah!

TX *O taxista!*

S   O taxista? O décimo sexto! O último! E o primeiro, aquele que tinha um boné que tava escrito assim "TV Cultura Bandeirantes Record SBT, operando em conjunto pela primeira vez na história da televisão brasileira"! Como é que se fala boné em castelhano?

TX *Sombrero.*

S   Sombrero.

TX *Pero yo no tenía ningún sombreo en la cabeza.*

S   Você não tinha o quê?

TX *Sombrero, no tenía.*

S   Fala em português!

TX *Boludo, eres un boludo!*

S   O que? Você vai me xingar?

TX *Va te a mierda!*

S   Vai você! Seu argentino...

OS DOIS GRITAM UM COM O OUTRO, SE XINGANDO. O TAXISTA SAI DO PALCO.

P [*com camisa rasgada, sujo de sangue, chama Serginho*] Ah, não foi exatamente assim que eu te ensinei, foi? Eu te expliquei a diferença entre os países, meu filho, por exemplo, a Polônia, a Polônia que não é a Ucrânia, que não é Eslovênia, que não é a Croácia, que não é a Bósnia, que não é Slobodan...

S Milošević.

M Morreu mais um carrasco!

P & M Faltam muitos ainda!

P Mas, mesmo assim, eu te dei uma boa educação. Pode não ter sido a melhor, eu sei, afinal de contas um pedreiro mal sabe... Mas, mesmo assim, eu te dei uma boa educação! Eu te li um pequeno soneto, meu filho, eu te fiz ouvir música. Entre Argentina e Uruguai, existe uma enorme diferença! [*Taxista entra, tenta falar com Serginho, que vai até ele e desiste. O pai o chama novamente.*] Vai!

S Quem são vocês? Que rede é essa, hein? São pagos por quem? [*Entra E no foco de luz.*] E essa Jane Fonda aqui, hein? Vamos lá. Digam. Esse arrogantezinho aí... você acha que me intimida? Quer sair na queda de braço? Vamos lá? Vai, vai! Vai levar um chute! [*E fica imóvel.*] Vou te dar um chute, não, vou te dar um tapa, um tapa metafórico! De qual gueto a tua mãe é? Hein? Deve ter sido puta de alta classe em Berlim. Conheço bem a tua *tchurma*. Sempre teve o que quis. Nunca teve que ralar. A tua atuação política é uma mentira, cara! Você não tem ideia do que é o sofrimento real, não tem ideia do que sofrem os jovens por pura ignorância. [*Silêncio.*] Ah, respirou? Respira! Tô te incomodando, né? Te incomodei! Te incomodei!

B [*explodindo*] Não fale assim de mim. Não fale assim! Minha família foi toda exterminada. Só sobraram dois. Ou melhor, duas pessoas. Sei muito bem o que acontece nesse país [*A e C o seguram pelos braços e o levam até a mesa.*], mas optei pela violência, porque não acredito em paz. Mataram o Gandhi, Dr. Martin Luther King, Malcolm X, John Kennedy... matam todos. Só restam o Putin, e os filhos do Putin.

S Mas, então, por favor, me diga: que rede é essa?

JC Me tirem daqui!

S Gente, Jesus Cristo na peça.

OS ATORES SE VEEM DIANTE DO CRUCIFIXO. JESUS AINDA VIVO, EM SEUS ÚLTIMOS MOMENTOS, QUASE SEM VOZ, PEDE E CLAMA PARA QUE ALGUÉM O TIRE DALI.

JC   Me ajudem! Me tirem daqui!
S   Jesus Cristo na peça!
JC   Me tirem daqui!
S   Ajudem esse cara, vamos lá! Um remédio pra mão, um remédio pra cabeça! Por favor, vamos ajudar!

PARTE 3

CRUCIFICAÇÃO DE JESUS CRISTO.

S   Isso é inacreditável. Não tem nenhum remédio pra colocar lá na mão do cara, não? Ou na cabeça?
A   Quieto! Você não vê que se trata de um momento sublime? E que não se trata de remendá-lo com medicamentos?
B   Que tal se testássemos um outro figurino nele, esse tá muito cafona. Tenho aqui um Issey Miyake original. Estou achando esse tão cafona.
C   Agora quem diz "QUIETOS" sou eu. Estou emocionado.
D   Pronto? Pronto pra dizer suas últimas palavras, Jesus?
JC   Mas eu tenho últimas palavras? Ah, meu Deus, eu não sabia. E quais seriam elas?
S   Algo como igualdade para todos...
E   Nada disso. Nada disso. É assim, ó: "não briguem por minha causa. Foi tudo uma enorme brincadeira de meninos. Uma organização sem rumo, onde ninguém sabia quem era ninguém, ou melhor, sabia sim. Mas os romanos levaram tudo muito a sério!". Desisto! Fala assim, Jesus: "desisto!".
JC   *[fala baixo]* Desisto!
S   Que horror! Chega! Não gostei nem um pouco disso. É muito desrespeito. Vamos lá livrar o cara. Não vê que ele está sofrendo, porra? Minha família já sofreu demais por causa dele. Quase toda exterminada. Vamos tirar o cara daí. Tá pegando mal. Me arranja uma escada que eu vou livrá-lo destes pregos. Vamos lá. Rápido! Tira o cara daí. Jesus Cristo na peça. Tira o cara daí!

SERGIO É AJUDADO POR ALGUNS, E JESUS É LIBERTADO DA CRUZ.
AJUDAM A SUMIR COM ELE.

BA [atriz, ao lado da cruz de Jesus, de braços abertos, como se estivesse também crucificada] Moço! Moço!
S O que é?
ATRIZ E eu?
S Eu lavo as mãos, Barrabás! Fora.

SERGINHO A SOLTA E SOLTA TAMBÉM O OUTRO ATOR QUE ESTÁ DO OUTRO LADO. ACONTECE UM BANQUETE. SOBRE A MESA, HÁ UM CORPO SEM VIDA, DECORADO COM FRUTAS, LEGUMES ETC. TODOS SENTAM AO REDOR.

S Ah, hora do almoço.
B Só uns petiscos.
C Nada muito pesado
D Senão dá gases.
E Canibalismo a essas alturas! Que é isso?
S Agora sim! Estou começando a gostar. Tudo de látex.
B, C, D & E [aos prantos] Você sempre destrói a nossa magia! Passa a maionese. E pense em Oswald. E passa aquele tomate que está em cima do pênis dele. Vai, porra!
S Tá vendo? Não quebrei magia nenhuma. Isso é uma diversificação de culturas. Só isso. Você vê uma coisa, crê em outra e pratica uma terceira. O que há de errado? E quem nos olha nota algo completamente diferente.
C Quieto e come o Chacrinha!
B Ah, o Abelardo Barbosa?
C É incrível como a bala entrou assim pelo pescoço dele, deu a volta, retornou, né, assim como um bumerangue, penetrou o pescoço de novo e aí... bem, aí, ele morreu. Também não tinha jeito, né?

TODOS RIEM.

B Não, mas tem uma melhor. [Levanta e mostra num gráfico.] Esse aqui levou uma rajada de uma semiautomática, sei lá, umas, digamos, umas 23 rajadas de uma só vez, atingindo o crânio, o pulmão, o coração. O cara não resistiu um segundo...

D   Ah... vai! Não exagera! Um segundo ele resistiu. Deve ter até sentido cócegas. Deve ter levado uns bons dez segundos, se não mais, pra morrer completamente.
S   O que vocês querem dizer com "morrer completamente"?
C   Não seja ingênua, queridinha.
D   Ah... e teve a Evelyn! Ela rasgou, literalmente, rasgou um milionário ao meio, mas assim, ó, ao ME-I-O, com um daqueles facões enormes. Fiquei boquiaberto, viu? Cara! Fiquei boquiaberto. Falei pra ela assim: "Evelyn, eu tô boquiaberto!".
S   O que quer dizer tudo isso? Isso é tudo mentira, não é?
C   Ah... e pensar que já fui piloto.
B   E eu sapateiro.
D   E eu corretor de imóveis.
C, B & D   [em uníssono] Não temos nada em comum. A não ser isso! Esse TROFÉU!

APARECE UM TROFÉU HORRÍVEL.

C   [para Sergio] Hoje à noite será a entrega, e você terá que bancar aquele que receberá esse troféu [um ursinho]. Você entende?
S   Como?
C   Você entendeu?
S   Como?
C   Não exija que explique, porque os meus nervos...
B   Calma, querida...
C   Não, os meus nervos.
S   Claro que aceitarei esse troféu! Era pra eu tê-lo recebido faz anos. Só não recebi por pura injustiça da crítica da televisão.
C   Que alívio!
E   Tem algo aqui que não entendo.
B   O que é? A história da tubaína? Depois explico! É um refrigerante. A Coca-Cola está comprando tudo. Eu tenho que explicar isso sempre! Principalmente agora, depois do furacão Katrina e do terremoto no Paquistão.
S   Ó, pessoal eu já preparei até o meu discurso: "boa noite! Como desenvolver espinhas na cara de propósito, só pra que se possa voltar à adolescência! Sim, voltar à adolescência e esquecer o sofrimento de virar adulto e tomar conhecimento das coisas, da dor das coisas, a dor da lucidez, por exemplo. De como é bom ter

espinhas na cara e ver o pau crescendo sem saber o que fazer com ele, ouvindo *rock* na maior altura e querendo subir pelas paredes e chutar as portas, mas sem saber o porquê. E por quê? E por quê? Por causa das espinhas na cara!".

C Ah, achei o discurso fraco. Acho que você devia colocar ênfase nos perfumes.

S À merda com os perfumes! Chegou a hora de pensarmos seriamente no que somos e por que estamos aqui!

B Ih... a bicha ficou televisiológica. Com ursinho e tudo, está televisiológica. Vê se pode!

S É, não pega. Ficamos nos cosméticos então?

E Ele tem razão! Estamos num limbo que não nos permite mais tomar uma atitude, seja ela qual for. Quero que vocês me ouçam. Sei que estou emocionado, mas também sei que... também sei que, a cada minuto que passa, isso aqui pode congelar ou pegar fogo e poderemos perder a nossa identidade por inteiro. Não temos mais tempo pra educação, me entendem? ELE TEM RAZÃO! Eu, como indivíduo, não valho mais nada. Nada menos nada. Aqui ou em qualquer outro lugar, sou apenas uma letra. Só isso! Pronto pra ser fuzilado a qualquer momento e virar uma dessas descrições frias e calculistas de como a bala entrou e saiu... assim como se tudo hoje em dia fosse um *videogame*. Mas não é. Ainda não é. *[Chora.]* Minha família não foi exterminada em Auschwitz. Me perdoem. Não sou judeu. Minha família foi toda exterminada por Josef Stalin.

B Vem, chega de demagogia. Volta pra mesa. Vem jantar.

S Pessoal, quando é que eu vou receber esse prêmio?

E Estamos esperando esse telefonema desde o primeiro momento. Por isso aquele sigilo todo. *And the Oscar goes to...* Tudo super super supersecreto. Uma loucura. Vamos jantar.

CR *[entra no palco]* Eu quero entrar na peça, né? *[Para a cabine de iluminação.]* Minha flor, me dá aquele foco a pino de luz do Juliano, que eu vou fazer um ganso agora.

S Oh, vem cá, senta aqui, entra na peça!

D Senta aqui e fica quieto!

S Ganhou o papel.

ENTRA UMA MULHER NO PALCO.

S   Pessoal, uma gostosa pra contracenar, uma nova mulher na peça. *[Todos saem atrás dela, que sai do palco.]*

D   Ai, que loucura! Será que isso era um sonho erótico? Será que Jesus era negro mesmo? Será que você não me leva no teu programa?

S   Jesus na madrugada tá assim ó, cheio! Não vai dar certo.

D   Ah, olha pra mim, Jesus era negro, sim, negro. Puta notícia, Serginho! Tá aí, a garotada pode não gostar, mas o resto da mídia vai achar interessante.

S   Mas o resto da mídia já tá por aqui de saber que Jesus passou por todo o leque étnico.

D   *[apontando um revólver para Serginho]* Me leva pra televisão! Me leva pra televisão, meu tempo está contado. Eu tenho coisas importantes pra dizer! Fui pra Atlanta, descobri a fórmula da Coca-Cola, sei imitar o xarope, podemos fazer melhor, você me entende? Ele foi comigo, pode confirmar, diga, fale parte da fórmula.

CR Uma parte da fórmula é *acqua* fina, um poema de Drummond, uma camisa de Fernando Henrique Cardoso, vitamina B12, vitamina B13, um pedaço da asa do *14 Bis* do Santos Dumont... Você não vai querer que eu revele a fórmula da Coca-Cola aqui em público, né? Pergunta pro Juliano, aí do lado.

E   É por isso que a religião deu no que deu, e dá no que dá. A fórmula da Coca-Cola é Alexander McQueen, John Galliano na sua fase pós-operística, o Alexandre Herchcovitch, quando para de dizer que ele para de dizer quando para de dizer que ele para de dizer, o filho do Reinaldo e da Glória, o Walter Rodrigues e o Gaultier, abrindo uma filial no mercado das flores, em Londrina.

S   Ó, já tô por aqui! Por aqui! Não vou levar ninguém pra televisão!

D   Ah, vai Serginho!

S   Detesto Coca-Cola e isso aqui não faz nada *[pega o revólver]*, quer ver, ó, pai!

SERGINHO FAZ COMO SE TIVESSE DADO UM TIRO EM D, QUE CAI. OS CINCO CANTAM A MÚSICA DO CHACRINHA: "ABELARDO BARBOSA, ESTÁ COM TUDO E NÃO ESTÁ PROSA...".

B   *[imitando Chacrinha]* Ai, ai, voltei! Serginho, realmente, você quer um final pra sua peça? Realmente, Serginho, procura a Wanderléa?

s Que?
b A Wanderléa! Realmente, ela sabe de tudo.
s *[de frente para a plateia]* A Wanderléa!

COMEÇA A TOCAR "PARE O CASAMENTO". A LUZ SE APAGA.

3

ESPETÁCULO ESCRITO PARA
O ATOR LUIZ DAMASCENO,
COMO PARTE DA TETRALOGIA
"ASFALTARAM A TERRA"

ESTREIA
ABRIL DE 2006, NO SESC VILA
MARIANA, EM SÃO PAULO

CRIACÃO, DIREÇÃO E CENÁRIO
GERALD THOMAS

UM BLOCO DE GELO EM CHAMAS

COMPOSIÇÃO E TRILHA SONORA
EDSON SECCO

LUZ
ALINE SANTINI

FIGURINO
ANTÔNIO A. GUEDES

CENOGRAFIA
DOMINGOS VARELA

ELENCO
LUIZ DAMASCENO E COMPANHIA DE ÓPERA SECA (ANNA AMÉRICO, EDSON MONTENEGRO, FÁBIO PINHEIRO, GERSON STEVES, JULIANO ANTUNES, LUCIANA RAMANZINI E PANCHO CAPPELETTI)

PARTE 1

Uma senhora elegante – Damasceno – entra em cena nervosa com uma pasta executiva na mão. O cenário é uma espécie de laboratório decadente ou fundo de farmácia. Muito nervosa, ela abre a pasta e, com muito cuidado, tira vários saquinhos contendo uma substância negra gosmenta, que ela distribui sobre o balcão e mede em uma balança, para verificar se a medida é igual para todos. Uma vez feito isso, ela rouba um dos saquinhos, tira de sua bolsa um estojo inteiro de garfo, colher, guardanapo e um pequeno prato da Wedgwood, enfia-se em um canto como se estivesse se escondendo e derruba o conteúdo do saquinho nesse vasilhame.

D   Dama (Luiz Damasceno)
PE   Personagem
DIR   Diretor
DIRV   Diretor de verdade
POL   Policial
DEL   Delegado
P   Pamio, Mestre de Cerimônias
G   Gerson
AA   Anna Américo
RF   Renata Ferraz
LR   Luciana Ramanzini
C   *Cameraman*

D   Caviar! Beluga! Original. Uma fortuna. Mar Cáspio. Contrabando! Essas bolinhas aqui, oh! Sevruga... Ah... como eu amo isso, meu santo Deus! *Hummmmmmmmmmmmmm [e colheradas e mais colheradas]*. Se eu pudesse a vida seria feita disso e de...

ENTRA UM SEGUNDO PERSONAGEM SOMBRIO E MAL-ENCARADO PELA PORTA E VÊ OS SAQUINHOS NA BALANÇA, MAS INICIALMENTE NÃO NOTA A MULHER. OUVE OS GEMIDOS DE PRAZER DA SENHORA, DÁ UMA PROCURADA PELOS CANTOS DO LABORATÓRIO E A ENCONTRA.

PE   Caralho! Pare de comer... Não estou... Não é possível *[Personagem se vira para plateia como se quisesse vomitar.]*. Dona Honorária... a senhora vomite isso já! Agora! Já!
D   Mas só mais um pouquinho. Peguei um pouquinho só, juro. Foi só uma colherzinha. Vá! Você não vai dizer nada pros outros. Eu prometo te fazer...
PE   Eu estou te dizendo para vomitar isso A G O R A! Não brinque com isso! Agora!
D   Mas foi só uma colherzinha. Eu só queria provar o gosto. Ninguém vai dar falta.
PE   *[pega Damasceno e a arrasta pela boca para o centro da cena]* O que você acha que comeu? Hein? O que você acha que tinha dentro dos saquinhos?

DAMA COMEÇA A SENTIR UMA CERTA NÁUSEA.

  PE É urânio. Urânio processado. Vem em forma de caviar para passar pela... Não adianta explicar. Precisamos de um médico.

DAMA DESMAIA.

  PARTE 2

ENTRAM O DIRETOR, O *CAMERAMAN*, O *CABLEMAN* E TODA EQUIPE DE FILMAGEM.

  DIR CORTA!
  D Já falei pela décima vez que não é para você me arrastar pela boca de verdade. Deixa que eu faça os movimentos com o corpo. Assim ó, que coisa! *[Chama o diretor.]* Cacá, por favor, explica pra ele... eu estou toda arrebentada... e além do mais, não aguento mais comer essa meleca de negócio. Estamos no – nem sei mais em que *take*.
  DIR Mas eu já falei pra senhora que não é necessário comer aquilo de verdade.
  D Sim, mas para mim é preciso, senão a cena não sai. Estou com dor de barriga. *[Chora.]* Já não sei mais o que fazer. *[Pega o celular e começa a conversar com alguém.]* Não quero mais contracenar com amadores.
  DIR *[para Personagem]* Olha aqui, menino. Estou a ponto de te substituir. Você sabe muito bem o que significa fazer uma cena dessas com a Primeira-Dama do cinema nacional. Se você pisar na bola mais uma única vez... Mais uma única vez... Ouve bem... Mais uma única vez... *[O Personagem chega bem perto dele, eles cochicham com intimidade. O diretor volta a si.]* Meu Deus! O que está acontecendo aqui? Não conseguimos sair dessa cena. Vamos tentar outra vez. Equipe, fora de cena. *[Para Damasceno.]* A senhora precisa de alguma coisa?

D   Preciso recuperar minha moral. Estou abalada socialmente. Me sinto humilhada. Uma cena tão simples e não consigo fazê-la por causa de um amador. Você sabe como sou perfeccionista, você sabe, detalhista, eu sou... desde que nós éramos... *[Abraça o diretor.]* deixa pra lá. Vamos tentar mais uma vez.

PARTE 3

DAMASCENO CONGELA EM CENA. BRANCO TOTAL. SOZINHO. NOTA-SE QUE A CENA, COM UMA MÚSICA LEVE AO FUNDO – NADA INVASIVA –, FAZ COM QUE UMA LÁGRIMA ESCORRA, MAS, MESMO ASSIM, O ATOR ESTÁ CATATÔNICO, DURANTE MAIS DE DOIS MINUTOS. DEPOIS DISSO, SÓ UMA MÃO COMEÇA A PEGAR NERVOSAMENTE NA SAIA, COMO SE QUISESSE AMARROTÁ-LA, RASGÁ-LA. AINDA ASSIM, ELA NÃO SE MEXE. A MÃO, NERVOSA, FALA UMA LÍNGUA PRÓPRIA.

D   Não consigo mais.

DIRETOR APARECE EM CENA.

DIR   Mas não estava combinado...
D   Não é isso! Não se trata do caviar falso, nem desses amadores. É essa merda de texto. Essa merda de filme. Você sabe que só estou fazendo isso...
DIR   Por favor, para!
D   Não paro. Agora é a hora! Daqui eu não passo.
DIR   O teu microfone está ligado direto com a cabine.
D   Isso é um filme ou é televisão? Eu não sabia que filme tinha cabine?
DIR   É tudo filmado em super-HDTV, mas isso não vem ao caso. Nossa vida pessoal.
D   Nossa vida pessoal é justamente o porquê de eu estar aqui nesse buraco, nesse fundo de poço fazendo esse HD sei lá das quantas, ou filme B. *[Dama muda de temperamento.]* Logo eu, que fui a atriz que fez a *première* de tantas peças de Beckett. Eu fiz a Winnie em *Oh, os belos dias*, no Rond-Point, em Paris, e ele vinha me ver e me dizia, com todo o cuidado: você esteve impecável....
DIR   Não precisa me jogar isso na cara.

D   Eu estou fazendo essa porcaria só para te salvar e você não me dá as mínimas condições. Me dá um elenco de apoio de merda.

DIR   Foram os produtores.

D   Pasolini ia me ver. Fellini ia me ver. Pasolini queria que eu fizesse *Medeia*. Um primeiro papel *feminine*, figurino lindo, gaze, toda plissada, de cima abaixo, um colar, mas eu não podia, eu estava no hospital tomando conta de uma pessoinha com cortes nos braços. E eu disse: "Pasô, querido, eu não posso! Não chora! Tudo bem, Pasô, chora, mas não te joga no chão, você tá me deixando mal. Eu indico alguém. Chama a Maria, a Callas, Maria Callas". Foi um sucesso. Mas o que importa é que eu era a primeira opção. E tem um texto lindo de Roland Barthes a respeito da minha interpretação minimalista e estocástica quando, em 1989, eu interpretei o papel de um homem. Já tive o meu tempo de glória e pretendo mantê-lo no presente, entende? Olha só a minha biografia. Você sabe o meu valor melhor do que ninguém e deveria me valorizar, deveria me colocar no pedestal que eu mereço. No entanto, parece dar mais valor a esse... *[Olha para o Personagem.]* Você está tendo um caso com esse rapazinho aí que faz o meu contraponto? Por acaso é isso?

FAZ-SE SILÊNCIO. DAMASCENO SUBENTENDE QUE É ISSO, RASGA A ROUPA E SAI CORRENDO HISTERICAMENTE DO *SET*.

D   Meu Deus! Que horror, Cacá!

PARTE 4

TODA A EQUIPE TÉCNICA VEM CORRENDO PARA O PALCO E SE REÚNE EM TORNO DO DIRETOR, INCLUSIVE OS EXTRAS E O PERSONAGEM.

PE   Ouvi tudo. Ouvi tudo! Não sei o que dizer. Então vocês eram... Devia ter me falado! Tu fica pegando essa velha...

DIR   Não, não, essa velha já era.

DAMASCENO VOLTA CORRENDO PARA O PALCO COM A ROUPA COMPLETAMENTE RASGADA, QUASE NUA. PARALISA DIANTE DE TANTA GENTE.

D   E tem mais! Eu nunca esqueci o dia em que tirei você da prisão, seu miserável! Eu fiz sua carreira. Você é que não soube mantê-la por causa desses seus casinhos pagos e por causa das drogas e outros vícios. *[Tenta avançar para cima do diretor. Pessoas do elenco a seguram.]*

DIR   E a sua carreira? Vale alguma coisa? Ela por acaso vale um tostão furado? Hein?

D   Por sua causa eu acabei arruinada... *[Cai de joelhos.]* Não estou acreditando que isso tudo está acontecendo. Por favor, alguém me diga que isso é um pesadelo. *[Alguém do elenco, com compaixão, levanta Damasceno, dá um copo d'água, senta-a numa cadeira e a embrulha num cobertor.]* Nunca me senti tão humilhada. Logo eu, que estava em processo de terapia, tentando reconciliar várias coisas mal resolvidas na minha vida, tentando reviver ou conviver com fatos do passado que nunca entraram de fato aqui *[aponta para cabeça, toma água]*, e agora... e agora... vem essa enxurrada de agressões, de humilhações, tudo de uma só vez. Não posso acreditar. Minha vida acabou. É o epílogo na frente de uma equipe técnica. Não era o desfecho que eu sonhava. Ou que eu merecia. Cacá, como você pôde, Cacá?

PARTE 5

ENTRA EM CENA UM ENORME BLOCO DE GELO. DAMASCENO E TODO O ELENCO OLHAM-NO SOB MÚSICA INTENSA. DAMA LEVANTA DE SUA CADEIRA, EMBRULHA-SE NO COBERTOR E, COMO SE FOSSE NUMA ESPÉCIE DE RITUAL PRÉ-MARCADO, MIRA O BLOCO, COMO SE FOSSE UMA BOLA DE CRISTAL, E FALA DIRETAMENTE A ELE.

D   Então temos ainda outro desfecho, não é? Um bloco de gelo em chamas. *[Solta uma gargalhada.]* Ótima metáfora. Já nos encontramos antes, lembra? Em plena Guerra Fria. Lembra dela. Se não me engano, foi quando Kruschev bateu com o sapato na bancada da ONU. Posso estar enganada. As épocas eram douradas, e eu vivia entre chefes de Estado. Já não sabia com quem dormia – na verdade, não se dormia muito. Era muita chicotada, muita sodomia, muitos menininhos... a palavra pedofilia não tinha essa conotação... Deixa pra lá. Lembro quando Andropov entrou quarto adentro achando que algum assassinato havia acontecido, e nós dois morremos de rir dele. *[Dama abraça bloco de gelo e chora de emoção.]* Temos um passado. Agora somos só nós dois no mundo, meu amor. Ao resto só interessa quem veste qual marca de calcinha, ou qual é o perfume preferido ou marca de celular... tal como o Warhol tinha previsto na década de sessenta. Deus o tenha.

DIRV *[em off]* CORTA! GENIAL, GENIAL. Levem esse bloco de gelo para o congelador. Estou descendo aí. Todo mundo em seus lugares. Espera eu chegar aí. Peraí.

CHEGA O "DIRETOR DE VERDADE".

DIRV Genial, genial! Num *take* só! Nunca pensei que fosse possível.
D Eu confesso que também não...
PE Mexe com tantas coisas meio verdadeiras, né?
DIRV Mas eu não tive que dizer corta uma só vez. Foi um rolo, de uma vez. Não sei nem se quero arriscar um segundo. Temos o *backup* do digital, então não tenho dúvidas quanto à qualidade. Eu vi tudo pelo *video assist*. Caramba! E com intensidade de ferro!
D *[puxa ele para o canto]* Não sei se fiquei feliz. Tem a primeira entrada...
DIRV Senhora Primeiríssima Dama, Vossa... A senhora não tem ideia. Quer subir pra ver o digital?
D Subir? Pra ver o digital? É melhor não, né? Não, não, são problemas internos.
DIRV Como assim, problemas internos? Minha querida, meu amor... isso qualquer filme, qualquer teatro, qualquer repartição pública e qualquer borracharia sempre vai ter. Eu estou falando de arte, da cena que vi e dirigi. Em trinta anos de carreira, nunca vi nada melhor e tão intenso! Confia em mim.
D Ah! Se eu pudesse, esmurrava você e o mundo!
DIRV Olha aqui. Sei que essa cena foi longa, exigiu muito da senhora, foi muito estressante. Vamos dar um dia de pausa. *[Para produção.]* Rápido, providenciem a limusine pra Senhora Honorária. Ela está exausta. Quero que ela esteja no hotel em menos de vinte minutos.
D *[olha pra plateia, dança]* Eles acham que eu vou pro hotel!

PARTE 6

D [*em* off] Eu ouvi isso! Quem falou essa... Você! [*Retoma o tom alto de voz.*] Eu? [*Em* off.] Sim, você. Ou, em outras palavras: eu. [*Retoma o tom alto de voz.*] Justamente quando consigo tomar coragem de me assumir como mulher, vem essa porra dessa "consciência". Merda! Saco! Passei a vida inteira no cinema e no teatro fazendo o papel de homem e ganhando prêmio por isso e aquilo. Sim, claro... Dona Honorária, a grande dama! Mas sempre nos papéis masculinos. Nunca um vestido lindo. Ou um papel de Mary Stuart, por exemplo. Sempre um Rei Lear... e sempre uma ovação! Como reclamar de ovações... difícil, né? Agora, quando realmente me assumo, vem a consciência e fica me vigiando. [*Para a consciência.*] Pois não vou pro hotel não. Vou pra *night*, e seja lá o que Deus quiser. Vou fazer coisas que nunca fiz, coisas que sempre me foram proibidas. [*Tira um chicote da bolsa.*] Coisas que sempre me foram proibidas... [*Tira um par de algemas da bolsa.*] Coisas que sempre me foram proibidas...

PARTE 7

D Coisas que sempre me foram proibidas... [*Dama tira um pedaço de carne crua da bolsa.*] A gente sabe que a função da libido é investir no campo das formas do inconsciente... [*Risos. Repentinamente séria.*] A história inteira da humanidade é uma única alucinação! Reproduzindo-se num delírio entre civilizações, raças, religiões, continentes, sexos e toda essa cambada de vermes pensantes que chamamos de seres humanos. Hitler não deveria ter parado somente nos judeus. Deveria ter exterminado todos, tudo. Deveria ter deixado somente um menino e uma menina na Terra pra tentar começar tudo novamente, porque... ESSA MERDA... [*Entram policiais e pegam Dama pelos braços.*] O que é? O que foi?

POL Essas algemas?

D São minhas. São brinquedinhos...

POL Não. Não é um brinquedinho. Foi roubado... [*examina e lê a inscrição na algema*] do décimo terceiro Batalhão... [*Algema Damasceno com as próprias algemas.*]

D Mas o que foi que eu fiz?

POL Essa carne? É humana?

D   Bem...

POL   *[cheira a carne e entrega para o colega]* É, carne humana. Ela matou alguém.

D   Não. É um pedaço do Faustão! Aquele da TV. Ele estava falando comigo que queria fazer uma lipoaspiração e... não sei o que deu em mim... Estávamos numa churrascaria e fomos pra casa dele... e peguei um facão e... que dia é hoje?

POL   Sábado.

D   Ele está vivo! Amanhã é domingo. Você vai ver que ele está vivo. Esse pedacinho de carne não faz falta nenhuma no corpo dele. Ele é inteligente. Até Édipo entendeu a diferença de imagem dos pais – meus Deus, por que estou dizendo isso? Amanhã é domingo... e vocês vão vê-lo no ar. *[Para os policiais.]* Escuta! Escuta... não daria pra esperar até amanhã, não? Amanhã é domingo, vocês ligam a TV e confirmam que o Faustão está vivo, e nada disso que está acontecendo aqui será necessário.

SURGE UM DELEGADO.

DEL   E por que deveríamos acreditar que se trata do Faustão?

D   Ora! Você sabe muito bem quem eu sou. Por que eu mentiria? Essa é a parte da barriga do Faustão!

DEL   E a senhora quer que eu acredite que ele tenha sobrevivido sem uma intervenção cirúrgica?

D   Tenho alguns poderes divinos que me foram conferidos. Eu sempre fui um ser especial.

DEL   *[de repente, aos prantos]* A senhora não tem ideia do que foi a minha infância indo ao teatro, indo ao cinema e te idolatrando fazendo aqueles papéis masculinos, aqueles super-heróis, aqueles heróis todos. Nunca irei me esquecer do dia em que vi *A morte do caixeiro viajante*. Vi três vezes, em três dias consecutivos, sempre tentando detectar algo de feminino no seu papel e dizendo: "aqui sim está uma atriz, uma senhora atriz". Pudera eu, nessa miserável profissão que escolhi, ser tão perfeito quanto a senhora é na sua. Se eu gosto, ou quero estar fazendo o que estou fazendo, ou seja, prendendo justamente a pessoa que idolatro? Quer saber? É claro que não! Com licença. *[Vai até os policiais.]* Tirem as algemas dela.

	Já! Libertem-na. Não se faz isso com uma Primeira-Dama! Este encontro nunca aconteceu, mesmo que o Faustão não entre no ar amanhã. Entenderam?
POL	Mas...
DEL	Entenderam?
D	Senhor Delegado...
DEL	A senhora... a senhora... permitiria que eu a convidasse para jantar?
D	E onde seria essa jantar?
DEL	*Nnnããão sssei* exatamente... onde a senhora desejar!
D	Poderíamos ir ao Fasano e... e depois...
DEL	E depois, claro. *[Para os policias.]* Devolvam as algemas, a carne e o chicote para a senhora, já!
D	Acho que vai ser uma noite intrigante.
DEL	Vou lhe contar tudo sobre a minha vida.
D	Acho que não vai contar não.
DEL	Como não?
D	Temos... temos coisas mais interessantes pra fazer, não acha?
DEL	Sim, sim, mas a senhora precisa saber em que "tom" soa a minha satisfação. Digo, desculpa, estou nervoso, trocando palavras. O homem declara sempre que está longe de estar satisfeito ou que sua satisfação está longe de seus objetivos reais de vida... Não, acho que não estou me expressando bem...
D	Para com isso...
DEL	Não, é importante! Olhe para mim. Qual das duas versões do que a senhora vê é a verdadeira?
D	Duas?
DEL	Sim. Eu sou dois. Ou mais até. Talvez seja esse o caso agora. Uma das minhas versões sempre quer posar de vítima.
D	*[entendendo que talvez o cara esteja se desculpando por ser brocha]* Ah... estou começando a entender... Mas hoje em dia tem remédio pra isso. *[Faz gesto de ereção.]*
DEL	Não, não, não. Não se trata disso. Estou falando do ser falhado que a mãe pariu, digo, junto do ser que deu certo, que é esse que a senhora vê aqui em pé agora. Existe outro, o ser que falha em todos os sentidos. Talvez não se deva colocar muita ênfase nele, nesse momento exato, já que estamos indo jantar e depois...
D	Exatamente. Isso mesmo. Deixa isso pra outro dia.

DEL   Mas é que tenho uma dívida de quarenta mil dólares e... antes de sair de casa pra atender a esse chamado, sem saber se tratar da senhora, deixei uma nota de suicídio.

D   Meu santo Deus! Não dou uma dentro.

DEL   Eu sabia. Sabia. *[Canta.]* Vou voltar, sei que ainda vou voltar, sei que ainda vou voltar como um sabiá...

D   Você enlouqueceu? Estamos sendo vistos! Pare com isso.

DEL   Eu queria tanto essa noite e, no entanto, um de nós dois aqui dentro estava fadado a arruinar tudo, tudo, tudo, tudo, tudo, tudo, tudo, tudo, tudo, tudo, tudo, tudo...

DAMA O ESTAPEIA.

DEL   Nós dois agradecemos.

D   Acho que quero...

DEL   *[faz voz sensual]* Quer... quer o quê? O que? Diz!

D   Ah... não sei. Pegar um táxi. Soltar os cabelos. Abrir a bolsa. Soltar o sapo. Fazer um *ménage à trois* com vocês dois.

DEL   Vamos, vamos. Ai, que alívio. Mas... e o outro?

D   Outro? Que outro?

DEL   Tem sempre outro.

D   Ah, sei lá. Leva quem quiser. Sei lá. Sou uma mulher liberada.

DEL   Pois é. Mas tem sempre outro. Sempre outro, e mais outro, e quando você acha que não tem mais ninguém, pimba! Tem outro.

D   *[espantada]* Como assim?

DEL   Outro e outro e outro e outro. Não aguento mais! Tem uma multidão de gente aqui dentro e não sei mais quem eu sou quando tenho que ser alguém. Digo, perdão, tenho uma voz, digo, ela soa igual para quem ouve de fora, mas não para mim, entende? Eu possuo milhares, digo, centenas de oitavas aqui dentro, timbres... os mais diversos... Mas quando eu canto, sai uma nota só. A senhora já ouviu a palavra em inglês... *pitch*? Pois! Possuo *pitches* que são de enlouquecer...

D   Tá bom, tá bom. Mas será que não dá pra esquecer todos esses *peixes* aí que você falou e dar uma relaxadinha? Só hoje à noite?

DEL   É tudo que nós queríamos. Tudo. Mas somos combatentes dos crimes. Não sabemos mais o que estamos dizendo. Vamos rezar, desculpa, o *Requiem*, desculpa, de Mozart.

D   *[em* off*]* Meu Deus! O que está acontecendo?

DELEGADO E POLICIAIS DE JOELHOS, CANTAM, EM CORO, JUNTO
DA TRILHA SONORA, O *REQUIEM*, DE MOZART. DAMA TENTA SE
RELACIONAR COM ELES.

D   Você quer que eu chame a ambulância?
DEL *[puxando a arma rapidamente]* A senhora não se atreva!
D   Mas... mas... mas o que eu fiz?
DEL Não se atreva a interromper Mozart! *[Volta a se ajoelhar.]*
D   Não, claro que não vou interromper o *Requiem* de ninguém, o de Mozart, o de Verdi, ou o do Fauré. Vocês são todos... Vocês não são nada! É isso que vocês são! Nada! Um bando de, sei lá... Nada! Tenho uma confissão a fazer. *[Vai pra perto da plateia.]* Mas não vou dizer o que é. Não vale a pena. Eu brinquei até onde eu pude. Vocês ficam cantando esse *Requiem* e nem sabem a origem dele. Ouviram o galo cantar, só que não tem galo nenhum cantando um *Requiem*. Tudo parece virado em um bloco, um bloco de gelo, um bloco de gelo em chamas. Parabéns, senhores marqueteiros. Os senhores venceram. Eu espero que alguém sinta saudades de mim quando eu também riscar um fósforo. O mundo hoje pertence às Paris Hiltons, aos Donald Trumps e a este monte de imbecis, a estes milionários que viraram celebridades só porque têm dinheiro e mostram o dinheiro que têm. Que nojo! E que ódio! E a mídia cultural, que era a nossa, voltou-se pra eles! Todos catando o milho que eles deixaram cair, pobres editores! Tudo pra vender alguns exemplares a mais, porque o público... Que público? Público que quer ver gente anônima brigando na televisão, ou engolindo minhocas e outros vermes... que nojo! Só querem saber de fofoca mesmo. Ingressamos nesse milênio com o pé errado. Esse monstro foi reeleito para a Casa Branca e tem carta branca (será que é tudo branco quando é tudo, na verdade, tão negro?), e o público se diverte com a guerra e a destruição de um país que já estava em ruínas, porra! Ou será que se divertem mais com as separações das estrelas e com as notícias de qual celebridade está obesa demais, ou de menos, quem se separou de quem, quem tem avião particular e quem tem o salário mais alto de Hollywood, ou quem acabou se entrar ou sair de uma clínica de reabilitação! Não dá mais. Cansei. Cansei mesmo. Levei até onde pude. Brinquei até onde pude. Agora, na idade em que estou e tendo vivido o que vivi, sinto vontade de me enfiar

numa dessas caixas de papelão e viver debaixo do Minhocão, ali na Amaral Gurgel, junto daqueles, ou melhor, daquelas que realmente têm uma percepção real do que a vida é e, assim, como numa peça de Genet, virar algum personagem e esquecer tudo que fui e vivi, e entrar num recinto em que tudo é, de fato, uma farsa assumida. Pra mim, isso tudo aqui, chega. Chega mesmo. Ficam vocês aí rezando esses *Requiems* e nem sabem sua origem. Ouviram o galo cantar, só que não tem galo nenhum cantando no réquiem! Devem ter visto isso num programa de TV desses, de um domingo qualquer. Ou devem ter visto a Paris Hilton falando algo sobre réquiem numa entrevista. Está tudo tão raso, tão frio, tão monossilábico, tão... sei lá... como dizer... sem sentido e sem sentimento, que parece ter tudo virado um bloco. Um bloco de gelo. Estou com frio, mas fervendo por dentro! Ah, como estou fervendo de raiva! E vocês? Nenhuma reação? Continuam de joelhos? São esses cultos de hoje! Ninguém ouve mais nada. Não adianta discutir. É o culto televisivo. Parabéns, senhores marqueteiros! Os senhores venceram! Vou embora. Vou procurar um lugar digno pro meu exílio. Onde será? Juro: ninguém vai mais ouvir falar em mim. Talvez o túmulo vizinho ao de Karl Marx, em Highgate, em Londres. Espero que alguém sinta saudades de mim quando riscar um fósforo. *[Os outros continuam de joelhos, ninguém ouve o desabafo da Dama.]* Espero que alguém sinta saudades de mim quando riscar um fósforo. É, ninguém me ouve mesmo. Mas eu ainda tenho fogo. Ou azia, o que dá no mesmo. Vocês aí me veem e me ouvem, mas não sei se me compreendem. Não sei se compreendem a minha angústia. Já fui alguém. Hoje não me sinto nada. Não sinto que exista espaço pra isso que eu exerço. Meus filmes B, ou C... seja lá o que for, eles tinham seu charme, e seus erros eram, de certa forma, a assinatura de um país em formação, procurando a sua identidade nesse globo terrestre tão diversificado culturalmente. Perdemos essa identidade, vocês me entendem? Importamos tudo. E, ao mesmo tempo, estamos desprendidos de tudo, estamos frios num país onde o que conta é a importação de valores culturais ridículos, a corrupção, a violência e uma miséria tão miserável que eu, particularmente, tenho vergonha de estar vivo. Tenho vergonha de estar vivo e acompanhado de pessoas com quem eu queria, há poucos minutos, fazer um "programinha"

[ri] e, agora, como se fossem programados, estão de joelhos, rezando e cantando um réquiem. Mas pra sair do anonimato, eles, com certeza, poderão ser encontrados em qualquer um desses programas que dão fama por quinze minutos, ou quinze dias, dependendo do nível de degradação ao qual você, eles, no caso, estarão dispostos a ir, a cair, a escorregar, a tombar! Tombamos. E não temos como voltar no tempo. Nunca se volta no tempo. Esta, aliás, é a beleza da decadência. Sabe, quando eu era uma jovem adolescente, eu estudei o Império Romano, ou melhor, a queda dele. Ah... estudei também o Terceiro Reich. Que coisa horrível foi aquilo. Mas que glória deve ter sido para aqueles que participaram deles, dos impérios, em sua época de glória. Matança por todos os lados, com impunidade total. Coliseu, gladiadores, leões arrancando a carne ou a cabeça de um e de outro, e o público de pé, aplaudindo. Ou com os nazistas, mantendo milhões de judeus, ciganos e deformados de nascença nos campos de concentração no limite da morte, ou mandando-os pros chuveiros da morte. Como adoramos a morte! Como nos divertimos com a desgraça dos outros, a morte lenta dos outros principalmente. Isso, sim, é real. Essa é a real raça humana. Mas não esse mundo gelatinoso, preconcebido e colorido feito sob medida para um Ibope. Que horror, que nojo! *[Dama se ajoelha e, junto dos outros, canta o* Requiem.*]* Isso me cheira conspiração. Não. Conspiração, não. Ignorância. Não, ignorância não. Metáfora. Alguém morreu. Desta vez, a realidade ultrapassou a metáfora. *[Baixa um santo na Dama, que se levanta, recebe e treme da cabeça aos pés, como numa cerimônia de macumba, ou como se fosse Mefisto, ele mesmo. Numa voz alterada, Dama prossegue.]* Não posso dizer que Susan Sontag era minha amiga, propriamente. Mas éramos conhecidas. E esse conhecimento se deu por meio de Samuel Beckett, seu fascínio pela obra dele e pelo fato de eu conhecer o mestre. Falo da década de 1980, quando todos os ícones estavam vivos e eu estava em cartaz com *La Vie est la vie, est la vie.*

P   *[tenta amparar Dama]* Como ela era? Como andava? Como sentava? Você conhecia o apartamento dela?

D   *[ainda em transe]* Um dia, ela me convida para conhecer sua enorme coleção de botas de caubói, quando ainda morava na Rua 17 e estava casada com a coreógrafa Lucinda Childs. Fiquei boquiaberta e não conseguia muito entender aquela intelectual, de quem eu tinha lido tudo e assistira os debates, com aquele *closet* repleto com prateleiras e mais prateleiras cheias de botas de caubói: "são meu fetiche e não me pergunte mais!", dizia ela, morrendo de rir. Quem venceu a batalha contra o câncer, ela escreveu um livro sobre isso, *A doença como metáfora*, e tem um filho para sustentar, pode se dar a esse luxo.

P   Não foi bem assim. Anos se passaram e ela aparecia esporadicamente. Viu *The Flash and Crash Days,* no Lincoln Center, e me mandou um cartão: "não achei a produção à altura da trilogia Kafka, me ligue". Ficamos todos putos. Eu, você, ele, principalmente ele. Ele ficou PUTO! *[Pausa.]* Por que estamos de joelhos rezando? O que tomou conta de nós? Que loucura! Deve ser a falta de conhecimento histórico, ou então essa necessidade louca de tentar agradar. Isso se tornou uma verdadeira doença. Uma verdadeira doença. Mas vamos aos fatos, e *[para Dama]* saia logo desse transe, que não está convencendo ninguém.
O erro do artista hoje é achar que tem que ser endossado pela crítica. A crítica é uma enorme mentira! Em 99% dos casos, os críticos refletem o pensamento da classe média, e não o pensamento do artista. O artista está sempre à frente do seu tempo e não precisa do endosso do professor ou do papai. É como se o cara que sempre esteve na contramão, batalhando na contramão, de repente quisesse o endosso da academia. Não faz sentido e é patético. Existe aí uma incompatibilidade histórica. Fico feliz quando um amigo meu recebe críticas positivas e, ao mesmo tempo, penso com meus botões: "que naife, que inocente, o cara não tem a mínima noção da história". O próprio Nelson Rodrigues recebeu ovo, tomate, vaia e o escambau com *Vestido de noiva,* em 1947, no Teatro Municipal. Até Beethoven, acreditem se quiserem, foi descrito assim por Carl Maria Von Weber, assim que a *Sétima sinfonia* foi tocada pela primeira vez: "eu o colocaria num hospício". E Duchamp? E Warhol? E Oiticica? E Glauber? O que vocês acham que eles levaram no peito? E Godard? Beckett, quando estreou *Esperando Godot,* no estúdio em Paris, no início dos anos 1950, tinha 70 pessoas na plateia e, no intervalo, saíram 35. E quando ele estreou em Nova York, Walter Kerr, do *New York Times,* derrubou a peça, dizendo que nela "nada acontecia, em dois atos". O mesmo Kerr, 25 anos depois, renunciou ao cargo dizendo-se incompetente, porque havia entendido que Beckett era o

dramaturgo mais importante do século XX e *Esperando Godot*, o espetáculo divisor da história. Como ele não enxergara isso na época, admitiu que deveria ter arruinado dezenas, centenas de vidas de autores e atores e diretores. Pelo menos Kerr teve DIGNIDADE! Sim, dignidade, e não ira, inveja, mas... reflexão e dignidade, porque entre artista e crítica não há, historicamente, compatibilidade possível. Entendam isso e parem de implorar para que os críticos os endossem. E, no caso de endossarem, parem de anexar essas tais críticas positivas por *e-mails* como se os críticos fossem os representantes de Deus na terra, quando, na verdade, nada mais são do que EGOS FALIDOS daquilo que, nos artistas, temos a coragem de ser: viver a vida no RISCO! Eles só fazem bater ponto. E pronto! Uma boa crítica só vale porque traz números, ou seja, público pagante. Mais nada. O valor dela relativo à consciência do artista não deveria consistir em mais do que um arranhão, quando se trata de uma guerra mundial.

D É... falta cultura nessa falta de cultura.

P Você dá tanto valor a prêmios... Sinceramente! Uma dama como você! Sabendo da politicagem e das injustiças do mundo, ainda se comove com a caretice desses acadêmicos. Ora!

D É, mas tudo que eu queria era uma estatueta pra fazer um par com aquela outra estatueta...

P Aquela outra você comprou! Eu vi. Você acha que eu não vi? Eu vi quando a gente andava em Saint Germain e você viu uma réplica do Oscar... e malocou aquele negócio de plástico e colocou na bolsa... achando que ia me enganar. Agora, todas as vezes em que vou na tua casa, você esconde rapidinho. Mas já ouvi de outras pessoas: "nossa, ela tem um Oscar! Por qual filme mesmo?" Como ninguém tem memória mesmo, como as pessoas estão ficando cada vez mais idiotas a cada dia, a coisa até cola.

D É... falta cultura nessa falta de cultura. Que mal causo eu tendo um falso Oscar na minha casinha? Que mal?

P Não seja patética e não me faz essa carinha que... quebra meu coração.

DAMA FAZ CARINHA.

P   [*para plateia*] É melhor voltar a se ajoelhar e rezar o *Requiem* de Mozart. Dessa forma, entramos numa espécie de mantra zen. Nenhum de vocês entende porra nenhuma, mas pelo menos a música é linda, a cena é divina, e isso em si já justifica a existência do ser humano. E me poupa dessa carência dessa senhora cheia de carências artísticas da pior qualidade possível. Eu achei, em vão, evidentemente, que meu sermão sobre a crítica seria explanatório para os jovens e encorajador para a nova geração. Mas, pelo jeito, ela não adianta nem uma vírgula nem para aquelas que já sofreram a *Navalha na carne*, as agruras da vida. A vida não tem jeito mesmo! Fazer o quê, né?

D   Falta cultura nessa falta de cultura. E não só falta cultura nessa cultura como também falta...

P   O quê?

D   Cultura. [*Dama começa a chorar compulsivamente. Pamio expulsa as outras pessoas. Silêncio espantoso entre os dois. Congelam, praticamente. Correm e se abraçam fortemente. Se desabraçam.*] Eu achava... [*aos soluços*] achava que esse momento jamais fosse acontecer de novo, que jamais te encontraria de novo, entende, que jamais nos veríamos de novo de verdade, assim como éramos, como já fomos. Ai, que merda a vida! Ai, que merda a vida e as falsidades que ela nos propõe, esses jogos o tempo todo, essa falsidade o tempo todo, tudo sempre um jogo, tudo sempre um protocolo... vem aqui, meu amor.

OS DOIS SE ABRAÇAM LONGAMENTE.

P   Eu... eu estou... tão feliz.

D   Mas, então, o que faço? Me revelo? Te revelo? Mudamos de país? De planeta? E a tua mãe? Teus filhos? Vai ser um escândalo.

P   Será que não podemos comemorar esse momento só um pouquinho, em vez de nos preocupar...

D   É que meu tempo está contado. Estou com os exames médicos na bolsa.

OS DOIS SE APROXIMAM LENTAMENTE UM DO OUTRO. PARAM. ABRAÇAM-SE DE NOVO. CHORAM. ABRAÇO FORTÍSSIMO. DESABRAÇAM-SE.

P   E então? O que diz?
D   Como?
P   O ensaio?
D   Ensaio?
P   Desculpa. O exame. Estou... nervo...
D   Eu sei. *[Tira da bolsa um envelope e, do envelope, um papel. Lê.]* Universo escuro. Uma única luz. Ela também escura. Quando se pensa em luz, nenhuma. Quando se vê alguma, nada. É isso.
P   Isso não é exame médico, minha santa. Isso é uma imitação de um texto de Beckett.
D   Eu sei. Também achei estranho. Mas foi o que deu quando extraíram o meu sangue. O que eu posso fazer? Fui lá no laboratório fazer pela segunda vez, achando que era uma brincadeira de alguém, mas deu tudo igual, exatamente o mesmo resultado.
P   Não. Nunca ouvi falar em nada igual. Não existe isso. Isso sequer é terminologia médica. Pelo amor de Deus. Como assim? Corre sangue beckettiano no teu corpo? E, meu amor, se é assim, que tipo de doença é essa? Não é doença?
D   Sofro de literatura niilista comparada.
P   Comparada ao quê?
D   *[desesperada]* Não sei. Estou desesperada, estou me sentindo o fim da picada, pois todo mundo no laboratório ria de mim, lendo o exame. O médico ria. A enfermeira ria. Mostravam pros outros pacientes. Todos riam. Eu chorava.
P   *[confuso]* Não entendo. Deve ser, só pode ser, erro do computador. Só pode ser isso. O médico falou mais alguma coisa?
D   Falou.
P   O quê?
D   Que era pra eu procurar uma árvore.
P   Uma árvore? Como assim, uma árvore? Como um médico pode...
D   Disse mais. Disse que alguém me encontraria lá.
P   Quem?
D   Isso ele não disse.
P   Ah, não. Essa não. Vamos lá nesse laboratório agora. Quero ver a cara desse homem. Como ele é e como se chama. Deve ser um charlatão. Que loucura isso tudo. Ninguém é obrigado a passar por isso. E justamente agora, quando nós nos...

VOLTAM A SE ABRAÇAR FORTEMENTE.

D   Preciso ver essa árvore!
P   Como?
D   Preciso ver essa árvore!
P   *[tentando acalmar os ânimos]* Olha aqui. Qual árvore? Onde? Em que parte do mundo? Você não enxerga o absurdo nisso tudo? Não vê que é a árvore de *Esperando Godot*? Não vê que ele quer marcar um encontro com você?
D   *[aos prantos]* Não! Acho que se trata da última árvore sobre o planeta. E acho que eu tenho algo a ver com ela. Deve ter um buraco nela, assim como uma vagina. Estou vendo coisas, recebendo mensagens, eu sou um ser especial, você lembra?
P   Lembro, lembro. Tudo isso por causa de um exame médico que vem com um resultado absurdo que mais parece um texto que imita, e imita mal, Beckett...
D   Você não tem sensibilidade pra entender. Por isso não nos entendíamos. Agora lembro porque não nos entendíamos....
P   Por quê?
D   Porque não nos entendíamos.
P   Será que existe uma única explicação plausível que a senhora possa me dar. *[Cai de joelhos.]* Estou exausto. De emoção. De confusão. De perplexidade. De nacionalidade. De patriotismo. De infidelidade. De finitude. De plenitude...
D   A árvore. Preciso chegar nela. Preciso de sua ajuda. Te imploro.
P   Você está falando como um robô. Não está sequer me ouvindo.
D   Nós não nos entendemos, e falta cultura à cultura, e eu preciso chegar à árvore antes que se apaguem todas as luzes, mesmo aquelas que ainda pareçam acesas pros outros. Isso será uma ilusão de ótica, assim como ainda vemos estrelas que já não existem mais, faz milhões de anos. A árvore. Eu preciso chegar a ela, você me ajuda?
P   Podei ela ontem.
D   Você não fez isso.
P   Fiz.
D   *[num ataque de riso]* Mas você nem sabe onde ela está.
P   Tenho uma vaga ideia... num deserto com dois mendigos...

D   Não. É no Jardim Botânico. Uma palmeira linda, de 160 anos, plantada por um brasileiro excêntrico que morava em Dresda e que pagou de seu próprio bolso pro Richard Wagner compor *Tristão e Isolda*. É verdade. Dom Pedro mandou construir o Teatro Municipal que não ficou pronto a tempo... Se grudarmos o ouvido nela podemos ouvir a ária final, o *Liebestod*, na qual o amor encontra a morte, ou a morte encontra o amor. Somos nós, eu e você. Você não entende? Essa árvore representa o que fomos, o que somos. Precisamos chegar a ela. Meus minutos estão contados. Minha luz vai se apagar.

P   Santo Deus!

D   *[abraçado e aos prantos]* Universo escuro. Uma única luz. Ela também escura. Quando se pensa em luz, nenhuma. Quando se vê alguma, nada. É isso.

P   Tem algo profundamente errado aqui. Tudo começou com caviar beluga que não era caviar porra nenhuma, mas uma maneira disfarçada de contrabandear urânio processado. Ao mesmo tempo, nada disso era nada, pois se tratava de uma filmagem de um filme B ou C, que você fazia por amor a mim... pra me salvar... e que nem conseguimos terminar por falta de recursos. Ou seja, estamos na lama. Ou seja, estamos no escuro. Sem luz. Ou seja, estamos num universo escuro com uma única luz. *[Aponta pra um refletor.]* Quando se pensa em luz, nenhuma. *[O refletor se apaga.]* Quando se vê alguma, nada. Sabe que... faz sentido.

D   O quê?

P   O teu exame.

D   Por quê?

P   Ele não é o seu exame propriamente, é uma vidência, é uma profecia. O que corre em suas veias, meu amor, é o futuro apocalíptico.

DAMA APLICA UM BELO TAPA NA CARA DE PAMIO.

D   Não me venha com essa conversa, eu não preciso de você. Eu tenho outros. Eu estava lhe fazendo um favor, um favor, tentando evitar aquelas ridículas tentativas de suicídio que você sempre fez quando eu saí de perto, mas agora não, eu vou embora, e não adianta ligar porque eu não venho. Eu não volto.

P   Mas o que foi que falei?
D   Não me venha com essa conversa.
P   Mas...
D   Não me venha com essa conversa.
P   PORRA! O que foi que eu...
D   Desde menina minha mãe já dizia que eu tinha poderes proféticos. Dizia mais: que seria uma boa Mãe de Santo ou que seria canonizada. Sempre me imaginei num canhão. Foi numa dessas que menstruei pela primeira vez. Tenho horror à canonização.

DAMA TEM UMA CONVULSÃO, COMO SE BAIXANDO UM SANTO. PAMIO, PASMO, NÃO SABE O QUE FAZER E SÓ OLHA ESPANTADO. DAMA TEM TREMELIQUES NO CHÃO E FALA UMA LÍNGUA QUE NINGUÉM ENTENDE.

P   Já não sei mais o que é teatro e o que é cinema e o que é verdade: será que isso é verdade ou é resultado do urânio processado? Não, claro que não, aquilo era só um artefato pro filme... era tapioca com colorante... então... é epilepsia. Um médico. Um médico na plateia? Não. Deixa a plateia pra lá. Peraí! Cursei medicina até o fim. Isso é uma convulsão de amor, assim como Freud descrevia, ou melhor Charcot, ou melhor Lacan, ou melhor R. D. Laing, ou melhor, nenhum deles. Acho que foi Karl Marx, no *Capital*, naquele trechinho em que ele mete o amor no conceito da mais-valia.
D   *[pula fora da convulsão]* Peraí, você esta misturando demais as coisas. Eu te entrego a cena assim, e você não aproveita. Eu só queria uma dedicação... Uma declaração de amor. E nem isso você foi capaz de me dar!
P   Mas você estava tendo...
D   Nem uma única declaração de amor!
P   Como!
D   A que ponto nós chegamos!
P   Justamente ao ponto.
D   Como?
P   Justamente ao ponto em que eu estou tentando chegar...
D   Eu não tenho mais luz nenhuma né?

P   Não, meu amor, não é isso. O problema é meu. Sou eu. Os homens nunca estão contentes, nunca ficam satisfeitos. Predadores. Você sabe disso, de tanto papel masculino que fez.
D   E o que quer dizer com tudo isso?
P   Quero dizer que...
D   Acabou?

PAMIO FAZ EXPRESSÃO DE ESPANTO.

D   ACABOU?
P   Entramos num outro estágio. É um amor profundo, mas não é mais aquela paixão...

DAMA LASCA-LHE UM TAPA NA CARA.

D   Eu não preciso de você! Tenho outros. Estava lhe prestando um favor. Um favor. Tentando evitar mais uma tentativa de suicídio, dessas que você sempre tenta quando eu saio de perto. Mas agora chega. Eu me vou. E não adianta me ligar porque eu não venho. Eu não volto. *[Puxa Pamio para perto.]* Você entendeu? Eu não volto! *[Dama dá meia volta e se ouve sua voz em off.]* Ai, meu Deus... será que ele não vai me chamar agora? Não vai berrar meu nome? Eu estou saindo agora pra não voltar mais, e ele realmente não vai mais me chamar?
P   Ah... você se esqueceu de me dizer.
D   O quê, meu amor?
P   Você se esqueceu de me dizer o que acha da invasão do Iraque por parte dos Estados Unidos.
D   Ah... vá a merda.
P   Sério! Eu preciso saber, porque lembro que você era vidrado no Saddam Hussein.
D   Não posso...
P   Sei que a derrubada daquela estátua dele em Bagdá deve ter te derrubado também.
D   Você está me gozando...

P   Não, não estou! Estou falando do dia em que deixamos de ser nós mesmos. Essa guerra ou invasão foi o que nos separou. Eu lembro como você vibrava todas as vezes em que ele pegava naquele fuzil e dava um tiro pro ar, sem mais nem menos. Era como um orgasmo pra você.

DAMA CAI E CHORA.

D   Pelo menos com o fuzil, seu miserável. *[O bloco de gelo aparece no fundo do palco. Dama vai até ele e volta. Pamio chega junta dela. Ela o afasta até que cede e chora em seu colo.]*

DIR   *[saindo de traz do bloco de gelo]* Hora de retomarmos as tomadas. Dona Honorária, não é isso? Dona Honorária já teve o seu dia de folga. A senhora já teve o seu dia de dona belíssima. Então, tá pronta pra retomar as filmagens ou não?

D   Eu estou um trapo, você não está vendo? Como assim, já tive meu dia de folga? Quem é esse? Quem é você? *[Para Pamio.]* Quem é ele, amor?

P   Ele apareceu desde que seus exames deram... tudo.

D   Chega.

DIR   Vai dar tudo, tudo, tudo certo, minha querida. Não se preocupe. Houve uma certa mudança na equipe, os produtores resolveram contratar alguém de verdade como diretor, mais equilibrado, não é? Respiração circular, ombro no chão, mantém seu eixo e vai... *[se joga para a frente, cai reto no chão.]*

D   Ajuda...

DIR   Ixi...*[levanta e torna a cair, desequilibrando-se. Fica sentado.]* Desculpas pelo meu momento, Antunes. *[Levanta-se e fala alto.]* Olha, Dona Honorária, o filme tem que sair *[Dama e Pamio estão abraçados]*, e não devemos enquadrar nessas relações interpessoais. Dá licença, não, não, gente, não é assim. *[Vai até eles e tenta separá-los.]* Dá licença por favor, dá licença, eu tô falando sério. *[Dama puxa os cabelos do diretor. Ele grita. Ela solta.]* Basta de enrolação, chega. Quem é Gerson aí atrás?

G   Sou eu, Gerson sou eu.

DIR   Esse é o Gerson, uma lembrança da velha equipe, mas totalmente nos moldes da nova equipe.

D   Eu só estou fazendo o filme por causa dele. *[Aponta para Pamio.]*

DIR   Não importa! Não importa o porquê e por quem a senhora está fazendo esse filme. Existe um contrato, minha querida, e ele terá que ser cumprido à risca. *[Tira do bolso um papel e mostra-o à Dama.]* Vai, chega de enrolação. Equipe, a postos. *[Para a equipe.]* Vai, a postos!

EQUIPE   Nós não recebemos comandos seus. Só dele. *[Apontam para Pamio.]*

DIR   Como é que é?

EQUIPE   Só dele!

DIR   Como é que é?

D   Calma, calma, eu acho que eu tenho uma solução. Mas antes de fazermos qualquer *take*, qualquer nova rodada, você me responde uma pergunta simples?

DIR   Tá, faz.

D   Eu vou ter que continuar comendo aquela meleca?

DIR   Eu acho que não.

D   Então, podemos ir jantar depois?

DIR   Como assim, jantar? Ah, poderíamos ir ao Piselli, vão preparar algo divino pra nós dois e, depois, acho que vai ser uma noite intrigante.

O PALCO FICA ESCURO.

D   Eu vou lhe contar toda a minha vida.

DIR   Acho que não vai contar, não.

D   Como não?

DIR   Acho que temos coisas mais interessantes pra fazer...

A LUZ VOLTA. DAMA E DIRETOR DANÇAM.

P   Eu ouvi isso? *[Para Dama.]* Eu não preciso de você! Tenho outros. Estava lhe prestando um favor. Um favor. Tentando evitar mais uma tentativa de suicídio, dessas que você sempre tenta quando eu saio de perto. Mas agora chega. Eu me vou. E não adianta me ligar porque eu não venho. Eu não volto. Você entendeu? Eu não volto!

D   *[para Diretor]* Você se esqueceu de me dizer.

DIR   O quê?

D	O seu fuzil tá funcionando? *[Ele se mexe, envergonhado.]* Você é um ou dois?
DIR	Ah, um só.
D	Você não gosta de Mozart, né?
DIR	Não.
D	Eu também não. E de brinquedinho?
DIR	Ah, adoro!
D	E de menininho?
DIR	Não, não!
D	Então me dá licença que eu vou passar... Até já.
DIR	Até já.
ATOR	Entra a próxima, Anna Américo!
DIR	*[sentado ao lado do bloco de gelo]* Próxima, vamos lá! Rápido!
ATRIZ	*[Anna Américo]* Ai, tô tão nervosa, me preparei tanto pra esse momento!
DIR	Ótimo, tá ótimo!
ATRIZ	*[Anna Américo]* Posso fumar aqui? *[Ao lado do bloco de gelo.]*
DIR	Não. Câmera, ação!
ATRIZ	Cantar um poema já é uma coisa difícil, sublime, quase impossível. Mas agora, declamá-lo aqui, na sua frente, na frente de uma câmera e sem cantá-lo, o que é pior ainda, é impossível! Posso chamar isso que estou dizendo aqui de cantos, assim como *Os cantos*, de Ezra Pound.
DIR	O que é isso?
ATRIZ	Ezra Pound, tá aqui?
DIR	Como?
ATRIZ	Aqui, ó! *[Ela entrega um papel dobrado ao diretor, que o lê.]*
AA	Também não tô entendendo nada. Aliás, eu não entendo nada, quer saber, sou modelo!
DIR	Tá ótimo, próxima!
ATOR	Seguinte, Renata Ferraz.
DIR	Vamos, Renata! Vamos, querida.
RF	Olá, onde eu fico?
DIR	Aí. Câmera, ação!
RF	*[ao lado do bloco de gelo, fala de modo sensual todo o texto]* Ele tinha uma certeza concreta de que toda a raça humana teria que passar...
DIR	Não, não...

RF [*continua, sem ouvi-lo*] ... por um diluvinho e começar do zero, [*rebolando*] ui! Seus contos são como barro, dizem que aquilo criado pelo homem é corpo e sem nexo. E Aristotéles...

DIR Gente, gente!

RF ... Aristotéles decretou uma ordem, início, meio e fim, e o que se tornou um problema gravíssimo pra pessoas como eu que desfilo e faço programinha à noite.

DIR Programinha à noite? Meu Deus!

RF É!

DIR O que é isso?

RF Ah, imagina! [*Tirando um papel dobrado do vestido.*] Ah, não, tá escrito aqui, no papel que as pessoas me deram pra decorar, ó!

DIR [*lendo o texto*] Mas eu nunca vi esse texto antes, o que é isso? Não tem nada a ver com o filme que a gente tá tentando fazer! Isso é alguma sabotagem?

RF Gente, eu não sei, eu sou modelo, tá?

DIR Eu tô vendo!

RF Aliás, eu desfilei pra Aristotéles em Paris.

DIR Tá ótimo. Próxima!

C Entra quem sobrou, Luciana Ramanzini.

LR Oi, eu sou quem sobrou.

DIR Meu Deus do céu. Vamos, gente!

LR [*entra e coloca-se ao lado do bloco de gelo*] Bom, eu ouvi tudo e aqui vai o que eu recebi, ok?

DIR Ótimo, ação!

LR Um início, um meio e um fim, que nada valem quando confrontados com a poesia de Hades, ou com um país imaginário chamado Brasil! Um lugar idílico e moderno, onde a justiça existe sim, onde a miséria não existe, e onde todos os problemas sociais já foram resolvidos, enfim!

DIR Tá, obrigada. Corta! Corta! Quem colocou esses textos aqui meu Deus?

D [*entrando no palco*] Ah, fui eu!

DIR Ah, meu Deus, impossível!

LR E aí, fofinho, passei, né? [*Para o cameraman.*]

C Vaza! Vaza!

ENTRA ATOR, VESTIDO DE MULHER, ÓCULOS ESCUROS, ABRAÇADO A UMA MALA, COLOCA-A NO CHÃO, ABRE, ACHA UM CAVIAR, ALEGRA-SE.

ATOR Caviar! Beluga! *[O vidro está vazio, ele passa o dedo, pegando os restos.]* Tá uma delícia! Só mais um pouquinho! Se eu pudesse, viveria só disso. Esse potinho aqui, essas bolinhas: mar Cáspio... piratas... contrabando... uma delícia, uma fortuna... Não troco por nada, não troco por sexo, não troco por rumores, mas quero o melhor, quero o melhor.

DIR Obrigado, obrigado! *[Ator olha assustado.]* Fantástico. Você é fantástico! Vai, levanta, levanta! Afinal de contas, eu preciso parabenizar a promessa da nova geração *[ator se levanta, Dama está ao seu lado no palco. Cumprimenta-o]*. Ele é maravilhoso! Da onde foi que você surgiu, menino?

ATOR Vim da Escola de Arte Dramática Lar do Almeida Prado Eleodora Marx das USP Coelho. Uma coletânea do que há de melhor. Eu sou formado em estética neorrealista e expressionismo alemão. Eu sou capaz de reproduzir aqui Casere e Tuoler e, ao mesmo tempo, aplicar-lhes aqui o golpe brechtiano do distanciamento, enquanto canto Kantor e faço o teatro-dança de Pina Bausch.

DIR Calma, calma. Você quer dizer que conheceu Pina Bausch pessoalmente? Como assim?

ATOR Pina? Pina era assim comigo!

DIR Quantos cigarros Pina Bausch fuma por segundo, hein?

ATOR Uns cem cigarros.

DIR E Nazareth Panadero? Uma das principais bailarinas de Pina Bausch, você também conheceu?

ATOR Dei uns pega!

DIR Eu não entendi muito bem essa parte. Kantor cantava? Como assim?

ATOR É, o Kantor cantava. Cantava comigo na noite...

DIR E você viu a *Classe morta*, hã?

ATOR Eu morri, morri na *Classe morta*, morri mesmo, de verdade.

DIR E *Wielopole, wielopole*?

ATOR Vi, vi!

DIR E *Hoje é meu aniversário*?

ATOR *[vai até o diretor e o cumprimenta]* Pô, parabéns, parabéns mesmo. Você é um cara maneiro.

DIR Meu Deus do céu, da onde foi que ele surgiu? Da onde foi que você surgiu, menino?

ATOR	Pô, não sei não, aí. Eu decorei esse negócio que me mandaram, aí. Pô, caralho, me despediram da produção! Tô puto! Tô puto! *[Vai pra cima do diretor.]*
DIR	Calma, calma! Tá contratado de novo!
ATOR	Quero voltar mesmo.
D	*[para o ator]* Vem aqui, maravilha, vem aqui! *[Abraça-o.]* Você fez a cena genialmente!

LUZ SE APAGA.

VOZ EM OFF	Amadeu morreu! Eu matei o Amadeu, aproveitei que ele deixou uma nota de suicídio e uma dívida de quarenta mil dólares. Amadeu morreu.

LUZ SE ACENDE. DAMA E ATOR ESTÃO NO PALCO.

D	Acontece. Menina, você vai seguir nessa trilha ao menos por algum tempo, porque eu já estou cansada de percorrer, de gritar, de gritar pra essas quarto paredes desse país ao menos há cinquenta anos e simplesmente não vale a pena. Eu tenho que ser minha própria produtora porque, nesse lugar de competição e de inveja, ninguém ajuda ninguém. Sempre elegemos a pessoa errada e por quê? Porque ela é sempre a nossa cara, e por quê? Porque estamos sempre na contramão. *[Para diretor.]* Mas que coisa genial! Não conseguimos descobrir os marginais dentro de nós mesmos, que horror!
ATOR	*[abaixado, querendo vomitar]* Pô, tô passando mal, caralho!
D	Calma, calma. Pelos meus cálculos, você ainda tem uns dois minutinhos mais ou menos. É, eu coloquei veneno na tua meleca.
ATOR	Pô, caralho!
D	Você não queria o meu papel? É a lei do mais forte, não adianta reagir. Estamos no poder, meu querido! Não adianta reagir, adianta? Olha só!
DIR	Não, não, tem bastante.
D	Vamos fazer um fim cinema verdade, um *cinéma vérité*. Vamos filmar a morte dele.
DIR	Vamos.
D	*[para a equipe]* Venham, venham! Filmem a morte dele. Procurem capturar cada ruga do seu rosto.

EQUIPE TODA ENTRA E SE COLOCA EM POSIÇÃO PARA FILMAR A MORTE
DO ATOR, TODOS MUITO PRÓXIMOS.

> **D** Luz, câmera, gravando!

A LUZ DIMINUI. HÁ UM FOCO NO ROSTO DO ATOR, QUE SE CONTORCE,
MORRENDO. O SOM AUMENTA, ENQUANTO ELE LUTA CONTRA A MORTE.
ATÉ QUE A MÚSICA PARA, A LUZ VOLTA, TODOS DE PÉ.

4

TERRA EM TRÂNSITO

ESTREIA
ABRIL DE 2006, NO SESC VILA MARIANA, EM SÃO PAULO

AUTOR E DIREÇÃO
GERALD THOMAS

FIGURINO
FABIANA GUGLI

COMPOSIÇÃO E TRILHA SONORA
EDSON SECCO

ILUMINAÇÃO
GERALD THOMAS

CENOGRAFIA
DOMINGOS VARELA

ELENCO
FABIANA GUGLI, PANCHO CAPPELETTI/JULIANO ANTUNES

POR CAIT WEISS

TERRA EM TRÂNSITO

PEÇA INTELIGENTE E COM ELENCO DE COMPETÊNCIA NOTÁVEL, *TERRA EM TRÂNSITO* ENCAIXA UMA REFERÊNCIA CULTURAL NA OUTRA E ACABA FUGINDO DE SEU PRÓPRIO ENREDO PARA DESPENCAR EM UM INCITANTE E CATIVANTE CAOS.

Há um muro no Brooklyn coberto de grafite com a seguinte frase: "Pedi patê. Sofri. Pedi patê".

Em muitos aspectos, esse rabisco resume com precisão o que acontece em *Terra em trânsito*, peça escrita e dirigida pelo visionário brasileiro Gerald Thomas, que está em cartaz no La MaMa até 30 de dezembro.

Com sessenta minutos, e encenada pela Companhia de Ópera Seca, do Brasil, a peça se passa no camarim de uma cantora irascível que aguarda para subir ao palco e interpretar Isolda na peça de Wagner. Para passar o tempo e acalmar os nervos, a Atriz (interpretada pela atraente Fabiana Gugli, sempre de *lingerie*) bebe, toma comprimidos e conversa com seu único confidente neste mundo, o Cisne (que ganha vida como uma marionete com bico comandada por Juliano Antunes, com uma entonação de voz estilo geração x de Seth Powers: lindamente apática).

Logo no início, apresenta-se um tema condutor da peça: quanta loucura há no "louco", em um mundo tão de pernas para o ar como o nosso? Conforme a atriz acaricia e alimenta seu Cisne com toda a afeição de Sociedade Protetora dos Animais – talhada no instante em que ela admite que quer engordá-lo para fazer *foie gras* –, descobrimos

1
DONALD RUMSFELD FOI CHEFE DO PENTÁGONO DURANTE O GOVERNO DE GEORGE W. BUSH NOS ESTADOS UNIDOS E O ARTICULADOR DO PLANO DE INVASÃO DO IRAQUE EM 2003. [N.E.]

2
EM 2006, O CONGRESISTA NORTE-AMERICANO MARK FOLEY FOI ACUSADO DE ENVIAR *E-MAILS* E MENSAGENS DE CUNHO SEXUAL PARA GAROTOS ADOLESCENTES QUE ESTAGIAVAM NO CONGRESSO DO PAÍS. [N.E.]

que a loucura é só outro modo de afirmar que não se tem nada a perder.

E é assim que, de repente, revela-se o humor da peça – *Terra em trânsito* tem suas raízes no absurdo do mundo moderno, convocando atualidades e polêmicas do século XXI que vão da controvérsia quanto ao fígado do ganso à renúncia de [Donald] Rumsfeld[1], aos dedos inquietos de Foley[2] e à camada de ozônio, tudo para render piadas a personagens tão loucos que a Atriz só consegue concluir: "Estamos dentro da cabeça de George W. Bush".

Gerald Thomas não é estranho ao absurdo, tendo trabalhado com Beckett e tanto dirigido como adaptado obras do mais essencial dos dramaturgos existencialistas. Thomas faz referências repetitivas a Beckett e seus contemporâneos do absurdo ao longo de *Terra em trânsito*, transformando a peça em uma espécie de piada interna para qualquer entusiasta ou estudante de teatro. Ficamos sabendo inclusive como Godot foi batizado, por que Pinter ama tanto o som do silêncio e temos acesso às diversas frustrações quando se tenta seguir o método Stanislavski e, ao mesmo tempo, flertar com os colegas atores. É uma peça inteligente, não há dúvida, e que evidentemente conhece o gênero a que pertence.

Contudo, por mais inteligente que seja *Terra em trânsito*, parece que ela fica tão atolada nas referências culturais que não consegue definir, quanto mais resolver, sua própria ação. A peça chega ao mesmo tempo a tudo e a nada, e, embora Gugli seja excepcional, ostentando no palco um monólogo atrás do outro (como bem devia, dado que Thomas escreveu a peça para ela), e a performance conjunta de Antunes e Powers seja fascinante, *Terra em trânsito* rotaciona tão rápido em torno de tantas questões que se joga fora de órbita.

Terra em trânsito tem, realmente, seu impacto. Ao final da hora de apresentação, porém, fica no ar a pergunta do porquê de todos esses sopapos. Ainda assim, é válido assistir à peça se você se interessa pelo futuro do Teatro do Absurdo em um mundo pós-pós-moderno e hiperparadoxal. Afinal de contas, há coisas bem piores do que ser bombardeado por ideias inteligentes, mesmo que elas não venham acompanhadas de patê.

F   Fabiana
G   Ganso

VOZ EM OFF   *[de Paulo Francis]* Seres medíocres como vocês, que vivem ou insistem nesta ridícula utopia brasileira instituída pelos intelectuais baianos, ainda não entendem a teoria furada, a emboscada na qual entraram. E se vocês acham que eu morri, saibam que morri mesmo, mas a minha voz viverá pra sempre no inconsciente de vocês, vai perseguir vocês pra sempre. Afinal de contas, deve se atingir meu grau de cultura, de ler orelha de livro atrás de orelha de livro, pra poder chegar ao nível de sofisticação, a ponto de poder afirmar o seguinte: existem raças inferiores, sim; existem etnias medíocres e existe, sim, uma raça superior. Pode ser que demore um bom tempo pra que vocês, brasileiros, acordem, mas esse dia virá e, com ele, uma tremenda decepção. Nesse dia, espero que – para os poucos que a possuem – coloquem em suas vitrolas a *Cavalgada das Valquírias*, de Richard Wagner, ou a Imolação, de Brünhilde, no Crepúsculo dos deuses, e ouçam a música de um grande visionário. Ah, sim... Este, sim, anteviu tudo aquilo que fora roubado da cultura alemã e, com essa analogia, é inspirador ler o que Goebbels pronunciou alto, em Marienplatz, em Munique, três décadas depois da morte do mestre Wagner. Ele falava de uma cultura-mãe, essa que o Brasil possui, mas que os baianos e os concretos e os modernos tentam roubar do Brasil há décadas. Na verdade, é uma tremenda pena que os alemães que emigraram para o Brasil depois do *crash* de 1929, e mesmo no final do século XIX, não tomaram mais o poder nas mãos e não tiveram tempo de se proliferarem mais pra dentro desse país gigante. Rezo, aqui de onde estou, para que a cultura brasileira seja sequestrada de volta, e seus valores entregues aos brancos puros, e toda essa macaquice negra seja abolida de vez, porque a verdade é que ela só serve mesmo pra rebolar a bunda uma vez por ano pra turista americano na Marquês de Sapucaí e olhe lá!

DURANTE O PRONUNCIAMENTO DE FRANCIS, EM TRÊS FASES, HOMENS SOBEM A ESCADARIA DO MUNICIPAL, COMO EM *TERRA EM TRANSE*, E, NO FINAL DO TEXTO DE FRANCIS, SURGE A FIGURA DE AUTRAN COM A BANDEIRA NEGRA. HÁ UM CAIXÃO NO ALTO DA ESCADARIA. FABIANA SE LEVANTA DO CAIXÃO. ELA ESTÁ EM SEU CAMARIM. CENA CONHECIDA DE ENSAIOS: ELA FUMA NERVOSAMENTE, CHEIRA, DEIXA O CIGARRO NA PONTA, ANDA PRA LÁ E PRA CÁ, AGITADA. VOZ DE FRANCIS - A DO INÍCIO; RÁDIO LIGA E DESLIGA INVOLUNTARIAMENTE.

    F   Seu nazista de merda! Morreu tarde! E viva o Modernismo brasileiro, porra! Esse homem era um retrocesso! *[Dirige-se à plateia.]* A questão não é nova.

SURGE UM GANSO NO CAMARIM. ELA COMEÇA A EMPANTURRÁ-LO, ASSIM COMO FAZEM EM STRASBURG. NÃO PARA DE ENFIAR COMIDA GOELA ABAIXO.

    F   Coitados! Quando vejo essa cena, penso na Brigitte Bardot e na sua luta em defesa dos animais. Isso é cruel! Mas dá um patê delicioso. E me lembra de *Lohengrin*, do Wagner. Sim, uma ópera verdadeiramente nazista, ou melhor, patrioticamente alemã, que tem a Elza. Não, não é a Elza Soares, não. É a Elsa Von Brabant! Essa Elsa descreve a "tal chamada verdadeira Alemanha", esta que o Sr. Francis Paul Heilborn, vulgo Paulo Francis, devia amar! É inacreditável, mas um dia, dirigindo com o meu namorado bêbado, um debutante de "instrumentos bélicos *top secret*", pelos belos bairros de Long Island, eu paro, pasma. Vejo uma placa que diz assim: *Real Estate* (o que quer dizer "agência imobiliária") *Lohengrin*. Parei o carro, ou melhor, ele parou, porque peguei o volante, e o carro quase derrapou. Dei com a cara no vidro e mandei um murro no caralho dele. Não, mas não era isso que eu queria dizer. Debaixo dessa placa LOHENGRIN tinha um ganso pintado. Parecido com este aqui *[enquanto continua empanturrando-o]*. E o anúncio pra casa que estavam vendendo era: "WE KEEP YOUR LAWN GREEN". Entende que horror? *Lawn green* ou *green lawn* é gramado verde. Transformaram o título da ópera num trocadilho *[E a raiva faz ela forçar a comida no cisne com mais força.]* horrível e desrespeitoso com o mestre da música e da ópera *[Bate continência.]*. RICHARD WAGNER... *[Aos prantos, quase de joelhos e abraçada ao ganso.]* Transformaram uma obra maestral num *green lawn*, ou seja, num gramado verde! Vai! Come essa porcaria. Engole! Preciso engordar o teu fígado e te mandar pra virar *foie gras*. *[Olha pra ele.]* Deus do céu! Você é a cara da União Soviética! Que bobagem eu falei. Não existe mais a União Soviética. Mas você é a cara do Khrushchev. Deixa eu ver se você sabe bater bem com um sapato na bancada da ONU.

FABIANA PEGA UM SAPATO, COLOCA NO GANSO E FAZ COM QUE ELE BATA NUM BANCO QUALQUER.

F   Baía dos porcos, lembra? É, meu filho! Você tem que estar atento a quaisquer e a todos os momentos, senão eles te pegam. Vem os mísseis e vem... A CRISE DOS MÍSSEIS. Ou seja, por dedução aritmética: vem o patê de fígado e vem a CRISE DO PATÊ DE FÍGADO, OU A CRISE DA EXPORTAÇÃO DO SAPATO! Não se pode vacilar. Você viu o que aconteceu com Fidel Castro quando ele entrou naquele banheiro do Hotel Meliá? Pois é! *[Fica quieta como se quisesse abafar o caso. Prossegue sussurrando.]* Tiveram que arrancá-lo lá de dentro: estava esparramando patê num retrato do Maradona. Que doideira! Vai, come! É que Tristan Tzara era o verdadeiro Tristão. Isolado como ele só. Não sei porque falei isso e não vou continuar essa frase. Tem frases que não têm continuação. Assim como tem CPIs que não dão em nada, e recursos legais que são totalmente ilegais, ou que só parecem retardar o país. Alguém ouviu alguma coisa lá fora?

G   Deram um sinal.

F   De bico calado! Antes de mandar você pra Strasburg, eu ainda tenho que mandar fazer um exame das suas fezes e urina, pra ver se não está com essa gripe aviária. Esse seu xixi não anda me cheirando nada bem! Também, com tanto suplemento! A culpa é minha. Tudo bem, a culpa é minha. É um tal de te dar antioxidante, vitamina E, C, B12, *Homocysteine Blocker*, pancreatina, zinco quelado, boro quelado, manganês, magnésio, selênio, cálcio, ferro... Ufa! Não é à toa que... Você está me cheirando a uma peça de Harold Pinter. Gente! Entendi tudo! Os silêncios na peça de Harold Pinter: não são problemas emocionais, não são pausas que catabolizam uma emoção que puxa pra dentro, uma introversão. Não, nada disso. É que um personagem está tentando desvendar o cheiro do outro, já que todos ali estão supermedicados. Vindos de um National Health Service em total decadência, os médicos começaram a receitar qualquer negócio e estão, os aristocratas digo, a tomarem qualquer tipo de solução, mineral ou não mineral, e ficam todos num silêncio sepulcral, tentando entender o que o outro está tomando, já que na Inglaterra não se tem essa abertura pra perguntar assim: "Ei Joe, o que é que você está tomando hoje?". Estou com fome. *[Abre umas gavetas.]* Torradas! Ai que maravilha! Não tem patê (Você ainda não ficou pronto!), mas tem óleo de trufas! Uma raspinha de beluga e... Ah, nada melhor! Eu também tentei engravidar de Mick Jagger. Não deu certo. Aí fui pra cima do Keith Richards. *[Faz sinal de que ele brochou.]* Aí invadi a cama do Ron Wood. Nada. Cheiradérrimo. Charlie Watts não tava nem aí. Acho que o que viaja é uma imagem holográfica dele mesmo. Aí tentei o Jimmy Page do Led Zeppelin: *gay*. No fundo do fundo, é *gay*. Tentei até o trapezista treinador do *Cirque du Soleil*, mas ele me deixou tontona na cama, de tanto malabarismo. *[Faz sinal de que o pau era pequeno demais.]* Até que fui pros intelectuais. Aí a coisa melhorou. Visitei o Stephen Toulmin em sua casa, em Connecticut. Sedutor. Cultíssimo. Começou a me mostrar a sua nova versão de *Cosmopolis*. Eu não estava querendo saber de *Cosmopolis*. Mas ficou me enrolando, enrolando, enrolando. Fui pra Londres e tentei a Sarah Kane, mas cheguei atrasada. Ainda assim, procurei a Doris Lessing: velha. Muito velha. Ainda tentei o Eric Hobsbawm, mas ele nunca estava, ou dizia que não estava, ou estava almoçando com o embaixador Bustani, aí... aí... Voltei pra Nova York. Fui pra Park Slope e fiquei dias esperando o Paul Auster aparecer. Apareceu, mas apareceu como se quisesse se esconder, atrás de uns óculos escuros e andando com um cachorro, na esquina da Quinta Avenida com a *Garfield Place*, no Brooklyn. Deus me livre! Me senti logo como uma das personagens de *Leviatã*, aquela que cai da janela e sai correndo de lá. Mas não desisti dos intelectuais. Cheguei no Brasil e procurei o Luiz Eduardo Soares, o Fernando Gabeira, o Contardo Calligaris, o Elio Gaspari, o Zuenir Ventura e ocupei os sete dias da semana bem ocupados e, agora,... bem, agora, estou grávida. Mas não é de nenhum deles. A gravidez é anterior. Como pode ser? Será que eu sou como a Virgem Maria? Vai, Jesus, come! Come e engorda, porque em Strasburg você vai ter que enfrentar a crucificação, os Panteras Negras, os extremistas islâmicos, a Ku Klux Klan, os neonazistas, os neofascistas, a sociedade contra o aborto, a TFP[1], os crentes unidos do mundo inteiro que vão estar te aporrinhando... É bom você já ir decorando.

G   Já decorei!
F   O que?
G   *Try to look on the bright side of life, fiu fiu, fiu fiu.*
F   Não acredito, você conhece Monty Python!
G   Olha bem pra mim. Não nasci ontem. Peguei a contracultura. Coloquei os pés em Woodstock. Ainda peguei o Hendrix tocando. O Fillmore East. Sou um ganso, mas não sou burro. Sou capaz de recitar Haroldo de Campos aqui pra você! Que merda, porra! Li Nietzsche, caralho!

FABIANA RECUA, EM DESCRENÇA.

F   Agora muda tudo de figura. Você ouviu alguma coisa?
G   Claro, sua idiota. Deram o segundo sinal. E você sabe muito bem quem é o pai do seu filho! É o Tony Blair.
F   Que absurdo! Nunca nem vi o Tony Blair pessoalmente.
G   Então é o Michael Jackson.
F   Come e deixa ele em paz. Hoje mora em Bahrein, seja lá onde for isso, no meio do *Lawrence da Arábia*. O pai é um homem muito conhecido, mas se eu revelar agora será constrangedor porque...

[1] A SIGLA TFP CORRESPONDE À ORGANIZAÇÃO CIVIL TRADIÇÃO, FAMÍLIA E PROPRIEDADE, DE INSPIRAÇÃO CATÓLICA TRADICIONALISTA. (N.E.)

[Mudança drástica de luz e clima.] Uma explosão! Imaginem uma grande explosão. Você disse segundo sinal? Uma explosão como uma ovação misturada com vaia na plateia de um grande teatro nacional ou municipal. Uma combustão. Só que, desta vez, terrorismo. Bomba, corpos estilhaçados pra todos os lados, gritos, urros, sirenes e gente correndo pra todos os lados. Aquele cheiro de borracha queimada e gente queimada e carros queimados e a França queimada e o mundo em CHAMAS! Um homem-bomba acaba de entrar no lugar. Onde estamos? ONDE ESTAMOS?
[Fabiana faz gestos superdramáticos, como se numa encenação dentro da encenação.] Estamos em 11 de setembro? Na estação de trem em Madri, estamos na estação de King's Cross em Londres, ou em Amã, na Jordânia, ou no dia a dia de Bagdá. *[Silêncio.]* Estamos dentro do cérebro de George W. Bush. Estamos dentro do próprio corpo do próprio presidente.

G Você quer dizer que o pai é o...

F QUI-E-TO, seu merdinha. Alguém, logo, logo, estará te comprando em algum *duty free* por 19,99 e, sem nem saber que você esteve em Woodstock ou que sabe recitar Haroldo de Campos, estará te esparramando numa torrada e te engolindo com um gole da pior champanhe, a que estiver em promoção, porque, nesse mundo globalizado e vulgar, falta paladar, as pessoas só compram grife. Ah, já sei: vou estampar "Prada" em você, e no outro lado do pacote, uma foto do Elton John com a Lady Diana e Gianni Versace. Tão versátil, o Versace. Fiquei no The Tides, hotel grudado na mansão onde ele morava e onde ele foi assassinado. Sabe do que suspeitam né? Ah..., não vai responder? Suspeitam de, suspeitam de, suspeitam de, suspeitam de, suspeitam de, suspeitam de... Se eu falar aqui do que realmente suspeitam, suspendem o espetáculo lá fora, porque sei que tem um George Orwell aqui me inspecionando. *[Fabiana começa a procurar a câmera oculta e acha.]* Se achei esta, era pra que eu achasse. Agora, deve ter umas outras dez que nunca irei achar. Vem a Donatella Versace aqui e BUM! Quieta, Fabi! Nessas questões de cocaína – ih, falei – digo, nessas questões de Dodi Al-Fayed... Ih, falei de novo: QUIETA, FABI!

G Você me promete uma coisa?

F O quê?

G Que você vai arrasar esta noite?

F   Não entendi a pergunta.
G   Só quero que você me prometa.
F   Ih...

GANSO TEM UM LEVE ATAQUE DE RISO NERVOSO.

F   Você está escondendo algo?

GANSO RI DE NERVOSO.

F   Você sabe de alguma coisa QUE EU NÃO SEI? Eu sabia. Não devia nunca ter pronunciado o nome do Elton John aqui nesse camarim. O Francis, por exemplo...
G   Estou com uma tremenda dor de barriga. Acho que tenho que cagar.

FABIANA TENTA ABRIR A PORTA.

G   Esta trancada! GENTE! A PORTA ESTÁ TRANCADA POR FORA! ALGUÉM AQUI TEM QUE IR AO BANHEIRO! TEM ALGUÉM AÍ? TEM ALGUÉM AÍ FORA?
F   *[cai pra trás]* Estamos sós? Fomos abandonados? *[Fabiana levanta.]* Fomos abandonados? Caramba! Caralho! Cara...
G   Chega! Já entendi. Mas, mesmo assim, preciso ir ao banheiro.
F   Sim, eu sei. Também já entendi. Mas não consigo abrir a porta, será que você consegue entender isso? Entra na sua cabeça?
G   Não, aqui não entra mais nada. Aliás, tudo culpa sua, por me enfiar tanta comida. Acho que vou vomitar.
F   Então, vomita. Caga. Faz o que quiser. Tô fora! Se bem que não. Conheço um velho truque do teatro ídiche.
G   O quê?
F   Um velho truque do teatro ídiche em que as pessoas tinham que permanecer no palco por horas e segurar aquela comida *kosher* por horas a fio (o hálito..., o...). Só o *golem* por exemplo, dependendo da versão, pode durar... horas.
G   Sim, e...
F   E o que, o *golem*?
G   Ih, saiu.
F   O quê?

G   Você não está sentindo?

F   *[tampando o nariz]* MEU DEUS DO CÉU! Quando eu morrer, me enterrem na Lapinha! O que é isso minha gente! Um animal como você! Não é à toa que a camada de ozônio está comprometida. E não é por causa das vacas ou dos carros ou da indústria pesada. É por causa de vocês, os gansos.

G   Por favor, me ajude.

F   Vou te contar essa lenda ídiche rapidinho! Era uma vez uma vila perto do Mar Morto. Moisés estava cansado de liderar aquela cruzada...

G   Tarde demais!

F   O que foi?

G   Tarde demais! Lendas bíblicas me deprimem profundamente. Me remetem a diáspora, todas as diásporas, até a última, depois da Segunda Guerra Mundial, até a criação do Estado de Israel, aquela loucura toda entre Churchill, Eisenhower e Ben-Gurion, Menahem Begin, Moshe Dayan e o que aconteceu com os palestinos que viraram os sem-terra do lugar. Não gosto nada disso. Sou um ganso judeu, mas não gosto da indústria do holocausto. Você sabe que meu pai foi devorado pelo Simon Wiesenthal? Foi uma honra, sabia?

F   Agora acabo de perceber uma coisa: você lembra o Bruno Ganz! Não que Ganz em alemão seja ganso, porque não é. Em alemão é *schwann*, parecido com *schwanz*, que é rabo ou, então, pros íntimos, pau, caralho ou pinto, como dizem alguns: pinto, o que nos traz de volta a você! Você é, de certa forma, um enorme pinto, um pinto fora de proporções. Será este o teu significado semiótico na minha vida? Deus me livre! Veja só como a gente interpreta tudo. Essa é a terra em trânsito, sempre em movimento, mesmo dentro de um camarim fechado, trancado, não é fascinante? Não é uma equação digna de Bertrand Russell?

Fui esquecida aqui dentro. *[Bate na porta freneticamente.]* FUI ESQUECIDA AQUI DENTRO! *[Gruda o ouvido na porta.]* Peraí! Tem alguém entrando no palco. TEM GENTE entrando no palco. O que está acontecendo? ALÔ! ALÔ! ALÔ! TEM ALGUÉM AÍ?

G   Tarde demais!

F   Eu sonhei com isso. Sonhei que um dia isso iria acontecer. Sonhei que isso iria acontecer um dia. Um dia eu sonhei que isso iria me acontecer. *[Ganso quase enlouquece.]* Que fedor, meu Deus, e eu sabia que isso iria me acontecer! Sabia! Eu sabia, sabia? Sabia? Você sabia que isso um dia iria me acontecer? Mas, e quem esta lá fora? Quem está no meu lugar?

NARRAÇÃO DE PAULO FRANCIS.

F   Merda! Você de novo.
G   Tarde demais.
F   Meu Deus, o que fazer? *[Nota um armário.]* UM ARMÁRIO! Que loucura! Será que a saída é por aqui? Como assim, sangue no chão? É meu? Estou ferida? Danificada? Machucada? Não. Meu não é. Não tem maçaneta. Tenho que abrir esta merda.

TERCEIRO SINAL

MURMÚRIO DA PLATEIA.

F   ESTOU AQUI DENTRO! O armário! E eu aqui dentro. Meu figurino nem está completo. Uma chave de fenda pra abrir essa porra!
[Bate mais uma vez na porta e ninguém a ouve.]

OUVEM-SE AS PALMAS DA PLATEIA. ALGUÉM ENTRA NO PALCO.

F   Santo Deus! O que é isso? Quem é? Quem foi?

FABIANA ABRE O ARMÁRIO. UM CLONE MORTO ESTA LÁ DENTRO. ELA OUVE A ÚLTIMA ÁRIA DE *TRISTÃO E ISOLDA*, "LIEBESTOD", SENDO CANTADA PELA SUA SUBSTITUTA. A LUZ CAI. SÓ A BOCA É ILUMINADA. *BLACKOUT*.

PANO CAI.

KEPLER, THE DOG

O CÃO QUE INSULTAVA MULHERES

ESTREIA
NOVEMBRO DE 2008, NO SESC AVENIDA PAULISTA, EM SÃO PAULO

CRIAÇÃO E DIREÇÃO
GERALD THOMAS

ASSISTENTE DE DIREÇÃO
IVAN ANDRADE

ILUMINAÇÃO
CAETANO VILELA

SOM
CLAUDIA DOREI

ELENCO
FABIANA GUGLI, PANCHO CAPPELETTI, DUDA MAMBERTI, ANNA AMERICO, LUCIANA FRÓES, SIMONE MARTINS E CACÁ MANICA

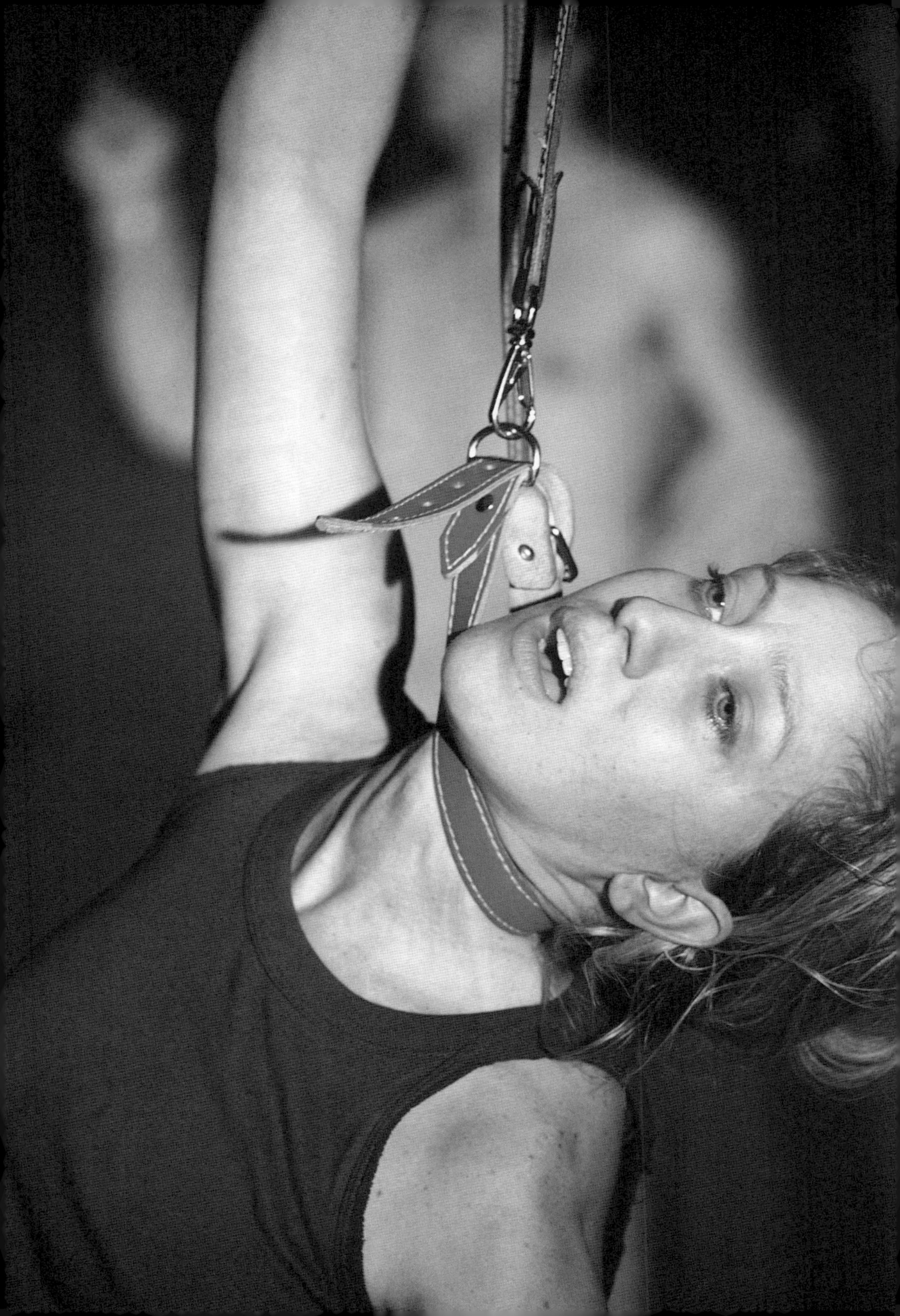

GERALD THOMAS LEVA AO PALCO 1º CAPÍTULO DE SUA "BLOGNOVELA"

"O CÃO QUE INSULTAVA MULHERES" SE INSPIRA EM COMENTÁRIOS DE INTERNAUTAS

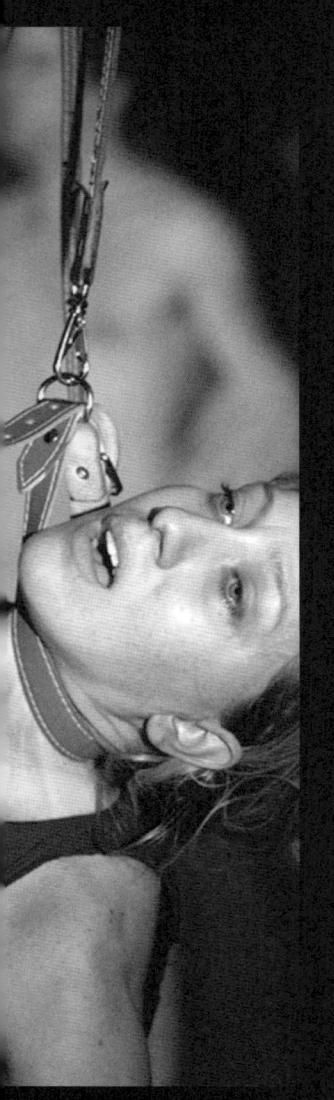

LUCAS NEVES PARA O CADERNO "ILUSTRADA" DO JORNAL *FOLHA DE S.PAULO* DE 13 DE NOVEMBRO DE 2008

"Não é o que vocês estão pensando. De alguma forma, é o que vocês estão pensando. De alguma forma, o que vocês estão vendo é isto. O que vocês estão vendo confirma o que vocês estão pensando."

Na voz de Gerald Thomas, a gravação parcialmente transcrita acima abre "O cão que insultava mulheres, Kepler, the dog", encenação do primeiro capítulo da "blognovela" do diretor, que tem ensaio aberto hoje à noite.

No início da tarde de ontem, a produção informou que o espetáculo será transmitido em tempo real pelo portal iG.

Boa parte da dramaturgia, que desafia descrições, foi construída a partir de comentários deixados por internautas no *blog* de Thomas (www.colunistas.ig.br/geraldthomas). Da internet também foi "importada" uma atriz – Thomas pediu que interessados enviassem vídeos inspirados nos textos postados por ele na internet.

Em cena, Thomas e sua Cia. de Ópera Seca (em que se destaca Fabiana Guglielmetti) inicialmente sondam os elos entre arte e poder, mas logo se debruçam sobre as relações de gênero e a permanência de certa mentalidade sexista. As intelectuais americanas Camille Paglia e Susan Sontag (1933-2004) comparecem.

Segundo o diretor, "Cão" fecha uma trilogia aberta por "Terra em trânsito" (2006) e "Rainha Mentira" (2007).

CENA I · CORPOS

Toca a música "Nordgreen", de Leif Selim Segerstam. Três corpos femininos dependurados são revelados pela luz que trepida acompanhando a música. Fusão com voz em *off*.

D	Duda
P	Pancho
F	Fabi
C	Cacá
A	Anna
S	Simone
L	Lu
GT	Gerald Thomas

CENA II · PODER

VOZ EM OFF *[Gerald]* Não, não... Não, não é o que vocês estão pensando... Não é, não é, não é isto. De certa forma... Quero dizer, de alguma forma é o que vocês estão pensando, sim... É, não posso negar. De alguma forma, o que vocês estão vendo é isso, de alguma forma o que vocês estão vendo agora confirma exatamente isso e confirma também o que vocês estão pensando... Engraçado e triste.
O desmoronamento. Várias obras de arte têm essa cara... Melhor, a cara do que vocês estão vendo agora. O poder tem essa cara também. O poder da arte tem essa mesma cara! O que significa isso que eu disse? A arte tem a cara do poder? O que isso quer dizer? Que o que vocês estão vendo agora é a cara da arte, é a cara do poder? Isso quer dizer que... Isso quer dizer que a arte tem a cara do poder e o poder tem a cara da arte? Os dois têm a cara da destruição? Não, então não é isso que vocês estão pensando, não... Quer dizer... Sim, é, pode ser isso, sim, que vocês estão pensando! Não eu... Tô, eu tô muito confuso agora! Quer dizer, o que vocês estão vendo é isso que vocês estão vendo, porque eu coloquei aquilo ali, quer dizer, eles estão colocados ali, o que está colocado em cena está colocado em cena.

CENA III · SUICÍDIO DO PERSONAGEM

TOCA A MÚSICA "SICK AGAIN", DO LED ZEPPELIN. CORPOS CONTINUAM PENDURADOS. PANCHO, DE SALTO ALTO, TERNOS, JORNAL E *LAPTOP*, ENTRA PELA COXIA DIREITA E CAMINHA ATÉ A CADEIRA E A MESA, AMBAS POSICIONADAS À ESQUERDA, À FRENTE DO PALCO. PANCHO LÊ E VASCULHA SEUS OBJETOS ATÉ SE MATAR REPENTINAMENTE NO FIM DA MÚSICA COM UM TIRO NA BOCA. LUZ FECHADA NELE.

CENA IV · *DOG*

ENTRAM FABI E DUDA. FABI ESTÁ COM UMA COLEIRA, QUE DUDA SEGURA, ELA FICA SEMPRE DE QUATRO, PÉS E MÃOS NO CHÃO.

VOZ EM *OFF* [dublada por Fabi-cachorro] A gente nem sempre leva a natureza em consideração. Isso é uma coisa estranha, porque é uma preocupação sempre do movimento, que é uma coisa muito antiga, assim meio como os povos antigos, como os babilônicos... Não sei. Quer dizer, no entanto, a gente tem uma certa preocupação mística, como se fosse assim... Uma explicação... Como se fosse um privilégio que a gente, de algumas formas e noções, dentro desse nosso conceito ocidental *[Fabi peida]*, desde a Revolução Científica do século XVII... O que eu estou querendo dizer, mais ou menos, é que dentro deste conceito de perfeição da eternidade, do repouso e da escolha do círculo como forma perfeita, o círculo da esfera como forma perfeita *[Fabi peida]*, do refinamento que a gente é, né? Daí nasce o movimento uniforme, daí talvez nasça *[Fabi peida]* o nosso conceito de considerar o movimento universal ou o universo como uma coisa perfeita, sempre idêntico e sempre idêntico a si mesmo..., a si próprio e, por isso, também imutável ou, talvez, talvez eterno, esse movimento circular que eu tô falando. Não tem início, talvez, e, talvez, não tenha fim *[Fabi peida. Duda junta os pedaços de cocô que estão no chão]*. Essa ideia, talvez a gente não consiga entender *[Fabi peida]*... Nunca vá entender, ela é muito maior que a gente e, sendo maior que a gente, não há um conceito de mudança *[Fabi peida]* que a gente consiga entender. Os astrofísicos, os astrólogos, os físicos, os metafísicos, os poetas talvez consigam entender, nós, mortais, talvez só consigamos entender isso porque a gente *[Fabi peida]* transforma em arte ou em meta-arte. Talvez Aristóteles tenha sido uma fusão entre um e outro.

P *[grito mudo]* Não!

CENA V · *ALTER EGO*

PANCHO LEVANTA COM A BALA DO REVÓLVER ENTRE OS DENTES E, DURANTE A FALA DE DUDA, CAMINHA COMO DETETIVE. APROXIMA-SE DO CACHORRO, BRINCA COM O REVÓLVER, FINGINDO LANÇÁ-LO PARA QUE O CÃO O PROCURE.

VOZ EM OFF *[Duda dubla, ao lado do cachorro]* Não, não..., não, não é o que vocês estão pensando..., não é não, não é isso. De certa forma... Quero dizer, de alguma forma é o que vocês estão pensando sim.... É, não posso negar. De alguma forma, o que vocês estão vendo é isso, de alguma forma, o que vocês estão vendo agora confirma exatamente isso e confirma também o que vocês estão pensando... Engraçado e triste. O desmoronamento, várias obras de arte têm essa cara... Melhor, a cara do que vocês estão vendo agora. "O poder tem essa cara também".

PANCHO ACARICIA O CÃO. TOCA MÚSICA MONOTOM, DE CLAUDIA DOREI. MENINAS DEPENDURADAS FICAM EM PÉ E COMEÇAM A SE BATER NA PAREDE POR VÁRIAS VEZES ATÉ DESMANCHAREM-SE NOVAMENTE.

VOZ EM OFF *[Gerald]* Mulher não serve pra porra nenhuma mesmo! Se sentem o máximo! Olhem pra elas! Se sentem à altura do homem em termos de intelectualidade, mas me digam o nome de uma única compositora, filósofa, política, figura histórica que tenha os rumos da história como... Olha só, viram, no máximo uma cadela! Julian Beck morreu durante a gravação de uma voz que ele ouviu pela última vez, gravada por ele mesmo e ouvida por ele próprio, pela última vez.

CENA VI · DANÇA

TOCA A MÚSICA "SICK AGAIN", DO LED ZEPPELIN. CACÁ DANÇA NO FUNDO DO PALCO.

CENA VII · ESPALHANDO A MERDA

TOCA MÚSICA MONOTOM, DE CLAUDIA DOREI.

P Estamos todos aqui, né? Nossas almas, lá! Me sinto como um gargólio, com neta e tudo! Calma, calma, a idade bateu. Esta talvez seja a vida nos atropelando, nossos sentimentos nos atropelando, a política armamentista nos atropelando. Eu tô aqui com um nó na garganta. Tô com um nó na garganta.

D Nó? Nó?

DUDA ABRAÇA PANCHO E O LAMBUZA DE COCÔ. A LUZ DIMINUI E O VOLUME DO SOM AUMENTA. A LUZ VOLTA. ATORES FALAM DIRETAMENTE PARA A PLATEIA COM AGRESSIVIDADE, ENQUANTO ISSO DUDA TENTA IMPEDI-LOS, PUXANDO-OS PARA AS RESPECTIVAS POSIÇÕES.

L Vejo como se torna simples atacar pessoas, ferir pessoas. Eu mesmo sou um mestre nisso. Mas pra quê?

D Tá vindo gente, tá vindo muita gente. Tá vindo gente... Tá vindo gente... Olha quanta gente, olha quanta gente aqui... Olha quanta gente aqui.

C Isso tudo é tão imbecil, visto em retrocesso. O que me interessava era o jogo. Nós viramos uma província.

A Sim, isso sim quer dizer algo. A frieza com que um trata o outro, e que faz gelar o mais gélido, mesmo que em climas tropicais. Ninguém parece querer mesmo ouvir. Claro, com tanto Google isso, Google aquilo, repetindo o nada, como um telefone sem fio.

L E acham lindo, morrem de rir, metidos debaixo das cobertas.

C Todo mundo só fala um idioma: o óbvio.

P Ninguém me ouve aqui. Eu disse que eu tô com um nó na garganta. O poder me deixou assim. O poder que o poder tem me deixou assim.

CENA VIII · *STRIPTEASE*

TOCA A MÚSICA "STRIP", DE EDSON. PANCHO COMEÇA UM *STRIPTEASE*, NO FUNDO DO PALCO, À ESQUERDA, SOB UM FOCO FECHADO DE LUZ.

D   Não, não... Não, não é o que vocês estão pensando... Não é não, não é isso. De certa forma... Quero dizer, de alguma forma é o que vocês estão pensando sim... É, não posso negar. De alguma forma, o que vocês estão vendo é isso, de alguma forma o que vocês estão vendo agora, confirma exatamente isso e confirma também o que vocês estão pensando... Engraçado e triste. O desmoronamento, várias obras de arte têm essa cara... Melhor, a cara do que vocês estão vendo agora. "O poder tem essa cara também." Acabou? Vamos comer? Vamos comer? Vamos comer?

PANCHO TERMINA O *STRIPTEASE* EM QUADRO. *BO* LENTO.

CENA IX · *DOG-WOMAN*

TOCA A MÚSICA "NORDGREEN", DE LARS SEGUER STORM. ATORES DEITADOS EM CORREDORES SEGURAM UMA VELA NA MÃO ESQUERDA. FABI DANÇA, TRANSFORMANDO-SE EM MULHER. *BO* LENTO ATÉ O FIM, QUANDO ELA TENTA SE ENFORCAR COM A PRÓPRIA COLEIRA.

CENA X · SANTO GRAAL

DUDA ENTRA NO PALCO TRAZENDO O SANTO GRAAL.

D   *[para Fabi]* Vou te dar uma coisa que você não pode perder, não pode quebrar.
F   O que é?
D   Eu não posso dizer o que é! Vou te dar uma coisa que você não pode perder, não pode quebrar. Eu não posso dizer o que é!
F   Mas, o que é?
D   Eu não posso dizer o que é!

DUDA PEDE MÚSICA.

D   Vou te dar uma coisa que você não pode perder, não pode quebrar. Eu não posso dizer o que é!

LENTAMENTE ENTREGA O SANTO GRAAL PARA FABI, MAS ELE É MUITO PESADO. TOCA A MÚSICA "FANFARE FOR THE COMMON MAN", DE AARON COPLAND. ELA TENTA LEVANTAR O SANTO GRAAL E NÃO CONSEGUE.

ATORES SE JUNTAM E TENTAM LEVANTÁ-LO VÁRIAS VEZES. PANCHO SEGURA-O, LEVA-O PARA O FUNDO DO PALCO, LEVANTA-O. TODOS FICAM AJOELHADOS AO SEU REDOR DE MÃOS PARA CIMA E, AO FINAL DA MÚSICA, VIRAM-SE TODOS JUNTOS PARA A PLATEIA.

D & P   Meu Deus dos Grandes Peixes da Santaria. Santaria? Não, da Santa Maria.

CENA XI · KANTOR

TOCA A MÚSICA "SHAIZES THE MARS". REALIZA-SE UMA PROCISSÃO KANTOR, COM FABI NO CENTRO, CHICOTEANDO O GRUPO PARA CAMINHAR. NA SEGUNDA VOLTA DA PROCISSÃO, CACÁ PUXA A COLEIRA DA FABI.

CENA XII · *SEX ON THE STAGE*

TOCA MÚSICA "BLACK DOG", DO LED ZEPPELIN. CACÁ APROXIMA-SE DE FABI, BULINANDO-A. ELA A MASTURBA. A LUZ SE APAGA

CENA XIII · E A TURQUIA?

TODOS NA FRENTE DO PALCO, NUM QUADRO DE TRÊS NÍVEIS, CÃO NO PLANO BAIXO, MULHERES NO PLANO MÉDIO E HOMENS DE PÉ.

VOZ EM OFF   [*Fabi dubla, voltando a ser o cachorro*] Não, não..., não, não é o que vocês estão pensando..., não é não, não é isso. De certa forma... Quero dizer, de alguma forma, é o que vocês estão pensando sim... É, não posso negar. De alguma forma, o que vocês estão vendo é isso, de alguma forma, o que vocês estão vendo agora confirma exatamente isso e confirma também o que vocês estão pensando... Engraçado e triste.

3 MULHERES   Nós somos as mulheres. Galhos. Galhos. Galhos. Chifres. Chifres. Chifres.

F   E eu sou o cachorro.

P   Eu sou a Camille Paglia!

D   Eu sou a Susan Sontag.

MULHERES   Galhos. Galhos. Galhos. Chifres. Chifres. Chifres.

F   E a Turquia?

CENA XIV · UM DEFUNTO

C [*num ímpeto, assustada ao perceber um corpo — Simone — atrás dos homens*] Tem uma mulher aqui!

L Ah! Tá morta!

C [*melodramática*] Ensanguentada. Morta!

D Não é uma mulher, é um objeto.

P Não, é uma mulher, caralho.

D Não, é um objeto.

F-CÃO É um urinol! Marcel Duchamp, Marcel Duchamp é fundamental. Sim, Marcel Duchamp.

P Não tem nada de Marcel Duchamp aqui, isso aqui é uma mulher. Você não consegue ver? Você, você... É uma mulher.

L Quem matou?

A Como quem matou? Quem matou, quem matou, quem matou, quem matou, não tem nada de matou.

L Ah, tem sangue aqui, sangue aqui...

C Isso é uma prova, sangue!

F-CÃO Que sangue... Isso aqui é a roda de bicicleta do Duchamp.

D Não tem nada de roda de bicicleta. Isso aqui, isso aqui, isso aqui... É o Leonardo de Michelangelo.

P Não isso aqui é o... Não tem nada de... Isso aqui é o... É a estátua do Sérgio Porto, do Fernando Sabino.

C Como assim? Como assim? Não é o Sérgio Porto...

F-MULHER [*caminhando até o grupo*] Há um assassino aqui entre nós.

MÚSICA DE SUSPENSE. TENSÃO GERAL, TODOS DÃO UM PASSO PARA TRÁS. COMEÇA UM PROCESSO DE BUSCA POR SUSPEITOS. ANNA E CACÁ SÃO COLOCADAS CONTRA A PAREDE. DUDA NÃO PERMITE SER REVISTADO.

D Pera aí, isso aqui tem, pera aí, pera aí, pera aí, pera aí, pera aí! Isso aqui tem cara de ser uma falsificação. Óbvio que é uma falsificação. Isto aqui não é nem um objeto e nem é uma pessoa...

MÚSICA "TCHAM TCHAM, TANANANAM", DE CLAUDIA DOREI.

D Isto aqui é a *Quinta Sinfonia*, de Van Gogh.

> **P**   Ah! Não é, não é a *Quinta Sinfonia*..., porra nenhuma, é a orelha de Beethoven...

O CORPO COMEÇA A SE MEXER. TODOS COSPEM NO CORPO. TOCA
MÚSICA — GUITARRA DE GERALD THOMAS. O CORPO SE LEVANTA E
DANÇA JOGANDO-SE NO CHÃO, DEBRUÇANDO-SE E ESCORANDO NO NADA.
NO FIM DE SUA PERFORMANCE, VOLTA A SER SÓ UM DEFUNTO.)

> **D**   *[fala olhando para o corpo]* Uma sereia cujas barbatanas de tubarão agora engolidas por *Moby Dick*, o último escritor agora engolido por Melville. Meu Deus, um filhote de uma baleia, um filhote não, uma metade de uma baleia, uma metade não, um quarto de uma baleia, não, um oitavo de uma baleia, não, um dezesseis avos de uma baleia.
>
> **TODOS**   Um dezesseis avos?

ELE INDICA QUE O GRUPO REMOVA O CORPO. TODOS SE ESFORÇAM
EM CARREGAR O CORPO, SEM SABER MUITO O QUE FAZER COM ELE,
TERMINANDO POR DEIXÁ-LO NA FRENTE DO PALCO. TOCA MÚSICA DE
SOLENIDADE — CLAUDIA DOREI. DURANTE A MÚSICA, SOBREPÕE-SE
A NARRAÇÃO DE GERALD THOMAS.

> **NARRAÇÃO DE GT**   Não, não..., não, não é o que vocês estão pensando..., não é não, não é isso. De certa forma... Quero dizer, de alguma forma é o que vocês estão pensando sim.... É, não posso negar. De alguma forma, o que vocês estão vendo é isso, de alguma forma, o que vocês estão vendo agora confirma exatamente isso e confirma também o que vocês estão pensando... Engraçado e triste.

CENA XV · EMBATE FEMININO

SIMONE SENTA-SE NUM PULO ÚNICO. COMEÇA UM DEBATE ACALORADO.

> **F-MULHER**   As aparências enganam.
> **C**   Parece que ela foi assassinada, assaltada, estuprada, cortada, fatiada.

FABI E SIMONE PEGAM UMA CADEIRA. SENTAM-SE NA FRENTE DO
PALCO, DE LADO UMA PARA A OUTRA.

S   Em dias mais tranquilos, eu volto a tocar nesse assunto, porque, se formos levar o raciocínio lógico às últimas consequências de algumas equações, não conseguiríamos nem estacionar um automóvel ou exercer o ato de aplaudir, ovacionar... Muitos diriam que a vaga é um pouco pequena demais ou que o carro é um pouco grande demais. Ou certas pessoas sofreriam de prisão de ventre, o que em Portugal chama-se "constipação", "constipação", "constipação", "constipação"...

F   Mas para isso tem laxante! Que foi o que eu tomei antes de vir.

S   Um raciocínio simples, não? Dramaturgia pura, sem artifícios, sem sabores ou adoçantes.

F   Não, tinha sabor de morango.

S   Quer dizer que o beijo dela...

F   É, sabor de morango!

S   Política da paixão pode ser perigosa em países subdesenvolvidos ou em desenvolvimento.

F   Eu entendo tudo o que você quer dizer, ou melhor, eu entendo os esquemas de corrupção, quer dizer, acho que entendo, aliás, acho que não entendo, aliás, acho que essa conversa não está acontecendo, aliás, do que você está falando?

S   Quem é ela e quanto vocês estão se vendo?

F   O tema é livre, e as novelas não falam de outra coisa, não é?

S   Como você é fútil! Obama é o novo presidente. E você? Obama é o novo presidente. E você? Obama é o novo presidente. E você?

F   E eu me dou o luxo de escolher se o sol nasce em Seul, na Coreia do Sul, ou sobre o túmulo do soldado de Pol Pot, do Khmer Rouge, ou de algum pobre coitado morto em Saraievo, num fogo cruzado durante a encenação horrenda de *Esperando Godot* que a Susan Sontag montou, oportunista que foi.

S   Oportunista? Susan Sontag?

F   Sim, oportunista! Duchamp é o fim da arte. Qual o fundo desse diálogo imbecil? Tinha sabor de morango, sim!

S   Ah, que ódio de morango. Mas é laxante?

FABI APONTA PARA O COCÔ.

C Ah, que ódio..., ódio..., ódio..., ódio..., ódio... Quero estraçalhar como se fosse uma pintura do Picasso, através da influência de Cézanne, da ótica de Mondrian, vendo a semiótica de Paul Klee, através da escrita de Gertrude Stein, ou não sei mais o que... Ai, tô com tanto ódio...

CENA XVI · OS MENINOS NUS

ENTRA DUDA, COM MUITA TRANQUILIDADE.

D Você sabe de quem eu sou filho? Do Silvio Berlusconi e da Sandra Quântica, do Vampiro de Curitiba, do Tene Cheba, do Mau Fonseca, Anonymous... Pra você ter ideia, quando eu era criança, meu pai pegou e meus irmãos...

F Qual pai pediu isso?

D Todos. Nós tínhamos 3, 5 e 7 anos, pra tirar fotos nus em cima de uma árvore. Até aí, tudo bem, o problema é que ele resolveu fazer isso de novo, quando nós tínhamos, 16, 14 e 12. A gente olhou para ele e falou: "pô, pai, não fode, nós não vamos ficar pelados em cima de uma árvore para tirar uma foto". Isso era loucura do meu pai. Pra você ter ideia, ele começou a gritar: "caralho! vão pra porra da árvore, caralho!". Aí éramos nós três em cima da árvore, todos tensos, e meu pai gritando: "mais para direita, mais para esquerda". E nós três falando: "cala a boca, pai, tá todo mundo vendo a gente aqui em cima da árvore". Ih, a comida chegou. Acabou, vamos comer.

TODOS Sério, acabou?

D Corta a câmera. Acabou. Acabou gente, podem ir embora.

FORMA-SE UM GRUPINHO CONVERSANDO INFORMALMENTE.

D Acabou, gente, já falei, acabou.

MULHERES CONDUZEM HOMENS ATÉ UMA ARMADILHA, PRENDEM-NOS DE PONTA-CABEÇA.

VOZ EM OFF [Gerald] Sim, é o que vocês estão pensando sim! Os homens se consideram o máximo, mas são uns grandes imbecis, sempre engajados em guerras, matanças, estupros, emboscadas...,

insultando e humilhando as mulheres..., cometendo genocídios através de todos os tempos e do tempo da nossa história...
Ah, sim, e quanto àquele cocô, enxerguem-no como se fosse um ovo, como aquele de Colombo. Sim, aquele, desde os descobrimentos ou dos criadores, muitos ovos foram colocados de pé, mas a melhor pergunta ainda seria... Quantos milhões de dúzias não foram estraçalhadas?

TOCA A MÚSICA "BLACK DOG", DO LED ZEPPELIN.

GARGÓ—
LIOS

ESTREIA
JULHO DE 2011, NO SESC VILA MARIANA, EM SÃO PAULO (A PEÇA FOI APRESENTADA EM INGLÊS COM LEGENDAS EM PORTUGUÊS)

AUTORIA E DIREÇÃO
GERALD THOMAS PARA A LONDON DRY OPERA CO.

TRILHA SONORA
JOHN PAUL JONES E GERALD THOMAS

SOLO DE PIANO ORIGINAL
JOHN PAUL JONES

SONOPLASTIA
MOISÉS MATZENBACHER

DIREÇÃO DE MOVIMENTO
DANIELLA VISCO

ILUMINAÇÃO
GERALD THOMAS E CAETANO VILELA

CENOGRAFIA, FIGURINO
E OBJETOS DE CENA
JAN-ERIC SKEVIK

ELENCO
**ANGUS BROWN, ANTONIA DAVIES,
LUCY LAING, MARIA DE LIMA,
ADAM NAPIER E DANIEL BEN ZENOU**

ELENCO DE APOIO
**DIOGO PASQUIM E
PRISCILLA GARCIA**

GABRIELLA MELLÃO PARA O CADERNO "ILUSTRADA" DO JORNAL *FOLHA DE S.PAULO* DE 9 DE JULHO DE 2011

GERALD THOMAS DESTRÓI PEÇA PARA FAZER "GARGÓLIOS"

Uma mulher nua suspensa no ar se desfaz em "Gargólios", espetáculo que marca a volta de Gerald Thomas à cena brasileira depois de três anos de afastamento.

A última obra que o autor e diretor apresentou no país foi uma carta de despedida ao teatro, em novembro de 2009, na qual dizia que a arte havia perdido o sentido.

Gotas de sangue caem insistentemente sobre o palco, mas isso não parece ter significado. "Uma mulher morta está sangrando sobre nós, nos mandando sinais. Que sinais? Somos muito rasos para entender", diz um dos personagens na peça. "Gargólios", que estreia hoje no teatro do Sesc Vila Mariana, em São Paulo, é resultado de uma crise do diretor, iniciada no catastrófico 11 de setembro de 2001. Thomas testemunhou o colapso do World Trade Center, em Nova York, de perto. Envolveu-se literalmente com a tragédia, ajudando no resgate. "De certa forma, a peça é uma tentativa de colocar para fora essa experiência", afirma o diretor, que desde então vive uma clara fase de revisão.

Passou por um recesso artístico, trocou Nova York por Londres, onde fundou a Cia. London Dry Opera, grupo com o qual criou e recriou o espetáculo "Throats" (gargantas), rebatizado agora como "Gargólios".

DIRETOR DIZ TER SE PLAGIADO EM "THROATS" E MUDA "TUDO" DA PEÇA EXIBIDA EM LONDRES PARA ESTREIA EM SÃO PAULO. EXPERIÊNCIA TRAUMÁTICA DO 11 DE SETEMBRO MARCA REVISÃO DA OBRA DO AUTOR, QUE TAMBÉM TOCA BAIXO NA PEÇA

A obra é o que sobrou de "Throats", se é que algo restou da peça. "Mudei absolutamente tudo. Não ficou uma vírgula do espetáculo anterior", diz à *Folha* este autor e diretor que, desde os anos 1980, contribui para a renovação teatral do país. Thomas não sabe precisar seu desgosto com a primeira versão da peça. Diz apenas que acredita ter se plagiado.

"Vi uma coisa antiga minha. Não estava tomando os riscos necessários que eu acredito que qualquer artista deva tomar." Os escombros do World Trade Center continuam no palco, mas o banquete para o Inferno apresentado em "Throats" sai de cena para dar lugar a um consultório psicológico, no qual super-heróis se revelam tão perdidos e fracassados quanto mortais.

INCOMPREENSÃO

A desordem do mundo da contemporaneidade contamina a dramaturgia. "O som que sai da boca dos atores não é pontuado logicamente, mas o que se presume que saia da boca de uma gárgula", explica, usando como referência a experimentação de linguagem de Gertrude Stein e James Joyce.

"Eu não compreendo", diz um super-herói diante de um Freud que combina terno e gravata com sapato de salto alto azul-celeste. A frase é apropriada pelos demais personagens e repetida continuamente. Transforma-se no que parece ser a verdadeira música-tema do espetáculo, neste teatro que busca traduzir o caos da existência de diversas maneiras. O diretor confessa não saber se sua nova criação é de fato teatro.

Rompe as fronteiras das linguagens artísticas, mesclando artes cênicas com dança e música – nesta última sua contribuição não é apenas conceitual.

Pela primeira vez, o encenador toca baixo no palco, interferindo ao vivo na trilha composta por John Paul Jones, ex-baixista e tecladista do Led Zeppelin.

Gerald Thomas dirige com os sentidos. "Fiz cenas que nem eu entendo direito por que estão lá, mas que têm o som da verdade", diz. Ao silenciar-se, o gotejar do sangue da moribunda parece se amplificar.

Escritório de Freud
Som de algo pingando.
Alguém sangrando.

Música.

Maria dança.
Antonia dança.
Lívia dança.
Dan dança.

Fim da dança, Angus vem
até o proscênio e...

AG	Angus
M	Maria
DAN	Dan
L	Lívia
D	Diogo
AT	Antonia

AG	Que foi isso?
M	Eu danço porque... não posso mais... VOAR.
DAN	Eu também. Danço porque não posso voar.
AT	Não sei. Foi uma dança, não foi?
AG	Bom, tem alguém que talvez possa ajudar.

ANGUS ORIENTA-OS ATÉ O SOFÁ.

DAN	Ele me disse para fechar os olhos, me ofereceu chá, disse quem eu sou, quem eu era e quem eu vou ser. Ele pegou na ferida como se fosse uma coisa por acaso. Ele pediu para eu falar mais alto, pediu para me acalmar, me disse para baixar a voz e depois aumentar de novo. Disse para eu olhar para lá, depois para olhá-lo nos olhos enquanto ele olhava para o nada.
L	Ele então me disse para respirar. Senti sua respiração e ouvi sua respiração. Antes que eu notasse, estávamos respirando juntos. Respirar para mim é uma grande questão.
AG	Não lembro nem das minhas perguntas. Só lembro de fechar os olhos e me descobrir no chão, caído de costas, no escuro, como na Companhia de Beckett ou como um inseto, quando, de repente, ele acendeu a luz e disse: *"menino burro, você! Imagine o mundo moderno sem eletricidade!"*.

DAN você ficava me deixando atordoado como se tivesse um *taser*, *a stun gun like a chewing gum*, me dando choque como chiclete rosa-choque (se eu tivesse virado o fuzileiro que nunca tive coragem de me tornar). Você e ele *[aponta para Freud]* seguiram nessa coisa por duas boas horas e aí, como se nada tivesse acontecido, você me contou uma velha piadinha de judeu. "Ele" odiou, aliás.

AG O mar não está pra peixe. Eu sou peixe e o mar não está pra mim.

L Peixe? Eu sou virgem. E você Maria, qual é o seu signo?

M Eu estava quase de barriga no chão, pensando em imagens poéticas, como um cavalo selvagem, em preto e branco, ejaculando sobre uma mulher a cores.

AG Ok, não está pra peixe, PORÉM eu estava sempre lá quando a merda batia no ventilador. Do Muro de Berlim ao 11 de Setembro, da morte de Lennon a outros fatos de obra humana, eu sempre estive presente. Até quando Diana e Dodi foram mortos, passei pelo túnel naquele dia triste, naquela cidade triste chamada Paris, uma cidade cheia de tubarões. Cafés? Não, tubarões disfarçados de *brie* e patê de fígado, mas (em essência) tubarões.

M Câncer. Sou câncer, Lívia. Tubarões, quero dizer, siris. Tudo a mesma coisa. Como é mesmo aquele signo que vem...

L *[elabora]* Horror – horror – horroscope!!!! *Whore scope*[1]. Acho que eu sou aquele bicho de chifre, como é mesmo? Cabrito, carneiro, veado, boi, vaca, acho que eu sou vaca...

D E eu? Ninguém vai perguntar qual é o meu signo? Meu signo? Freddie Mercury.

SIRENES.

AT Isso não tem graça nenhuma. Nós aqui! Há dois dias você cantava "Garota de Ipanema" e falava da morte. Sim, isso aí! Em julho, agora, vocês estavam pendurados ali, sangrando! Sim. Que engraçado. Ouçam o que o Ringo Starr disse da morte do George Harrison.

1
TROCADILHO COM OS TERMOS EM INGLÊS *HOROSCOPE* (HORÓSCOPO), *WHORE* (PROSTITUTA) E *SCOPE* (VISÃO OU MIRA). [N.T.]

DAN   "While my guitar gently weeps".[2]

ANTONIA SEGUE RESMUNGANDO ENQUANTO ANGUS CAMINHA ATÉ A FRENTE DO PALCO, COMO SE FOSSE SENTAR NA BEIRA. ELE SE AJOELHA, ENSAIA ALGUNS GEMIDOS E É *ARRASTADO* DE VOLTA AO SOFÁ, ALGEMADO E VENDADO COMO EM *AS LOUCURAS DO REI GEORGE*. ANGUS TENTA DIZER ALGO TRÊS VEZES. NA TERCEIRA VEZ, ENTRA A MÚSICA "A RESSURREIÇÃO", DE STRAVINSKI. NÃO HÁ LUGAR PARA DAN SE SENTAR. ELE FICA OLHANDO E PENSANDO. NÃO SE SENTA DE IMEDIATO. ELE FICA RELUTANDO ENTRE ANGUS E MARIA. A MÚSICA PARA.

M   *[levanta e caminha até a frente do palco]* Eu sou da Paraíba, mas acham que nasci portuguesa. Faz sentido? E faz sentido o que esse homem me põe a dizer??? Digam. Faz sentido? Sou de Votuporanga ou Caruaru ou Itupevenga, sei lá, tudo igual, interior da Paraíba, mas me matriculei num curso de português, "português" de Portugal, antes da crise do Euro, pois achei que Portugal iria dominar a economia europeia. Pois. E agora? Tô com esse sotaque de merda na minha boca.

AT   Graças a Deus que não segui seu conselho, Maria, porque agora eu seria fluente em grego.

ENTRA A MÚSICA "A RESSURREIÇÃO", DE STRAVINSKI, ENQUANTO MARIA SE SENTA. A MÚSICA PARA QUANDO DAN COMEÇA A FALAR. *FADE-OUT*.

LÍVIA FAZ LINGUAGEM DOS SINAIS DURANTE FALA DE DAN.

DAN   O que essa gente tem pra dizer? Hein? Com os ouvidos tapados com essas porras de iPods e iPads e iBostas sempre na mão, fazendo Gooooogle disse e daquilo e querendo gratificação

---

2
MÚSICA DOS BEATLES COMPOSTA POR GEORGE HARRISON CUJO TÍTULO SIGNIFICA "ENQUANTO MEU VIOLÃO CHORA DELICADAMENTE". [N.T.]

	instântanea no Goooogle. A revolução Facebook, Mubarak morto, Gaddafi morto, ENCRENCA SÉRIA na... (ora) na Síria, claro. Wiki, wiki, wiki, *quick*.
AG	WikiLeaks.
AT	WikiPampers.
L	Wikivaza.
M	Wikifralda?
AT	Dan, eu sou muito religiosa. Casei em um dia muito quente no Richmond Park, Londres, SW 15 4UH SKGB, e Putin voltou.

ANGUS: GONGO 1.

ANGUS SE SENTA.

MARIA TENTA FAZER A MESMA COISA. NENHUM SOM.

D	O que eles têm a dizer? Ninguém aqui... nem uma palavra sobre Fellini, nem uma sílaba sobre Godard, Glauber Rocha, Arnaldo Jabor, Luis Buñuel, nem uma palavra, eu sou, como vocês são... uma mulher morta tentando dançar. Quero dizer, voar...
AG	Ela sangra sobre nós e manda sinais. Que sinais são esses? Que símbolos? Somos rasos demais para entender.
DAN	[*olha para a mulher sangrando. Levanta-se*] Não notei a agressão no comentário. Por conta da confusão dos fusos e do *jet lag*, claro, minha cabeça estava focada nela lá em cima e... e... esqueci o resto.

DAN SE SENTA.

AT	"Esqueça o passado", você disse. Sim, esqueça o passado. Esqueça, esqueça esse passado, Maria. *Easy*, Maria, de onde você vem, lá da Paraíba! *Easy*. Paraíba! O mar não está pra peixe.
M	Sim, o amor faz parte da vida. Não para mim. Quer dizer, só depois que eu conheci esse careca com lenço na boca, há algumas décadas.
AG	O mar não está pra peixe. Eu sou peixe e o mar não está pra mim.
M	Até então, amor era uma coisa que eu só conhecia em letras de música ou em livros que eu lia quando minha vista ainda era boa.
AG	Quer dizer que você não me enxerga aqui? Aqui! Aqui!

AT   Minha vida ainda não era dedicada a caminhar contra os sistemas de mão única. Agora que estou quase cega e fedendo a queijo.

L   Eu compreendo totalmente o significado do amor. O significado do amor é bem parecido com aquele de um queijo.

AG   Eu era absolutamente inocente quanto à morte dela. Ainda assim, dada a situação, eu me dispus a assinar uma confissão.

AT   Mas por quê?

DAN   Como que eu podia estar em tal estado, pronto para confessar o assassinato dela quando, na verdade...

AG   Cala a boca, Dan. Tudo que eu queria, se tivesse oportunidade, era ter impedido que ela se suicidasse.

M   Você chama aquilo de suicídio? POR QUÊ? Faz parte da nossa formação. Ela passou por isso *[apontando para Lívia]*.

SIRENES.

L   Simples. É apenas uma maneira de você encarar as coisas, Mister.

DAN   Hã?

L   Você me ouviu! Sua musa teve que morrer. Você...

AG   Ah! Cala essa boca. Minha musa NÃO TINHA que morrer. Só uma encenadinha já caía bem.

M   Mate a musa mais uma vez. Tem música no ar, não é?

AG   Quem é você e por que me diz essas coisas?

M   Porque eu era uma super-heroína e agora... Eu era uma super-heroína. Agora, não passo de uma mera cocaína com esse sotaque de Portugal. Que loucura.

DAN   Desculpe, moça, mas não foi isso?

AT   Acho que dava para chamar de salto de fé! Eu digo isso meio que entre lágrimas e um sorriso amarelo. O que é um sorriso amarelo? Eu olho pra vocês e, não sei... Só de olhar essas peles que vocês vestem e os comentários dementes que vocês fazem... me dá vontade de morrer. Sério: morrer.

ANGUS: GONGO 2.

AG   Vejam! Nasci para fazer o mordomo.

ANTONIA TENTA FAZER O MESMO SOM E GEME A MELODIA DE "GAROTA DE IPANEMA".

L   Um tremor que vinha do abdômen e refletia no meu corpo inteiro. Uma energia viva pulsava, um calor me tomava, literalmente. Eu não esqueci do público, sabia que estava sendo assistida, mas isso estava em outro plano da minha imaginação. Meu corpo inteiro e minha mente estavam voltados para o que eu dizia – meu corpo transmitia as imagens das palavras ditas e minha mente as visualizava com precisão. Eu estava tomada por uma força extra cotidiana. Eu fazia ARTE.

AG   Ai meu Chesus Crespinho! Me arengou lágrimas. Agora a gente vai falar de arte, né, porra???

M   Acho que tudo isso é só introdução, Angus. Para dar motivo para ela falar dos rins.

AT   Eu realmente não entendo todo esse sigilo para falar dos rins. Aliás, lá de onde eu venho, eles fazem uma torta com esses órgãos... bife e torta de rim... sabem do que eu estou falando?

D   *Shhh*, Antonia! Ela está prestes a revelar o calvário...

L   Meus rins. Sim. Um grande problema. O maior de todos, aliás. Minha imaginação funcionava como nunca, mas meus rins não funcionam mais. Excesso de urina, ácido úrico, incontinência urinaria. Eu perdia o controle, mas, ao mesmo tempo, eu não perdia o controle. Rim é foda!

D   Por isso que eu disse...

AT   Acho órgãos muito interessantes. Lembram feijões.

M   Eu me via de cima, distanciada, mas vivenciava a tragédia como nunca antes. Eu ATUAVA, não "representava". Nossa mãe! Ela e os rins. Eu e minha inabilidade de lidar com o meu fígado.

L   Me sinto muito pequena, muito atrasada, por isso eu corro, por isso eu não paro.
Mas a preguiça bate. A preguiça é a condenação de qualquer ser humano que busca a evolução de sua mera condição de homem. Eu tenho preguiça de ler, não me concentro, é horrível!

ANGUS TIRA SEU "LENÇO DE BOCA" E PÕE NA BOCA DE LÍVIA, ELA AINDA TENTA FALAR.

L   Os gênios sempre me intrigaram.

Que perturbadora a imortalidade. Muitos a desejam, mas ninguém a define. Eu a vejo nos gênios. Shakespeare está morto? Duvido! Ele vive há 500 anos e acho que sua morte só se dará com o fim da humanidade.
DAN Ela falou em Shakespeare???

TRECHO DE "SER OU NÃO SER...".

MARIA RI COMO LOUCA. SIRENES.

L *[falando pra mulher nua — que um dia já foi ela — que está encostada no murinho e no chão, depois de "despendurada"]* Olha só... não sei como te dizer... mas... já estive aí, já tive que fazer... *hmm*, não sei se devo falar, mas já tive que... bem, depois que ele te colocar nas costas e te levar pra coxia é que você vai ver o que...
D Lívia, não fala! Pode ser que com ela não aconteça.
L Ah, ah...vai acontecer. Ele já me falou ali no camarim. Vai ser pior.
D Então diga a ela sobre seus rins. Vamos, diga a ela sobre seus rins.
L Já se foi o tempo minha filha. Sim, já se foi o tempo.
Eles acreditavam em Deus, eles acreditaram que eram deuses, e que podiam voar e salvar o mundo, agora nem na Síria.
D Lívia, os rins. Fala sobre os rins.
L Olhe ao seu redor. Olhe para este hemisfério: Em 1990, o Brasil estava emergindo de décadas de ditadura e foi sacudido por taxas de inflação que atingiam 3.000%. TRÊS MIL POR CENTO, PORRA. Eu tive que chamar Peter OH TOOL para...
AT Eu lembro. Toole, o tolo. Peter virou o ator pornô que odiava ouvir a palavra "foda".
L É verdade. Mas, mas, Peter fodia para ganhar a vida.
AG Eu, não. Eu fiz meu pênis crescer artificialmente pra poder voar mais... digamos, mais "aerodinamicamente".
DAN Só deixem eu garantir que vocês sabem exatamente o que estão atacando. "Esta não é uma peça sobre o declínio da América, mas sim sobre a ascensão de tudo o mais."
L Me salvou, Dan. Putz!
M Eu notei ainda no começo. Sou muito otimista com os EUA, o Brasil, Portugal, a Grécia e...

DAN   Lívia convenceu os portuga que os países podem ter sucesso nesse mundo novo e continuar sendo os mais poderosos do planeta.

M   Mas eu defendo que a era da monopolaridade norte-americana, que começou com o colapso da União Soviética, acabou!!!! Sim, sim. É isso que eu defendo.

CENA É CONGELADA. INQUIETAÇÃO GERAL NO AR.

M   *[continua]* No quarto de século após o colapso do comunismo, os Estados Unidos dominaram o mundo sem ter concorrência real na política nem na economia. As ideias e o modelo deles – o consenso de Washington – viraram lugar-comum em todo lugar.

TODOS   Arrasou, Maria. Arrasou.

D   Nossa. Arrasou mesmo.
E nem se falou mais dos rins.

L   Tô arrasada. Maria arrasou. Arrasou. Arrasou. Arrasou. Arazed. Arrazée. Arrissed. El Al ar-aze. Ah, os rins. Claro.
[Falando com a que está caída lá.] Bem, *darling*... serão removidos e cozidos e mandados como dobradinha pra Síria.
Putz, a Maria arrasou. Sério. Arrasou mesmo.
[Fala como uma superbicha afetada] Às vezes eu fico um pouco surpresa.

M   O seu uso da língua portuguesa está horrendo, meu amor!

D   Ô, Lívia, mostra a tua língua pra portuga!

L   É sério! Essa história de você ser seu próprio instrumento de trabalho mexe com a gente.
Tenho muito medo de ser mãe.
Tenho muito medo de ser mãe.
Tenho muito medo de ser mãe.
Tenho muito medo de ser mãe.
Tenho muito medo de ser mãe.
Acho que tô me repetindo. Uma mãe cheia d'água, tipo "lata d'água na cabeça, lá vai Maria".

M   Eu não vou não. Nem sei o que é isso: lata? Lata do quê? O metal? Lata não chega a ser um metal nobre.

DAN   Estão discutindo sais minerais?

AT   Não, parece que é *heavy metal*. Quer dizer, metais pesados.

AG   Sabe, tipo... Sepultura, Iron Maiden etc.

L	No entanto, chamar de ridículo a minha espontaneidade é matar tudo o que eu sou. É negar algo genuinamente vivo, pulsante, que jorra de dentro mim. Jorra dentro de mim.
AT	Esperma. Acho que ela está falando de esperma.
MENINA PENDURADA	Me fode! Me fode!
AG	Cala a boca, vadia! Safada!
M	*[como se falando algo confidencial]* Alguém desse elenco ejaculou em você?
L	Esse "me fode" era meu.
M	Esquece querida: ele muda tudo.
L	Não! É sobre a voz. A voz traz a sua própria história, seus conflitos, nobrezas etc., e funciona no âmbito do depoimento pessoal. O que interessa é o que ecoa em você. A diferença entre os ecos das pessoas é fascinante. Transformar PENSAMENTO em CARNE.
D	Dá um bife pra ela.
DAN	Ah, churrasco!
M	Maminha de alcatra.
L	É, acho que tenho medo de ser uma mãe vegetariana.
AG	*[nervoso]* Deixem eu beber!
DAN	Eu tô sedento! Escaldado.

ANGUS ENGOLE UM COPO INTEIRO, TUDO DE UMA VEZ.

M	Bolas! É, o mar não está pra peixe mesmo.
AT	Minha língua... seca... bebendo... vinho... vinho aguado... relógio... dedos... *hã?*
AG	Com quem ela está falando?
DAN	... é seco... seco, com certeza. Nossa, que seco.
M	Não enxergo uma alma.
AT	Estou com sede!
AG	Ela tá falando com a claraboia. Viu aquela mulher ali? É dali que ela quer beber.
AT	Eu lhe provoco nojo?
AG	Você só me diverte.
M	Você me dá nojo.
L	Você me surpreende.
DAN	Você corrobora com esta Convenção, não é?

CENA "MAU HÁLITO"

AT Tudo que vejo é terror...
Serei eu refletido nos seus olhos?
Não é à toa que está apavorada.
Hálito rançoso.

ATORES CHEIRAM O HÁLITO UM DO OUTRO E GEMEM.

AT Mas nem sinal de álcool.
Sangue seco dela. Viu?

M Ela se preparou, seus patetas. Treinaram pra ficar pendurados aí, e ainda com o subsídio da Heinz Ker-que-chupe de tomate. Cadê o Starbucks?

AG Mas eu não sou assassino.
Garganta seca, pele áspera. Cabeça calva.
Gente sem cabelo são incapazes de matar.

DAN Podem te dar um susto maior que a morte, principalmente de manhã, assim que acordam.

M Na noite passada uma casa veio abaixo enquanto eu passava, caminhando. Achei que o mundo ia se partir. Salvei um monte de gente gemendo, feridos aos montes, afinal... desencavei os burros mortos, calor dos infernos, fumaça por tudo, terror no ar.

DAN Tinha um menino... vestido para a noite, quer dizer, para o dia.
Ou para a tarde. Algum evento. Não ouviram os gritos?
Você podia *[levanta-se]*, por favor, fazer mais uma coisa pra mim?

AG E o que seria? Conversar com o Freud aqui sobre... sua... hã... crescente... quer dizer, decrescente...

DAN Tirar a areia dos meus olhos inchados.
Eu mal consigo enxergar. Pode beber mais uma por minha conta.
Só mais uma e que seja da escura.

CENA É CONGELADA. DAN CAMINHA ATÉ A FRENTE DO PALCO. HÁ UMA QUEBRA NA TRAMA. ENTRA MÚSICA E LUZ BRANCA FRONTAL.

DAN Então, esse vai ser nosso testamento? O que queremos deixar para as gerações por vir?

AT   *[com Dan, caminha até a frente do palco]* Filhos esforçando-se para viver à altura dos pais. Filhos empenhando-se para superar os pais. Filhos planejando se vingar dos pais. Filhos ansiosos para ser mais que os pais.

MÚSICA ALTA.

AG   Você está citando: eu posso continuar, sabia? "Filhos ansiosos para impressionar os pais ausentes desde cedo, ausentes há pouco ou que sumiram por completo. Filhos que se apoiam nos pais e vice-versa. Filhos usando os pais como guias do que não fazer." Boa citação, mas não nos representa aqui, agora.

A MÚSICA PARA.

M   Você espera uma "conclusão natural"?
Não existe conclusão natural na vida, tal como não existe conclusão natural em uma história porque... Oras, porque sim!

MÚSICA.

DAN   Porque depois que sobem os créditos com o fim e depois que as cortinas caem numa peça, algo continua. É assim que eu vejo a vida.

ANGUS: GONGO 3.

AG   Afinal de contas, depois de tudo, depois do fim, há aplauso, ou vaia, ou indiferença: há algo.

M   *[para todos]* "Você é um amálgama". Foi assim que me chamaram! Sim, e você não passa disso.

AT   É para eu levar como elogio? Talvez?

MÚSICA ALTA.

VOZ EM OFF   *[Gerald Thomas]* Olhei meus bíceps pela primeira vez em anos. Pareciam bem firmes. Minhas calças estavam meio frouxas, o que, obviamente, queria dizer que eu havia perdido peso. Peguei um ônibus pela primeira vez em décadas.

A MÚSICA PARA.

VOZ EM OFF "É normal ter reações anormais a situações anormais" *[a música entra]*, me disse uma voz saindo de um desses exaustores de cozinha. *[A música para.]* "Só pode ser normal ter reações anormais a situações anormais."

AG Sim, exatamente.

TODOS LEVANTAM-SE.

**CENA "EU COMPREENDO",
"EU NÃO COMPREENDO"**

SECOS.

DAN Eu não compreendo.
D Eu não compreendo.
AG Eu não compreendo.
AT Eu não compreendo.
M Eu não compreendo, senhor.
L Porque se eu compreendesse, senhor.
AT Eu diria...
DAN Eu compreendo.
D Eu compreendo, senhor.

MÚSICA "TIDAL", DE JOHN PAUL JONES.

CENA ÁRABE

TORTURA: TIRAM MARIA DO SOFÁ. NOMES ÁRABES SÃO DITOS SOB TORTURA. COREOGRAFIA EM QUE UM ATOR TORTURA O OUTRO. E AÍ, ALTERNANDO, O TORTURADO VIRA TORTURADOR E A CENA SEGUE...

DURANTE O TEXTO, A MULHER PENDURADA DESCE.

M Existem os Bashar al-Assads e existem os Assad al-Bashars, e existem os Bashars Al Muammars, existem os Pintos e existem os Sousas e os Sousas Pinto e os Pintos de Sousa e os Mello de Souza Pintos e os Marinhos Rapozo... Almeidas.

AT	Existem os Gaddafi Talabanis e existem os Mohamed Talibans e existem os Mohamed Hussein da Silva e existem os Tantawis Gonzalves Rodrigues e os Tantawis Husseins Mohameds von Hague.
DAN	E os Musharaffse os Musharaffs di Mubarak e os Mubaraks di Musharaffs e os Saddats Husseins e os Husseins Saddats Maniri ali Zawirie Hussein di Al-Ahmadinejad Aiatolah di Omar Sharifi.
AG	... e os... Silva Marinho Josephs da Califórnia e existem os Bushes dos O'Connors-Ali-Bin-Ladens de Davies Gonzalves... Existem os Brown Blairs, existem os Blairs e existem os Laing Browns e os Gurions e os Bennetts e os Bennett Gurion Brown Blair de Cameron.

SIRENES.

PARA DE CAIR.

CENA DO "FODA"

AT	Foda.
M	Foda.
L	Foda.
D	Foda.
DAN	Foda.
AG	Foda.

REPETEM 5 VEZES.

MULHER	Me fode.
	Me fode.
	Me fode. Me fode. Me fode.
AG	Cala a boca, vadia!

SIRENES. TODOS SE ESCONDEM.

CENA DA ORAÇÃO (MOVIMENTO EM CÂMERA LENTA)

ANGUS LEVANTA-SE E ANDA ATÉ A FRENTE DO PALCO.

MÚSICA "RESURRECTION", DE URI CAINE, TOCA ENQUANTO ANGUS SE COBRE DE SANGUE.

QUANDO O CENÁRIO FICA PRONTO, O VOLUME DA MÚSICA DIMINUI.

CENA DO "PARTO"

AG   Uma mulher grávida, que parece ser da Índia, está deitada no chão em um dos lugares mais movimentados do mundo: a rua 57 com a Quinta Avenida. Conhecida como encruzilhada do mundo, entre outras nomenclaturas peculiares; ela é imediatamente coberta por um tecido marrom pela multidão ao seu redor.
De repente, as pessoas olham... Não, não olham. O foco deles é esconder essa mulher e as contrações que ela está tendo. Mas, um pouco depois...

M   Nasceu um bebê lindo e, simbolicamente, ele não foi pego pela mãe. A multidão, é claro, continua estupefata. Sim, a multidão está estupefata com as circunstâncias do parto. Nas débeis mãozinhas do recém-nascido, parece que um minúsculo bilhete reapareceu.

DAN MAMA EM ANTONIA.

L   Esta nota que foi entregue dizia: "você está encurralado, num beco sem saída"... Bem, provavelmente sua validade expirou, assim como todas as coisas expiram. Que quebra-cabeça estranho, não?

Tentamos inventar um rosto para o inimigo. No entanto, a maior parte do tempo, a maior parte do tempo, a maior parte do tempo, a maior parte do tempo, parece ser apenas como um vinho. E o vinho precisa de um ninho, digo, de um tempo.

D   O vinho disse assim: "Pô, dá um tempo aí!".

MÚSICA PARA.

M	Bom, e agora supõe-se que eu diga um texto que é mais ou menos assim: nós somos os nossos piores inimigos e qual é a nossa cara, sim, qual é a nossa cara quando acusamos outros de crimes que nós mesmos cometemos? Pois é, este é o texto que se supunha que eu diria, mas eu disse ao Gerald, sim, eu lhe disse: "*Man*, vai-se foder. Este texto é péssimo! Mas péssimo mesmo!". Não é péssimo, Angus?
AG	Péssimo.
M	Não é péssimo, Diogo?
D	Péssimo.
M	Não é péssimo, Dan?
DAN	Péssimo.
M	Não é péssimo, Antonia?
AT	Péssimo.
M	Não é péssimo, Lívia?
L	Péssimo.

TODO MUNDO SAI REPETINDO A PALAVRA "PÉSSIMO". MARIA FICA.

M	Bem, vejamos então, Deus inventou o homem e o homem inventou a roda, e os portugueses não souberam o que fazer com a roda, resultado, eu fico superconfusa entre Deus, o Homem, a Roda e os Portugueses.

CENA DE MARIA RINDO

O ELENCO VOLTA AOS POUCOS. TODOS ENVERGONHADOS.

SILÊNCIO.

DAN E ANTONIA CHEGAM MAIS PERTO DE MARIA.

ENTRA MÚSICA.

ÁREA B: ANGUS SANGRANDO.

ÁREA C: LÍVIA NÃO FAZ NADA.

ÁREA D: MARIA NÃO FAZ NADA.

DAN E ANTONIA COMEÇAM A SE OLHAR: TENSÃO

LÍVIA E ANGUS DANÇAM. LÍVIA CANTA.

LÍVIA CANTANDO. ENTRA MÚSICA NOVA.

    M   Sim. Eu sabia. Um punhal no meu coração.
    DAN   Eu me DERRAMO de amor por você, ainda me DERRAMO... e... você me trata como uma puta.
    AG   Calma, meninas.

ENTRA MÚSICA "RESURRECTION", DE URI CAINE.

LÍVIA E MARIA CAEM.

LUZES APAGAM.

LUZES ACENDEM.

CENA DO BEIJO

ANGUS MANDA. DAN E ANTONIA SE APROXIMAM.

PARAM NO MEIO DO PALCO E OLHAM PARA A PLATEIA.
A MÚSICA PARA.

ANTONIA BEIJA DAN. ANGUS ESTÁ ATRÁS DELES. A MÚSICA
É RETOMADA COM LETRA, E ELES SEGUEM SE BEIJANDO.

    AT   *[sensual]* Eu... eu cheguei no ponto mais baixo da minha devoção a Deus. Também cheguei num ponto mais baixo da minha, bem... na minha crença em você como... bom, como amigo. Eu só queria trepar com você e trepei. Mas você nunca me contou sobre o... e agora isso. Era esse o plano, não era? Eu sou só uma substituta... porque você não tem mulher e não tem espírito, eu que tenho que levar sua... Tenho uma surpresa para todos. Tenho uma surpresa pra todos vocês. Quanto à minha devoção a Deus, estou aberta a tudo que é aposta.

MARIA LEVANTA-SE. TODOS VÃO PARA O SOFÁ.

> **AG** Chocolate escondido em caminhõezinhos de brinquedo... Quero ver crianças comendo os caminhões de plástico, destruindo os caminhõezinhos com seus dentinhos mirradinhos até chegar no chocolate e daí chegar em outras drogas, como marzipã, tênis, creme de ovos e... cocaína... e heroína. Quero encher uma Mercedes Benz com centenas de escravas asiáticas, parecendo uma lata de sardinha ou bacalhau frasco, aquela vontade que dá depois do parto ou de ver tanta injustiça.
> E agora?
>
> **M** Ele me deu isso! Trinta gramas de cocaína, sessenta de ecstasy, quarenta garrafas de vodca, duas bombas caseiras, vinte coquetéis mazel tov, cinco queijos de Minas, três passaportes europeus.
>
> **TODOS** Três?
>
> **M** E esta maçã que vou comer agora.

MARIA COME A MAÇÃ, TODOS PIRAM. ANGUS TRAZ MARIA AO SOFÁ.

TODOS COMEÇAM A CANTAR "GAROTA DE IPANEMA".

PASSAM DOIS HOMENS DE BURKA. ANGUS E MARIA ESTÃO À DIREITA, NA FRENTE DO PALCO.

> **M** *[agarrando Angus]* O que está escondido por trás disso? Serão homens? Espiões?
>
> **AG** Vim aqui te contar o que eu fui lá contar pra ele. Não é mais uma estranha coincidência. Seja lá quem for esse roteirista fantasma, até que ele trabalha bem. Ah, sim, a capa inteira se chama *niqab*. É bom a gente se acostumar com os termos. Vão fazer parte do nosso cotidiano.
>
> **AT** *[levanta-se]* Olhei ao meu redor e vi que todos os livros que eu tinha e amava e tocava tinham virado uma fina camada de papel de parede, falsos, todos falsos, meio que imitando uma biblioteca e/ou um cenário de teatro tosco. Também notei que não me depilo há meses e que colocaram um aviso bem grande na minha parede enquanto eu dormia, que dizia: "SAI DA MINHA VIDA". *[Ela se senta.]*

M	*[levanta-se e estão todos colados]* Você é um amálgama.
AT	Eu sou um amálgama?
AG	Sim, você reúne qualidades raras. Você é egocêntrica e acha que o mundo gira em torno de si. Ainda assim, você se importa o suficiente para devolver sua sabedoria e seu conhecimento às pessoas do jeito que pode.
AT	Vou tomar isso como um elogio.
M	Visitei faz pouco o padre Gerald Thomas, pastor da Paróquia do Sagrado Coração em Saratoga, no norte da Califórnia, um exorcista que foi tema do livro de Matt Baglio, chamado *The Rite*.
DAN	Enquanto eu entrava na sua sala, não pude deixar de notar centenas, se não milhares, de velas. Em um canto mal iluminado, vi os detetives Zufall e Essig, sentados. O padre e os detetives me cumprimentaram e ofereceram uma coisa que parecia chá. O que Essig passou a me contar não era exatamente o que eu esperava ouvir na casa de um padre.
AT	"A América talvez seja mais poderosa do que a Grã-Bretanha já foi, mas ainda não pode negar a lição de que precisa fazer escolhas."
M	Fiquei espantada. Fiquei atordoada como se tivessem arrancado meu siso sem anestesia nenhuma.

ENTRA A MÚSICA DE STRAVINSKI. ANGUS VAI ATÉ O "SANGUE" E PARA A COXIA.

CENA DE ANGUS SENDO ARRASTADO ATÉ O SOFÁ SE REPETE.

ELE FAZ TODO O CAMINHO ATÉ A FRENTE DO PALCO, AJOELHA-SE E ENSAIA ALGUNS GEMIDOS, E É ARRASTADO DE VOLTA AO SOFÁ, ALGEMADO E VENDADO COMO EM *AS LOUCURAS DO REI GEORGE*. ANGUS TENTA DIZER UMA COISA TRÊS VEZES. NA TERCEIRA, ENTRA A MÚSICA. NÃO HÁ LUGAR PARA DAN SE SENTAR. QUANDO DAN SE SENTA, A MÚSICA PARA.

CENA DE MOLIÈRE

M   Bom, são as coisas realmente complicadas que me deixam louca. Por exemplo, como lidar com um novo rolo de papel higiênico, como desgrudar o primeiro pedaço de papel ou como conseguir *wi-fi* de graça para o meu último produto da Apple.

Teve uma manhã, vejam só, em que eu estava sentada arrumando esse monte de coisas que estavam na minha bandeja quando aí – BUM –, quando aí – BANG, SPLAAAAASH, BUM! *Bang*! E foi aquilo. Guerra? Sim! Eu tenho que lidar com uma batalha política...

DAN   Eu travo uma guerra contra as rolhas. Mas como? Olhem pra mim, olhem pra mim, olhem pra mim... E pra onde o vinho? Iria...? Ou viria? Tempo! Entenderam? É tudo uma questão de tempo, entenderam, tempo. Eu posso parar de falar nisso? O teatro é mesmo uma câmara de torturas. Não tem diferença. Diferença nenhuma. Tortura, Vinho e Teatro, todos precisam do que todo mundo precisa, do que o planeta precisa: E *[pausa longa]* não sei o que é. Sim, é. Espere. Rolhas!
Eu sou Tchekhov!

D   Eu sou John Malkovich. Mas na verdade eu queria mesmo é ser Francisco Cuoco.

AG   Isso, camarada! Michael Caine. Eu não tenho educação, por isso eu gosto do Gerald, sabia? Gerald Thomas.

AT   Gerald Thomas não me diz nada. Fedra, sim.

M   EU AMO, AMO a Fedra!

AG   A que joga tênis?
I don't understand. I don't undersit.

DAN   *I don't underkneel.*

M   *I don't undercrouch.*

AT   *I don't undercrawl.*

L   *I don't underjump.*

D   *I don't underpants.*

AG   *I don't underwear.*

DAN   *I don't underpass.*

M   *I don't underline.*

AT   *I don't underdog.*

L   Eu não entendo.

AT	Molière. Sim. Até que gosto dessa ideia do Hamlet escrito por Molière! Molière!
M	É isso. Eles gostam de mim pois sou uma Mulher!

ENTRA MÚSICA.

AG	As maravilhas de envelhecer. Difícil não chorar. Eu vejo repetidamente. Toda essa gente saindo dos *containers* e tendo sua primeira refeição em liberdade enquanto... enquanto, bom, enquanto eu nunca tive que me preocupar em ter um prato de comida na minha fuça. Até já neguei alguns.

SIRENES. NO FIM DAS SIRENES, VOLTA AO CONSULTÓRIO DE FREUD. MUDANÇA DE CORPO. TODOS SE INCLINAM E OLHAM PARA DIOGO. O CORPO DO SOLDADO SOBE.

NARRAÇÃO EM *OFF*.

VOZ EM OFF	[Gerald Thomas] Não, não, não. Não é o que vocês estão pensando. Não, não é isso. Mas, de certo modo, o que eu quis dizer é que é, sim, o que vocês estão pensando. Não tenho como negar. Não sei como, mas o que vocês estão vendo é isso, não sei como, o que vocês estão vendo agora confirma exatamente isso e também confirma isso que vocês estão pensando. Engraçado e triste. O colapso. Muitos de nós parecem obras de arte. Muitos de nós temos o colapso no nosso sistema. Quer dizer, passamos a impressão de que entramos em colapso. Entramos? Engraçado, o PODER também tem essa cara de decadência. Os dois parecem ter o comportamento da destruição. Sério? Então não é o que vocês estão pensando. Não... quer dizer... sim, certamente pode ser que que vocês estejam pensando tudo isso. Não... Aqui está! Finalmente: o que... é e o que vocês estão olhando é... o que vocês estão vendo. Portanto, o que vocês estão vendo está lá onde está, porque, bom... porque eu encenei e coloquei lá. E o que é encenado e bloqueado de tal jeito também deve ser questionado, sempre. Portanto vocês estão realmente vendo e pensando em uma imagem triste e engraçada.

CENA "DIAS DA SEMANA"

L   Que bom que hoje não é segunda. Angus, como você vai?

AG   Do fundo do coração, Lívia? Devastado. Eu estava conversando com umas flores que moram na casa em que eu fico em Berlim e agora? Agora? Tudo isso!

L   Ai, que bom! Hoje não é segunda-feira! *Oh*, que engraçado! Os dias da semana. As horas do dia. Os minutos de uma hora. Nas quartas-feiras, nós adoramos quando um caga em cima do outro, ou quando ficamos chateados por causa daqueles chatos que fingem que não têm aquele lado escuro ou não constroem seus calabouços pessoais.

D   Eu construo sim...

DAN   Calma, Lívia. Isso é tudo da sua cabeça. Engraçado que você erra os dias quando só tem isso pra fazer...

L   Contar? É isso que você ia dizer? Contar os dias da semana, os minutos do dia? Sim, eu conto; e você gosta de ser cagado por cem pessoas como eu nas quartas-feiras!

AG   Parece que estou perdendo alguma coisa!

L   Eu conto, eu conto... *[canta]* "*7 hours and 15 days since you took your love away...*".

FIM DO CANTO.

CENA DO WORLD TRADE CENTER

LÍVIA SOBE NO SOFÁ E A MÚSICA COMEÇA.

M   Peguei uma pedrinha bem pequena nos destroços. Não sei bem de onde veio ou o que era. Podia ser parte do World Trade Center, eu quero acreditar que era. Sim, um pedaço daquela catástrofe imensa nas minhas mãos, ainda quente, fervendo, tanto faz. Segurando a pedra, sentei numa pilha de escombro, de poeira, e chorei a noite inteira.
De repente a polícia apareceu e me deu um traje de plástico amarelo e disse VAI TRABALHAR. "Vai trabalhar?"

SIRENES.

M Ir trabalhar depois de ter testemunhado o maior paradoxo da minha vida: um prédio sem rosto, dois, aliás, entrando em colapso bem na minha frente: um número absurdo de mortos e uma conspiração mundial ao redor e eu, começando a trabalhar no BURACO, depois de guardar um pedaço das torres sem rosto vezes dois, aqui no meu bolso...

MÚSICA ENTRA QUANDO DAN COMEÇA A FALAR.

DAN "São... 4... escuro... e eu acabei de... quer dizer, meu Labrador...".

AT [intrometendo-se] AGORA, quero dizer, preciso encontrar você AGORA. Te vejo lá.

DAN [de quatro, saindo] Eu me esforcei para levantar, tomei meu Nexium e olhei em volta. Ela ainda dormia em sono profundo e não ouviu nada – ela não ouve nem lembra de nada mesmo – e chegou na cafeteira. Sem pó de café, sem água. Caralho.

D [de pé] Dan está muito nervoso. Tem um monte de arquivos debaixo do braço sem a proteção de plástico, vulneráveis à chuva que molha tudo como se fôssemos cães vadios. Eles vão se encontrar debaixo da ponte.

AT Dan, sabia que o minarete da nova Grande Mesquita de Marseille...

DAN Hã? Acho que eu falei do assunto que ele não queria ouvir bem na hora errada: eram 4h45 da manhã.

AT Os DESTROÇOS do século XX: Dresden, Hiroshima, Nagasaki, *Ground Zero*, o Muro de Berlin, Fukushima, Tsunâmi... POR FAVOR! Se fossem aplicados agora no meu corpo, neste palco operacional, o que exatamente seria de mim? Outra Antonia? Uma eu pequena? Uma mini eu?

AG [de pé] Sim, a pedra angular será depositada aqui em abril e terá uma cerimônia silenciosa – sem filmagem, sem cobertura ao vivo. Não querem perturbar a vizinhança quando chamarem para oração. Você está dizendo o quê? Por que está me contando isso?

M Não tem nada de impossível. Nem no Brasil!

DAN Tenho que encontrar você AGORA. Estou prestes a ir pro Rio de Janeiro e... conto depois! Teve uma época... sim, teve uma época. Teve uma época. Ah, sim, sim. Teve uma época. Eu vim aqui pra te dizer ou avisar da mesma coisa.

M Me avisar? Por que me avisar? Onde está o perigo?

AG   Em cada um dos sete dias, um Ser em particular vai surgir em glória e esplendor, com uma larga companhia angelical. Ao mesmo tempo, a cada dia por vez vai brilhar uma luz dos mundos do universo. Mas só no sétimo dia (perdendo a conexão) ou será no oitavo? No nono? No décimo quarto?
Que dia é o Dia D ou o dia? Ah, que confusão.

SIRENES.

MÚSICA INCIDENTAL DE GERALD THOMAS - BAIXO.

AT   Eu olho para Dan que começa a ter sérias dúvidas sobre sua sanidade. Ele me trouxe aqui às quatro e meia da manhã pra dizer pra eu fazer *Gargólios* no Rio de Janeiro.

ANGUS VAI PARA A FRENTE DO PALCO, À DIREITA.

AG   *[ao telefone, no chão]* Em vez disso, a luz será sempre roxa, certo – um visual meio *nightclub* para um prédio "elegante". Prédio "elegante". Prédio "elegante". Prédio "elegante". Prédio "elegante". Prédio "elegante".

CENA DAS BEBIDAS

DAN   Essas merdas dessas rolhas sempre travando tudo, sempre no caminho. Rolhas!!!

ANGUS COMEÇA A SERVIR VINHO PARA TODOS.

AT   (olhando e tocando o sangue nas mãos e no copo) O HORROR!!!! O HORROR!!!! ISSO NÃO É VINHO. É sangue. SANGUE, SANGUE HUMANO. Quer dizer que todas as garrafas de vinho do mundo têm sangue humano? Não, não pode ser. Quer dizer, todo o sangue dos judeus, de todos os ciganos, escravos, zen-budistas, indígenas americanos e sul-americanos e centro-americanos e todos aqueles na lista negra do McCarthy, todos os corpos dissecados no mundo, até aqueles que (mal) ficam de pé nas ruas da Síria, incluindo os que não estão nas ruas da Síria????

ANTONIA SAI. APAGAM AOS POUCOS.

    AG   [*corre até a frente do palco*] Acordo de um sonho ruim ou de uma overdose. Eu estava falando enquanto dormia, reclamando de Bush e de Blair, de Obama e da porra do David Cameron e dos líderes das reservas indígenas bem no meio da floresta amazônica. Lá fora está caindo o mundo, me acordam às 4 da manhã e Gerald me chama no celular. "Você recebeu meu roteiro? Tô esperando a resposta. Preciso encontrar você agora."

DAN SE JOGA NO CHÃO, NA FRENTE DO PALCO, À ESQUERDA.

    DAN   Ah, qual é! Sério! Você e suas conspirações. Eu entendo seus medos e tal, mas não vou ficar aqui parado ouvindo essa merda outra vez.

    M   [*se joga no chão à direita na frente do palco*] A gente tem que explodir aquele prédio "elegante", a Ópera de Arame, claro. Os donos são judeus. Pior. Judeus que apoiam Jesus!

    AG   11 de setembro de 2001, reserva especial. Oh, meu Deus!

    D   4 de julho de 1776, reserva especial. Oh, meu Deus!

    DAN   14 de julho de 1789, reserva especial. Oh, meu Deus!

    L   6 de março 2024, reserva especial. Oh, meu Deus!

MARIA APRESENTA A DATA REAL. TODOS CHEGAM EM MARIA, ANGUS TIRA A GARRAFA DELA. MÚSICA.

    AT   *Shhhh!*... Os espiões voltaram!

    DAN   Eu tinha te falado. Quer dizer, ele me disse para fechar os olhos...

    AT   Corromperam meu computador, corromperam minha memória, corromperam meu casamento e corromperam o tato. O tato!

    M   Antonia, me ouça... O mar não está para peixe.

    AT   Para com essa merda do peixe. Você quer que eu ache que tá tudo bem e que eu devia aprender grego ou...
A língua da Crise do Mísseis Soviéticos de Putin!!
He has put in his pennith worth and won. [*sarcástica*] Ah, claro que 99,8% dos chechenos votaram nele! Na verdade, 99,95%, segundo pesquisa "confiável" na boca de urna.

    L   Eu fui para Kiev.

    AT   E daí?

L   É na Ucrânia!!!!!
AT E daí?
L   Eles fazem um "frango a Kiev" decente por lá.
AG Antonia, olha só você, camarada. Olha pra nós. Não consegue nem voar e fica aí falando de KGB que, na minha cidade lá no norte, é só código postal, sério. Tipo, Leeds, KG B3 CI 4AFB 61 NSA. Entendeu?
AT Não vai passar.
    Bashar Al-Assad segue crescendo nas suas cuequinhas brancas e limpinhas, Rússia e China se armaram! Vocês não veem as crianças apavoradas nas ruas da Síria?
    E ainda assim vocês me dizem: "Toma um chazinho, querida, come mais um McDonald's, querida".
    Me alimentam de mentiras até eu querer saber mais.
    Vocês continuam aí?
L   E quem é você?

SILÊNCIO.

AT   *[para Lívia]* Eu trouxe seu livro.
L   Livro?
AT   *[com Lívia]* A Enciclopédia da Ignorância Universal.
L   Livro?
AT   A Enciclopédia da Ignorância Universal.
AG   O QUÊ? VOCÊ trouxe o quê?
AT   A Enciclopédia da Ignorância Universal.
TODOS MAS VOCÊ ERA CEGA, VOCÊ ERA CEGA, PORRA!
AT   "Ainda sou, senhor".
DAN   Então falhamos.
D   Sim, nós falhamos.
L   Dependendo de como você vê, sim: a morte é o maior dos insultos.
AG   Então eu me olho no espelho, não consigo deixar de sentir essa síndrome do intestino irritável e rir, rir, rir, torcendo para que os ecos da minha risada sejam ouvidos por alguém, qualquer pessoa, perto ou bem longe de mim, que entenda minha dor e a dor de vender minha própria alma para toda a eternidade...

M   Vou te contar a verdade, mas não espalha: eu não sou da Paraíba, na verdade eu não passo de uma sul-africana que nasceu negra, mas tinha um dermatologista bom que fez transplante eugênico em mim, e o que saiu foi isso.
Quanto ao meu trato intestinal, foi um erro horrível que cometeram depois que eu nasci. Colocaram tripa de vaca louca na minha barriga. Por isso que eu só como esterco e pasto. *Green grass.* E o Günther Grass.

AG   Vou lhe dizer mais. Essa coisa da África do Sul não era verdade. Eu nasci pra ser o novo Dalai Lama. Mas eu tinha cabelo demais e nasci de óculos, já que nasci na família Gandhi.
Então, tal como Rômulo, me deixaram na cesta e ela foi até New Jersey. Fui parar numa reserva indígena perto de Trenton, só que não eram indígenas americanos, eram judeus alemães.
Quer dizer... essa é a história da minha triste vida.
Triste vida.
Sim, eu me lembro. E eu me lembro porque sou lembrado todos os dias que toda essa coisa pesada não passa de uma taça de cultura inútil. Inútil.

TODOS CAMINHAM ATÉ A FRENTE DO PALCO E FICAM EM FILA.

AG   Sim, eu me lembro. *[Pausa.]*
E espero que vocês se lembrem de mim.

MÚSICA COM TAMBORES AFRICANOS.

FECHA A CORTINA.

ENTRE— DENTES E/OU JU-DEUS

ESTREIA
ABRIL DE 2014, NO SESC CONSOLAÇÃO, EM SÃO PAULO

AUTORIA E DIREÇÃO
GERALD THOMAS

CENOGRAFIA
GERALD THOMAS E LU BUENO

ILUMINAÇÃO
GERALD THOMAS E WAGNER PINTO

FIGURINO E PROGRAMAÇÃO VISUAL
LU BUENO

TRILHA SONORA
GERALD THOMAS, COM MÚSICA INÉDITA DE PHILIP GLASS E COMPOSIÇÕES DE GERALD THOMAS

DESIGNER DE SOM
TOCKO MICHELAZZO

ELENCO
NEY LATORRACA, EDI BOTELHO E MARIA DE LIMA

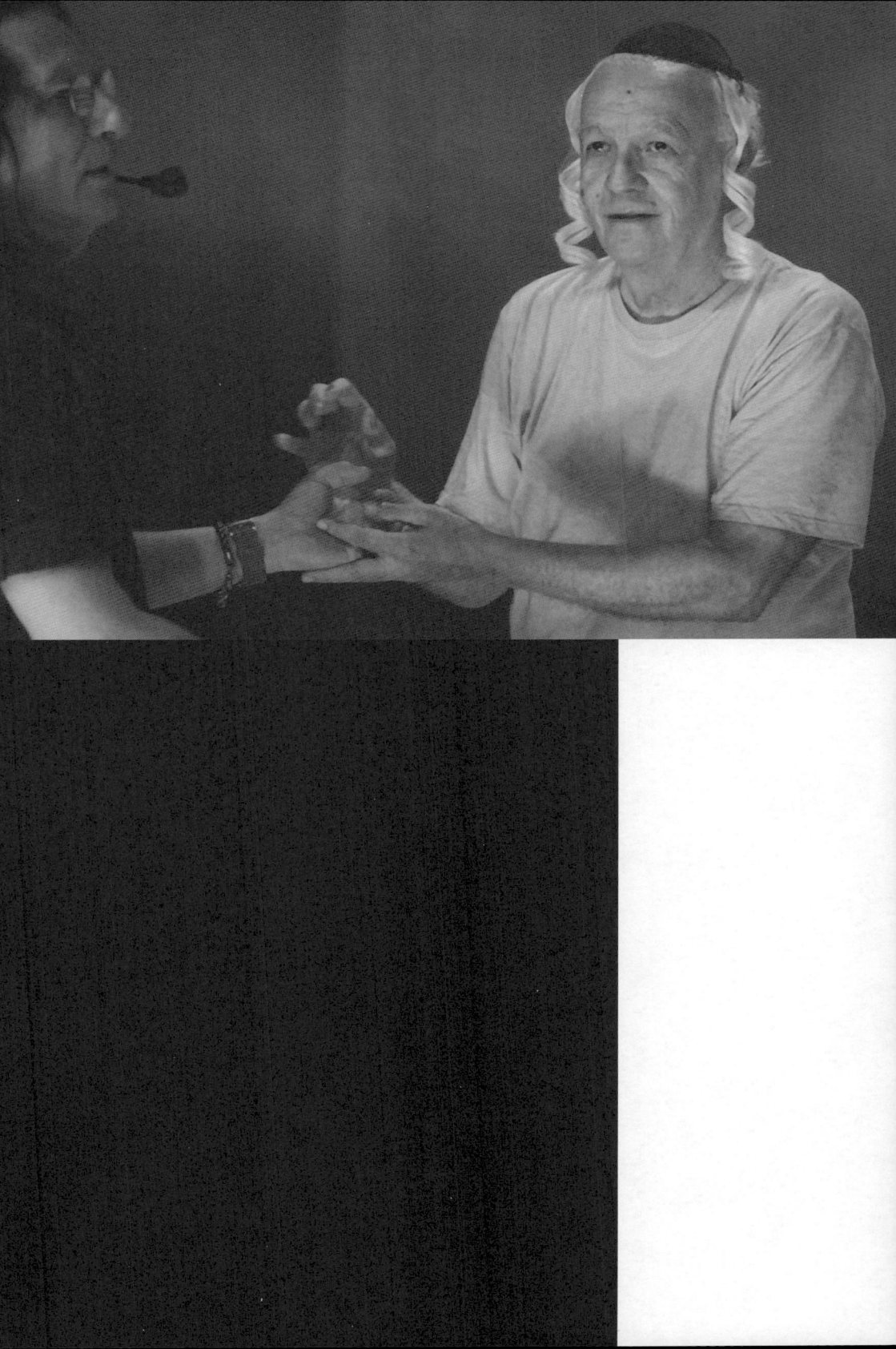

JEFFERSON DEL RIOS
PARA O JORNAL *O ESTADO
DE S. PAULO* DE 28 DE
ABRIL DE 2014

INSOLÊNCIAS E AMBIGUIDADES

COM UM ELENCO INTELIGENTE, GERALD THOMAS BUSCA
A SÍNTESE DOS MUITOS IMPASSES CONTEMPORÂNEOS

em *Entredentes*, na sinais da fumegem das Torres Gêmeas de Nova York. O autor e diretor Gerald Thomas estava na cidade e se envolveu com o acontecido, trabalhando como voluntário. Na mesma peça, este artista multicultural, mas nascido e criado no Rio, se mostra totalmente brasileiro, mesmo que eventualmente venha a dizer o contrário. O 11 de Setembro e os descalabros na política e na administração do Brasil o levam a uma obra com instantes de indignação.

Em um solo de alta carga emotiva, a bela e vital atriz portuguesa Maria de Lima, falando na prosódia da língua original, faz um protesto contra as mazelas do país que, já nos anos 1600, Gregório de Matos anteviu no poema *Triste Bahia*.

Nos séculos que se seguiram, esses desvios foram evidenciados em estudos de peso, como *Os Donos do Poder*, de Raymundo Faoro. A intervenção da atriz, a melhor parte do texto, resume sociologia e antropologia cultural a respeito do que temos de errado, não por um absurdo étnico-genético, mas [por] razões histórico-econômicas-estruturais precisas. Neste ponto, Gerald Thomas reflete o mundo anglo-saxão em que a ética protestante sugere – e vigia – padrões de seriedade no trato da chamada coisa pública.

Em seguida, a peça retoma o assumido tom cético e zombeteiro de Thomas, mesmo nas menções a conflitos políticos e militares internacionais. Síntese de tantos impasses, a cena apresenta um muçulmano e um judeu diante da parede que simboliza o Muro das Lamentações, em Jerusalém, anexo a uma fachada de favela. O simbolismo é forte, mas o "groucho-marxismo" impede que o assunto permaneça sério. Com outra nuance, quem sabe humor negro, se poderia conciliar a graça com a contundência de Maria de Lima. Enfim, esta é a parte compreensível de *Entredentes*.

No mais, o espectador entra no labirinto subjetivo que o próprio autor explica: "Eu escrevo para a pessoa, com as idiossincrasias que a pessoa tem. Então, eu vou usar o que o ator ou a atriz tem de melhor e o que tem de pior também. Os jeitos, o fenômeno que ela é, a maravilha que ela é, mas também o seu lado negro".

No caso, felizmente, temos o lado caloroso, autoirônico e a leve melancolia do notável ator Ney Latorraca em parceria com Edi Botelho, intérprete amadurecido que junta bem os estilhaços da prosa de Gerald Thomas. Ney não procura se impor, embora tenha claramente a plateia ao seu lado. Fa-

até mesmo um certo ar distraído de quem está ali para representar o que lhe vier à cabeça, embora tudo esteja calculado. Desde seu tempo de Escola de Arte Dramática, diverte os amigos com o número de "receber o santo". Ele traz de volta, divertidíssimo, essas "entidades". Falando de si, dentro do personagem e vice-versa, Ney poderia ter como cenário o edifício de seis andares onde morou na rua Barão de Campinas, em São Paulo. Nessas sequências, o teatro de Gerald Thomas se outorga um toque de zombaria que pode ser levado a sério ou como pura derrisão.

O problema está nos desequilíbrios entre opostos. Em tese, o objetivo é "aprisionar o espírito do tempo, tecnologia, fundamentalismo, geopolítica" etc., etc. Paradoxo de um estilo que aproxima a alta criatividade com a vontade de *épater*, seja pela citação de Wittgenstein, Deleuze ou referências sexuais pesadas. Um jogo no qual tudo pode acabar em aparência e palavras, palavras.

Fica-se a meio caminho entre Beckett, que exerce fascínio sobre o diretor, e o grupo francês Magic Circus de Jérôme Savary (1942-2013), que incorporava a ópera, histórias em quadrinhos e Molière. Gerald Thomas tem mais a dizer dos males da sua terra natal e daquela onde reside (Estados Unidos) ou sobre impasses contemporâneos como, por exemplo, a "banalização do bem", visível na transformação do progresso tecnológico, a internet, em toxicodependência cognitiva (síndrome de abstinência virtual, os *smartphones* como extensão do próprio corpo), na definição do professor Júlio Groppa Aquino, da Faculdade de Educação da USP.

De qualquer modo, à exceção das escatologias gratuitas, é interessante observar em *Entredentes* um quadro de insolências e ambiguidades por um elenco inteligente, que tem à frente o sempre bem-vindo Ney Latorraca.

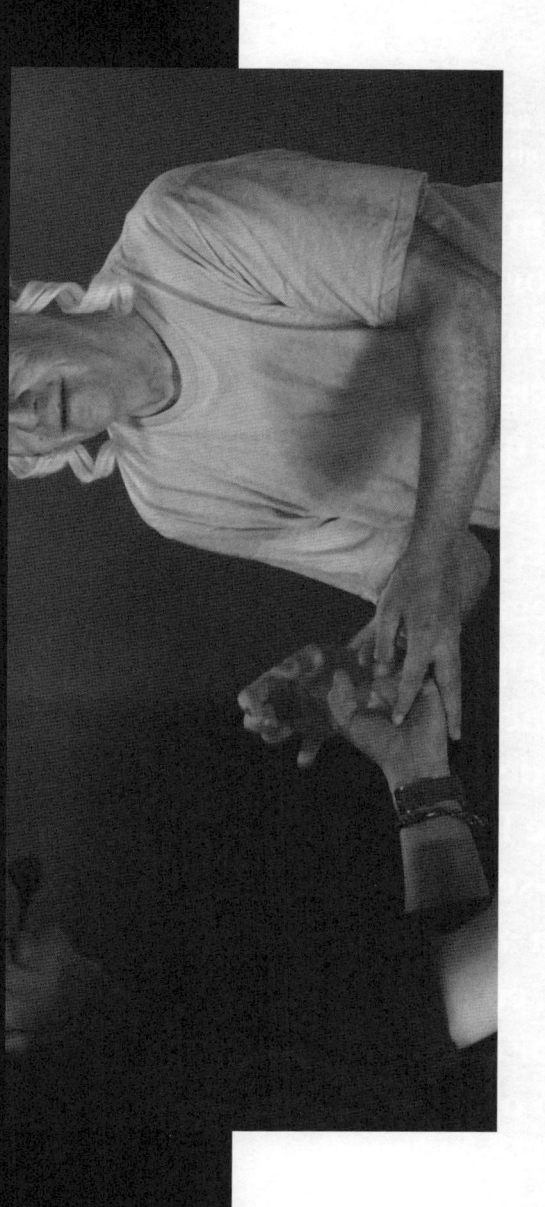

ENTREDENTES E/OU JU-DEUS – 524 | 525

CENA 1
(OVNIS CAEM NO MURO DE JERUSALÉM)

A cena começa com dois astronautas no palco, Ney Latorraca e Edi Botelho. Há, no fundo, um painel com a imagem de uma enorme vagina. O foco de luz acompanha Ney, que se movimenta lentamente, junto da trilha sonora. Ele tira o capacete, o coloca no chão e explora o palco. Pega no bolso confetes e serpentinas e joga para a plateia. Ney toca o capacete. Levanta-se e canta "Chão de estrelas" sobre a música de Philip Glass. Ao final, ouve-se um piano. Edi Botelho começa a se movimentar, tira o capacete, coloca-o no chão e dança ao redor de Ney. Um som de explosão o interrompe.

N   Ney
E   Edi
M   Maria

N   Deve ter uma "mensagem" aqui, assim como sempre... tem "mensagem" em tudo. Sim, me reorganizei. Essa coisa de se reinventar... Que bobagem! Sei disso. *[Edi faz mais um gesto de dança. Ouve-se mais uma explosão.]* Nossa, que loucura! Tem uma mensagem nisso aqui! Tem uma mensagem nisso aqui! Mas estou assim! Olha só. Essa roupa é um pouco antissocial, e não sou a Sandra Bullock *[referindo-se à roupa de astronauta]*.
E   *[olha o cenário]* Ih, já entendi. Já entendi. Isso aqui é lugar de Cristo. Quer dizer, de Judeu, quer dizer, de Muçulmano, quer dizer, de Budista, quer dizer, de Cristão! Quer... *[Para Ney.]* Nossa, você aqui! Mas... Cadê sua gravata?
N   Gravata?
E   Gravata!
N   *[para a plateia]* Clima! Claro, eu tinha responsabilidades. Eu tinha responsabilidades. Eu tinha responsabilidades. Eu tinha responsabilidades. Eu tinha responsabilidades. Eu tinha responsabilidades. Hoje eu não tenho mais porra nenhuma, não tenho merda nenhuma! Viajo no tempo, no espaço e onde venho parar? No início. Sempre de volta ao início. Deve ter mensagem nisso! Vou ficar de luto! Pronto: luto!
E   Há anos e anos que você não está de luto, Ney. Você adora repetir isso. E há anos você repete essa coisa! Estou aqui e o que acontece? Você não me vê? Não me enxerga? Não faz nada pra mudar o mundo? Cadê o Ney revolucionário?

N   Me perdi no Iraque. Quer dizer, Vietnã. Quer dizer, Vigário Geral. E para com essa cobrança. Eu deixei você em Marte!

E   Cadê aquele que já marchou pelas ruas? Já se machucou pela causa dos outros, já levou porrada, já foi torturado, já foi espancado por pensar nos outros... Hoje...

N   Muita dor de cabeça! Prefiro receber bem os amigos! Um sakezinho, um *petit fours*. Mais simples!

E   Mais simples! Em Marte era complicado. Era o ar ou a falta de ar... E quando baixa aquele em você e você entra em coma, Deus me livre! Eu fico aqui fora, segurando a barra, por 67 dias e 67 noites, no alto do Monte Sinai. Lá em Marte, só tinha aquelas crateras. Mas, eu fico feliz, eu fico feliz que estamos aqui. E a máquina, e o potássio, e flores e... E as flores, Ney?

N   Aqui não falamos de flores! Vocês me ouviram e eu me ouvi também. Eu vivo o meu próprio campo de concentração criado por mim, por vocês e por este ciclo de vida ingrato, inumano, de ir perdendo gente, perdendo gente que se ama, de uivar do berço até o túmulo, até o urro final.

E   Ai, meu Deus. Ai Jesus! Ai Manoel Carlos! Ai Glória Perez!

N   Pra que tudo isso? Pra revisitar a ladeira do Jerusalém, lá na Vila do Holocausto, na Ilha do Governador. É porque eu já estive na Ilha pra visitar os netos dos bisnetos que me deram um chocolate horrível, flavorizante puro, artificial, tudo já pré-mascado por um gatinho (miau, miau) e eu, toda bonita, coloquei aquilo na boca pra não magoar ninguém, enquanto os papéis que eu procurava desapareciam. Porra! E agora?

E   E agora nada, Ney. Agora é o recomeço. Você, você nasceu de novo. Renasceu. Depois da sua estação no inferno, você está aqui, ao vivo e a cores! Você estava péssimo. Agora você esta ótimo! *[Para o público.]* Continua péssimo!

N   A luz de Jerusalém ajuda. O maquiador também, mas aqui dentro só tem úlcera.

E   Ah, mas no Instagram você estava ótimo, as fotos estavam lindas. Nossa, cada pose! E no Twitter, então, arrasou, meu querido, arrasou!

N   Somos todos virtuais, né?

E	Eu é que queria um pouco de afeto, sabia? Eu fui alfinetado por uns... Alfinetado por uns... E agora? Não, peraí, agora, eu não sei se marquei com a Maria aqui ou no quinquagésimo sétimo andar daquele prédio do centro da cidade, entende?
N	Ah, a Maria.
E	A Maria!
N	Não é o nome verdadeiro dela. É nome de guerra. Guerra mesmo! Segunda Guerra Mundial, divisão de infantaria da Resistência Polonesa, que vazava para as forças aliadas os documentos importantes dos nazistas, que resultou naquele – BUM – retumbante massacre de Dresden.
E	*[imita alguém falando alemão e para]* Queria só ouvir *Tristão e Isolda*.
N	Isso foi ontem.
E	Ou então sentar na asa de um avião.
N	Isso foi anteontem.
E	*[se balança de um lado para o outro sem parar, até que Ney segura-o pelo pescoço, e ele para]* Ou então... ouvir você falar da sua mãe e as curvas da estrada de Santos, ou a caçada do ouro... ou o Cassino da Urca...
N	Nada disso! Estamos no Muro das Lamentações. Respeite a rubrica! Isso é coisa séria! Daqui a pouco, não estarei mais aqui, não serei mais eu, serei outra pessoa. Você sabe muito bem como é! Ah, meu Deus, eu tô tão nervoso hoje, tô muito nervoso aqui. Deve ser o trânsito; não, não é o trânsito não; é o Iraque; não, não é o Iraque; deve ser a Síria; deve ser o *tsunami* árabe; eu tô muito nervoso, deve ser tudo! É tudo. Tô explodindo de raiva aqui dentro! Explodindo de ódio aqui dentro! Foi-se o tempo em que médium era aquela figura simples e desdentada, de peruca, meio afetada e do interior!
VOZ EM OFF	*[Ney] Hey!* Hey, Ney! Não tente me enganar. Eu te observo daqui de dentro, dessa imensidão, dessa escuridão gástrica aqui. *Hey*, Ney... Não tente me enganar! Tô te ouvindo, mas não estou te reconhecendo...
N	Epa! Epa! Quem disse isso?
E	Você, ora! Fica falando essas atrocidades aí nesses programas e depois se arrepende!

N   Esse não fui eu. Esse não fui eu.. Tem alguma coisa grave acontecendo aqui! Mesmo! Tem alguém usando a minha voz. Isso é coisa de Preto Velho. Epa! Isso é coisa de espiritismo! Didi, prepara a mesa, prepara a mesa! Prepara a mesa, Didi. Prepara a mesa da festa, Didi, porque hoje vai baixar! Ah, vai!

E   Mas aqui? No Muro das Lamentações?

N   É, vamos botar esse muro pra quebrar. Hoje é o dia da queda dos muros! Ah, eles vão ver. Eu não entrei em coma à toa. Ah, não!

E   Você não me esperou e eu fiquei triste. Se preparando pra mais uma gravata.

N   Gravata?

E   Gravata!

N   Gravata?

E   Gravata!

VOZ EM OFF   *[Ney] Hey*, Ney! *Hey*, Ney! Sei exatamente o que você está pensando agora. NÃO MINTA! Sei que o que você diz é uma ENORME mentira. Por que você não começa a pensar sobre o tamanho do universo e a quantia... a quantia... a quantia garantida pelo seu... seguro-saúde?

NEY DÁ UM PASSO À FRENTE.

N   Olhem aqui, estou em uma crise sem precedentes. *[Olha no olho do público.]* Uma baita crise, sem igual: e é aqui, do Muro das Lamentações, que berro essa crise pra vocês! E quero que compartilhem comigo essa enorme dor de existir e falar e pensar independente, livre e independente, e o quanto me custou isso, essa independência, desde os curdos, desde os surdos, desde os cegos e os mudos, os islâmicos, os sunitas, os xiitas, os aiatolás, os israelitas e os itas do norte. O meu grito é o grito do Ipiranga. O grito do Ipiranga, ah, quanta angústia, quanto sangue! Quanta miséria, quanta merda! Ouviram do Ipiranga as margens plácidas! Sim! De um povo heroico o brado retumbante! Sim, ah, retumbado povo! Estamos retumbando há tanto tempo! Retumbado placidamente nas margens de um rio Ipiranga! Sim, povo heroico! Por vocês, retumbado povo, eu entrei em coma e entrarei quantas vezes for necessário!

E   Eu olho pra janela e penso na morte.

N   Como assim?

E   Janela. Morte. Simples.
N   Como assim?
E   Passam helicópteros, eles caem, pessoas morrem.
N   Ai...
E   Janela clara, passam aviões, eles caem, pessoas morrem.
N   Ah, essa torcida!
E   O que aconteceu?
N   Essa torcida aqui!
E   É um código isso?
N   É, essa torcida *gay*! Ela dói. Dói muito. Essa gente berrando!
E   Mas é de algum time?
N   É a torcida *gay* extremista do Flamengo.
E   Entendi. Ah, dependendo do time, deve doer mesmo!
N   Dói mesmo, eles não me deixam mais dormir. O goleiro Ruani levou um frango, mas está deitando e rolando na grama da corrupção, e a galera está furiosa. "O Senhor quer maminha de Al-Catra, no ponto? Ou prefere chibatadas já?" "Não, meu senhor. Chibatadas já, em se tratando de Al-Catra."
E   Nossa, que delírio! Você tá com febre? Você quer um chá?
N   Para com essa história de chá! Não é questão de chá! Para com essa coisa de chá! Você sabe o que a Farah Diba disse ao Xá? "Reza Pahlavi, reza!!!" Que coisa feia, né? Que coisa feia isso! Por favor, não descontem nos *gays*, nas lésbicas ou simpatizantes. Um horror isso! Um horror!
E   É, um horror, um horror! Mas vamos logo ao que interessa...
N   Mas vamos logo ao que interessa? E o que interessa?...
E   Baixar logo esse santo, receber o santo, virar canal...
N   Ai, meu Deus! Não quero hoje não. Preciso de um tempo. Olha os pontos aqui, ó! Não, não quero.
E   Ossos do ofício, meu querido: não há trégua. Então, vamos ao que interessa!
N   Vago pelo mundo como se fosse uma nau sem rumo. Um dia, quem sabe, voltarei a ser quem eu sou. Mas, quem eu sou? Eu não sei. Pergunta boba! De onde eu tirei isso? Que bobagem!
E   Meu pai era um *hippie*!
N   Existe um momento...
E   Meu pai era um *hippie* e só falava uma palavra depois de morto...
N   Existe um momento quando o teu passado te bate na cara...
E   Ele falava: tofu! Só falava isso: tofu.

N   Existe um momento quando o teu passado te bate na cara... atropela tua vesícula, arranha tua garganta, arranha tua superfície interna, te deixa respirando com tubos e te mantém ali, ó...

E   Tofu.

N   É um misto de dor e êxtase. É muita informação, entende? É muita informação e eu tô muito triste. Eu tô muito triste! Tudo muito triste! Tô muito triste...

E   Somos poucos nesse mundo de muitos. Ney, vamos logo começar. Vamos logo ao que interessa! Esse prólogo está longuíssimo. Tem uma imensidão de gente esperando lá fora e você é o canal, estão esperando.

N   Pro meu enterro?!

OUVE-SE UMA MÚSICA ÁRABE, NEY E EDI ESCUTAM, VÃO ATÉ A FRENTE DO PALCO, OLHAM, VOLTAM PARA O CENTRO E TIRAM AS ROUPAS DE ASTRONAUTA. ENTRAM OS DOIS CONTRARREGRAS. UM DELES COLOCA O QUIPÁ NO NEY, E O OUTRO, A *GHUTRA* EM EDI. SAEM LEVANDO AS ROUPAS DE ASTRONAUTA.

N   *[olhando para a frente]* Pro meu enterro?

E   *[olhando para a frente]* Pra sessão de hoje, meu querido. *[Para Ney.]* Tem hora marcada. Preparei a mesa. Tem biscoito e tudo. Tem até tofu. Vieram de longe.

N   Vieram de longe, eu sei. Mas nem eles mesmos sabem de quão longe vieram. Longe. LONGE! Não vou dizer a palavra "além" aqui porque pega mal, entende? Longe! Sei. Você acha o que? Que Piracicaba é longe? E que tal... 1778? Hã? Isso é o quê? Longe? Distante? Faz sentido? Tempo? Espaço? Tudo a mesma coisa.

E   Sim, é por isso que às vezes paro *[pausa]* como Platão!

N   Ih, pronto. Falou o nome! Tinha que falar o nome!

E   Tava entalado aqui ó! Platão! Ele, às vezes, ficava horas e horas sentado, sem fazer nada, sem falar nada. Dava uma enorme sensação de tristeza, cansaço!

N   E eu não sei? Tô com ele aqui dentro esperando! Esperando sair! É o quinto. Quer se comunicar com um tatarabisneto dele: um tal de Falabella.

E   Ih... Nem me fale.

N   Quer discutir *A partilha*. Mas tem outros na frente.

E   Nem me fale em Amauri Jr., hein!

N   Ah, não, por favor. Essa é uma merda federal, viu? Ainda bem que você não tocou em Sófocles!

E   Era justamente o próximo!

N   *[como se algum o puxasse pelo braço]* Ai, ai, ai, meu Deus! Vai embora daqui.

E   O que tá acontecendo aí?

N   Vai embora daqui!

E   O que é isso?

N   É o Tchekhov... vai embora, vai embora! Veio de longe também pra se consultar, mas... coisa de venda de fazenda... Quer falar de partilha também, as filhas, o tio... sei lá! Tô muito cansado hoje, hoje eu não quero. Didi, tudo tem seu dia, seu tempo. Preciso de um tempo pra mim. Saí de um coma! Essa cicatriz! Esse muro! Nós dois aqui! Olha a fantasia que nos botaram!

SOM DE PIANO. ELES PARAM, ESCUTAM. OS CONTRARREGRAS TRAZEM DUAS VASSOURAS, QUE ELES PEGAM E APONTAM, COMO ARMAS, UM PARA O OUTRO. JOGAM-NAS DE LADO. ANDAM ATÉ O CENTRO DO PALCO, SE OLHAM E SE BEIJAM. SEPARAM-SE, SE OLHAM, PEGAM NOVAMENTE AS VASSOURAS. NEY VARRE O PALCO. OS DOIS JOGAM FORA AS VASSOURAS E ANDAM ATÉ A FRENTE DO PALCO.

N   Para sermos antagonistas? E o protagonista? Cadê? Não sou EU?

SOM DE EXPLOSÃO.

E   Ué, não sou EU?

MAIS UMA EXPLOSÃO.

N   Ih... já sei! Vem mais alguém então, né? Alguém que não somos nós! Alguém pra nos desafiar. É bem o estilo dele. Me salva, finge que me salva, me salva com sálvia, com vasilhas d'água, vai, me salva, me ajuda?

E   Calma, Ney. Não é nada disso. Esse Muro é assim mesmo. Todos os muros caem. Dura um tempo e caem. Mas, em que tempo nós estamos? Na época dos romanos?

NOVA EXPLOSÃO. ENTRA NOVAMENTE UMA MÚSICA ÁRABE. O PALCO FICA ESCURO, HÁ APENAS UMA LUZ SOBRE NEY E SOBRE EDI. ELES VÊM PARA A BOCA DE CENA. LENTAMENTE, A LUZ VAI CLAREANDO O PALCO, NEY E EDI ANDAM PARA O FUNDO E FICAM DE COSTAS PARA O PÚBLICO. O PAINEL AGORA ESTÁ COM A IMAGEM DE UM MURO CHEIO DE PICHAÇÕES. EDI SE AJOELHA E FAZ A ORAÇÃO MUÇULMANA – SALÁ. NEY FAZ A ORAÇÃO JUDAICA ENCOSTADO AO MURO, DE COSTAS PARA O PÚBLICO. EDI LEVANTA-SE LENTAMENTE E VAI ATÉ NEY.

E   Você pode ter razão.

N   [ouve Edi e só então se vira] Preciso me retratar antes que venha a imagem errada... a verdadeira chapa... o raio X... Se aquele médico entrar aqui, aquele que, você sabe o nome... eu perco tudo, eu volto pro início, eu perco a faca, eu vejo o Aleijadinho de baixo, eu volto pro aeroporto. Não, eu perco tudo. Ajuda a procurar aqui. Vai Didi, rápido, acha o meu diploma falso. Eu o escondi nas frestas desse muro, aqui nas entranhas...

E   Calma! Aqui só tem bilhetinho de hassídico e ortodoxo.

N   Não é verdade! Escondo-o aqui todos os dias, caso a junta médica apareça [Edi e Ney dão um pulo pra trás.] Olha eles aí! Olha eles aí! Vai, me ajuda, caralho!

E   Calma! Que delírio. Eu te observo todos os dias há vinte anos e nunca vi...

N   [agachando] Somos muitos nesse planeta. Perdoai-nos, ou melhor, somos "todos". [Pausa.] Eles chegaram, Didi?

E   Não, não tem ninguém aqui, fora eu e eles.

N   Você gravou? Filmou? Anotou?

E   Mas, com que equipamento?

N   Falo na primeira pessoa. O que seria uma pessoa sem caráter? Toma nota. Toma nota! Não anotou nada, nada, nada, nada, nada?!

E   Ah, Ney, Ney. Você fala depressa demais, como se fosse texto decorado! Mas... calma, calma que eu já sei ao que você se refere! Você vai dizer assim ó: "vejo minha vida com enorme saudades, mas com uma tremenda resolução: sou um "ponto zero", um ponto falho, se deixei falhas para trás. Ué! Mas, qual o ponto falho? Qual o ponto falho? Qual o ponto falho? Qual o ponto falho?" [Anda de um lado para o outro do muro, sob a música de Philip Glass].

CENA 2 · CONFLITO

E   Passei cinco anos decorando o papel que você escondeu aí nas entranhas do Muro, agora quem vai protagonizar essa merda sou eu, porque chegou a vez dos muçulmanos!

N   Me ajudem, me salvem, pelo amor de Deus! Tchekhov, Pirandello, Falabella, me ajudem! *[Para o público.]* É, o ego dele quer explodir, quer se mostrar, quer berrar e ser "tocado" por vocês. Mas, vocês, olhem aí, olhem vocês, vocês não estão nem aí, não é isso? O que é que temos aqui? Temos egos vazios, não é isso? Ele queria ser uma bofetada no gosto do público, mas só consegue ser um chato mesmo!

E   Ney, você está falando pro vazio. Ou então está falando pra divertir o seu público ou então está ganhando tempo fazendo essa cena, sabendo que eles estão vindo te pegar, te prender, cassar tua licença, apagar tua estrela. Já eu, eu... *[o volume da trilha aumenta, aumentando a tensão]* estou por cima com esse cinto-bomba, aqui ó! É só fazer assim, ó, e BUM! Aha! BUM! Voamos todos pelos ares!

N   Pare com essa ameaça idiota! É a minha morte! Não sei se devo ou não agradecer por essa desgraça. Agradecer, agradecer o quê? O quê? Envelhecer? Acordar todos os dias num muro diferente e fingir curar as pessoas? Que piada!

E   Calma que eu só anotei até aquele momento em que você diz...

N   Tarde demais! Eu perdi.

E   Você, onde você diz isso?

N   Eu não disse isso!

E   Mas eu acabei de ouvir!

N   Não com essa intenção!

E   Ney, você me confunde! Desde o episódio do teatro grego, você me confunde!

N   Não anotou nada, nada, nada, não anotou nada, nada nada?

E   Você fala a mil por hora.

N   Nem uma mísera palavra? Nada? Nada? Nada? Nada?

E   Mas eu não tinha nem lápis nem papel...

N   Mas você tinha o iPhone, o iPad, o iPod, não pode, não pede, não fode!

E   Tenho uma ideia!

N Um gênio como eu... que desperdício. Um momento tão inspirado que eu tive hoje!

E Tem aquele pessoal que você recebe...

N Bando de ignorantes!

E Ah, mas anotam tudo.

N Isso é verdade.

E São quase acadêmicos.

N Isso também é verdade.

E Devem ter escutado, assim, como se fosse uma espécie de Tchekhov, anotando, copiando...

N Então o nosso dia está salvo. Ah, só mais uma coisinha. *[Vai para a frente do palco, que fica escuro, com apenas o foco nele.]* Tinha uma uva no meu sapato!

E Uma uva no seu sapato?

N É. Tinha uma uva no meu sapato direito, sim. Você sabe muito bem o que isso representa, não é?

E Não, Ney, não sei!

N Ah, não sei, não sei, não sei, não quero saber. Temos duas opções quando isso acontece: (1) retira-se a uva do sapato direito; e (2) coloca-se uma uva semelhante no outro sapato. Pronto, mistérios resolvidos. Vamos em frente!

E Mas então era por isso que meu pai só falava do jeito que ele falava. Simples. Era simples. Você é que se confunde todo... Ah, Ney, vamos começar. Vamos logo ao que interessa, esse prólogo está longuíssimo. Tem muita gente aí te esperando, e você é um canal. Tô com uma dor de cabeça.

N Não, não, não, tô com uma dor de cabeça. Nossa, que dor de cabeça! Nossa, que tremenda dor de cabeça!

E Nossa, que dor de cabeça! Nossa, que tremenda dor de cabeça!

N Olha só você aí! Que bom. Bom dia. Não tinha te notado ainda porque o trânsito, né? Trânsito, trânsito, trânsito. E carros, carros, carros. E o Google e o Google e o Google e trânsito, carros, carros. E tem o Google Maps, tem o Google Maps e tem o GPS, onde se pode ver, por meio do Google Maps e do GPS, onde se está preso no trânsito. Me passa o Paco de Lucía.

E *Shhh*! Não fala a palavra passa que vem a entidade aí e incorpora.

N   Não. Hoje não, pelo amor de Deus. Tô cansado. Cansado de ficar recebendo essas coisas aí de Zé Arigó, de Chico Xavier, de Chico Buarque. Tô precisando de um tempo só pra mim. Só pra mim. Tô precisando de um tempo só pra mim. Não tô bem hoje não, hein?

E   *[irônico e com ciúmes]* Já entendi. Deve ser por isso que encontrei isto debaixo do seu travesseiro *[tira, debaixo do capacete, uma calcinha vermelha]*.

N   Ah, estava mesmo procurando. Foi o primeiro travesti da história, a data é... a data é... é...

E   Ontem, porra!

N   Não! É da época pré-vitoriana. Quer dizer, colombiana. Quer dizer...

E   Ah, já entendi, deve ser uma traveca da inquisição. É isso?

N   *[íntimo]* Nossa, que experiência foi aquela, que loucura, lembra, Didi? Ele veio aqui, eu operei, quer dizer, o Chico chocado operou. Sei lá. Deixei passar o coração. Ah! O coração... Ah! O coração...

COMEÇA A TOCAR "COCAINE". AS LUZES FICAM VERMELHAS. MARIA ENTRA NO PALCO. ANDA TROPEÇANDO E ARROTANDO, BÊBADA, OLHANDO AO REDOR. NEY E DIDI PERMANECEM NO PALCO, AO LADO. CHEGA NO PROCÊNIO, OLHA O PÚBLICO, FICA DE COSTAS, PEIDA E SAI. NEY E EDI VÃO PARA A FRENTE DO PALCO. A MÚSICA PARA. EDI CHACOALHA NEY.

N   Para, para!

E   Putz! Chegou o preto veio! Ai, meu Deus, ai, meu Deus, sai dessa!

N   *[anda como se tivesse incorporado o Preto Velho]* Não encosta em mim, não encosta em mim não.

E   Ai, que dor de cabeça, que dor de cabeça!

N   Sou preto, sou velho, mas não sou o preto veio não. Não sei porra nenhuma. Fica esse bando de gente querendo pedir ajuda aqui, se enche de drogas e depois vem pedir aqui passe e charuto e cachaça.

E   Ah, eu não acredito, eu não acredito, meu Deus, é sempre a mesma coisa, é sempre o mesmo discurso. Acorda, Ney. Corta a música! Já cortou, né? Então, tudo bem. Ah, vou lá dentro fumar um baseado. *[Edi sai de cena.]*

N   *[ainda como Preto Velho]* Ah, meu Deus do céu! Me sinto tão sozinho! É, me sinto tão sozinho! É, caboclo tá sozinho! Eu acho que é esse negócio de Dubai. Me sinto tão sozinho! Ai, que chato. Que chatice esse negócio de comemorar o Ano-Novo. E ainda tem esse negócio de Dubai, mas é bom esse negócio de Dubai, viu? Todo mundo de branco, todo mundo "se limpando", todo mundo estudando mandarim, todo mundo mandando flores pra Iemanjá, acarajé, vatapá. Ô gente chata!

E   *[volta ao palco]* Ah, Ney, não seja desrespeitoso. Deixa eles acreditarem. É uma mulata do bem.

N   Mulata nada. Olha que eu sou o preto veio e te queimo todinho, aqui e agora! Esses balangandãs, esse Chico, esses barquinhos cheios de flores e, hum, vou te dizer, você está com um cheiro, você tá com um cheiro de quem comeu salsicha. Nunca mais vou te comer, sabia? Epa!

E   Faz anos. Nossa! Nem me lembro quando foi a última vez.

N   Ah, onde já se viu? Você sempre fazendo uma porcariada numa peça aqui, noutra ali, vomitando sangue! Vomita-se ECTOPLASMA!

E   É, ele ó! *[apontando para o capacete]*, ele faz isso com a gente. Mais respeito às tradições e às crenças de cada um. Isso é com cada um! Cada um.

A MÚSICA AUMENTA. OS DOIS OLHAM PRA CIMA E SE MOVIMENTAM LENTAMENTE.

N   O que é isso, hein?

E   É ele ó, ele que está baixando!

N   Nossa, fecha o corpo, então, fecha!

E   Não, não. Não é baixando o santo não. É baixando de *download* mesmo. É, hoje é tudo virtual.

N   *[dançando]* Download! Download! Download! Olha essa pobreza aqui, ó *[para a plateia],* tudo *download*, é, eu sei o que ele tá falando. Tô fingindo pra não dar bandeira.

E   O que você tá sussurrando aí?

N   Não tô sussurrando nada!

VOZ EM OFF   *[Ney] Hey*, Ney! *Hey*! Você nunca esteve na solidão de Dubai, a solidão de Dubai, a solidão de Abu Dhabi, Dubai, Abu Dhabi. Ney! Eu te libero! Você está liberado!

ESCUTA-SE UMA EXPLOSÃO.

CENA 3 — BAIXANDO O SANTO

N *Download! Download! Download! Download! Download! Download! Download! Download! Download! Download! Download! Download! Download!* Dezesseis! Dezesseis! Tão baixando aqui. Dezesseis.

E Freia tudo. Para tudo. Pelo amor de Deus! Para tudo, para tudo! Para com esse *download*, Ney, que nós não temos 16 xícaras de café, nem tem pó suficiente pra toda essa gente. E olha que eu caprichei.

N Bota qualquer merda. A turma que vem aí é da pesada. Escatologia mesmo! Você sabe muito bem. Estão pouco se lixando pra café. O negócio deles é outro. O negócio deles é outro. O negócio deles é outro. O negócio deles é outro. O negócio deles é outro.

E Já entendi, já entendi. O negócio de Dubai, claro. O negócio de Dubai. Será que este pessoal aí dentro não se importa? *[Aponta para o corpo de Ney.]*

N Claro que se importa. Eles são todos de Dubai. O negócio deles é outro. O negócio deles é outro.

E Já entendi!

N Ai, ai, que suruba. Caramba, que suruba. Tem até pedófilo nessa suruba. Tem até judeu nessa suruba. Tem até zen-budista nessa suruba. Nossa, que suruba. Nossa! Tão todos baixando. Eu não vou te falar nada, hein? Não vou te contar que é segredo de Estado! Não, nem adianta perguntar. Não, nem adianta perguntar. Não, nem adianta perguntar. Eu sei onde você está querendo chegar. E eu não quero ir aí. Não quero. Sei onde você está querendo chegar! E não quero ir nesse lugar.

E Entendo. Seria o fim do mundo mesmo. Peço desculpas. É que meu assistente...

N Assistente? Você tem assistente?! *[Sai do palco, irritado.]*

ENTRA TRILHA SONORA. EDI PROCURA NEY PELO PALCO.

CENA 4 – AUSTRALIANOS

E Ney? Cadê você? Ney? Ney?

N [volta ao palco] Saí aqui, dei uma saidinha na coxia e fui parar lá em Pequim. Nossa, como tem pato em Pequim! Como tem pato em Pequim!

E [para plateia] E como tem australiano no mundo, não é?
Não, sinceramente, mas sinceramente...

N Pronto. Agora deprimi. Fiquei deprimido. Pronto, você conseguiu: você conseguiu me deprimir. Estava pensando em sexualidade, crimes cometidos por causa disso, preconceitos raciais e todos os outros e vem você com esse papo aí, agora eu deprimi, tô deprimido, deprimido!

E Ela vai chegar logo. Já avisou, tá chegando.

N Você diz isso só pra me confortar. Ela... foi... você sabe, né?

E Sei o que você vai dizer.

N Foi...

E Torturada!

N Isso. Foi mesmo. Foi choque elétrico, foi geladeira e pau de arara. E mais...

E Mas Ney... ela não foi torturada lá nos...

N Não importa. O que importa... é que...

E Então me diga, eu quero saber, onde ela foi torturada?

N Pelo marido, ora bolas! Pancada e choque dentro de casa! Maior gritaria! Pobres vizinhos.

E Fetiche! Ora, Ney, pelo amor de Deus. Eu só te dava uns tapinhas. Não deixava nem marca.

N Mas teve uma mulher que me marcou. Ela pegava pesado comigo. Ela me cortou, ela me rasgou, me pendurou atrás da porta trancada com cadeado...

E Não quero me lembrar disso. Você insiste em falar sobre isso toda semana. Pra quê? Pra me machucar?

N Não. Nada disso de machucar. É porque você sabe que ela... [toca o telefone]. Atende Didi, atende que eu tô deprimido, atende!

E Alô? Com quem? Ah não, meu senhor, a agenda está lotada. Como? Ah, quanto? Ah, espera aí. [Finge que está falando com alguém e tapa o bocal do fone.] Então, dá sim. Que horas? Tá bem, ok. Por quanto tempo? Ahã, tá bem. Estarei aí amanhã, ok. Obrigado, obrigado.

N   Michê de novo, Didi? Michê? Já não passamos dessa fase?
E   Pelo jeito não.
N   E eu com as operações aqui, se baixar alguém? Quem vai cuidar de mim?
E   Ela!
N   Não acredito que você vai sair pra trepar e ganhar dinheiro, e me deixar aqui, sozinho.
E   Dinheiro é importante, Ney.
N   Eu tenho mais, eu tenho o dobro. Eu pago. Pronto. Quanto é? Eu dobro o preço. Dobro. Ó *[tira as notas do bolso e joga-as no chão]*. Gostou? Eu sou mais rico do que estes bostinhas aí!
E   *[agachando e pegando o dinheiro]* Nossa! Poxa, Ney, obrigado. Nossa! Deixa eu ver. Aqui, pelo que eu tô vendo, deve ter mais de dez mil.
N   É isso aí!
E   Mas a proposta do comercial que me ligou agora só me ofereceu seis mil.
N   Comercial? Então não era michê? Era comercial?
E   *[levanta lento, sério, tenso. Anda até Ney. Fala entredentes]* E você, por acaso, vê alguma diferença?

O PALCO ESCURECE, A MÚSICA AUMENTA. NEY SAI DE CENA, HÁ UM FOCO SOBRE O GLOBO TERRESTRE QUE ESTÁ NO CHÃO, EDI SE MOVIMENTA, VAI ATÉ O GLOBO E, DEPOIS, ATÉ O CAPACETE DE NEY.

E   *[para o capacete]* Conheço seus truques, pode aparecer, anda! Não precisamos mais de introduções polêmicas.
N   *[aparece na coxia]* Ei! Vou dar um pulinho em Miami e volto já *[sai de cena]*.
E   Não foi assim que Moisés mudou o mundo? Hã? Moisés realizou diversos prodígios após uma epifania. *[Vai até o globo.]* Nossa, nossa, que loucura! Que loucura! *[Levanta o globo e o equilibra em uma das mãos.]* Já entendi. Deve ter caído da carga do avião que estava indo pra Miami, ou pra Malásia, que você não conseguiu pegar... Quer dizer, deve ser isso, deve ser isso, deve ser isso. *[Coloca o globo no chão.]* Por quê? Por quê? Por quê? Por quê? *[Para o capacete de Ney.]* Você sempre perguntando "por quê"! Como se fosse uma vítima inocente das circunstâncias. Esse pessoal que despacha aí dentro...

N *[entra no palco]* Por quê? Hã, por quê? Olha aqui, ó *[estala os dedos]*. Um simples estalar de dedos, e as entidades vão embora, olha aqui. *[O palco fica claro.]* Olha aqui, ó *[estalando os dedos]*, espíritos capazes de interferir no nosso dia a dia com um simples, ó, estalar de dedos. Vai embora. Tem um aqui perto, do meu lado, vou mandar embora, ó, vai embora! Pronto, olha lá, foi embora, foi parar em Búzios! Que loucura, uma coisa tão simples, um simples estalar de dedos. Eles têm medo de uma coisa tão simples e tão discreta como a que eu estou fazendo, um simples estalar de dedos!

E E o incenso?

N Ah, você e ela, né? Combinaram tudo. Ela que se vá. Ou venha. Sei lá. Já não sei mais, tô cansado. *[Estala os dedos.]* xô! xô! Vai, vai embora! Pronto! Esses já estão pra lá de Angola.

CENA 5 - YOGUI

N *[sentando-se no banquinho, à frente do palco]* Essa noite eu tive uma impressão. Estranha impressão. Minha perna esticou, olha só. Fiquei com a perna toda esticada, esticada mesmo. Tô todo doído aqui, nesse nervo aqui. Olha só! Fiquei de cabeça pra baixo, plantei bananeira, fiquei de ponta-cabeça. Vi o mundo de outra maneira. Aí, de repente, vi um vulto de roxo. Hum... Xô, xô, vai embora. Xô! *[Estala os dedos.]*

E Voltaram de Angola, né?

N Voltaram. Xô! *[Estala os dedos.]* Crucificado. Eu estava lá na cruz e ninguém veio me resgatar. Você nem pensou em aparecer lá. Nem pra me dar um cajuzinho, um cafezinho, uma ameixa. Que conceito estranho.

E Qual conceito?

N Esse! Das frutas secas e enrugadas como a banana-passa *[levanta-se]*. E os brasileiros?

VEM PARA A FRENTE DO PALCO.

E Esses aqui na nossa frente?

N Sim, olha. Diferente! São brasileiros que nos escolheram. Olha só que gente linda.

E Verdade, não havia notado. *[Edi sai.]*

N   Olha só que gente linda. Todos de Dilma, lindos, brasileiros mesmo, todo mundo com sobrenomes como Goldstein, Rosenberg, Matalon, Pizzicato... todos tão brasileiros! Eu não os culpo. Vocês são lindos mesmo. Brasileiros natos: os Sievers, os Kellers, os Smiths, os Kubitscheks!

ENTRA MÚSICA DE DVOŘÁK. NEY SAI DO PALCO. MARIA ENTRA CARREGANDO DUAS BONECAS INFLÁVEIS E ANDA ATÉ A FRENTE DO PALCO, OLHA O PÚBLICO, JOGA OS BONECOS. NEY E EDI ESTÃO NO PALCO E PEGAM, CADA UM, UMA BONECA.

CENA 6 - CUSTO EMOCIONAL

M   Eu sei que não é fácil viver afastado da Terra Prometida. Sei como é difícil "tentar" estar envolvido e, no entanto, não estar. Imagino como deva ser enfurecedor. Digo, frustrantemente enfurecedor. O conflito em querer ter o poder e não tê-lo é difícil. Olhar para as grandes nações do mundo e sempre ter que imitá-las, importar seus produtos, fazer tudo igual, mesmo com anos ou décadas de atraso, acaba virando um recalque. Sim, um furor de recalque. Do que eu falo? Dessa merda aqui, óbvio. Do Brasil como país, como nação, sempre tentando meter seu bedelho em tudo. Digo, opiniões impressionantes a respeito de tudo, quando não sabem nem onde fica a porra da Ucrânia, ou sua história.

N   Ô, Maria, peraí, dá um tempo, Maria, tem muito ucraniano em Campo Grande, no Mato Grosso do Sul, dá um desconto, pô! Vai, continua.

M   Uma nação conquista sua história com independência, sangue, e formula sua constituição por meio de uma, duas, três ou mais revoluções. São sanguinárias estas guerras internas, os conflitos internos e, principalmente, a luta que se trava entre grupos de interesses, a moral da maioria silenciosa e os direitos civis. A liberdade individual vai ganhando um preço! Um preço alto.

N   Ucranianos, não é?!

M   Poucos de vocês – desculpe se os insulto – têm vida vivida, empírica, em terras estrangeiras de primeiro mundo, e tudo que conhecem já lhes chega em segunda mão! E vem destilado, babado, cagado, amerdalhado, assim como os (des)editores bem entendem, já que ninguém entende porra nenhuma. E é sentindo o cheiro das esquinas e é comprando na *deli* do coreano, que fica aberto 24 horas, e cortando legume na calçada de Nova York, que se conhece uma cidade, não pelos seriados de TV importados e enlatados, não pelos seriados de TV importados e enlatados, não pelos seriados de TV importados e enlatados seus... idiotas.

CORTA MÚSICA.

         Olha, este texto não é meu, ok? É do Gerald. Porque eu, eu amo isso aqui, as favelas, a pobreza, a corrupção, arrastão, tudo muito lindo... Lindo de morrer...

VOLTA MÚSICA.

         ...Enfim, o Brasil é um país que se arrasta há décadas, há séculos, mas nunca chega lá. É o tal gigante dopaminado *[Maria deita]*, dopado. Antigamente, dizia-se "adormecido".

ESCUTA-SE UMA EXPLOSÃO. A MÚSICA PARA.

M   Sua vida está em perigo, Ney. Muito perigo!
N   *[joga fora o boneco]* estamos sós. Eu, você, o muro e a boceta. Ah, aqui, no Monte das Oliveiras, na montanha onde Cristo... *[Ney fica atrás de Maria, que fica com os braços abertos, como crucificada. Ele usa a Maria de fantoche.]*
M   Chato! Você tem noção de que está dizendo isso a mais ou menos três horas, e da mesma forma? Quer dizer, eu não posso me mexer, você também não pode se mexer, porque você não para de falar um pouco e eu saio do teu...
E   Caralho *[joga o boneco fora]*! Me ocorreu algo! Realmente me ocorreu algo!
N   Depois de três horas te ocorreu algo, é isso?

E   Quieto! Eu estou aqui pensando, será que vocês não perceberam ainda a tática? Ele *[aponta para o capacete]* está querendo mudar nossos papeis. *[Para o capacete.]* Quantas pessoas você já matou durante a carreira? Hein?

M   Matou... trucidou.

E   É, matou, trucidou, mudou de rumo, arruinou, deixou disfuncional, pirou, deixou desempregada, no olho da rua, porque todo o investimento...

M   Sim, sim... Minha agência era uma... aquilo era uma loucura! Era a nata do tráfego!

N   Por favor, fale detalhadamente, com todas as palavras pra ele poder anotar. Vamos, fale!

M   Tenho medo, entendem?

E   Sua agência traficava travecas e velhas desdentadas para países árabes porque lá elas tinham que usar aquele véu mesmo... então, não fazia a menor diferença, não é? Até que descobriram homens.

M   O que é que você está querendo dizer? Éramos honestas, quer dizer, honestos! *[Para a plateia.]* Éramos homens? Mulheres? O que éramos?

N   Eram "homens" que contrabandearam homens no meio daquela cambada de Serras Peladas! E encobertas de islâmicas de mentirinha. Um ultraje!

M   Houve, uma vez, uma manifestação. Era uma grande manifestação. Nós aterrissamos da África, de Ruanda, pra ser mais preciso. Sobrevivemos ao massacre dos rebeldes. Ó, este buraco aqui – ah, não dá pra ver, culpa do autor, *sorry [faz referência à boceta do cenário]*. Só está aqui porque os médicos russos o colocaram de volta e...

E   *[chora, vai até o capacete e se abaixa]* Eu fico emocionado. Cínico de última, fora isso eu passei sete anos da minha vida, talvez os melhores anos da minha infância, dos sete aos quatorze, tendo que engolir aquela gosma, aquela coisa nojenta chamada caviar beluga *[levanta-se]*. Foi aí que resolvi ir pra Corumbá me prostituir. E lá estudei Wittgenstein. Dando o cu mesmo!

M   Esse "dar o cu" é no sentido nietzschiano ou deleuziano, ou você está citando Descartes mesmo? Qual dos "dar o cu" você deu em Corumbá? E como entra o Wittgen...

N   Ele deu o cu lá em Corumbá, se "soltou"! Ficou com vontade de dar lá. Foi isso! Corumbá não tem filosofia, não tem muro, não tem nada.

E   Ah, tinha um muro, sim. Enorme. Me encostavam nele e – pimba! Era no cu! *[Agachando com a bunda para a plateia.]* Foi assim que aprendi filosofia.

N   Acreditem se quiser.

BATERIA – GERALD.

M   *[pula, descontrolada]* Eu não posso ficar. Eu não posso ficar. Eu não posso ficar. Eu não posso ficar. Eu não posso ficar. *[Edi ameaça dar um tapa nela.]* Eu não posso ficar nem mais um minuto com você... *[Maria canta "Trem das onze", dançando sob os olhares de Ney e Edi.]*

E   Não pode ficar mesmo!

N   Que mulher cansativa! Chata! Pra fora!

OS DOIS TIRAM-NA DO PALCO, VÊM PARA A FRENTE E FAZEM GESTOS IGUAIS VIRADOS PARA A PLATEIA. MARIA VOLTA.

M   Quietos! Posso não estar fixa no Brasil como residente, mas isso não me coloca numa posição nem um pouco diferente do Saramago ou de Beckett e Joyce, que, apesar de serem ativos num determinado lugar e completamente integrados a ele, moravam em outro. *[Didi finge que dá um tapa na cara da Maria, que cai.]*

N   Interessante isso que você disse. Muito interessante isso que você disse. Retumbante. Muito retumbante.

E   Em Ruanda não era diferente? Não tinha churrascaria ou tinha churrascaria? *[Volta o samba, Ney incorpora.]* Ai, meu Deus, ele tá incorporando! *[Maria levanta, assustada.]* Prepare tudo. Prepara o lençol! Prepara a pipoca. Os charutos! Maldito fumo: será que esse pessoal não entende que fumar faz mal?

M   Ah, estão todos mortos, olha!

N   *[no ritmo do samba]* Lá vem aí o Terceiro Reich! Lá vem, lá vem, lá vem! Não falo ídiche. Não falo hebraico! Só sei berrar em português ou em inglês: *it's amazing! It's amazing! It's amazing! It's amazing!*

M   Não sou imbecil e muito menos "inocente". Já estou percebendo o que está a acontecer aqui.
E   A coisa tá preta. Ela está falando com sotaque português! Cruzes!
N   It's amazing! It's amazing! It's amazing! It's amazing! It's amazing! It's amazing!
M   [para o público] Ele está a se multiplicar? [Corta a música.] Como vocês brasileiros dizem "Ney" no plural?
N   Neys, com "s" [volta o samba]. It's amazing!
E   [fala direto, colado com a fala do Ney] Mas em Teerã, não tem plural. E depois da minha quimioterapia dei a isso aqui dentro o nome de Irã, Teerã, o... o meu coração chama Aiatolá Khomeini e meu fígado, Síria, e os dois estão ali, numa situação difícil! Muito difícil, no Sírio-Libanês.
M   E na Argentina? Seria o Bashar – AL ASSADO?
E   Ela entendeu tudo. É pra conseguir a bomba. É pra conseguir a bomba. É pra conseguir a bomba. A bomba da Pérsia. A bomba da Pérsia. Tudo que começa tem que ter um fim retumbante. Retumbante!
N   [não para de sambar] It's amazing! Amazing! It's amazing!
VOZ EM OFF   Para! Para! [A música para.] Pra fora do palco todo mundo.
N   Eu não vou.
VOZ EM OFF   Todo o mundo!
N   Eu não vou sair daqui mesmo.
VOZ EM OFF   Deu um curto-circuito aqui.
N   Aqui é meu lugar. Eu não vou sair daqui.
E   [vai até a plateia e fala com uma senhora] Pessoal, por favor, precisamos da sua ajuda aqui. Ele – o Ney – está causando essa confusão. Alguém aí precisa me ajudar. Você? [Aponta alguém da plateia.]

SAMBA COMEÇA EM *FADE-IN*.

N   It's amazing!
E   Tá vendo o Ney? A senhora nos ajuda, por favor, com a sua energia externa, quero dizer, interna.
M   Pra fora daqui, caralho! [Pra plateia.] Você não ouviu a voz? Você não ouviu a voz? Você não ouviu a voz? Era a Voz do Brasil? Ai, Jesus!
E   Jesus mesmo! Era ele! Era ele! De joelhos todo mundo!

N   Para tudo, para tudo! *[O samba para.]* Para tudo.

E   O que foi?

N   Porque realmente... O que é isso? Não sei mais o que dizer. Você, Didi, é islâmico. Que história é essa de "ai, Jesus", a outra *[para Maria]* "ai, meu Deus"? O que é que isso? *It's amazing! It's amazing!* *[Volta o samba.]*

E   *[no meio da plateia]* Acho que era ele: o uniforme; o cara mais lindo do mundo; com um machado na mão. Digo, segurando machado... Machado de Assis, Brás Cubas.

M   Brás Cubas? Dois países tão diferentes. Brasil e Cuba! Testosterona!

N   Eu tenho um amigo árabe!

E   Mas, o que é que está acontecendo aqui, hein? Pra que isso agora? Vocês estão me enlouquecendo falando em código. Olha aqui, ó, *[corta o samba]* olha aqui a pistola!!! Olha aqui!

M   Ele é do Al-Qaeda?

N   Os pais são do Al-Garve!

M   Você sabe o que significa isso, né?

N   Sim. Que a minha vida está correndo perigo.

M   Desde os mouros. Desde Al-Pacino. Desde a Al-Môndega! Desde os Fenícios. Ah, Veneza e os Al-Faces.

ENTRA WANDERLEY COM BANQUINHO.

E   *[se senta]* Eu conheci o De Niro! Também conheci o Marlon Brando. Al-Brando Al-Nero! *It's amazing, it's amazing!*

M   Então você sabe do que eu estou falando.

E   Do Al-Perigo? Com vocês: Al-Mazing!!!

M   *[canta à capela] I'm going to tell you something! I was born a litle black boy in Alabama in the midst of the* WORST *segregation, Man! You follow? Yeah, a pretty damn fuckin' tough education! [Estala os dedos marcando o ritmo.] Black was black and white was white. Then, my family moved all the way up to Missouri. Corn and damn watermelons didn't work. So they went for peanuts! That's my life story! Peanuts.*

NEY, QUE ESTAVA DEITADO NO PALCO, SE LEVANTA. MARIA VAI ATÉ A FRENTE DO PALCO E FALA COM FORTE SOTAQUE INGLÊS.

M   *But then, I moved to Britain and... well, became a posh aristocratic bitch. Yes, relearned my English and... spoke as IF I came from the middle of Hampstead or Mayfair... So there you are! White is the new Black! 'Tis quite remarkable, isnt't it? On the other hand, it isn't all that remarkable, is it?. 'Tis quite remarkable. On the other hand, it isn't all that remarkable, isnt't it?. Well, it isn't all that quite, is it?* [Dá um tapa na própria cara.] Mas depois a família se mudou pra Portugal. E aí fodeu tudo. Não sou rainha de porra nenhuma. Que merda é essa que colocaram aqui em volta do meu pescoço! Saco! Será que o Gerald não entende que sou Comandante do Batalhão de Frente de Cascais e Estoril e estou aqui a reunir umas assinaturas para que nós, com o dever humano que nos é conferido, possamos avançar na direção Norte e desanexar a Crimeia da Rússia. É isso. Já temos quatorze assinaturas, dez *likes* e oito *shares* no Facebook! Se conseguirmos mais umas quatro assinaturas, oito *likes* e cinco *shares*, quem sabe? Não poderíamos também libertar a Ucrânia de tanto sofrimento? Ah, Ucrânia, Ucrânia! *[Vai até o capacete do Ney e fala para ele.]* Ah, O Crânio!! O Crânio.

ENTRA MÚSICA DE SHOSTAKOVICH.

O que sente um brasileiro quando olha para um soldado marchando no dia 7 de setembro? Nada. Não sente nada. Vocês não têm história e se têm não se orgulham dela. Por isso grudam esses olhos vesgos na televisão e vivem a vida dos outros. Vivem no nosso cenário. A única coisa sobre a qual vocês podem mesmo dissertar (e com ambição de mestrado), é sobre a porra da novela das 5, das 6, das 7, das 8, das 9, das 10, das 11, das 12, das 13, das 14, das 15... Puta merda! Ou sobre a impunidade dos salafrários que não veem nunca o olho da justiça, porque num país que não se autorrespeita não existe justiça. A cultura do coitadinho... me ouviram? A cultura que apadrinha o coitadinho e que, na verdade, odeia o vencedor, mas adora dar uns tapinhas nas costas daquele que perde, porque se identifica com aquele que perde... gente... que merda! Que merda!

MÚSICA SAI EM *FADE-OUT*.

N [vaia] *Uuuuuuhhhh! Uuuuuuhhhh! Uuuuuuhhhh!* Contente? Gostou das vaias? Quer mais? *Uuuuuuhhhh!* Imagina, uma portuguesa vem aqui e fala isso da minha terra santa!? *Uuuuuuhhhh!* pra você.

EDI, ASSISTE TUDO DA PRIMEIRA FILA DA PLATEIA, DE PÉ, COM O REVÓLVER APONTADO PARA A CABEÇA. MARIA SE DÁ UM TAPA E CAI NO CHÃO.

N Isso, cai mesmo, vai!
E Vocês todos enlouqueceram mesmo!

CENA 7 — INCONSCIENTE

N O custo emocional é alto demais.
E E o que temos a perder? Me diz. Rezar o *Káddish* no final? E, cobertos de terra, vamos ao pó.
N Cheirei anos e anos. Olha o que aconteceu aqui com a cutícula seca do meu nariz.
E É cartilagem, Ney. Cutícula é na unha, no final do dedo.
N Pois então, cheirei anos e anos, olha só: tudo corroído. Tudo corroído. O custo emocional é alto demais.
E Mas, e o pagode...
N Não tem pagode nenhum. Eu vivia nos fundos, num quartinho minúsculo que a doutora Nise da Silveira me emprestou lá no Museu do Inconsciente... e...
E As árvores eram verdes.
N Não, eu vivia inconsciente, entende? O custo emocional era alto demais. Eu não consegui lidar com notícias.
E E tinha televisão?
N Hamm?
E E tinha televisão lá?
N Hamm?
E Fala, tinha TV no Museu do Inconsciente?
N Tinha uns canais estranhos, inconscientes, esquisito aquilo. Foi lá que comecei a incorporar. Nossa, como era louco aquilo naquele Engenho de Dentro. Olha, vou te falar uma coisa agora, uma coisa grave! Não sei se você tem estômago pra ouvir.

E Removeram.

N   Há quinze anos você finge não ver aqueles saquinhos marrons no camarim e aquelas seringas... usadas, ensanguentadas...
E   Isso era da peça do Nanini... aquela...
N   ERA MESMO! *O circo de rins* e o resto.
E   Removeram.
N   Há quinze anos. Você finge ignorar que eu sou um viciado. Sou um dependente químico total, quando eu saio de cena...
E   Ah, Ney, vamos logo ao que interessa! Esse prólogo está longo demais!
N   O que é isso? Vamos ao que interessa, ah! *[Ney sai do palco. Entra música de Dvořák. Edi sai da plateia ainda com o revólver apontado para a cabeça, entra no palco, vira-se para o público e caminha, enquanto, no fundo do palco, desce o muro todo pichado. Edi aponta o revólver para o capacete de Ney e depois para Maria, que está caída no chão.]*
E   *[apontando o revólver para a cabeça de Maria, em tom de discurso]* O que será que Stalin pensaria? O que será que Stalin faria? Onde será que Stalin se esconderia?
N   *[volta ao palco]* Nossa! Stalin não se vestia assim de mulher.
E   *[ainda em tom de discurso]* Stalin era uma mulher, Ney. Mas era casado com uma mulher, também da Geórgia, e aqueles bigodes... foi meu avô que fez! *[A música para. Edi volta a falar normalmente.]* Eu sou russo, Ney. Você finge também não saber do genocídio...
N   Ai que dor. Auschwitz. Estive lá! Impressionante. Aquele arco: "O Trabalho Libera".
E   Goebbels traduziu para o alemão, quer dizer, para o alemão polonês! Quer dizer, pra Polônia ocupada pelos alemães, mas foi meu avô também que esculpiu aquela linda arcada em estilo *art nouveaux* e... era pra enfeitar a confeitaria dele, quando Stalin e Hitler se encontraram...
N   Nossa! Você está indo num lugar perigoso demais.
E   Hitler era impotente e você sabe disso? Stalin era sua amante. E a coisa ali era difícil, difícil. Acabava rolando muita escatologia, muita merda, sabe como é, não é, Ney?
N   É, eu deixei o camarim mais ou menos assim, num estado assim.

CENA 8 — HAJA PRIVADA

N O custo emocional é alto demais! "O que será que Stalin pensaria? O que será que Stalin faria? Onde será que Stalin se esconderia?", você pergunta. Não tem resposta. No meu grupo de terapia do inconsciente tem um cara chamado Stalin, mas esse não vê nada. Não vê nem um daqueles tecidos enormes do Bispo do Rosário. Já na minha terapia de trânsito lá no Detran tem um cara que se chama Stalin também, do partido comunista. Não dá pra falar com ele, que dirige como uma louca, fala em guerrilhas, acredita em Cuba, desviar aviões, essas coisa, você sabe, né?

E Eu sei, às vezes tenho pena dessas pessoas, às vezes simpatizo com elas. É que a merda que você deixou lá no camarim me remete a uma história do olho, mas eu sei que você não sabe do que eu estou falando e nem nunca leu.

N Eu li sim, eu li sim, foi escrito por um...

E Pelo Bataille. Georges Bataille. É que o nome me sugere a batalha de todos os dias. E a merda no camarim é uma metáfora de que tudo o que entra, sai pelo cu, e haja privada!

N *Drop l'amargure! Drop l'amargure! Drop l'amargure! Drop l'amargure!* E as chaves? As chaves da casa, onde estão as chaves?

E Eu deixei lá com o pessoal do comercial.

N Do michê!

E *Drop l'amargure*, Ney! Elas serão retornadas a nós por uma quantia inferior ao ouro deixado pelos romanos...

N Que romanos? Que porra de ouro nenhum! Que porra de ouro nenhum! Eu vou ficar preso aqui por uma merda que você fez? Porra de ouro nenhum dos romanos! Boa sorte pra você, tá? *[Ney vai para a frente do palco e fala para a plateia.]* Já comi minha lagosta! Já chupei uma boceta!

CENA (QUASE) FINAL 1

SOBE O MURO, OUVEM-SE SONS DE EXPLOSÃO, DE SIRENES, TIROS. EDI ESCUTA O SOM DA GUERRA, LEVANTA MARIA E OS DOIS SAEM DO PALCO. NEY OLHA O PALCO, HÁ UMA MESA COM DOIS LUGARES, DOIS PRATOS E DUAS TAÇAS, O GLOBO TERRESTRE ESTÁ NO CHÃO. NEY VAI ATÉ O CAPACETE, TOCA-O, E SENTA-SE EM UM PRATICÁVEL NA FRENTE DO PALCO, ENQUANTO OS SONS DE GUERRA SEGUEM. ENTRAM

EDI, VESTIDO DE JOHN GALLIANO, E MARIA. OS DOIS DESFILAM.
EDI SENTA EM UMA DAS CADEIRAS, MARIA FICA DE PÉ NO CENTRO
DA MESA, COM UMA GARRAFA DE VINHO. ENTRA TAMBÉM ALGUÉM
VESTIDO DE ASTRONAUTA, ANDA LENTAMENTE ATÉ A OUTRA CADEIRA
E SE SENTA.

N   *[exausto]* Não adianta antioxidante, não adianta tentar olhar no espelho com mais uma vitamina e mais um médico. Que médico, porra! NINGUÉM SABE NADA! A guerra bacteriológica está aqui dentro de mim. Sempre esteve. O meu combate é meu. Sou eu contra mim mesmo. Sempre foi assim. Quando estou parado, olhando pela janela, ou trepando, comendo, cagando, andando, o que eu vejo? O que eu vejo? TRAGÉDIAS, MORTES, carros explodindo, batendo, corpos mortos e sangrando no chão, uma miséria horrenda de gente pisoteada, massacrada por outras pessoas. Podem rezar o dia inteiro, podem achar que defumando tudo o dia inteiro, tudo está resolvido. Que GRANDE BABAQUICE... uma babaquice. E pra quem fica aqui, eu desejo um bom jantar.

CENA FINAL 2
SOBRE JOHN GALLIANO

N   O que você diria ao John Galliano, Didi?
E   Como? Sobre o antissemitismo, a genialidade dele, o racismo...
M   Galliano: esse nome me parece ser português! Sim, um lusitano *[serve o vinho]*.
N   O que você diria pra ele agora?
E   Que eu seria capaz de vestir uma de suas coleções.
N   Jura? E sairia por aí?
E   *[com a boca cheia]* Com muito orgulho. Sim, sairia por aí...
N   Eu sei, eu sou capaz de desculpá-lo. Você seria? Mesmo vestindo uma de suas criações brilhantes? Seria? Você seria capaz de me perdoar e escutar enquanto digo: "nunca acredite quando um ser humano"... Eu estou RETUMBANDO PLACIDAMENTE nas margens do rio Ipiranga há tanto tempo... Nossa, estou retumbando placidamente nas margens do rio Ipiranga há tanto tempo... Nossa mãe! Há tanto tempo... *It's amazing!*
E   Estragon! Estragon vem logo – o jantar está ficando frio.

NEY SE LEVANTA E OLHA PARA CIMA, HÁ UMA CORDA DE FORCA.

    M   O vinho está do seu agrado? *[Mostra o rótulo da garrafa, olha o rótulo.]* 1933, está bom?
    E   Está ótimo, querida, ótimo. Obrigado.

NEY SOBE NO PRATICÁVEL, SEGURA A FORCA E COLOCA-A NO PESCOÇO. A LUZ SE APAGA SOBRE ELE. OUVE-SE A MÚSICA DE PHILIP GLASS.

NEY ENFORCADO.

DESCE O PANO.

DILÚVIO

ESTREIA
NOVEMBRO DE 2017, NO TEATRO SESC ANCHIETA, EM SÃO PAULO

AUTOR E DIRETOR
GERALD THOMAS

DESENHO, PINTURA E CENOGRAFIA
GERALD THOMAS

COREOGRAFIA AÉREA E DIREÇÃO
LISA GIOBBI

COREÓGRAFA ASSOCIADA
JULIA WILKINS

PERFORMANCE AÉREA
LISA GIOBBI E JULIA WILKINS

COREOGRAFIA E *DESIGNER* DE MOVIMENTO (SOLO)
JULIA WILKINS

PREPARAÇÃO CORPORAL
DANIELLA VISCO

ASSISTENTE DE DIREÇÃO
ANDRÉ BORTOLANZA

DESENHO DE LUZ
WAGNER PINTO

COCRIAÇÃO DA TRILHA SONORA E COMPOSITOR
MAURO HEZÊ

GRAVAÇÃO E VOZ EM "GIMME SHELTER" E "OUT OF CONTROL"
VIVALDA DULA

ELENCO
MARIA DE LIMA, ANA GABI, BEATRICE SAYD E ISABELLA LEMOS

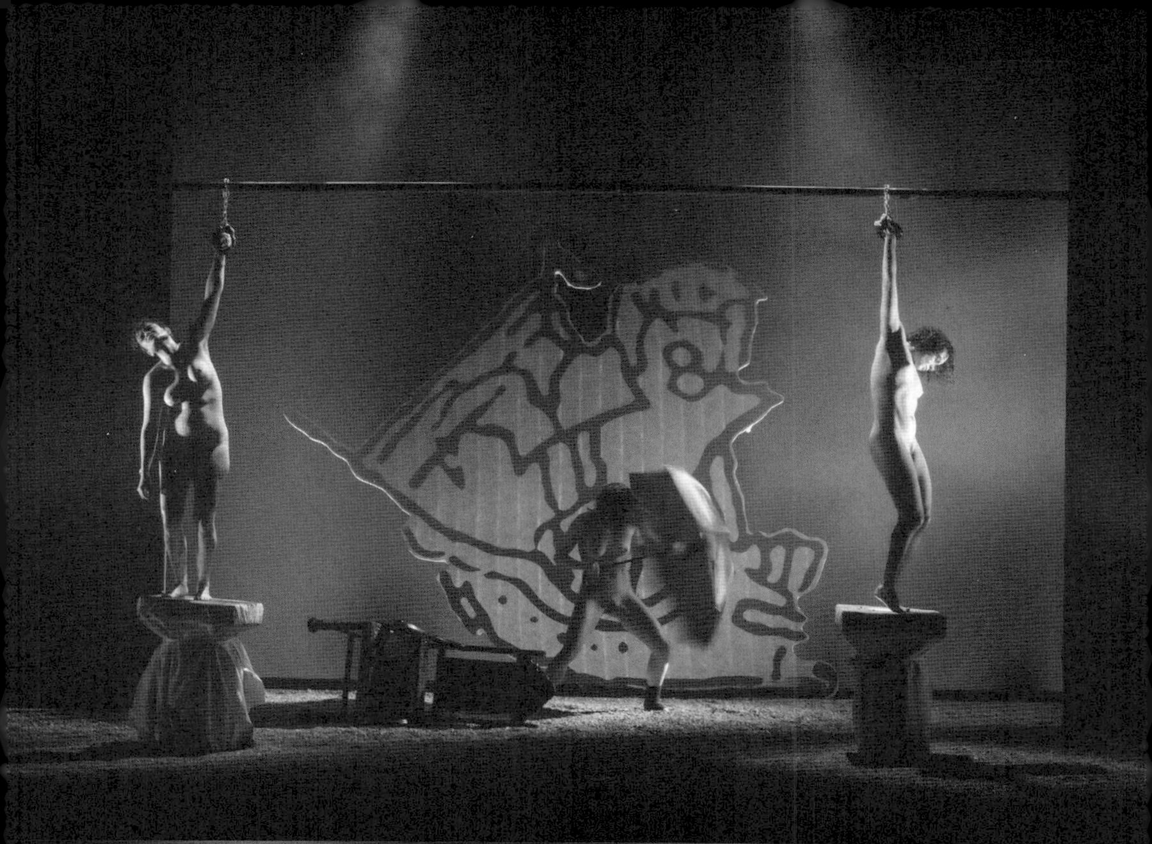

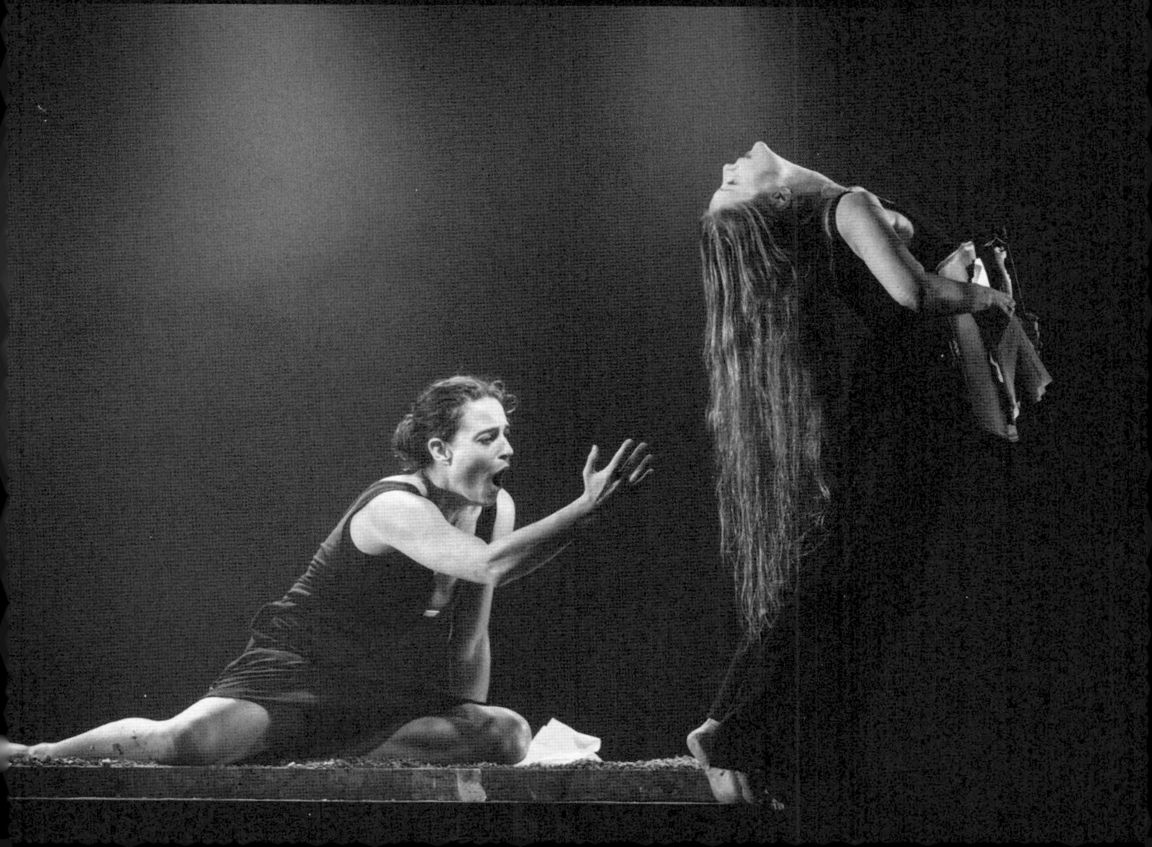

DENTRO DO DILÚVIO

NDRÉ BORTOLANZA,
SSISTENTE DE DIREÇÃO
A PEÇA *DILÚVIO*,
UTUBRO DE 2017

A gênese do nosso *Dilúvio* aconteceu em abril de 2017, em algumas reuniões no Sesc Pinheiros [em São Paulo].

Gerald apresentou a equipe, tocou baixo, mostrou vídeos e iniciou o diálogo: "Como a humanidade sempre se ergue? Hiroshima, Nagasaki, Dresden, Fukushima, Chernobyl. Como pode ter vida depois disso!?". "O que faz de um ser humano um ditador? Como isso acontece? *What's the tipping point of a human being? The thin line between love and hate*". Hitler ou Martin Luther King. Muitas referências: Malcolm Gladwell, Wagner, Rolling Stones, Noam Chomsky, Paul Celan, Godard, Coppola, Bob Dylan. "*It's alright ma (I'm only bleeding)" or "Here comes the sun (and I say it's all right)" and "Gimme Shelter*!". "A previsão é catastrófica, mas não podemos ser pessimistas. Eu não sou daqueles que berram que é o fim do mundo!".

O *Dilúvio* como castigo divino ou catástrofe natural. Deus rompeu! Essa grande inundação também pode representar o renascimento, o início de um novo tempo, já que a água é o elemento purificador. Além da referência bíblica, o *Dilúvio* está presente nas mitologias greco-romana, maia e suméria. Hoje, existem evidências científicas da ocorrência de tal inundação.

Então, tivemos um intervalo de cinco meses. Começamos os ensaios na segunda quinzena de setembro. Café, água gelada, ginseng e Trident. Gerald chega com um roteiro de aproximadamente vinte páginas: textos

tros, links do YouTube, referências de outras montagens suas, ideias de cenas soltas. Pouco das reuniões do primeiro semestre continuou, embora estivessem presentes como inspiração, sustentando tudo. Mesmo o novo roteiro, depois de alguns ensaios, já estava todo modificado. À medida que as primeiras notas foram divulgadas pela imprensa, o tema apresentado já não fazia parte dos ensaios. Tudo muda o tempo todo. Este é o grande desafio. Exige disponibilidade e flexibilidade. Nada se acomoda.

A peça só acontece mesmo no ensaio, na relação com o tema, as atrizes e a equipe. A todo momento chegam textos por *e-mail*. Pequenas frases, traduções, longas cenas, recortes do WhatsApp, referências políticas. Tudo é material para a criação. Como não temos um texto guiando, e o autor também assina a direção, a cena é criada na sala de ensaio, na presença de todos. Só assim acontece. Muitos momentos são elaborados de forma independente e, depois, editados dentro da estrutura. Essa montagem é constante durante todo o processo. Então, chega um *e-mail*: "André, preciso de uma reunião para entender a minha própria 'ilógica', a sequência das coisas. As cenas que ainda não foram encaixadas, o que precisa ser retomado, as ideias que não foram encenadas".

Gerald Thomas se disfarça de diretor – é um de seus personagens. Na verdade, ele é um roqueiro de escola de samba. Os ensaios não acontecem sem um baixo e um tambor

e, assim, ele marca os tempos, o ritmo e a intensidade das cenas. Dessa maneira, dirige o elenco e estabelece o andamento da peça. Os atores ainda buscam um contexto que justifique a ação e traga sentido à cena. "Não dá para se apoiar em técnicas de interpretação, não existe uma técnica. 'Como eu lido com esta frase?'. Você tem que ir para a metáfora, para o simbólico. Uma cena não se resolve pelo diretor, mas pelo ator. É o seu estado de sobrevivência. Eu me vejo, como autor, numa terra perdida, sozinho, depois de uma guerra nuclear, com um balde de pipoca na mão. É o sinal da minha sobrevivência".

Em um dos ensaios, Gerald diz para uma das atrizes: "Isto aqui não é teatro de pesquisa! Não tem pesquisa nenhuma. Teatro é risco!!!". Esse é o lugar em que ele coloca o elenco. Tudo se desestabiliza, e a criação nasce do caos. Então, criando uma cena, ele cita Abu Ghraib como referência e fica surpreso porque alguém não sabe do que se trata: "Não vou explicar nada aqui. Pesquisa no Google. Coloca lá: A-B-U-G-H-R-A-I-B". A atriz pergunta: "Mas isso aqui é teatro de pesquisa!?". Todos riem, principalmente Gerald.

Assim, seguimos todos os dias. Ele me pede um cronograma, que nunca é seguido, porque é impossível controlar o fluxo da criação. Cada ensaio segue um ritmo próprio, e cada cena determina a seguinte. Não tem como antecipar uma rotina de trabalho. É um desafio para agendar visitas técnicas

aderecista, cenotécnico, fotógrafo ou programador visual. Um ensaio corrido pode acontecer a qualquer momento ou não acontecer. Um intervalo pode durar cinco minutos ou duas horas. Uma reunião de produção é interrompida inúmeras vezes com imitações, gargalhadas e histórias de outras montagens. Os desvios são experiências fundamentais dessa história. Para quem chega, parece estranho, pois nada é convencional. Com o tempo, todos entendem o ritmo e fluem nesse desequilíbrio.

Yves Klein disse, certa vez: "*my paintings are the ashes of my art*". Sempre me lembro dessa frase durante os trabalhos com Gerald. O processo criativo e os bastidores das apresentações são tão eletrizantes quanto as cenas no palco. O resultado, a peça, é consequência da intensidade do período de criação, da vida. Esse processo é o mais puro *rock and roll*. Os artistas que ocupam outras salas do estúdio onde ensaiamos ficam curiosos, imaginando em qual cena se encaixa aquela trilha que estoura no volume máximo.

Acompanhar um processo de criação de Gerald é uma aventura que só pode contar quem já a viveu. Porque é preciso estar realmente vivo para suportá-lo. É impossível passar impunemente por isso. Assistir a um autor dirigindo é sensacional. Presenciar o texto surgindo na hora da cena, para aquele ator específico, ressaltando as idiossincrasias daquela *persona*. Ainda assim, Gerald está em todas as figuras que habitam seu universo. Não existem personagens nas suas peças porque todos os atores em cena representam Gerald Thomas. São muitas camadas sobrepostas.

Os ensaios são por vezes tensos, mas também hilários. Ele é muito engraçado e trabalha se divertindo. Isso é quase uma regra. Durante as apresentações, Gerald fica na primeira coxia esquerda e eu, quando posso, fico do outro lado, de frente para ele. Estou ali para ver o diretor mudando a cena, criando textos que ele sopra aos atores durante a apresentação, com o público presente. Tudo é mentira e ilusão, uma grande brincadeira com uma torre segurando um elipsoidal e um sarrafo sustentando o cenário.

Há pouco tempo, meu filho assistiu a um dos nossos ensaios. Aos olhos de um adolescente, aquele grupo parece "crianças na hora do recreio". Discursos e argumentos são desnecessários diante da simplicidade dessa definição. Mas, nesse recreio, também tem conflitos, dramas, gritos, lágrimas, confusão e caos. Tudo é combustível para a criação. Ainda assim, são crianças brincando no intervalo da aula. Quem já conviveu de perto com crianças sabe que brincadeira é coisa séria. Muito séria.

Problemas acontecem. O ar-condicionado quebra duas vezes em menos de um mês de um calor infernal. Algumas pessoas são demitidas. Novos artistas chegam, e a equipe hoje se aproxima de trinta pessoas, que convivem muitas horas por dia e com poucos intervalos. Assim, o grupo vira uma espécie de família, com as alegrias e as desvantagens dessa relação.

No meio do processo, recebi pelo WhatsApp a notícia do falecimento de Ruth Escobar, uma das mães de Gerald, figura primordial da gênese de seu ofício. Coube a mim a tarefa de lhe dar a notícia. Ele saía da sala de ensaio, e o interrompi na porta. Não foi preciso muito: "Gerald, a Ruth Escobar!". Ele entendeu e inspirou sonora e profundamente. O ensaio não continuou naquele dia. Gerald não foi ao velório, mas está respondendo em cena: "Ela ficaria feliz por me ver trabalhando, devolvendo tudo o que me ensinou". Então, ele escreveu um artigo para o jornal, exibiu a toda a equipe cenas do *Balcão*, contou histórias da montagem, chorou muitas vezes na frente de todos e fez a homenagem mais incrível para a atriz que lhe deu a primeira oportunidade no teatro. Foi uma cerimônia particular, a qual tivemos a honra de compartilhar com ele.

Gerald acolhe todos os julgamentos que projetam sobre sua *persona* pública e, ao mesmo tempo, ele não é nada daquilo. Desde o começo, por alguma mágica do meu olhar, pude vê-lo além dessa máscara que ele, a classe artística, a plateia e a imprensa construíram e alimentam ao longo dos anos. Tudo é teatro, não só o que está em cena. A arte transborda o palco e vinga a vida convencional, careta e conservadora. Não é fácil. É um desafio diário, mas, para quem está ganhando gosto pela intensidade da vida, vale a pena correr o risco Gerald Thomas.

A criação deste trabalho acontece em parceria com Lisa Giobbi e Julia Wilkins, que vêm acrescentar poesia ao palco. A força dessa contribuição abre uma fenda no nosso cotidiano habitual, libertando o corpo da gravidade. A presença suave e firme da dupla nos leva para um outro universo, onde o sonho é possível. Embaladas pela impressionante voz de Vivalda Dula, conduzem a cena com sensibilidade e potência. Lisa e Júlia investigam as diversas manifestações da beleza em harmonias variáveis, sequências de escalas e ritmos. A beleza que vai da escuridão à claridade.

A peça também marca a parceria de vida de 33 anos com o "pilho", Wagner Pinto, e um novo encontro cênico com a musa Maria de Lima, figura central de suas últimas montagens. O elenco se completa com Ana Gabi, Beatrice Sayd e Isabella Lemos, que fazem suas iniciações no universo de Gerald Thomas. Assim, o palco é feminino, experiência inédita na trajetória do diretor. Todas se entregam com garra e coragem aos desafios da cena.

Todo o grupo que se reuniu em torno desse *Dilúvio* trabalha em harmonia para que o espetáculo aconteça. Ronaldo Zero responde pela direção técnica, e Mauro Hezê comanda o som. Tudo organizado pelas garras de leão da "produDora" e sua equipe.

O nosso *Dilúvio* é a celebração do risco e da mais séria brincadeira. Envolvidos pelo prazer da criação, da arte e do teatro, seguimos nessa Arca.

Piso de terra ou saibro cobre do proscênio até a tela, com a Caravela. No espaço remanescente até o ciclorama, o piso é de linóleo marrom. À frente do palco, há um cemitério de guarda-chuvas: abertos, quebrados, em pé, fechados... Placa com o desenho da Caravela está colocada, no fundo do palco, ao centro, em frente ao ciclorama azul.

CENA DE ABERTURA

TRILHA: TORMENTA. INICIA EM *BLACKOUT*, ENTRA EM *FADE-IN* E VAI DIRETO ATÉ O VENTO. COREOGRAFIA AÉREA: SOLO DE LISA QUEEN À ESQUERDA DO PALCO. *BO*.

ANA GABI, *À DIREITA*, E BEATRICE, *À ESQUERDA*: NUAS E ALGEMADAS. LUZ ACENDE SOBRE ANA GABI E ELA REAGE. LUZ ACENDE SOBRE BEATRICE E ELA REAGE. UM FIO DE ÓLEO CAI CONSTANTEMENTE SOBRE ELAS. O CORVO ATRAVESSA VOANDO A CENA, DA ESQUERDA PARA A DIREITA. ISABELLA, NUA, CRUZA O PALCO DA DIREITA PARA A ESQUERDA, SEGURANDO UM GUARDA-CHUVA ABERTO CONTRA O VENTO. JOGA O GUARDA-CHUVA. OLHA PARA BEA E GABI. ISABELLA SIMULA UM LONGO GRITO.

TRILHA: VENTO E JEFF. MUDANÇA EM *CROSS*.

MARIA ENTRA E ATRAVESSA O PALCO DA DIREITA PARA A ESQUERDA, TAMBÉM SEGURANDO UM GUARDA-CHUVA CONTRA O VENTO. PARA, EXAUSTA. LUZ VIAJA DA ESQUERDA PARA A DIREITA: A, B, C, D & E. ANDARILHO ATRAVESSA O PALCO. MARIA VÊ O BARQUINHO COLOCADO À DIREITA DO PALCO. O BARCO TRAZ O ADEREÇO DE CABEÇA DE PLUMAS DE MARIA. A LUZ FORMA UM PEQUENO CORREDOR PARA O BARCO DE PAPEL PASSAR PELO PALCO. MARIA PUXA A LINHA

AMARRADA AO BARQUINHO DEVAGAR. DEPOIS, COMO SE O BARQUINHO FOSSE MUITO PESADO, PÕE A LINHA SOBRE O OMBRO E PUXA O BARQUINHO ATÉ A COXIA DA DIREITA. ELA VOLTA AO PALCO.

TRILHA: DILEMA E TERCEIRA GUERRA. ANDRÉ E ISABELLA DESFILAM COM CARTAZES.

MARIA ANDA PELO ESPAÇO COM O BARCO, DUBLANDO TRECHOS DA VOZ EM *OFF* DE GERALD THOMAS E OLHANDO A CENA.

VOZ EM OFF [Gerald Thomas] [passagem do primeiro cartaz com o desenho de Gerald, foco constante no rosto de Maria, que dubla o texto] Temos mais três anos pela frente. Três anos. Little Rocket Man. E foi assim que começou a TERCEIRA GUERRA MUNDIAL. Ele pegou um iPhone e tuitou "Sad", "Bad", "FIRE". E nesse "Fire" leu-se *fake news* e nesse *fake news* EXPLODIU tudo. Mas, nessa explosão, tudo era *fake*. O Cavalo de Turin não era mais uma ilusão. O resto era... algo, algo como uma Terceira Guerra Mundial, como essa frase *"the likes of which you've never seen before"*. Temos mais três anos pela frente. Três anos pela frente.

MARIA ANDA PELO PALCO, SE ABAIXA E COMEÇA A PROCURAR ALGUMA COISA NO CHÃO, ENTRE O SAIBRO, DURANTE O TEXTO, ELA VAI ATÉ BEATRICE, TOCA O SANGUE QUE ESCORRE.

VOZ EM OFF [Gerald Thomas] [passagem do segundo cartaz com o desenho de Gerald] Temos mais três anos pela frente. Três anos pela frente. Little Rocket Man. E foi assim que começou a TERCEIRA GUERRA MUNDIAL. Ele pegou um iPhone e tuitou "Sad", "Bad", "FIRE". E nesse "Fire" leu-se *fake news* e nesse *fake news* EXPLODIU tudo. Mas, nessa explosão, tudo era *fake*. O Cavalo de Turin não era mais uma ilusão. O resto era... algo, algo como uma Terceira Guerra Mundial, como essa frase *"the likes of which you've never seen before"*. É, temos mais três anos pela frente. Três anos pela frente.

TRILHA SONORA AUMENTA. ANDRÉ ENTRA EM CENA, OLHA AS MULHERES
PENDURADAS, VAI ATÉ BEATRICE, TOCA-A, EMPURRA-A, E ELA SE
SOLTA, CAINDO NO CHÃO. ANA GABI RI ALTO. ELE FAZ O MESMO COM
ELA, QUE CAI E OLHA PARA BEATRICE.

  BEATRICE Queria tanto te dar um abraço!

CAMINHAM LENTAMENTE UMA NA DIREÇÃO DA OUTRA.

  ANA GABI Abraço é o caralho. Eu quero é chupar a tua buceta, meter o pau no teu cu e esporrar na tua boca e comer uma lagosta!
  BEATRICE Vem, me come, sua puta. Come meu cu.

ANA GABI SE JOGA PARA DENTRO DAS PERNAS DE BEA. PARA. NÃO
VAI POR INTEIRO. BEA VAI PARA O CHÃO, DE QUATRO. PARA. PERNA
DIREITA PARA O ALTO. GABI COMEÇA A MORDER O PÉ DE BEA.

  ANA GABI Porra!!! Meu pau vai fazer greve de sexo. Meu pau não sobe mais. Não sobe mais. Não sobe mais.
  BEA *[no chão, de quatro]* Vem, me come, seu puto.
  ANA GABI Sua puta.
  BEA Come meu cu.

MARIA VEM PARA A FRENTE DO PALCO, A LUZ FOCA EM SEU ROSTO.

"LOOP" DE JEFF BECK. *BACKGROUND* COM A FALA DE MARIA SOBE
QUANDO ELA TERMINA E SAI QUANDO ELA VAI PARA O FUNDO
DO PALCO.

  MARIA Oh, Ana! Quando ela te pediu um abraço... teria sido tudo mais simples, um abraço. Quando ela te pediu um abraço... teria sido tudo mais simples, um abraço. Quando ela te pediu um abraço... teria sido tudo mais simples, um abraço.

MARIA COMEÇA A CHORAR. LUZ DIMINUI. FOCO EM MARIA.
VOLTA A LUZ.

  ANA GABI Mas... eu queria mesmo era isso!

MARIA É! E agora? Ficam todos com esse DILÚVIO na mão, com o cu na cabeça, com merda nos miolos, e eu, *hein*? Vazando sangue aqui, menstruada aqui *[faz força para parir quando abaixa para pegar o feto, fade-in no background até ela terminar a fala "o que eu faço, hein?", depois aumenta novamente]*, perdendo o meu vigésimo feto aqui *[Maria tira um feto ensanguentado da terra. Bea e Gabi se posicionam para a cena do parto]*. O que eu faço, *hein*? O que eu faço, *hein*? O que eu faço, *hein*?

PLATAFORMAS ONDE ESTAVAM BEA E GABI SAEM DE CENA.

GABI E BEA DEITADAS EM DIAGONAL, COM MOVIMENTOS E CONTRAÇÕES DE PARTO. COMO MARIA, TAMBÉM SEGURAM UM FETO. AO SOM DE BEA, AS DUAS, SIMULTANEAMENTE, OLHAM PARA A ESQUERDA. DEPOIS, SE DEITAM. FOCO EM MARIA, CHORANDO, COM O FETO LEVANTADO NA MÃO. BEA E GABI SAEM DE CENA. *BO*.

AÉREO: LISA DEITADA. ASCENÇÃO. LUZ. BREVE *BO*.

JULIA FRANTIC *[coreografia aérea solo. Ela corre e grita, suspensa, pelo palco]* LOVE IS SO FUCKING HARD. LOVE IS SO FUCKING HARD. What's love got to do, got to do with it. What's love but a second hand emotion. What's love got to do, got to do with it.

CENA DE AMOR

LISA ENTRA E AS DUAS FAZEM A COREOGRAFIA.

TRILHA: "OUT OF CONTROL", DO MOMENTO EM QUE ELA PARA NO CHÃO ATÉ A ENTRADA DA CARROÇA. MARIA COLOCA O ADEREÇO NA CABEÇA DURANTE A "CENA DE AMOR" E SAI.

ENTRADA DE MARIA/TRAVESTI: É TRAZIDA EM UM CARRINHO PUXADO POR BEA, NO FINAL DA "CENA DE AMOR", NUMA DIAGONAL, DA FRENTE DO PALCO, À DIREITA, ATÉ O FUNDO, À ESQUERDA.

MARIA *[balbuciando várias palavras incompreensíveis]* Entertain me!!!! Entertain me!!!! Entertain me!!!!!!!

JULIA VAI ATÉ LISA, E ELA A RECUSA. LISA E JULIA PRENDEM
SIMULTANEAMENTE OS CABELOS E SE INCLINAM PARA A FRENTE.
COMEÇA A CENA DE LUTA.

CENA DE LUTA

COREOGRAFIA AÉREA DE LISA E JÚLIA. TRILHA: "THESE STONES
WILL SHOUT", THE RACONTEURS, LOGO DEPOIS DO TERCEIRO
"*ENTERTAIN ME!!!!!!!*" ATÉ O FIM DA LUTA. ENQUANTO ACONTECE
A COREOGRAFIA, MARIA ACOMPANHA OS MOVIMENTOS, E BEA COME
UM BALDE DE PIPOCA. NO MEIO DA LUTA, MARIA VIRA O BALDE DE
PIPOCA NA CABEÇA DE BEA.

MARIA *That was divine!!! Divine. Absolutely divine!!! Are you versed in Chaucer? Yes? Of course you are! Let's add a bit of* Decameron *to this splendid choreography of yours!!! Are you versed in George Bernard Shaw? Yes? Of course you are! So let's add a bit a bit of* The Importance of Being Earnest *to this splendid choreography of yours!!! Are you versed in the marvelous yet of course rather somber and yet rather dark and why not say a bit greyish world of Samuel Beckett? Yes? Of course you are! Why not add a bit of* A Streetcar Named Desire *to this splendid choreography of yours!!! Wait! Wait! Are you versed in* The Rise and Fall of The Third Reich? *Yes? Yes? Of course you are! So, why not add a bit of German expressionism to that splendid choreography of yours?!!*

MARIA ANDA PELO PALCO, EMPOLGADA COM A SUGESTÃO, FALANDO
PALAVRAS EM ALEMÃO. ENQUANTO ISSO, LISA E JULIA COMEÇAM
A SE ABRAÇAR, BEIJAR…

MARIA Virou suruba, *hein*? Me avisa quando acabar! *[Para a plateia, com sotaque português]*: Como é que é mesmo? Não é expressionismo inglês… Não é expressionismo português… Não é expressionismo boliviano… *Ah*, expressionismo alemão… Ô, pá!

LISA E JULIA No…

MARIA, IRRITADA, GRITA ORDENS EM ALEMÃO. LISA E JULIA
RECOMEÇAM A COREOGRAFIA DA LUTA. MARIA CONTINUA GRITANDO
EM ALEMÃO. MARIA VÊ O BARCO, NO FUNDO DO PALCO. TRILHA:
"THESE STONES WILL SHOUT", THE RACONTEURS. LISA E JULIA
SAEM DO PALCO.

> **MARIA** É um DILÚVIO sim, mas qual? E... qual esperança, se alguma esperança...? Esperança era sua última esperança, mas mesmo assim baixo demais para o ouvido dos mortais. E outras vezes imaginar um outro extremo tão duro de imaginar. Que uma segunda vez se comprimia tanto nesse extremo. Que uma corrente de esperanças e desesperanças se misturavam criando submissão.

BEA LEVANTA A MÃO, RESSALTANDO SUA SUBMISSÃO. JULIA E LISA
SE APROXIMAM DE MARIA.

> **MARIA** S-u-b-m-i-s-s-ã-o, e nada dá em nada! Eu tento esclarecer depois, imaginando outros murmúrios: pai, pai no céu, pai de Deus, Deus no céu, asa de pai, asa no céu, e outras combinações de Cristo com Jesus e outros complexos. Outros nomes completos, digamos números, digamos de amados, digamos de amaldiçoados, como a plebe subindo a montanha, *ah*! Mas amados mesmo assim, interjeições inimagináveis, antigos filósofos gregos ejaculados juntos com seus lugares de origem, sugerindo, quando possível, a conquista de conhecimento. ELE NÃO ESTÁ AQUI! Foi bem audível isso, bem audível. Foi bem audível isso. Mesmo assim não totalmente satisfatório, por causa das intermináveis dúvidas, como por exemplo, QUAL DIÓGENES?

MARIA PEGA O REGADOR. FOCO NELA, QUE, DEVAGAR, REGA OS
GUARDA-CHUVAS. SENTA-SE DE COSTAS PARA A PLATEIA E A CENA
SE ABRE. TRILHA: TORMENTA. INICIA NO *BO*. *FADE-IN* DIRETO
ATÉ O VENTO.

A PEÇA COMEÇA NOVAMENTE. VOLTAM AS PLATAFORMAS. GABI E BEA
ESTÃO ALGEMADAS DA MESMA MANEIRA. A SEQUÊNCIA INICIAL DOS
GUARDA-CHUVAS É REPETIDA. MARIA ESTÁ SENTADA NO CEMITÉRIO
DE GUARDA-CHUVAS.

TRILHA: VENTO E JEFF. MUDANÇA EM *CROSS*.

ISABELLA ENTRA NUA, COM O GUARDA-CHUVA ABERTO CONTRA
O VENTO. JOGA O GUARDA-CHUVA PARA JUNTO DOS OS OUTROS
DO PROSCÊNIO E SAI. TRILHA: "GIMME SHELTER", SUSSURRO
E RETORNO.

MARIA CAMINHA CAMBALEANDO PELO PALCO, SUSSURRANDO. VAI ATÉ O
CENTRO, À FRENTE, ACHA SEU PEQUENO CADERNO, SENTA, FOLHEIA-O
E CHORA. RECOLHE AS COISAS DA SUA BOLSA QUE CAÍRAM PELO
CHÃO. FOCO FECHADO NELA.

GABI E BEA SAEM. AS PLATAFORMAS E A CARAVELA TAMBÉM. ENTRA
JÚLIA NO *BO*.

SOLO DE BATERIA ENTRA QUANDO MARIA PARA DE FRENTE PARA
JÚLIA. ELAS FICAM JUNTAS, COM A BATERIA MAIS ALTA. MARIA, NO
PALCO, ASSISTE À CENA. JULIA DANÇA. COREOGRAFIA DE JÚLIA: NO
FUNDO DO PALCO, ELA SE MOVIMENTA SOBRE UMA CAMADA DE ÁGUA –
EM CAIXA COM CANALETAS, COBERTA POR TECIDO E COM UM ESPELHO
D´ÁGUA. MARIA NO MEIO DO PALCO.

NOVO DESFILE DOS CARTAZES COM ANDRÉ E ISABELLA.

VOZ EM OFF [Gerald Thomas] Temos mais três anos pela frente. Três anos. *Little Rocket Man*. E foi assim que começou a TERCEIRA GUERRA MUNDIAL. Ele pegou um iPhone e tuitou "*Sad*", "*Bad*", "*FIRE*". E nesse "fire" leu-se *fake news* e nesse *fake news* EXPLODIU tudo. Mas essa explosão era *fake*. O Cavalo de Turin não era mais uma ilusão. O resto era... algo, algo como uma Terceira Guerra Mundial, como essa frase "*the likes of which you've never seen before*". É. Temos mais três anos pela frente. Três anos pela frente.

BO. TRILHA "TORMENTA". INICIA EM *BO*. *FADE-IN* ATÉ OUTRO *BO*.
SOLO AÉREO DE LISA QUEEN.

GONGO. A CADA SOAR DO GONGO, MARIA REAGE COM O CORPO. LUZ
ACENDE, E MARIA ESTÁ NO MEIO DO PALCO. LISA ESTÁ NA FRENTE,
PARADA.

VOZ EM OFF   *[Gerald Thomas] [dublada por Maria]* Ela sempre voltava para casa tarde, furiosa após encontros misteriosos na praça Antero de Quental, no Leblon, onde se sentava por mais ou menos uma hora com esse homem oprimido que lhe contava as histórias mais tristes possíveis. E, no final de cada um desses encontros, ou dessas sessões (sim, deixe eu chamar de sessões), durante cada sessão no banco de praça, ele fazia um desenho num bloco amarelado, antigo e áspero. Ela ficava olhando, depois ficava horrorizada, e então ele começava a rasgar e destruir o desenho todo. Ela se levantava e ia para casa.
Eu a abordei uma vez, assim que chegou em casa. É, a minha mãe, é isso. Ela estava suando e o coração quase saindo pela boca. Ela se encostou na porta depois de fechá-la com o peso do próprio corpo e...

GONGO.

ENTRA JULIA. AÉREO DE LISA E DE JULIA.

CENA MÃE E FILHO

VOZ EM OFF   *[Gerald Thomas] [dublada por Maria]* Mãe, o que está acontecendo?

GONGO.

MARIA (MÃE)   Tiram tudo dele. Eles o roubam há anos. É um homem destruído.

GONGO. MARIA RESPONDE AO SOM COM O CORPO.

VOZ EM OFF   *[Gerald Thomas] [dublada por Maria]* E ela caiu em lágrimas. Eu não tinha ideia do que ou a quem ela estava se referindo.

GONGO.

MARIA (MÃE)   Esses canalhas. Eu vou denunciar. Eu preciso FAZER alguma coisa por ele. Preciso. Preciso.

GONGO.

VOZ EM OFF [Gerald Thomas] [dublada por Maria] Ela disse, enquanto puxava as cortinas e deixava nossa sala de estar cada vez mais escura, como se quisesse que nós morássemos numa espécie de *bunker*. Nessas ocasiões, minha mãe, em certa medida, lembrava Carol Burnett. Mãe, o que está acontecendo? Quem é essa pessoa?

GONGO.

MARIA (MÃE) É melhor que você não saiba. Não, espere! Talvez você devesse saber uma ou duas coisas sobre ele. Ele é um gênio. Um inventor. Ele inventou o Hovercraft, décadas antes de o construírem. Roubaram a ideia dele, como sempre. Ele inventou a centrífuga de urânio, décadas antes de construírem e de usarem. Roubaram dele, como sempre. É um homem arruinado.

GONGO.

VOZ EM OFF [Gerald Thomas] [dublada por Maria] E ele nunca fez nada pra proteger sua propriedade intelectual?

GONGO.

MARIA (MÃE) Ele não podia. Estava sempre sob ameaça.

GONGO.

VOZ EM OFF [Gerald Thomas] [dublada por Maria] Mas de quem? Ameaçado por quem?

GONGO.

MARIA (MÃE) Por todo mundo! Gênios estão sob ameaça. Até deles mesmos. É um homem despedaçado, filho, um homem arruinado, se desfazendo todos os dias, quase desaparecendo. Eu sinto tanto por ele, tanto, tanto, tanto... *Ah*, e sim, ele é seu pai biológico!

LISA E JÚLIA, QUE CONTINUAM A COREOGRAFIA NA FRENTE DO PALCO, REAGEM.

GONGO.

VOZ EM OFF   *[Gerald Thomas] [dublada por Maria]* Naquele instante, meus joelhos sumiram e ela continuou falando como uma louca. Corria pelo apartamento, escondia coisas, embalava documentos com plástico, guardava HDs externos em saquinhos com fecho caso... caso... Eu estava atônito. Ela me entregou um papel velho e amarelado, quase se desfazendo.

GONGO.

MARIA (MÃE)   Tome. Leia isto.

GONGO.

VOZ EM OFF   *[Gerald Thomas] [dublada por Maria]* Mas não tem nada escrito aqui, mãe!

GONGO.

MARIA (MÃE)   Eu sei. É isso que me assusta. Você tem que segurá-lo rapidamente sobre a chama de uma vela, mas bem rápido. Mas MUITO rápido e de longe, se não vai pegar fogo.

GONGO.

VOZ EM OFF   *[Gerald Thomas] [dublada por Maria]* Acendi uma vela e segurei o papel. Algumas letras começaram, realmente, a tomar forma. Mas, de repente, o papel inteiro estava em chamas que eu não consegui controlar.

GONGO.

MARIA (MÃE)   Viu? EU TE FALEI!!! Eu falei para não chegar tão perto do fogo! E agora? Se foi. Tudo se foi.

GONGO.

VOZ EM OFF [Gerald Thomas] [dublada por Maria] A sala estava escura. Eu mal conseguia enxergá-la. Só conseguia ouvi-la. Mas estava bem claro pra mim o que havia naquele papel queimado.

GONGO.

MARIA (MÃE) CUIDADO, EU DISSE CUIDADO!

GONGO.

VOZ EM OFF [Gerald Thomas] [dublada por Maria] Minha mãe gritava, histérica, do outro lado da sala.

GONGO.

MARIA (MÃE) Eu falei pra ter cuidado.

GONGO.

VOZ EM OFF [Gerald Thomas] [dublada por Maria] Eu tentei, eu tentei. Mas a folha era mole como papel higiênico e impossível de segurar na horizontal.

GONGO.

MARIA (MÃE) Você conseguiu ler alguma coisa? Alguma palavra? Alguma letra?

GONGO.

VOZ EM OFF [Gerald Thomas] [dublada por Maria] Só um nome, mãe: Dagoberto Müller [Lisa e Julia reagem]. Ela gaguejou, travou, gaguejou de novo, travou de novo e disse baixinho.

GONGO.

MARIA (MÃE) Sim, é ele. Dagoberto Müller [Lisa e Júlia reagem]. Nunca esqueça este nome!!!

GONGO.

VOZ EM OFF *[Gerald Thomas] [voz dublada por Maria]* Ela disse numa explosão, num misto de tristeza e fúria, de amor e solidão, de ódio e saudade, de passado e futuro. Disse só uma vez para eu ouvir, sabendo que eu nunca mais ouviria aquele nome.

GONGO.

BO.

MARIA *[anda pelo palco e para]* Você me tirou de lá pra cá à toa? *Hein*? Tu me tirou de lá pra cá à toa? *Hein*, tirou? *[Pega um cassetete e bate no chão, cada vez com mais força]* Tu me tirou de lá pra cá à toa? Tirou? Tirou? Tirou? Tirou à toa? Tirou à toa? Tu tá pensando o quê? Travesti é bagunça? *Hein*? Tá pensando que travesti é bagunça? Travesti não é bagunça, ouviu? Travesti não é bagunça! *[a música sobe e ela sai de cena.]*

TRILHA: ARCANGELO CORELLI – "SUITE FOR STRINGS: 1. SARABANDE". COMEÇA NO BO E VAI ATÉ A ENTRADA DE "HURT", EM CROSS.

CENA DA TORTURA

CAMA DE MADEIRA, INCLINADA, SUSPENSA SOBRE QUATRO PERNAS COMPRIDAS. DENTRO DELA, UMA GAVETA QUE SE ABRE, DO TAMANHO DA CAMA. BEA E GABI ESTÃO SOBRE A CAMA, TRANSANDO. BEA ESTÁ POR BAIXO, E GABI SOBRE ELA, COM A PERNA ESQUERDA ENTRE AS PERNAS DA BEA. A CENA SEXUAL É VIOLENTA. NÃO TEM NADA DE SENSUAL. VOLTAM OS DIÁLOGOS DO INÍCIO: "COME MEU CU… ME COME, SEU PUTO! MEU PAU NÃO SOBE MAIS…" ISA ESTÁ NA GAVETA. MARIA ESTÁ NO CHÃO, EMBAIXO DA GAVETA. ANDRÉ ENTRA. APROXIMA-SE DA CAMA. HÁ UMA BREVE TROCA DE OLHARES. ANA GABI ABRE A CAMA E REVELA ISABELLA. AS TRÊS GRITAM. GABI PUXA A LUZ DE TORTURA. ISA GEME DE DOR. AS TRÊS FICAM IMÓVEIS.

MARIA *[embaixo da cama, começa a pedir, triste e repetidamente]* Alguém pra me amar!!! Alguém que me ame!!! Alguém que me queira amar! Alguém me ama! Por favor, alguém. Me ama! Por favor, ALGUÉM ME AMA, POR FAVOR!

SOA O GONGO. ENTRA "HURT" E A ILUMINAÇÃO MUDA. LISA E JULIA
ENTRAM DE CABEÇA PARA BAIXO E OLHAM A CENA. BEA E GABI PARAM
A TRANSA, IMÓVEIS. MARIA SAI DE BAIXO DA CAMA, ESTRANHANDO
TUDO. VAI PARA O PALCO E, NUMA PEQUENA MESA, SE MAQUIA.
ISA TAMBÉM.

LISA E JULIA SÃO SUSPENSAS, DE CABEÇA PARA BAIXO, PELO
CABO. ATRAVESSAM O PALCO, PENDURADAS. PARAM SOBRE A GAVETA,
TOCAM OS CORPOS IMÓVEIS. MARIA ABRE UM GUARDA-CHUVA E ANDA
PELO ESPAÇO CONTORNANDO A CAMA QUATRO VEZES, CADA VEZ
MAIS BÊBADA.

BO. A CORTINA SE FECHA.

ENTRA A MÚSICA "SUITE FOR STRINGS: 1. SARABANDE", DE
ARCANGELO CORELLI

MARIA [*vem para o proscênio e volta a arrumar e regar os guarda-chuvas*] Posso até me convencer e achar tudo isso muito positivo. Isto é, crescer, se instruir e descobrir pequenas coisas no mundo e adaptá-las ao nosso íntimo, tendo a mais absoluta certeza de que somos únicos, de que importamos para o mundo, de que mais ninguém pensou nessa imagem, nessa coisinha, que ninguém mais incorporou isso. Posso até achar tudo isso muito positivo. Posso até tentar esquecer os vários momentos em que dou de cara com os verdadeiros gênios, os do passado e os de agora, que não só viram isso, como fizeram disso... uma mera fatalidade do meu passado (*ela continua regando os guarda-chuvas*).

BO. A CORTINA SE ABRE.

TRILHA: TORMENTA. VAI DO BO ATÉ A QUEDA, QUANDO ENTRA
A EXPLOSÃO. ELEVAÇÃO DO ANDAIME QUE ESTÁ SOB O PALCO E
ABERTURA DAS QUARTELADAS.

CENA DA DIVA

COREOGRAFIA AÉREA DE LISA E JULIA: JULIA DANÇA SOBRE O QUADRADO ELEVADO E LISA, PENDURADA, SEGURA UMA PASTA DE ONDE CAEM MUITOS PAPÉIS. VAI ATÉ JULIA, QUE PEGA ALGUNS DESSES PAPÉIS. SOM DE EXPLOSÃO. *BO*. LUZ NO FUNDO DO PALCO.

BEA, GABI E ISABELLA [sentadas, uma ao lado da outra, vestidas iguais, rezam juntas] Oh, Noé! Santo Google das Desgraças
Me aceita nessa Arca das Desraças
Porque a esperança era a sua última esperança
Mas mesmo assim, baixo demais para os ouvidos dos mortais
E então algo
E então desgoogle
Algo

VIRAM PARA À DIREITA

Oh, Noé! Santo Google das Desgraças
Me aceita nessa Arca das Desraças
Porque a esperança era a sua última esperança
Mas mesmo assim, baixo demais para os ouvidos dos mortais
E então algo
E então desgoogle
Algo

VIRAM PARA A FRENTE E CANTAM FAZENDO UMA COREOGRAFIA COM OS BRAÇOS.

Galhos, galhos, galhos, *uh*!
Galhos, galhos, galhos, *uh*!
GABI Uma girafa.
Galhos, galhos, galhos, *uh*!
Galhos, galhos, galhos, *uh*!
BEA Um elefante.
Galhos, galhos, galhos, *uh*!
Galhos, galhos, galhos, *uh*!
ISABELLA Um leãozinho.

**BEA, GABI
E ISABELLA** [entram os operadores com a cama de Birth e fazem comentários sobre a cena]
Oh, Noé! Santo Google das Desgraças
Me aceita nessa Arca das Desraças
Porque a esperança era a sua última esperança
Mas mesmo assim, baixo demais para os ouvidos dos mortais
E então algo
E então desgoogle
Algo

OS OPERADORES SAEM.

**BEA, GABI
E ISABELLA** [entre si] Você entendeu!? Entendeu? Você entendeu!? Entendeu?

DESCE O PAINEL BALEADO FECHANDO A CENA. LUZ VERMELHA NA CAMA. JULIA SE MOVIMENTA SOB O LENÇOL TRANSLÚCIDO, NA CONTRALUZ. THE BIRTH. *BO*. LUZ ACENDE E QUATRO OPERADORES ENTRAM PARA TIRAR A CAMA.

CENA DE GUERRA

SOM DE TIROS, ENTRA MÚSICA. LISA PASSA VOANDO, ISA E BEATRIZ CORREM PELO PALCO, ESCURO.

"GUERRA FINAL", VARIANDO O VOLUME. LUZES E SONS DE GUERRA.

BEATRICE [com pouca luz, corre em círculos pelo palco, gritando. A música sai e só se ouvem os tiros, muitos e muito altos. Há pedaços de corpos espalhados pelo chão] "Daddy!!!! Daddy!!! Will I ever see you again?"

ENTRA BAIXA A MÚSICA "GIMME SHELTER", JUNTO COM OS SONS DE GUERRA. GABI ATRAVESSA O PALCO, MORTA, CARREGADA PELO CORVO [SEIS VEZES]. BEATRICE CONTINUA CORRENDO. EXAUSTA, BEATRICE CAI NO CHÃO DEPOIS DE OLHAR ANA GABI. SOM SAI TOTALMENTE EM *FADE-OUT*. ENTRA SAMBA.

CENA BÊBADA

MARIA ENTRA BÊBADA, ANDA PELO PALCO PEGANDO PEDAÇOS DE CORPOS E COISAS DO CHÃO. CONTINUA BEBENDO, VAI ATÉ A FRENTE DO PALCO, SAMBA SAI.

MARIA [entre gargalhadas] Posso até me convencer e achar tudo isso muito positivo. Isto é, crescer, se instruir e descobrir pequenas coisas no mundo e adaptá-las ao nosso íntimo, tendo a mais absoluta certeza de que somos únicos, de que importamos para o mundo, de que mais ninguém pensou nessa imagem, nessa coisinha, que ninguém mais incorporou isso. Posso até achar tudo isso muito positivo. Posso até tentar esquecer os vários momentos em que dou de cara com os verdadeiros gênios do passado e os de agora, que não só viram isso, como fizeram disso... Uma mera fatalidade do meu passado. O que quero dizer é que posso até tentar esquecer que estamos aqui para enfatizar algo, ninguém sabendo ao certo que algo, esse algo, pode ser. Alguns tentando de uma maneira descobrir esse algo. Outros tentando de alguma outra maneira descobrir esse algo. Mas estamos aqui só tentando algo. Se alguns tentam algo mais que o algo de formas que não são inteiramente favoráveis, vem logo a fadiga do algo, substituir o algo, mas fazendo algo. Ninguém sabe ainda de qual algo, por que algo, para qual algo e por quanto algo. Eita, ALGO!!!

SOM DE TIROS NOVAMENTE.

ISABELLA [entra correndo em círculos gritando] Daddy!!!! Daddy!!! Will I ever see you again?

ANA GABI ESTÁ PENDURADA PELO PÁSSARO. MARIA OLHA, DE COSTAS, PARA A PLATEIA. ENTRA SOLO DE BATERIA JUNTO E MAIS ALTO DEPOIS DA QUARTA VOLTA DA ATRIZ NO PALCO. ISABELLA CAI NO CENTRO DO PALCO. MARIA ATRAVESSA O PALCO. ENTRA A MÚSICA "HURT", DE JONNY CASH, E FICA ATÉ O FINAL DA CENA. AÉREO DE LISA E JULIA.

CENA DE NECROFILIA

COREOGRAFIA AÉREA DE LISA E JULIA COM BEA E ISABELLA. LISA ENTRA PRIMEIRO. QUANDO LISA ESTÁ ESCALANDO BEA, QUE ESTÁ MORTA, ENTRA JULIA, QUE FAZ O MESMO EM ISABELLA, TAMBÉM MORTA. TENTAM REANIMÁ-LAS. LISA FAZ A SEQUÊNCIA COMPLETA TRÊS VEZES, E JULIA, DUAS VEZES.

MARIA, SENTADA NA FRENTE DO PALCO, DE COSTAS PARA A PLATEIA, ASSISTE.

BEA E ISABELLA SE LEVANTAM E CAEM NOVAMENTE. LISA E JULIA SAEM DO PALCO. ANA GABI, NO PÁSSARO, PASSA SOBREVOANDO OS MORTOS E ROUBANDO JOIAS. MARIA SE LEVANTA E VEM PARA A FRENTE DO PALCO. A MÚSICA ABAIXA ATÉ SUMIR. ELA TIRA O BOÁ DE PENAS DA CABEÇA, O CASACO E OS SAPATOS.

MARIA Reconheço a dúvida de algumas pessoas quanto a isso ser ou não ser algo. Reconheço essa dúvida histórica sem a qual eu jamais poderia ter ultrapassado tantas etapas, a ponto de dizer: sim, isso é uma dúvida, é mais dúvida que qualquer dúvida por ser menos certeza do que, digamos, uma afirmativa ou do que uma mera pausa. Uma pausa sugere uma mentira, uma hesitação, sugere algo *fake*, entende? *Fake*. Sim, *fake*. Uma "situaçãozinha". Mas reconheço a dúvida dessas pessoas, como reconheço a desaprovação dessas pessoas. Não que eu, como Maria de Lima, enquanto pessoa física e/ou pessoa jurídica e por que não pessoa física quântica jurídica dessa arca, desse aborto, dessa... Não. Não é isso que eu quero dizer.
Eu posso até me convencer e achar tudo isso muito positivo. Isto é, crescer, se instruir e descobrir pequenas coisas no mundo e adaptá-las ao nosso íntimo, tendo a mais absoluta certeza de que somos únicos, de que importamos para o mundo, de que mais ninguém pensou nessa imagem, nessa coisinha, que ninguém mais incorporou isso. Posso até achar tudo isso muito positivo. Posso até tentar esquecer os vários momentos em que dou de cara com os verdadeiros gênios do passado e os de agora, que não só viram isso, como fizeram disso... uma mera fatalidade do meu passado.

Tenho uns vinte críticos vivendo aqui dentro, aqui dentro da minha cabeça. E o que eles dizem não é melhor nem pior. Vai continuar havendo vida. Sim! VIDA!

MARIA PEGA UM GUARDA-CHUVA NO CHÃO E O ABRE. COMEÇA A TOCAR "HURT". ELA FICA PARADA DE FRENTE PARA A PLATEIA. COMEÇAM OS SONS DE GUERRA, TIROS E GRITOS. BEA E ISABELLA CORREM GRITANDO. MARIA FICA DE COSTAS PARA A CENA E DE FRENTE PARA A PLATEIA. OS SONS AUMENTAM, A LUZ CAI.

CRÉDITOS DAS IMAGENS

P.46 Gerald Thomas e Ellen Stewart em Nova York, c. 1986. Fotógrafo desconhecido. Acervo pessoal de Gerald Thomas

P.67 Bete Coelho, Joaquim Goulart e Marcos Barreto. Fotógrafa: Lenise Pinheiro

P.95 Bete Coelho, Luiz Damasceno, Vera Holtz, Marcos Barreto e Maria Alice Vergueiro. Fotógrafa: Lenise Pinheiro

P.113 Bete Coelho e Gerald Thomas. Fotógrafa: Lenise Pinheiro

P.131 Elenco da peça em cena (retratados não identificados). Fotógrafo desconhecido. Acervo pessoal de Gerald Thomas

P.154 Elenco da peça em cena. Fotógrafa: Lenise Pinheiro

P.169 Fernanda Montenegro e Fernanda Torres. Fotógrafa: Lenise Pinheiro

P.183 Elenco da peça em cena. Fotógrafa: Lenise Pinheiro

P.213 Edi Botelho e Fernanda Torres. Fotógrafa: Lenise Pinheiro

P.227 Luiz Damasceno. Fotógrafa: Lenise Pinheiro

P.257 (*acima*) cartaz de divulgação da peça *Chiefbutterknife*; (*abaixo*) Kim Bodnia e ator não identificado. Fotógrafo desconhecido. Acervo pessoal de Gerald Thomas

P.293 Raquel Rizzo e Luiz Damasceno. Fotógrafa: Lenise Pinheiro

P.315 Muriel Matalon. Fotógrafa: Lenise Pinheiro

P.341 Marco Nanini, Fabiana Gugli, Pedro Osorio, Gustavo Wabner, Gilson Roberto Mattos e William Ramanauskas Segura. Fotógrafo: Flávio Colker

P.377 Marcelo Olinto. Fotógrafa: Lenise Pinheiro

PP.388,389 Gerald Thomas e Samuel Beckett em Paris, em 1984. Fotógrafa: Daniela Thomas. Acervo pessoal de Gerald Thomas

P.458 Fabiana Gugli. Fotógrafo: Marcos Gorgatti

P.473 Fabiana Gugli. Fotógrafa: Lenise Pinheiro

P.489 Gerald Thomas. Fotógrafa: Marion Strecker

P.521 Gerald Thomas e Ney Latorraca. Fotógrafo: Rafael Pimenta

P.557 (*acima*) Ana Gabi, Beatrice Sayd e Isabella Lemos. Fotógrafo: Matheus José Maria; (*abaixo*) Lisa Giobbi e Julia Wilkins. Fotógrafo: Matheus José Maria

As Edições Sesc São Paulo salientam que todos os esforços foram feitos para localizar os detentores de direitos das imagens e dos textos aqui reproduzidos, mas nem sempre isso foi possível. Creditaremos prontamente as fontes caso estas se manifestem.

SOBRE A ORGANIZADORA

Adriana Maciel nasceu em Brasília, estudou Música na Universidade de Brasília (UnB) e mudou-se para o Rio de Janeiro para trabalhar com teatro e música. Voltou à universidade para cursar Letras e, em seguida, fez seu mestrado sobre os griots do norte da África. Em 2015, pela Pontifícia Universidade Católica do Rio de Janeiro (PUC-Rio), concluiu sua tese de doutorado sobre John Cage e seus processos artísticos, especializando-se posteriormente em escritas performáticas pela mesma instituição.

Depois de trabalhar como coordenadora editorial na editora Cobogó, criou em 2015 a Numa Editora, que vem publicando obras de ficção e também nas áreas de arte e cultura. Adriana Maciel tem editado autores como John Cage, Morton Feldman, Nei Lopes, Karla Almeida, Erlend Loe, Anne Cathrine Bomann, Luiz Carlos Simas, Murilo Salles, Cadão Volpato e, entre outros, Gordon Lish, que ganhou em 2018 o Prêmio Nobel da literatura nórdica.

FONTES	GT Sectra e GT Pressura Mono
PAPEL	Alta Alvura 75 g/m²
	Supremo Duo Design 300 g/m²
IMPRESSÃO	Colorsystem
DATA	outubro 2019

FSC — MISTO
Papel produzido a partir de fontes responsáveis
www.fsc.org
FSC® C084825